浙江大学文科高水平学术著作出版基金
中央高校基本科研业务费专项资金　资助

# 跨域研究
# 中国侨领与东南亚华人社会

Cross-boundary Studies on Overseas Chinese Leaders
and Southeast Asian Chinese Society

[新加坡]黄贤强　著

ZHEJIANG UNIVERSITY PRESS
浙江大学出版社
·杭州·

**图书在版编目（CIP）数据**

跨域研究中国侨领与东南亚华人社会 /（新加坡）黄
贤强著. —杭州：浙江大学出版社，2023.7
ISBN 978-7-308-21491-9

Ⅰ．①跨… Ⅱ．①黄… Ⅲ．①华人－领事－研究－东
南亚②华人社会－研究－东南亚 Ⅳ．①D833.01
②D634.333

中国版本图书馆 CIP 数据核字（2021）第 115036 号

**跨域研究中国侨领与东南亚华人社会**

［新加坡］黄贤强　著

| | |
|---|---|
| 责任编辑 | 李瑞雪 |
| 责任校对 | 吴心怡 |
| 封面设计 | 浙江时代出版服务有限公司 |
| 出版发行 | 浙江大学出版社 |
| | （杭州市天目山路 148 号　邮政编码 310007） |
| | （网址：http://www.zjupress.com） |
| 排　版 | 浙江时代出版服务有限公司 |
| 印　刷 | 广东虎彩云印刷有限公司绍兴分公司 |
| 开　本 | 710mm×1000mm　1/16 |
| 印　张 | 22.5 |
| 字　数 | 392 千 |
| 版 印 次 | 2023 年 7 月第 1 版　2023 年 7 月第 1 次印刷 |
| 书　号 | ISBN 978-7-308-21491-9 |
| 定　价 | 88.00 元 |

# 主编的话

2007年我由恩师陈思和教授举荐到马来西亚拉曼大学中文系教书四年，之后又赴我国台湾东华大学华文系任教一年，接着又在新加坡国立大学中文系任教四年，先后近十年的漂泊，最大的收获就是在自己的中国现当代文学专业之外，另开辟了一块学术宝地——东南亚华人文学，东南亚华人文学研究也成为我的一个重要研究方向。我目前所主持的两个国家社科基金项目都与之有着密切的关系。

海外任教经历也让我有幸结识了很多学术界的师长朋友，他们以丰硕的学术研究、丰富的人生阅历和儒雅的文人风姿影响着我，让我在这纷纷扰扰的俗世不忘初心，心里常怀着对这些师长朋友一直以来的鼓励和扶持的感恩之心。掰指数来，新马两地目前活跃的华人文学与文化研究者基本上都是我结识多年的朋友，他们或是我曾经的同事和学生，或是我业内的志趣相投的朋友，或是东南亚学术圈的盛名已久的学术大咖。他们中的很多前辈更是我学术研究的楷模，如王赓武、陈荣照、崔贵强、周清海、李焯然、容世诚等先生。

2016年我辞去新加坡国立大学中文系的教职来到浙江大学中文系，当年我以30万元的科研经费建立了浙江大学海外华人文学与文化研究中心，目的就是保持与海外学界的联系，共同推动海外华人文学与文化研究。2019年我主持的"文化中国与东南亚汉学丛书"获得第四届浙江大学高水平学术著作出版基金资助，计划出版12本东南亚汉学相关的专著。这套丛书得到王赓武、崔贵强、王润华、刘宏、容世诚、黄贤强、李志贤、苏瑞隆、许齐雄、王昌伟、潘碧华等师长朋友的鼎力支持，我们将以一年两本的速度，尽快完成这项文化工程，期望以自己的菲薄之力，推动海外华人文学与文化研究的进一步深入。

金进

(浙江大学文学院研究员，浙江大学海外华人文学与文化研究中心主任)

# 序

　　20 年前当我读到黄贤强副教授的大作《十九世纪槟城华人社会领导层的第三股势力》一文时,觉得他所提出的槟城华人社会的第三股势力的概念非常新颖,而且立论正确。他提出的证据确凿可靠,让人信服。20 年来,他陆续以跨地域和跨学科的研究方法,深入探讨槟城客籍富商领事官的人际网络,跨地域的政商关系,以及他们对当地华人社会的影响与贡献。现在他把 20 年来研究的成果集聚成书。大部分的文章已经陆续在各学术刊物与专书中刊登,但如果学者或研究者要了解这些问题的全貌,非个别寻找那些刊物和专书不可。这本书的出版将方便学者们深入了解这些问题。

　　该书的两条主线是槟城副领事们与清朝的关系,以及他们在当地华社的地位和影响力。该书的一个特色就是以微观和跨域的研究方法来研究槟城和新加坡的客籍领事官的功能与政绩,尤其是在保护华桥和提倡教育方面的成绩。

　　近代中国与外国建立外交关系始于清末。1876 年,中国向英国派出第一位驻英使臣郭嵩焘,标志着中国接受了一种以西方习惯为基础的国际关系制度,并成功地进入国际的大家庭中。随着这驻英公使的设立,中国很快地就在美、日、德、法、俄各国的首都设立同样的使馆。1868 年当清政府最初提出讨论有关派驻外国公使大臣时,主要考虑的是争取对外的主动权,与外国政府直接沟通,避免中国在国际纠纷中处于被动和不利的地位。至于保护流寓海外的华侨则是次要的考虑。但在 1868—1876 年的短短八年间,清政府对保护海外华侨的态度有很大的改变。这一变化主要是由于一些对华侨问题有远见的官员的呼吁以及古巴调查团报告的影响。丁日昌就是具有远见的官员的其中一位。作为清朝海军最高官员的海军提督,他曾率领舰队出巡外洋,并在新加坡驻留数日,受到华侨的盛大欢迎,对华侨的爱国热诚印象颇深。他在 1867 年曾上奏朝廷请求派员保护华侨,以培养他们对朝廷的忠诚。此外,在 1868—1872 年间,国际舆论对虐待古巴和秘鲁华工的关注度大有增长,从而引起清政府的注意。1873 年 9 月,国际调查团前往古巴实地调查,记录了许多华工的悲惨遭遇。1874 年国际调查团所提出的报告使清政府感到设领保侨的紧迫性。

1877 年,中国驻海外的第一个领事馆在新加坡正式成立。它开启了在外设领保侨的先例,继而在东南亚和世界各地先后设立领事馆保护当地的华侨;它也间接导致 1893 年后第二波设领保侨的突破。就是在这设领保侨的第二波中,槟城副领事馆才正式成立。第一任驻槟的清朝副领事官就是当地与荷属东印度的客籍富商且在华社有很高声望的张弼士。

该书的研究建立在丰富的原始资料上,除了清朝和民国的档案资料、族谱、报章,以及出版的书刊论文外,还补以田野考察和访谈记录。我常认为我们在书写历史的时候,应该多让资料说话。那就是广泛搜罗有关课题的历史资料,排比归纳,去伪存真。以丰富的历史资料来建构理论,而不是套用理论来寻找资料的支持。虽然有些人认为套用理论是一条捷径,但它是不科学的。

该书行文流畅,分析细腻,其中有不少创见。比如他通过比较张弼士的《荣哀录》和张鸿南的《纪念录》来分析南洋客家富商的类型,得到"归根"和"扎根"两种类型。前者就是把实业中心移归祖国发展的模式,而后者则是将实业扎根于在地社会的模式。一位具有"落叶归根"的思想,另一位则有"落地生根"的理念。张弼士具有中国传统士大夫的观念,拥有多名妻妾,在家乡和海外都兴建宏伟大楼以彰显他的财富与地位,从而光宗耀祖。他在官商两途一帆风顺。在南洋商场上的成就成为他进身中国官场的跳板。但张鸿南却扎根南洋,他的商业网络以南洋为重心,并且他拥有多元的族群人际关系和西化程度,没有传统的重男轻女的思想。

黄贤强教授为引导东南亚客家亚族群研究所作出的重大贡献是有目共睹的。该书的出版是他对东南亚客家学研究的另一个重要贡献,使我们对客籍领袖在东南亚华族历史上所扮演的重要角色有了更深一层的认识。黄教授从事跨地域的历史研究多年,成绩斐然。2008 年由厦门大学出版社出版的《跨域史学:近代中国与南洋华人研究的新视野》就是他在这方面成就的见证。我常认为,一位优秀的历史学家,除了历史学的严格训练外,还必须具有跨学科的知识,比如经济学、政治学、社会学、人类学和社会心理学等。历史学是社会科学的主流,它的任务就是要进行全面地、有机地、科学地探索和解释人类社会的构成与发展,并指明将来人类社会发展的方向和道路。一部好的历史著作,除了能反映优秀历史学家精深和广博的学识外,

也能反映出处理历史资料与理论关系的谨慎态度。我愿与读者们共同分享
黄教授研究的成果。

颜清湟教授

2019 年 12 月 19 日

于澳大利亚阿德莱德大学

# 目  录

# 第三部分 东南亚华人社会

# 导　论

研究近代中国与东南亚的关系不能忽略华侨华人领袖在东南亚的事迹和作用。这些侨领往往是当地的富商，身兼社团、会馆、庙宇、学校等机构的领导人，有些还受中国政府任命成为驻当地的领事官，例如晚清时期的驻槟城副领事。尤其特别的是，晚清中国政府先后任命的驻槟城①领事官都是当地客家族群的富商和侨领。

自 1893 年清政府开始委任驻槟城领事官以来，当地最高职位的领事官为副领事，有时候则是署理或代理副领事。1911 年初，戴欣然副领事才正式晋升为正领事。无论是副领事、代理领事或正领事，他们都是清政府委派在当地的"实官"，与当时很多富商以钱向朝廷购买的"虚官"或"捐官"有所不同。此外，无论是副领事或代理领事，当地华人或报章媒体通常都简称或尊称他们为"领事"或"领事官"。清朝结束前，总共有五位客家华商垄断了驻槟城领事官一职，首任副领事是祖籍广东大埔的张弼士（振勋），第二位是广东梅县的张煜南（榕轩），第三位是广东梅县的谢春生（荣光），第四位是广东梅县的梁碧如（廷芳），②第五位则是广东大埔的戴欣然（春荣）。

有关这五位客家籍领事官在槟城华人社会的地位，过去并没有人做过系统的跨域研究，其中主要的原因是文献材料零散及田野考察工作困难。③早期主要有一些通俗性的文章，如邝国祥的《槟城散记》④，以及会馆纪念特刊，如《槟榔屿客属公会四十周年纪念刊》⑤，曾对这几位领事官的生平和活

---

① 槟城位于马来半岛的西北部，目前为马来西亚的一个州。1786 年至 1957 年间为英国的殖民地。1826 年英国将其殖民地新加坡、槟城和马六甲等地合成一个行政区，称之为"海峡殖民地"（Straits Settlements）。

② 梁碧如之后，谢春生重作冯妇，短暂代理副领事一职。

③ 2005 年张晓威完成一篇有关槟城历任副领事的博士论文，即《晚清驻槟榔屿副领事之角色分析（1893—1911）》（台北政治大学博士论文），算是相对完整，可惜主要还是参考文本资料，缺乏对槟城以外地区的田野考察和论证。

④ 邝国祥：《槟城散记》，新加坡世界书局 1958 年版。

⑤ 槟榔屿客属公会四十周年纪念刊编辑委员会编：《槟榔屿客属公会四十周年纪念刊》，槟城槟榔屿客属公会 1979 年版。

动分别简介。另外一些比较具有学术性的短文,如许云樵的《星马设领始末考》[①],以及陈约翰(音译,John Chan Cheung)和梁国基(音译,Leong Kok Kee)的英文论文[②],也论及这些领事官的事迹。这些文章对槟城副领事的创设年份有不同的看法。有的认为是 1890 年,也有的认为是 1891 年或 1893 年,所以本导论有必要针对槟城副领事创设年份做一些澄清,并且还要回答一个复杂的问题:为何在闽(闽南为主)粤(广州府为主)籍人士占人口多数的槟城华人社会,清末民初历任领事官却都是由客家人担任呢?

最早对新马[③]两地副领事设置的来龙去脉做过考证工作的是南洋研究专家许云樵。他在 1960 年发表《星马设领始末考》,主要是讨论筹设驻新加坡领事的过程,但对槟城副领事之设置也有论及。许云樵提到“光绪十六年(一八九〇)出使英法义比大臣龚照瑗委任当地富商张弼士(字振勋)为首任领事,据公务部存档实为副领事,由商人兼充,未设领署”[④]。许云樵的说法有两处值得商榷。第一个商榷点是 1890 年出使英、法、意、比四国的清朝公使并非龚照瑗,而是薛福成。[⑤] 薛福成是从 1890 年 4 月上任到 1894 年 8 月卸任,然后才由龚照瑗接任。根据《清季中外使领年表》,中国驻英公使的年表(以实际到任和卸任日期为准)如下:[⑥]

第一任 郭嵩焘:1876 年 1 月 21 日—1879 年 1 月 25 日

第二任 曾纪泽:1879 年 1 月 25 日—1886 年 5 月 6 日

第三任 刘瑞芬:1886 年 5 月 6 日—1890 年 4 月 22 日

第四任 薛福成:1890 年 4 月 22 日—1894 年 8 月 3 日

第五任 龚照瑗:1894 年 8 月 3 日—1897 年 4 月 19 日

---

① 许云樵:《星马设领始末考》,《南洋文摘》,1960 年第 1 卷第 5 期,第 15—18 页。

② John Chan Cheung, "The Establishment of the Chinese Consulates in Singapore and Penang, 1877-1911," *Jernal Sejarah*, 9(1970—1971), pp. 29-41; Leong Kok Kee, "The Chia-ying Hakka in Penang 1786-1941," *Malaysia in History*, 24(1981), pp. 39-48.

③ “新马”为新加坡和马来西亚的简称。“新加坡”在早期的文献中也以“新嘉坡”“星加坡”“星洲”等词出现。马来西亚在 1963 年之前称为“马来亚”,泛指今天马来半岛(或西马来西亚)的各州属。1963 年成立的马来西亚也包括新加坡和东马来西亚(沙巴和沙捞越州)。1965 年“新马分家”,新加坡脱离马来西亚成立独立国家。

④ 许云樵:《星马设领始末》,第 18 页。

⑤ 有关 1890 年薛福成建议在槟城选派副领事一事,见《使英薛福成奏南洋新设副领事随员酌定章程折》,《清季外交史料》(第 91 卷),文海出版社 1963 年版(影印本),第 22 页;薛福成:《出使英法义比四国日记》,第 4 卷,岳麓书社 1985 年版,第 246—247 页。

⑥ 故宫博物院明清档案部、福建师范大学历史系合编:《清季中外使领年表》,中华书局 1985 年版,第 3—4 页。

　　许云樵的第二个值得商榷之处是副领事创设的年份。他认为张弼士是1890年被委任为槟城副领事，[①]可是却没有提供证据。另有论者认为1891年才是槟城副领事创设的年份。例如，温梓川在《客人在槟城》一文中提道："槟榔屿领事，亦于光绪十七年的一八九一年设置，首任领事为嘉应张煜南。"[②]这段文字也有两个问题：第一个明显的错误是将第二位领事官张煜南当作是首任副领事；第二个问题是作者断定槟城副领事是在1891年创设，但也同样没有提供相关证据，因此温梓川的说法存疑。[③]

　　最早认为槟城副领事创设于1893年的是邝国祥，[④]但他的说法也有一些问题。他在《槟城散记》中提道："光绪十九年癸巳，公（笔者按：张弼士）年五十三，清出使英国大臣龚照瑗过槟城，公往见……龚遂函荐李文忠公鸿章，说公才可大用，即奏派为首任驻槟榔屿领事，时一八九零年也。这是公服官中国之始。明年甲午，迁升新加坡总领事。"[⑤]邝国祥显然在阳历和阴历的换算上出现问题，他所说的光绪十九年癸巳应该是1893年而非1890年。而且这段文字后部提到"明年甲午"，甲午年即1894年，也确实是张弼士调升新加坡总领事之年。因此，邝国祥的原意应该是认为1893年是槟城副领事创设之年。邝国祥上述那段话还有一个明显的问题。他提到龚照瑗虽在1893年11月受谕命为驻英、法大臣，但迟至1894年中才启程出发，8月3日抵达英伦上任。[⑥]因此不可能在1893年过境槟城，更不可能与张弼士见面和委派张氏担任副领事了。事实上促成张弼士受委为首任副领事的是当时的驻英公使薛福成和新加坡总领事黄遵宪。

①　许云樵：《星马设领始末》，第18页；梁国基在讨论早期槟城嘉应客家人的时候也同样认为领事创设于1890年，可是他也无法提出证据，见Leong, "Chia-ying Hakka in Penang 1786-1941," p. 41.

②　温梓川：《客人在槟城》，《槟榔屿客属公会四十周年纪念刊》，第722页。

③　陈铁凡和傅吾康（Wolfgang Franke）合编的《马来西亚华文铭刻萃编·卷二》，吉隆坡马来亚大学出版部1985年版也有类似的错误。在介绍槟城极乐寺的铭刻时，编者提到"The Imperial Chinese government appointed Chang〔Yu-nan〕Vice-Consul（1891—5）and later Consul（1895—1900）in Penang"（第627页）。但张煜南并非在1891年担任槟领事，更没有担任副领事和领事长达十年之久。他的实际任期是从1894年到1895年。

④　马来亚大学的陈约翰也认为创设年份是1893年，他认为具体日期是3月8日，见Chan, "Establishment of the Chinese Consulates," p. 29；张晓威则以张弼士上任视事为起点，认为日期是1893年5月24日，见张晓威：《晚清驻槟榔屿副领事之角色分析（1893—1911）》，台北政治大学历史系博士学位论文，2005年，第84—85页。

⑤　邝国祥：《槟城散记》，第105页。

⑥　《清季中外使领年表》，第3—4页。

　　根据《出使公牍》,薛福成于光绪十九年一月二十日(1893 年 3 月 8 日)给总理衙门的报告中提及:

　　　　本大臣屡饬(按:同"饬")总领事黄遵宪留心访察,堪以派充副领事者,总期人地相宜,任阙毋滥,据实禀报以凭核办。前据该员禀称选得绅士候选知府张振勋,即槟榔屿之富商,在海门①等处经商三十年,声望素著,若为槟榔屿及属地威利司雷省,并丹定斯等处副领事官,堪以胜任等情。禀请查核前来。本大臣复核属实,曾经照会外部,请英廷允准……现据外部函称接到新嘉坡及海门等处总督来函,称张振勋派为槟榔屿之副领事,无所不可。是以已认其为中国副领事。②

　　从这份公函可清楚地知道是薛福成吩咐黄遵宪遴选适当的人士担任槟城副领事。经过黄遵宪推荐之后,由薛福成核定,并照会英国外交部同意后确定的。这份报告也指出槟城副领事创立的年份。报告中提到"已认其为中国副领事",禀呈日期是 1893 年 3 月 8 日(光绪十九年一月二十日)。事实上,英属海峡殖民地政府在 1893 年 2 月 3 日的宪报上,已经公布英国政府同意和承认张弼士为中国驻槟城副领事。③ 因此,槟城副领事创设于 1893 年的事实有官方材料为证。薛福成的《出使奏疏》和《出使公牍》中便有七份文件与槟城副领事的设置有关。④ 第一任副领事也确定是张弼士。

　　晚清历任槟城领事官(包括副领事、代理/署理副领事及正领事)的籍贯和他们的任期见表 1。

---

① 海门即英属海峡殖民地。

② 薛福成:《咨总理衙门:派设槟榔屿副领事》,《出使公牍》,无锡薛氏光绪二十四年(1898)10 卷版,第 2 卷。

③ CO276/26 *The Straits Settlements Government Gazette for the Year 1893*, no. 47, 3 February 1893, p. 94.

④ 其中《出使奏疏》,无锡薛氏光绪十三年(1887)2 卷版有一份,即上卷之《通筹南洋各岛添设领事保护华民疏》;《出使公牍》则有 6 份,即第 1 卷之《咨总理衙门并北洋大臣李:英外部答允添设各属部领事》和《咨总理衙门:酌议添设领事经费及筹办事宜》,第 2 卷之《咨总理衙门:派设槟榔屿副领事》,第 3 卷之《论添设南洋领事书》和《论添设南洋领事经费书》,以及第 7 卷之《答委槟榔屿绅商候选知府张振勋充当副领事官》。

表 1　清朝驻槟城领事官名单及任期表

| 顺序 | 领事官姓名 | 籍贯与族群 | 领事官职称 | 任期 |
|------|-----------|-----------|-----------|------|
| 1 | 张弼士(振勋) | 广东大埔,客家 | 副领事 | 1893 年 2 月①— 1894 年 9 月 |
| 2 | 张煜南(榕轩)② | 广东梅县,客家 | 代理副领事 | 1894 年 9 月③— 1895 年 5 月 |
| 3 | 谢春生(荣光) | 广东梅县,客家 | 代理副领事 | 1895 年 5 月④— 1903 年 3 月 |
| 4 | 梁碧如(廷芳) | 广东梅县,客家 | 副领事 | 1903 年 3 月⑤— 1907 年 7 月 |
| 5 | 谢春生(荣光) | 广东梅县,客家 | 代理副领事/副领事 | 1907 年 7 月⑥— 1907 年 12 月 |
| 6 | 戴欣然(春荣) | 广东大埔,客家 | 代理副领事/副领事/领事 | 1907 年 12 月⑦— 1911 年底 |

　　注:①根据英殖民地政府 1893 年 2 月 3 日宪报,英政府同意和承认张弼士为中国驻槟城副领事。见 CO276/26 *The Straits Settlements Government Gazette for the Year 1893*, no. 47, 3 February 1893, p. 94.

　　②《清季中外使领年表》第 73 页记录的是张鸿南,明显有误,实为其哥哥张煜南。

　　③根据英殖民地政府 1894 年 9 月 21 日宪报,英政府同意和承认张煜南为中国驻槟城代理副领事。见英国殖民部档案 CO276/29 *The Straits Settlements Government Gazette for the Year 1894*, no. 492, 21 September 1894, p. 1481.

　　④根据英殖民地政府 1895 年 5 月 31 日宪报,英政府同意和承认谢荣光为中国驻槟城代理副领事。见英国殖民部档案 CO276/30 *The Straits Settlements Government Gazette for the Year 1895*, no. 301, 31 May 1895, p. 568.

　　⑤根据英殖民地政府 1903 年 3 月 24 日宪报,英政府同意和承认梁廷芳为中国驻槟城副领事。见英国殖民部档案 CO276/46 *The Straits Settlements Government Gazette for the Year 1903*, no. 342, 27 March 1903, p. 500.

　　⑥张晓威:《晚清驻槟榔屿副领事之角色分析(1893—1911)》,台北政治大学历史系博士论文,2005 年,第 113 页。

　　⑦张晓威:《晚清驻槟榔屿副领事之角色分析(1893—1911)》,第 113 页。

　　资料来源:笔者根据多方资料汇整而成。

　　表 1 有关任期的部分需要作一点说明,因为具体的任期可能有不同的说法,取决于以何为标准:是以清廷的任命时间为准,是以领事抵达当地开始视事为准,还是以英殖民地的宪报公布为准?每个标准都有一定的理由。清政府驻槟城领事官是中国官员,因此可以朝廷任命的公告为准;此外,有些候任领事官获得任命时人不在驻领地,可能在原籍或其他地方,需要经过

数周甚至数月才抵达,因此也可以从候任领事抵达驻领地开始视事时才算正式任职。另外,驻外领事官必须等到驻在国政府同意任命才算完成外交程序,因此英殖民地政府的宪报公布日期也可以说是法定的就任日期。例如,在考虑张煜南代理驻槟城副领事的过程中,黄遵宪曾致函张弼士,清楚说明相关任命的外交程序。信中提道:"弟即刻缮具公牍,请总督照认张煜南(照来文英字)为署理中国副领事,即行递去…此次系照例办理,必然照准。然,仍须待其复文(寻常复文均须五日),方能行事。"①上述表1的任期主要是根据殖民地政府宪报公布同意任命的日期。

槟城领事官设置年代以及历任客籍领事官的任期得以澄清后,便可以继续讨论为何晚清历任领事官都是客家人。

槟城自从有华人聚居以来便以闽(闽南漳州和泉州府)粤(广州府)籍人士居多,尤其是在槟城本岛。② 长期以来客家人口占华人人口的8%～10%。以1891年的人口调查报告为例,槟城(包括本岛和威斯利省)客家人口为7166人,占华人总人口86988人的8.2%,人数不算多。③ 而根据同一年的人口统计在槟城的福建人口有24041人,占华人总人口的27.6%,广府人口则有17343人,占华人总人口的19.9%。另外,同属广东省的潮州人也有19218人,占华人总人口的22.1%,但潮州人主要是在槟城本岛对面的威斯利省从事种植行业。

从财势和权势方面而论,客家人在1890年代之前也没有优势。整体而言,居于闽南人和广府人甚至潮州人之下。以1881年成立的平章公馆为例,该公馆是槟城华人社会中最主要的跨帮派机构,在最初的14名董事中,以闽南漳州府和泉州府为主的福建帮便占了7人,其余7个名额才由广州、潮州和客家人士担任,其中只有胡泰兴一人确定是福建汀州府永定县(今龙岩市永定区)的客家人。④ 由于平章公馆的主要任务是商讨有关华人社会之重要事务,以及设法调解华人帮派之间的任何纠纷,⑤因此从董事会各籍贯的代表比例,就知道闽籍人士的势力最大。

那么,为何历任清朝驻槟城领事官却都是客家人担任呢?要回答这个

① 饶淦中主编:《楷范垂芬耀千秋——印尼张榕轩先贤逝世一百周年纪念文集》,香港日月星出版社2011年版,第127页。
② 槟城州的行政区包括槟城本岛(或称为槟榔屿)和对岸的威斯利省(Province Wellesley)两部分。
③ Straits Settlements: *Report on the Census of the Straits Settlements for 1891*, pp. 95—97.
④ 还有两人的籍贯不确定,有可能分别是嘉应州和增城县人。因此客籍董事最多也只有三人。《马来西亚华文铭刻萃编》(第1卷),第26—27页。
⑤ 《马来西亚华文铭刻萃编》(第1卷),第26—27页。

问题并不容易，一定有许多的因素，而且目前也没有充足的材料可以准确地回答这个问题。因此，下文将只论述一些关键的原因。首先回顾一下清朝政府对槟城副领事的要求条件。上文曾提到薛福成嘱咐新加坡总领事黄遵宪遴选槟城副领事。黄遵宪不久便回禀，说明他的挑选标准："就地取材，须公正诚实，绅商派充。"①黄遵宪所推荐的人是大埔客籍张弼士。因为张弼士符合上述三个条件。张弼士虽然发达于荷属东印度，但早已将事业扩展到槟城。而且已是槟城数一数二的富商，符合"就地取材"和"绅商派充"的两个条件。至于是否公正诚实则是很主观的判断。由于张弼士在槟城已深具威望，自然不会有人质疑他的公正和诚实。但是，当时槟城闽籍人士中肯定也有一些人具有上述三个条件，为何他们没有被挑选上呢？一个可能的解释是黄遵宪特别欣赏和信任张弼士，尤其是张弼士在南洋的人际网络。②黄遵宪和张弼士的族群或方言群关系，也是重要的一个关键因素，因为他们是操同样方言语系的客家人。由于槟城副领事是直接听命于新加坡总领事，在南洋地区多种方言语系并存的特殊环境里，黄遵宪可能希望找一个在语言上方便沟通的绅商为他服务，而刚好张弼士的条件也符合他所列的几个要求。

　　这种地缘性或方言群的人际关系或许可以局部解释为何后来几位槟城领事官都是客籍人士。张弼士担任一年余的槟城副领事后便被调升为新加坡署理总领事。按官场习惯，他有机会推荐新的槟城副领事人选，再由上层核定。他推荐的继任者是张煜南（张榕轩）。黄遵宪于光绪二十年（1894）七月三十日回复张弼士的信中明确透露了这个信息："荐举榕轩司马，诚为得人。"③张煜南不仅同是客家人，而且也曾是张弼士的旧部属。张煜南初到荷属东印度群岛谋生时，便在张弼士的公司打工。后来自立门户，经营种植业，以及烟、酒、赌等专卖事业，渐成富商，而且活动网络扩及荷属东印度和英属马来亚。张煜南领导扩建槟城的极乐寺使他在当地的名声很好，为他担任领事官铺平了道路。

　　张煜南卸任后由谢春生接任也是有迹可寻。两人都是槟城同时期的客

①　《使英薛福成奏南洋新设副领事随员酌定章程折》，《清季外交史料》（第91卷），第22页。
②　根据蒋英豪编著的《黄遵宪师友集》（上海书店出版社2002年版，第254—255页），黄遵宪推荐张弼士为槟榔屿首任副领事，以加强清廷在南洋的影响力。
③　饶淦中主编：《楷范垂芬耀千秋——印尼张榕轩先贤逝世一百周年纪念文集》，第126页。

家领袖,而且还是姻亲,谢春生的二儿子谢联元娶了张煜南的二女儿为妻。[1] 谢春生和他的继任者梁碧如的关系同样密切。他们不只曾合资创办吡叻咖啡山锡矿公司,而且经营得当,获利丰厚。后来谢春生还招梁碧如为婿,成了一家人。

梁碧如于 1907 年卸任时,另一位客籍矿业富商胡子春受邀继任副领事,但不知何故,胡子春谢绝出任。[2] 临时只好又征召谢春生再次出任,但谢春生已无意久任,代理副领事数月后便于 1907 年底以父亲年登八十有七为由,辞官归养。继任副领事的戴欣然也是槟城极乐寺的六大总理之一,与同乡张弼士以及其他前任的客籍领事官都很熟悉。1911 年底辛亥革命成功后,戴欣然因政局变动而辞职,推荐自己的次子戴淑原代理。民国政府成立后,戴淑原继续受民国政府委任为代理领事,1917 年正式被中国外交部委任为民国驻槟城领事,至 1930 年卸任。

至此可知,历任槟城领事官除了具备地缘关系(都是客家人)外,他们之间有的还是老板和部属的关系,或是事业合伙人的关系,有的则是翁婿关系或父子关系。了解这种牢固的多重关系存在后,便能明白促使客家人长期垄断槟城领事官一职的关键因素。如果领事官也算一种行业的话,客家人以人脉关系垄断这个行业,正符合 19 世纪新马华人社会各籍贯人士分别垄断不同行业的特点。

当然,其他因素也应该考虑在内,例如各个客籍领事官本身的条件也很好,不只拥有财富,还热心于公益,不分族群地造福槟城华人社会以及中国等地的灾民,使客家领事官深获槟城各界华人的爱戴和中国政府的欣赏,使领事官一职能按惯例由客家人担任,不见其他籍贯的华人提出异议。从另一方面而言,可能其他籍贯的华人也没有特别去争取这个领事官职位,因为领事官职位固然可以享有一定的社会地位,但代价也高。除了花时间处理华人社群内的事务外,还要和英殖民地政府官员交涉,也必须常常带头捐款赈灾,以及赞助学校和医院等慈善工作。一向专注于经商的闽籍人士已经掌控了平章公馆这个重要的华人领导层平台,因此也没有积极争取这个领事官职务的必要。

---

[1] 根据谢家族谱,谢春生有六子,顺序为启元(竹琴)、联元、枢元、京元、颐元和望元。见《松东镇谢氏族谱·犹复公世系》,广东梅县松东镇谢氏族谱编修组 1998 年版,第 32 页。笔者于 2005 年 7 月 17 日在梅县松口镇铜琶村爱春楼和泰安楼田野考察时,有幸获得谢家后人同意阅览其族谱。此次考察,感谢肖文评教授引路。

[2] 邝国祥:《槟城散记》,第 16 页。

换言之,晚清历任领事官之所以都是槟城客家人担任,主要是因为一种不成文的制度。驻新加坡总领事黄遵宪推荐同是客家人的张弼士担任首任驻槟城副领事,就此开了风气,历任领事官卸任前推荐自己属意的继任人选已成为惯例,奠定了客家人长期垄断槟城领事官一职的基础。

本书第一部分即以中国驻槟城领事官为对象,以跨域的研究方法,讨论他们的人际网络、跨地域政商关系,以及如何牵引出东南亚华人领袖与中国大陆地区及台湾地区的互动关系。第一章对 19 世纪末出现在东南亚的"客家集团"的现象进行剖析,并对何谓跨域研究作出定义,最后阐述为何最适合以跨域的研究方法来论析这个客家集团及其成员的事迹及影响。第二章至第五章则是采用跨域研究方法的几个具体案例,包括第二章讨论领事官梁碧如及其家族如何维系南洋居留地和祖国家乡的关系,第三章检视东南亚、台湾和闽粤两大家族的跨地域联姻与其政商网络,第四章比较两个客家富商的归根祖国和扎根东南亚的选择和模式,以及第五章从《张榕轩侍郎荣哀录》探讨张煜南的跨域人际网络。

本书第二部分由第六章至第十三章组成,分章对历任清末中国驻槟城领事官,即张弼士、张煜南、谢春生、梁碧如和戴欣然作相关专题讨论。此外,也跨入民国时期,对民国驻槟城领事官如戴淑原和黄延凯、谢湘以及驻新加坡总领事刁作谦的生平和事业进行论述。

第十四章至第十七章组成的第三部分是以东南亚华人社会为主题,分别讨论了英属新加坡和槟城两地的新式学校的创建、移民入境时的检疫制度及其导致的弊病、新加坡华人慈善医院的跨方言群结构及演变,以及荷属棉兰的华人庙宇、会馆和领袖。

本书大多数的篇章曾在学术期刊或会议论文集发表,但收录于本书前,都经过不同程度的修正、补充,有些甚至改写部分内容,以便将一些新的观点和新的材料纳入。曾发表的文章及其原稿发表处如下:

第一章原文刊载于黄贤强编《族群、历史与文化:跨域研究东南亚和东亚——庆祝王赓武教授八秩晋一华诞专集》,新加坡国立大学中文系与八方文化创作室 2011 年版。

第二章原文题为《清末中国驻马来亚领事官梁碧如家族的跨域研究》,发表于《八桂侨刊》,2019 年第 1 期。

第三章原文发表于《华人研究国际学报》,2019 年第 12 卷第 2 期。

第四章原文题为《生荣和死哀:论东南亚客家富商的跨域人际网络和类型》,刊载于张维安主编《在地、南向与全球客家》,台湾新竹交通大学出版社

2017 年版。

第五章原文发表于《华侨华人文献学刊》,2015 年第 1 辑。(与白月合撰)

第六章原文刊载于郑培凯、陈国球编《史迹、文献、历史:中外文化与历史记忆》,广西师范大学出版社 2008 年版。

第七章原文发表于丘昌泰、萧新煌编《客家族群与在地社会:台湾与全球的经验》,台北中大出版中心与智胜文化事业公司 2007 年版。

第九章原文题为《梁碧如:二十世纪初期槟城华人社会的领袖》,发表于《马来西亚华人研究学刊》,1998 年第 2 期。

第十章原文题为《清末槟城副领事戴欣然与南洋华人方言群社会》,发表于《华侨华人历史研究》2004 年第 3 期。

第十一章原文题为《客家领袖与槟城的社会文化》,刊载于周雪香主编《多学科视野中的客家文化》,福建人民出版社 2007 年版。

第十二章原文题为《槟城领事谢湘与该地华人社会及其免职风波》,发表于《华侨华人历史研究》,2009 年第 3 期。(原版文章的合撰者为刘轶)

第十三章原文题为《客籍总领事刁作谦与新加坡华人社会》,刊载于何炳彪主编《永远说不完的课题——客家文化论集》,新加坡茶阳(大埔)会馆 2008 年版。(原版文章的合撰者为邓玮)

第十五章刊载于夏诚华编《新世纪的海外华人变貌》,台湾新竹市玄奘大学海外华人研究中心 2009 年版。

第十六章刊载于杜南发主编《同济医院 150 周年文集》,新加坡同济医院 2017 年版。

第十七章原文题为《棉兰华人族群社会与领导阶层》,刊载于林开忠编《客居他乡:东南亚客家族群的生活与文化》,客家委员会客家文化发展中心与暨南国际大学东南亚研究中心 2013 年版。

# 第一部分　跨域研究

第一章　绪　论

# 第一章  族群、历史、田野：
# 一个东南亚客家集团的跨域研究

　　19 世纪末至 20 世纪初东南亚有一群人形成一个集团，他们的成员有几个共同点：第一，他们都是客家人，而且大多数都是从中国广东梅县和大埔县移民到东南亚的客家人；第二，他们都是到了南洋之后才开始发迹，先后成为南洋地区的富商和侨领；第三，他们在南洋的事业成功后，都愿意回馈家乡和祖国，不只改善了家族的社会地位及家乡的经济和教育，甚至对国家的经济和政治产生相当大的影响。

　　这群客家人包括张弼士（1841—1916）、张煜南（1851—1911）、谢春生（1847—1916）、梁碧如（1857—1912）、戴欣然（1849—1919）和戴淑原（1887—1944）等六人。他们在 1890 年代初至 1930 年的约 40 年间，形成了在南洋地区，尤其是英属马来亚北部地区（主要是槟城、霹雳等地）有影响力的"客家集团"。笔者称这批客家人为客家集团，因为他们不仅有同样的客家人身份和背景，有密切的亲属或事业上的关系，[1]而且还有共同的志业，由此形成一股凝聚力强，常常互相呼应行动的帮群团体。以槟城这个地方为例，这个客家集团构成一股"第三势力"[2]，与长期左右槟城华人社会的闽帮和广帮并驾齐驱。所谓的"闽帮"，主要是指来自闽南地区的漳州府和泉州府人士，而广义的"广帮"，在 19 世纪的东南亚地区通常意指来自广东省的广州府、肇庆府、惠州府、潮州府、琼州府和嘉应州的移民。但以槟城而言，当时广州府和潮州八邑华人是构成广帮的主要势力成员。在本书讨论中，将客家人（祖籍主要包括嘉应州的梅县等、原潮州府的大埔县）[3]独立于广帮之外，以彰显客家帮崛起的势力。

　　过去学术界和文化界对这个客家集团的个别成员或多或少已有一些论

---

① 有关他们之间的亲戚关系、工作合伙或部属关系等，在另文中提及，不在此赘述。请参阅拙作《客籍领事与槟城华人社会》，收录于郑赤琰编《客家与东南亚》，香港三联书店 2002 年版，第 213—227 页。

② 有关"第三势力"形成的论述，见拙作《十九世纪槟城华人社会领导层的第三股势力》，《亚洲文化》1999 年第 23 期，第 95—102 页。

③ 客家族群还包括操客语方言的广州府增城县和福建汀州府永定县等的客家人。

述和介绍,但仍有许多补充和考证的空间。① 本书将从新的视角和新的研究方法出发,首先是将这些客家人当作一个族群集团来研究,其次是突破传统的文献史料,结合田野考察的研究方法来做跨域研究。所谓"跨域研究",简单地说是包括跨学术领域(历史学、文化人类学、社会学等)和跨地域(中国大陆、英属马来亚和新加坡、荷属东印度等地)研究。由于客家集团涉及多个人物,他们活动的地域范围广阔,田野资料丰富,因此无法在本章详细论述,只能蜻蜓点水,为本书下面几章的专题讨论铺垫。本章集中讨论的问题和范围包括:这个客家集团如何形成,客家集团如何呈现他们的实力,以及跨域研究客家集团的必要性和学术意义等。

## 一、客家集团的形成

张弼士、张煜南、谢春生、梁碧如、戴欣然和戴淑原所形成的"客家集团",并不是这些人有意识和有计划地组织起来的,更不是一个有严密结构或有条规要遵守的机构,也不是由一大群人所组织而成的群体,而是笔者将几个有共同的身份特征、有亲密的人际关系并且有共同奋斗目标的一批客家人整合和归类而成。

他们的共同身份特征包括,他们都是生活在 19 世纪末和 20 世纪初的客家富商,其中大部分从中国南来打拼谋生,白手起家,最后成功致富。其中张弼士、张煜南、梁碧如和戴欣然等年幼时家境贫困,都是为了家计和生存而冒险南来发展;谢春生和戴淑原则例外,谢春生在婆罗洲的昆甸出生,他来马来亚前,父亲谢双玉已经在南洋奋斗一段时间,略有小成。而戴淑原出生时,他的父亲戴欣然已经事业有成,他的成长和发展轨迹有别于其他几位前辈。

人际关系方面,他们也维持着密切的关系。在这几位客家集团的成员中,张弼士出道最早,②早期他在荷属东印度开展事业时,就曾聘用张煜南为他打工。后来张煜南和张弼士先后来到日里(今印度尼西亚苏门答腊棉兰)发

---

① 其中以对张弼士的论述为最多,关于其他五位的文献则相对单薄,主要是一些简传或对个别人士的特定事业作文章者。对张弼士的研究包括 Godley Michael, *The Mandarin—capitalists from Nanyang:Overseas Chinese Enterprise in the Modernization of China*,1893—1911. New York:Cambridge University Press,1981;张晓威:《晚清驻槟榔屿副领事之角色分析(1893—1911)》,台北政治大学博士论文,2005 年。对张煜南的铁路事业撰文者有颜清湟《张煜南与潮汕铁路(1904—1908):华侨从事中国现代企业的一个实例》,收录于《海外华人史研究》,新加坡亚洲研究学会 1992 年版。

② 这个客家集团的中心人物主要是张弼士,因为他出道最早,辈分最高,财富最巨。

展事业，并合资开办银行，他们既曾是雇主和劳工关系，也是合伙人关系。

张煜南和谢春生的关系更是密切。谢春生祖籍梅县松口镇，但因为父亲在婆罗洲的坤甸工作而出生于当地。谢春生长大后，移居苏门答腊亚齐等地发展事业，后将事业重心移到槟城。谢春生的一个儿子娶了张煜南的二女儿，所以张煜南和谢春生有姻亲关系。[1]谢春生和梁碧如的关系更加密切，他们不只在霹雳合伙开办矿业公司，更是翁婿关系。梁碧如先后有四位太太，他的原配，也是权力最大的太太就是谢春生的女儿。[2]

戴欣然的事业发展始于北马的霹雳州，也正是梁碧如事业的根据地。从他参与的慈善活动来分析，他早在1890年代中期，就和客家集团的其他成员在很多的慈善捐款活动上一起行善为乐。戴欣然的两个儿子戴芷汀和戴淑原，后来也继承了父亲的慈善事业，后者更在1911年继其父业，担任槟城副领事，直到1930年卸任。

从以上的简单介绍中就可以看出这个客家集团成员有非常亲密的人际关系。但单有人际关系的一群人并不一定能构成一股势力。只有在他们有共同的奋斗目标，并携手合作（包括同时期的共同合作，以及不同时期但连续接任同一职务），以实际的成果展现实力时，才能形成一个势力集团。下节提到的三方面事业，即连续担任槟城副领事一职、共同协助极乐寺的扩建和管理以及共同筹办和监理中华学堂，就是他们共同努力奋斗的目标。换言之，这个客家集团的产生，不只是"人以群分"的简单模式，主要还是透过族群的人际网络，将他们累积的财富和社会资本作充分的发挥，产生对社会的影响力，再加上姻亲或事业等关系的助力，形成一股强大的经济和帮权势力。

值得注意的是，这股强大的客家集团势力有其时空的特殊性。以时间而言，在1880年代以前或在1920年代以后，没有出现类似的客家集团；[3]以空间而言，这是槟城或马来半岛北部的特殊现象，类似的客家集团并没有出现在新加坡或其他南洋地区。[4]

---

[1] 有关张煜南和谢春生这两家人的关系，在张鸿南（张煜南的弟弟）的女儿的回忆录中有描述，见 Queen Chang, *Memories of a Nonya*. Singapore: Eastern Universities Press, 1981, p. 48.

[2] 有关梁碧如的首任太太的权力的描述，乃根据家族后裔的追忆。见 Christine Wu Ramsay, *Days Gone By: Growing Up in Penang*. South Yarra, Vic: MacMillan Art Publishing, 2003, p. 19.

[3] 1920年代以后槟城客家集团势力的消失，主要是因为此时除了戴淑原外，其他客家集团的成员都已经逝世了。

[4] 为何实力雄厚的客家集团没有出现在其他地方，是另外可以开展研究的课题，非本书所讨论的议题。

从以上扼要的论述可知,这个客家集团的形成是有迹可寻,因为他们的年龄虽有点差别,但仍属同一个时代的人物,尤其是前五人。他们不只彼此熟络,也共同垄断和经营一些事业,并常常携手合作推动慈善事业。

## 二、客家集团实力的展现

### (一)长期垄断中国驻槟城领事官一职

从清朝光绪十八年(1892)至民国十九年(1930)的 37 年间,中国驻槟城领事官一职都是由客家人担任。领事官的主要工作是代表中国政府照顾当地华人(包括所有帮群/族群的华人)以及执行中国政府交待的任务(如接待过境的中国官员、举办皇帝及太后寿诞茶会以加强华人对祖国的效忠和认同等)。槟城领事馆的最高官员初为"副领事",1911 年 6 月后为"正领事"。先后出任驻槟城副领事(包括署理或代理)或正领事的客家人(及他们的任期)分别为张弼士(任期 1893—1894)、张煜南(任期 1894—1895)、谢春生(任期 1895—1903,1907)、梁碧如(任期 1903—1907)、戴欣然(任期 1907—1911)以及戴淑原(任期 1911—1930)。

在以闽南人为主的槟城华人社会,客家人的人数只占华人总人口的8%～10%,远低于闽南人、广府人和潮州人的人口数。但代表中国在槟城的最高权力机构却长期由客家人垄断,这是非常特殊的现象,在其他地方很难找到类似的情况。为何有此现象,笔者在导论中已经对客家领袖所形成的"第三股势力"有所论析,在此不再赘述。但这是一个展现客家集团实力的最好例证。

### (二)出钱出力建构槟城华人社会的文化地标——极乐寺

极乐寺是由妙莲禅师在 1891 年创设,草创初期,茅舍简陋。1895 年张煜南购地赠寺,在此后的十余年间,极乐寺大兴土木,积极扩建,最终成为槟城华人宗教信仰的圣地,也是 19 世纪末和 20 世纪初中国文人雅士和达官显要行经槟城必来参观游览的名胜地。许多知识分子和政治人物游览时常留下笔墨或石刻,让极乐寺成为文化宝地。极乐寺早期能顺利展开多次的扩建,为其成为东南亚名刹之一奠定基础,主要还是归功于极乐寺六大总理——他们都是客家集团的成员或亲友——分别为张弼士、张煜南、谢春生、戴欣然、张鸿南(张煜南的弟弟)、郑景贵(广东增城客家人)。根据 1906年极乐寺公德碑记录,六大客家富商所捐出的善款合计 6.8 万元,约占 1000

多位捐款人的善款总额的三分之一。①

　　值得注意的是，妙莲法师的籍贯是福建归化（1933 年改名为明溪县），应属于闽帮，也有论者认为他属于客帮，因为福建归化是客家县。② 但根据他的生活历程，他的客家自我认同或他者认同肯定不会强烈，一则主要是出家人已不在乎世俗的族群身份和不涉及帮群的问题；二则是他南来之前曾在福州鼓山涌泉寺担任住持方丈长达 20 余年，在福州期间他的客家意识淡化；三则是南洋以闽、粤两省移民为主的华人社会，闽西（包括原属汀州府的归化县和永定县等）的客家人是游走于闽、粤两帮之间。最明显的一个例子是福建永定的胡文虎，他是客家领袖，但在新加坡中华总商会的董事名单中，他是归属于闽帮的董事。③ 另外，在槟城的华人义山安排上，汀州和广东籍逝者同葬于"广东暨汀州义山"，倾向于粤帮。所以妙莲禅师具有闽帮人和客家人的双重身份。极乐寺在兴建和扩建过程中，的确获得各帮群善男信女的支持，乐捐善士中也不乏闽帮、广府帮和潮帮的富商，但捐款金额最高的六大善士却都是客家人，而且这六个人的捐款数额远远超过其他善士，可见这个客家集团的超强财力。由于客家集团成员贡献巨大，他们都被委任为管理寺产的大总理。这些客家集团成员慷慨解囊，除了本身好善乐施外，大总理之一的张煜南扮演了穿针引线的重要角色，在极乐寺创建过程中，是他最积极号召其他客家集团成员来共襄盛举。④

　　在槟城华人社会中，极乐寺已经成为一个重要的文化符号，它不纯粹是一个宗教场域，更是华人的文化地标。有关极乐寺作为当地的文化地标以及客家领袖，尤其是张煜南，对极乐寺的关键性作用在本书第七章将会更深入地展开。无论如何，极乐寺早期的发展和稳定的基础可以说是客家集团奠定的，也是展现客家集团实力的另外一个重要"业绩"。

### （三）主导开办第一所新式学校

　　客家集团另外一个展现实力的领域，就是主导筹办槟城，甚至是全马来亚和新加坡的第一所新式学校——中华学堂。南洋各地新式学堂的设立，

---

①　记录捐款名单的石刻，仍然展示在极乐寺中。完整名单另见傅吾康、陈铁凡编：《马来西亚华文铭刻萃编》，吉隆坡马来亚大学出版部 1982—1987 年版。

②　例如，宋燕鹏：《极乐寺与早期槟城华人探析》，《八桂侨刊》2016 年第 2 期，第 45—52 页。

③　例如，在 1929 年 2 月 23 日新加坡中华总商会第 17 届（1929—1930）董事局会议和选举中，胡文虎名列闽帮 13 名当选董事中的第 10 位。1931 年 1 月 20 日的第 18 届（1931—1932）董事局会议和选举中，胡文虎再次当选闽帮董事，而且得票数排名晋升为第 7 位。见新加坡中华总商会 1929 年及 1931 年董事会会议记录。

④　详见本书第 7 章。

是受到晚清中国新学堂设立风气的影响。①一般所谓的新式学堂,一个重要的指标是课程的现代化。相对于以教授四书五经为主的传统私塾,新式学堂除了教授四书五经外,也开设新的科目,如数学、历史、地理、物理等。

1904 年在槟城开办的中华学校被认为是新马地区最早的新式学堂和第一所用官话(华语)授课的学校,②以华语教学,是要取代私塾和书塾所采用的方言教学模式。此外,华语教学能同时接收闽、粤、客、潮、琼等各籍贯的学生子弟,有助于消除华人社会中因方言所带来的隔阂。更重要的是,中华学堂可以栽培一批毕业后能够顺利回到中国服务的华侨,因为这群接受华文教育的学生将不再有语言的障碍。可以说,中华学堂的筹办,槟城各主要方言群的领袖都有所参与。根据当时报载,槟城闽、粤绅商数十人先后在1904 年 4 月 21 日、23 日和 27 日齐集平章公馆(今槟州中华大会堂的前身)开会三次,分别商讨筹办中华学堂的各项事宜。但仔细分析筹办绅商的帮权势力结构,可以看出客家集团的势力非常突出。在第二次筹办会议中推选出来的 80 位筹办总理,名列榜首的前三位都是客家人,分别是张弼士、胡国廉和梁碧如。③

在 4 月 27 日举行的第三次筹办会议中,更详细地分配了 80 位总理的筹办工作,结果是客籍的张弼士和闽籍的林克全(时任槟城华人商务局主席)两人出任管银钱总理;客籍的梁碧如和胡国廉,以及闽籍的林花簪和谢德顺为学校干事总理;其他 74 人则为筹办经费总理。④此次会议还决定捐款分为两种:创捐和长捐。创捐是指学校开办时所需的经费,包括购买桌凳、教学用具、书籍、图书器材的费用,以及人事费用和购地建校的基金;长捐则是指每年所需要的经常开支费用。⑤ 主要领导创办学校的绅商以身作则,当场捐献巨款,如表 1.1。

---

① 有关近代中国新学堂的兴起,参见桑兵:《晚清学堂学生与社会变迁》,广西师范大学出版社2007 年版。

② 郑良树:《马来西亚华文教育发展史》(第 1 册),马来西亚华校教师会总会 1998 年版,第 97 页;黄建淳:《槟榔屿中华学校(1904—1911)——兼述与清末政局的关系》,收录于东南亚华人教育论文集编辑委员会、朱浤源编《东南亚华人教育论文集》,屏东师范学院 1995 年版,第 461—469页。

③ 《集议兴学》,《槟城新报》,1904 年 4 月 25 日。胡国廉即胡子春,为霹雳开矿致富的客家人。有资料提到他曾一度被邀接任槟城副领事。但没有接受,原因不详。

④ 《学堂捐款芳名初志》,《槟城新报》,1904 年 4 月 28 日,第 7 版。

⑤ 《槟榔屿中华学校议续昨稿》,《槟城新报》,1904 年 5 月 11 日,第 1 版。

#### 表 1.1　槟城绅商捐助中华学堂表

单位:元

| 捐款人 | 创捐金额 | 年捐金额 |
|---|---|---|
| 张弼士(客籍) | 5000 | 500 |
| 梁碧如(客籍) | 5000 | 500 |
| 胡国廉(客籍) | 5000 | 500 |
| 张鸿南(客籍) | 5000 | 500 |
| 谢春生(客籍) | 5000 | 500 |
| 谢德顺(闽籍) | 1000 | 120 |
| 林克全(闽籍) | 1000 | 0 |
| 合计 | 27000 | 2620 |

资料来源:《槟城新报》,1904 年 4 月 28 日。

由此可知,中华学堂虽然不是完全由客家人所创办的学校,但客家人在学校的筹办时期和开办初年贡献最大,他们扮演了主催和主办人的角色。就财务方面而言,客家领袖的捐款占所有捐款的最大部分。除了上述的创捐和年捐外,张弼士、梁碧如、谢春生、张鸿南和胡国廉等五位客家人在1904—1905 年间,又各捐款 5500 元,合计 27500 元,占学校最初五年(1904—1909)的捐款总数 31000 余元的 86％以上。

客家领袖慷慨的财力贡献使得他们在学校的监督和管理上有更大的发言权。从 1906 年中华学堂的管理层名单可以明显看出,在最重要的八个职位中,客家领袖就占了三位,分别是担任正监督的胡国廉、担任总理的梁碧如和张绍光,①这大大超越客家人在槟城华人人口中所占的 10％的比例。

中华学堂在南洋华人史上具有重要地位,不仅在教育上是新马地区第一所新式学堂,也成了国家意识的宣导进程中的一个重要里程碑。客家集团成员梁碧如以清廷驻槟榔屿副领事身份受邀出席和主持开学典礼,并在演说中强调"救国""报国""输文明予祖国"等口号,由此可见清政府已经认识到侨教对国家意识培养的重要性。②

除了垄断副领事官职、建构极乐寺和开办新式教育学堂外,客家集团也在其他方面做出贡献,例如救灾、捐助医院、资助其他学校等。但限于文章

① 《京外学务报告》,《学部官报》光绪三十二年(1906)十一月初一日第 9 期,台北故宫博物院 1980 影印本。
② 梁碧如的演讲稿,见《槟城新报》,1904 年 5 月 16 日。演讲稿全文,收录于本书第 9 章之附录 1。

篇幅,不一一举证详述。明显的是,在 19 世纪末和 20 世纪初,客家集团确实存在于槟城等北马地区。

### 三、跨域研究客家集团的必要性

这个槟城客家集团已经成为历史,但传统的历史研究方法无法全面地了解他们,一则是因为留下来有关他们的直接文献史料很少;二则他们的活动地域很广,涉及的事业也很杂,所以必须借助跨域研究方法来进一步重构他们的历史图像。

跨域研究包含两个方面:跨越单一学科研究和跨越单一地区的研究。跨越单一学科的研究已经是学术界的趋势,由于这些客家集团成员人生的复杂性和事业的多样化,不能只靠档案或其他文本的传统史学研究方法来研究,而是要引进文化人类学的田野观察、社会学有关对侨乡和侨居地社会结构的调查和分析、经济史有关侨资对近代中国的经济影响,以及商业史有关对侨资企业个案的研究和分析等。尽管已有一些学者分别进行某方面的研究,如对侨乡社会的调查,①或对侨资回国的统计,②但都是比较概括的研究,而非针对这个客家集团。虽然也存在一些针对客家集团成员的专题研究,但仍有扩大研究的空间。③ 更重要的要将这些个别和零星的研究整合,以便拼凑出更完整的图像。

跨越单一地区的研究也是必要的,因为这些客家集团成员都曾在至少两个地区活动或生活过,因此跨域田野考察和观察他们曾经生活过的各个地方自然显得格外重要。当然每个地方的考察和研究的比重会因他们在当地活动的时长和重要性而有所不同。

以本章所论及的客家集团的成员而论,有两大地区是需要特别深入了解的。一是原乡地,即梅县—大埔地区,它是所有这些客家集团成员的家乡。这个客家人聚居的地区在 19 世纪中叶开始有出洋谋生的风气,对当地的自然环境、物质生活条件、官民关系、民风习俗,以及个别家庭背景的认识

① 例如陈达:《南洋华侨与闽粤社会》,商务印书馆 1938 年版;李明欢:《福建侨乡调查:侨乡认同、侨乡网络与侨乡文化》,厦门大学出版社 2005 年版。

② 林金枝、庄为玑:《近代华侨投资国内企业史资料选辑:福建卷》,福建人民出版社 1985 年版,和《近代华侨投资国内企业史资料选辑:广东卷》,福建人民出版社 1989 年版。

③ 如颜清湟对张煜南兄弟经营潮汕铁路的研究,颜清湟:《张煜南与潮汕铁路(1904—1908):华侨从事中国现代企业的一个实例》,第 60—78 页。另外,近年比较多有关张弼士企业的研究,如 Godley, *The Mandarin — capitalists from Nanyang*: *Overseas Chinese Enterprise in the Modernization of China*, *1893—1911*, 1981;魏明枢:《张振勋与晚清铁路》,华南理工大学出版社 2009 年版。

有助于我们加深对客家集团成员出洋谋生的原因和奋斗原动力的了解。

另一个地区是北苏门答腊—槟城—霹雳地区。这个区域是这些客家集团成员达到事业巅峰的所在地。19世纪后期槟城在"北三角"（北苏门答腊、北马来亚和暹罗南部所构成的三角地带）经济圈中成为经济和商业中心，促使张弼士、张煜南和谢春生等人在北苏门答腊经营一段时间后，将事业版图中心迁移到槟城。霹雳则是在19世纪下半叶发现大量锡矿后，成为新移民的聚集地，霹雳境内的太平和近打河流域上的怡保等地也成为许多客家人实现致富愿望的所在地。[①] 梁碧如和戴欣然要么是靠从事矿业致富，要么是因为矿业发达带来人口增加而制造新的商机而致富的，梁碧如主要是以矿业致富，而戴欣然则是经营中药业起家。与北苏门答腊的客家富商类似，霹雳的客家富商也前往槟城置产及开拓新商机，并投入慈善和文教事业，顺利进入槟城华人社会的领导阶层。特别值得注意的是，客家集团的成员虽然分别从北苏门答腊和霹雳进入槟城，但这并非单向通道，他们继续和迁出地保持互动，往返两地。例如，张煜南在卸任槟城副领事后，回到日里（棉兰）发展。梁碧如则经常往返槟城和霹雳怡保两地。因此进行跨域研究时要关注研究人物的移动或流动，对其活动的区域也要有所研究。

简言之，除了参考文献资料的论述，实地考察人物的原乡和各主要的事业活动地，也是追求比较客观和完整的跨域研究成果的必要条件。当然，要更全面垮域研究这个客家集团的成员，不限于原乡和北苏门答腊—槟城—霹雳两大区域，还应尽可能包括他们的其他活动地区，包括巴达维亚、新加坡和中国大陆各地。表1.2略述他们的活动地域及活动性质。

表 1.2　客家集团主要成员的跨域活动

| 成员 | 活动地域 | 活动性质或地域关系 |
|---|---|---|
| 张弼士 | 广东大埔 | 早年生活及死后埋葬地；<br>发迹后在家乡进行多项慈善事业；<br>故居——光禄第，成为纪念馆和客家文化馆 |
| | 荷属爪哇；<br>北苏门答腊之日里（棉兰）和亚齐 | 早期事业发展地；<br>与张煜南在日里合资设立银行 |

---

① 有关近打河流域的锡矿的发展，参阅 Khoo Salma Nasution & Abdur-Razzaq Lubis, *Valley Kinta Valley: Pioneering Malaysia's Modern Development*. Ipoh Perak Academy, 2005.

续　表

| 成员 | 活动地域 | 活动性质或地域关系 |
|---|---|---|
| 张弼士 | 英属槟城 | 担任首任中国副领事;多元化事业大展宏图之地;建豪宅——蓝屋,办教育和慈善事业 |
| | 英属新加坡 | 担任署理总领事 |
| | 中国其他地区 | 在两广投资矿业、铁路;担任商会领导;<br>在山东创办张裕酿酒厂;在上海担任中国商业银行总董;<br>在北京朝廷当官 |
| 张煜南 | 广东梅县松口 | 早年生活地;<br>发迹后盖有大屋及从事慈善事业 |
| | 爪哇 | 初抵南洋的谋生地 |
| | 日里(棉兰) | 从事种植、开垦、商业等事业;<br>先后担任甲必丹和玛腰,成为华社领袖;<br>与张弼士合资设立银行,办教育、慈善;<br>死后埋葬于茂榕园 |
| | 槟城 | 担任署理副领事;<br>协助妙莲法师扩建极乐寺;<br>编著《海国公余辑录》《海国公余杂著》等;办教育、慈善 |
| | 新加坡 | 受人供奉长生禄位于嘉应五属义祠 |
| | 中国大陆其他地区 | 兴办潮汕铁路、协办华侨劝业会 |
| 谢春生 | 梅县松口 | 祖籍地;晚年建有大屋;家族成员曾接待孙中山于爱春楼 |
| | 婆罗洲坤甸 | 出生地 |
| | 北苏门答腊之亚齐和日里(棉兰) | 早年事业发展地 |
| | 槟城 | 事业高峰之地;担任署理副领事;办教育、慈善;受英殖民地政府委任为华人参事局委员(1902—1903 年) |
| | 马来亚其他地区 | 在霹雳和彭亨投资开矿 |
| | 新加坡 | 受人供奉长生禄位于嘉应五属义祠 |
| 梁碧如 | 广东梅县 | 早年成长地;晚年建筑围龙屋(洁养堂)、义务学堂;办理慈善事业 |
| | 霹雳 | 开矿;<br>受英殖民者委任为霹雳议政局议员; |
| | 槟城 | 槟城副领事;建豪宅;办教育、慈善;<br>逝世后安葬于槟榔屿广东暨汀州会馆公冢 |
| | 中国其他地区 | 在广西等地开矿 |

续　表

| 成员 | 活动地域 | 活动性质或地域关系 |
|---|---|---|
| 戴欣然 | 广东大埔 | 早年成长地；<br>故居大屋——资政第 |
| | 霹雳 | 事业发展地——中药业、埋葬地 |
| | 槟城 | 副领事；办教育、慈善 |
| | 新加坡 | 代总领事 |
| | 中国其他地区 | 潮汕捐资办学 |

资料来源：笔者根据多方资料整理。

从表 1.2 可以发现的共同点包括他们都先后跨越几个区域活动，虽然他们的活动事业繁多，但都包括领事服务、办教育和做慈善公益等。

跨域研究的史料应该是多样化的。除了官方档案和资料外，考察当时的报章、回忆录、田野观察、访谈资料等都会使研究者有意想不到的发现和成果。以梁碧如的研究为例，中国或英国殖民地档案都对他的生平事迹几乎从缺。过去对他的了解仅限于一些民间文本，而且几乎都是简传似的介绍，如《南洋名人集传》中的介绍，以及如《槟城散记》中杂记般的片段记录，其他主要就是各种会馆纪念刊中大同小异的"先贤简介"。笔者曾系统性地仔细翻阅 1895 年发刊以来的《槟城新报》，发现不少有关历任槟城副领事活动消息的报道，其中包括梁碧如的很多事迹，例如他在各次慈善捐款中的捐款数额以及他在 1904 年中华学堂开幕典礼中的开幕词等。这些零碎但珍贵的资料都是建构梁碧如在槟城事迹不可缺乏的资料。

另以回忆录作为史料而言，梁碧如第三代后裔的回忆录提到的一些事实，也可以佐证梁碧如雄厚的财富。梁碧如逝世后除了留下一笔钱用于公益慈善外（如创办以他命名的碧如女校），他剩下的遗产仍足以让他在中国和马来亚的子嗣不需工作，还能过着极为奢华的生活。梁碧如的外曾孙女回忆她的外祖父（即梁碧如的长子梁恩权）除了在怡保和霹雳购置豪华的别墅外，其日常生活就是玩时尚名车，以及养马、赛马和参加俱乐部等。[①]回忆录中提到的事实，也间接得到梁碧如在中国家乡的后人佐证。根据笔者到梁碧如家乡所做的田野考察和访谈记录，在 1949 年中华人民共和国成立之前，梁碧如在中国的家族后人，都过着富裕的生活，而且还常请亲友吃饭聊

---

① Ramsay, *Days Gone By: Growing Up in Penang*, pp. 14-16.

天。①原来梁碧如有四位太太和六名男嗣。②他在中国家乡的太太吴氏（并非首任太太，首任太太是南洋谢氏）是他在 1895 年返乡时娶的，③并为他生下唯一在家乡出生的男嗣——梁恕权。梁碧如逝世后，梁恕权每年从中国家乡来南洋一趟，领取他应有的那份遗产的利息和利润，这份利益就足够让所有家乡的家人无忧无虑地过着舒适的生活。④（详见本书第 2 章）

田野考察常常有一些意想不到的收获。现举两个例子：一是考察梁碧如家乡的围龙屋（洁养堂）时，有一些重要的发现，其中之一就是在他的大屋的其中一个天井的一个角落里发现一块弃置石碑，竟然是当年直隶总督兼北洋大臣李鸿章赠送给梁碧如的，以感谢他赈灾的善举——梁碧如曾"遵其祖父母及父母命捐助直赈棉衣裤二千套"⑤。从这个例子可以看出梁碧如不仅在南洋和家乡做了许多善行，还对中国其他地方的不幸人士伸出援手。此外，梁碧如以他的祖父母和父母之名捐赠救灾，孝心可嘉。

另外一个例子是田野考察戴欣然故居时发现的。在戴欣然所盖的资政第右侧，有一栋规模不分上下，但比资政第盖得更早一点的大屋，那是戴欣然的长兄的房子。戴欣然早年生活贫苦，年幼时得到长兄许多的照顾，戴欣然下南洋发达之后，请他的长兄也到南洋去当他的管家，并出资给长兄先盖大屋，展现出知恩图报的美德。像这类能够让我们更深入了解历史人物的细节，往往能在田野考察中发现或找到证据，让历史人物有血有肉，接近人性的本质。

如果将这个田野考察的研究方法应用到所有客家集团成员的研究，我们必能对这些人物及其家族有更全面的了解。

## 四、余论：客家集团研究的学术意义

这个客家集团的研究对族群研究、中国近代史研究和海外华人研究的学术意义都是重大的。就族群研究而言，这个研究有助于纠正长期以来认

---

① 2006 年 10 月田野考察梅州梁碧如故居养洁堂，与梁光曦访谈记录。
② 根据梁碧如的中国家乡的家族系谱记载，他有六个儿子，而其外曾孙女的回忆录中只有五个儿子。由于家族系谱清楚列出了六个儿子的姓名，所以六个儿子应该是正确的。
③ 没有确实的资料证明他是否在 1895 年回乡娶太太。笔者是根据其儿子于 1896 年出生推算。
④ 笔者于 2006 年 10 月田野考察梅州梁碧如故居洁养堂，与梁光曦访谈记录。
⑤ 笔者于 2005 年 7 月田野考察梅州梁碧如故居洁养堂时抄录。

为槟城的华人帮权政治中只有广帮及福帮两股势力的看法。[①]尽管 1881 年创立的平章公馆显示广、福两帮人平分管理权，但在 1890 年代客家集团崛起后，槟城华人社会已经出现了第三股势力，即客帮的势力。第三股势力在华人社会中是否存在，最好的验证方法是他们是否有能力领导和号召华人社会支持一些跨族群的机构或公益活动。客家集团领导华人社会对极乐寺的支持和扩建，以及对第一所跨方言群的中华学堂的筹办，就是明显的实力展现。这个由客家集团所支撑的第三股势力在 1920 年代随着客家集团成员的先后凋零而逐渐消失。所以，槟城华人社会第三股势力的存在是特定时期的特殊现象，不是一个常规的社会结构机制。

族群研究者往往也关心性别研究，或者女性族群的社会地位等。在客家集团成员的个案研究里，也发现值得进一步思考的问题。例如，女性在家中的地位或发言权方面，梁碧如的第一位太太谢氏的看法就与一般认知有所不同。她不只是家中的决策者，甚至还帮丈夫安排回中国乡下娶妻。[②]

这个客家集团的研究也对中国近代史研究深具意义。首先，就经济层面而言，这些客家集团的成员在南洋经商致富后，不只买官衔或回国当官（如张弼士等），还投资中国。他们投资中国的行动一方面是商业的考虑和投资策略所然，[③]另一方面则是响应当时祖国对华侨的号召而回国进行实业救国。

每一个客家集团的成员回国投资的经验和结果都不尽然相同。例如，张煜南和张鸿南投下巨资兴建的潮汕铁路，可惜建成后不久，还是因为营运亏损而停止运作。[④]另有几位客家集团成员回国投资开矿，包括张弼士、梁碧如等。而投资最多的是张弼士，除了开矿、兴办铁路、开设银行外，他还在山东烟台创办了以酿制葡萄酒名闻中外的张裕酿酒公司，这个已经有一百多年历史的企业，目前仍然是中国的一个知名品牌。研究这些客家集团成

---

① 在槟城华人研究中，习惯以"帮"来统称某一方言群或族群。最常听到的是广帮和福帮，因为最早期的华人主要宫庙就是以"广福宫"为名，代表这是所有华人的宫庙，因为槟城早期的华人几乎都是由粤、闽两省移民而来。也因此，在谈论槟城的帮群政治的时候，一般认定槟城华人社会是由此两大帮群控制。有关"帮"的进一步讨论，见吴龙云：《遭遇帮群：槟城华人社会的跨帮组织》，新加坡国立大学中文系、八方文化 2009 年版。

② Ramsay, *Days Gone By: Growing Up in Penang*, 2003.

③ 例如，笔者的学生邓宇在其硕士论文中发现，英国殖民政府在政策上对马来亚华人矿家的歧视和压迫，也是造成华人矿家考虑回国投资，分散事业风险的因素之一。邓宇：《十九世纪末二十世纪初马来亚华人锡矿家跨域经营之研究》，新加坡国立大学硕士论文，2018 年，第 59—76 页。

④ 有关张氏兄弟与潮汕铁路的关系的来龙去脉，见颜清湟：《张煜南与潮汕铁路（1904—1908 年）：华侨从事中国现代企业的一个实例研究》，第 60—78 页。

员能够回答华侨富商回国的投资对近代中国经济有多大程度的影响,以及清末和民初政府对华侨的管理和对华侨回国投资的态度等近代史问题。

其次,就政治层面而言,这些客家集团成员对辛亥革命也有影响。虽然他们在担任槟城副领事(或新加坡总领事)时的身份是清朝政府的海外官员,而且表面上也和革命党没有关系,实际上有证据显示一些客家集团成员私下同情甚至暗地里协助革命活动。例如,谢春生两位侄儿谢逸桥与谢良牧热心参与革命运动,谢春生显然有掩护他们在槟城活动。[①]戴欣然担任领事的时候,也消极地抵抗命令,拒绝向清廷驻新加坡总领事提供有关孙中山到访槟城的活动情报。[②]为何身为清朝官员(槟城领事)的客家集团成员会暗地里协助革命党,是一个很有意义的近代史问题。

就海外华人研究而言,这些客家集团成员的身份认同,以及他们如何游走于殖民地政府和清朝政府之间都是值得深入研究的课题。这几位客家集团成员,他们既是客家人的领袖,也是全体华人社群的领袖。他们会自然地优先照顾客家人的利益,例如推荐客家人继续担任下一位领事。但他们处理的事务和办理的活动又涉及全体华人,例如召集全体华人共庆皇帝和太后的圣诞。此外,他们还要不分籍贯,代理各帮华人富商,与清廷联络卖官鬻爵的事务。[③]所以他们的身份认同要看场合和情况而随时调整和适应。此外,多个槟城领事也身兼(或曾担任)殖民地政府的官方职位。例如,张煜南曾先后担任荷属日里的甲必丹和玛腰,谢春生曾担任槟城华人参事局成员[④],梁碧如也曾出任霹雳议政局会的议员。因此,这些领事既是客家人,也是中国侨民,既是清廷的驻地官员,也是殖民地政府委任的华人代表。

另外一个问题是"富不过三代",这一现象不仅出现在客家集团,也发生于整个东南亚华人社会。"富不过三代"的现象其实相当普遍,通常我们对这种现象的理解是子孙不知赚钱的辛苦,挥霍无度,导致将父亲和祖父留下

---

① 有关谢逸桥与谢良牧与辛亥革命的关系讨论,见魏绍祥、房学嘉编:《客籍志士与辛亥革命》,广东人民出版社1992年版。

② 有关戴欣然对清政府和革命党的态度问题,还值得进一步研究。一方面他被认为有袒护孙中山之嫌,另一方面他在1911年武昌起义爆发后不久辞去槟城副领事一职,命他的儿子戴淑原代副领事职务。戴欣然的辞职是表示他不准备为可能的新政府服务,还是另有原因?如果是前者,又似乎与他之前袒护孙中山有矛盾。

③ 有关海外华人向清廷买官爵的讨论,见颜清湟:《清朝鬻官制度与星马华族领导层(1877—1912)》,收录于《从历史角度看海外华人社会变革》,新加坡青年书局2007年版。

④ 华人参事局(Chinese Advisory Board)是英殖民地政府设立的官方机构,由英官华民护卫司担任参政局主席,委任数位当地华人领袖为成员,作为华人社群和英殖民政府之间沟通的机制,以达到下情上呈和上令下达的效果。

的遗产耗尽。这种说法的确有不少根据，也很容易找到例子。笔者将这种原因称为内因。

除了内因之外，我们也应该注意外因。以东南亚的历史而言，外因就是日本的侵略。早期一些南洋华人的财富之大，让人难以想象。以梁碧如家族为例，梁碧如逝世后，他的儿子除了依照父亲遗愿，继续捐助公益团体机构和活动，包括创立碧如女校等。他的儿子，尤其是长子梁恩权一家过着奢华的生活（如上文所述），他在中国唯一的儿子梁恕权一家，也完全不需工作，每年只要到马来亚一趟，领取遗产利息，就足够让他们在中国悠闲生活。梁碧如遗留下来的财富，即使儿子挥霍度日，因为还有产业继续生财生息，也应该有足够的金钱遗留给第三代的孙子辈。不幸的是，日军在 1941 年 12 月登陆马来亚，不只占据土地资源，也侵占民间的财产，许多华人富商的产业和财富，正在第二代后裔的手中便被日军吞夺或破坏了，已经没有机会来考验第三代是不是败家的祸首了。

以上简要论述一个客家集团的形成和他们对槟城华人社会的影响。文章无意且不可能在有限的篇幅内详述相关的历史事迹。本章尝试彰显出这个客家集团对槟城华人社会，尤其对当地华人族群、历史和文化生态的重要意义，并表达出跨域研究方法对进一步探索这个客家集团的重要性。由于他们的人生经历和事业的复杂和多样，尤其是生活地域的广阔，研究者有必要采取跨学科领域和跨地域的研究途径来建构他们的历史图像和还原历史情景。

借用历史心理学的方法或许有助于我们了解他们早年在家乡的生活和感受对他们的艰苦奋斗精神到底有何种程度的刺激作用。此外，在南洋的际遇和努力成就了他们的事业，他们不只是槟城的历史人物，也在北马（霹雳）、苏北（棉兰／日里），甚至在新加坡和爪哇等地留下深刻痕迹，因此采用历史人类学的田野考察方法有助于我们更深刻了解他们的遭遇和经验，并验证或补充文本资料中的记载和不足之处。另外，由于他们的事业和活动对中国近代的政治和经济起了一定程度的作用，访察他们在中国的故居和各地的事业发展基地有助于我们更全面了解这个客家集团成员的生命历程和与国家命运的关联。简言之，研究这个客家集团不仅能更全面地了解这个集团成员的事迹，也有助于深化族群关系研究、海外华人移民史和中国近代政治经济发展史的研究。

# 第二章　马来亚侨领梁碧如家族的
## 跨地域研究

　　过去有关中国驻英属马来亚槟城(时称槟榔屿)历任或个别领事官的研究,除了注意到他们的籍贯特色外,还多集中在他们任内的表现,包括他们的领事业务、慈善事业,以及对华人社会的影响等。有关他们的家族以及他们的后裔的事迹,尤其是涉及南洋和中国互动,以及南洋后裔与中国家乡后裔的关系,不见有论著讨论。因此,本章以这个方面为切入点,并以第四任领事官梁碧如及他的家族为焦点展开讨论。梁碧如家族之所以被挑选出来讨论,不只因为有文献资料可供论证,笔者也多次到中国广东梅县(今梅州市梅县区)梁碧如的家乡考察和访问他的后裔,并得到很多私人资料,可以对梁家有更完整的了解。再者,梁碧如在大洋洲的后裔也曾出版家族回忆录,在香港的后裔也通过电子邮件向笔者传达一些家族的信息。这些难得的资料和信息在这篇文章中都扮演着举足轻重的角色,这也是所谓跨地域和跨领域研究的一个特色。

　　梁碧如(1857—1912),家名梁廷芳,又名梁辉、梁广辉、梁璧如,出生于广东梅县。梁碧如年少时到南洋谋生,后成为英属马来亚著名的富商、矿业巨子和慈善家。他的事业基地主要在霹雳州和槟城,而且是当地客家人领袖,并曾被委任为大清帝国驻槟榔屿副领事(1903—1907)。过去有关梁碧如的研究极少,常见的简历,主要出现在相关客家会馆纪念特刊上及一些人物简介的书刊上。[①]笔者曾发表专文讨论他在领事外交、教育和慈善方面的功绩,以及他在槟城华人帮权政治中所扮演的角色,[②]但这些文章的论述基

---

① 例如槟榔屿客属公会四十周年纪念刊编委会编:《槟榔屿客属公会四十周年纪念刊》,槟榔屿客属公会 1979 年版,第 736 页;林博爱:《南洋名人集传》(第二集),南洋民史纂修馆 1922 年版,第 6—8 页。

② 例如,黄贤强:《客籍领事与槟城华人社会》,《亚洲文化》1997 年第 21 期,第 181—191 页;黄贤强:《梁碧如:二十世纪初期槟城华人社会的领袖》,《马来西亚华人研究学刊》1998 年第 2 期,第 1—17 页;黄贤强:《客籍领事梁碧如与槟城华人社会的帮权政治》,收录于徐正光编《第四届国际客家学研讨会论文集:历史与社会经济》,台北"中研院"民族学研究所 2000 年版,第 401—426 页。

础还是传统的文献史料。2005 年开始,笔者多次到粤东客家侨乡进行各种课题的跨地域田野考察和口述访问。从 2006 年发现梁碧如的围龙屋洁养堂开始,笔者在过去的十多年间曾八次探访梁碧如故居洁养堂(前七访的田野考察报告见本章附录),①从鲜有人注意的破旧围龙屋,到被当地政府列为文物保护单位,这一过程可谓见证了洁养堂的重现及变迁的历史。更重要的是,每次的田野考察,都让笔者发现新的文物,逐步对洁养堂、梁碧如及梁家在海外和家乡的家族史有更了清晰的了解。

本书第九章将会详细讨论梁碧如在马来亚的事业和活动,本章则主要讨论他如何维系自己和家乡的关系,以及如何搭建马来亚和中国之间联系的桥梁。甚至在他逝世后,这种跨地域的活动和联系,还继续由他的妻妾和子嗣继续维持。② 以下分别从四个方面展开讨论:梁碧如的婚姻和子嗣、家乡的围龙屋、家族的慈善事业以及后裔的遭遇。

## 一、梁碧如的"两头家":婚姻和子嗣

根据梁氏锦台公族谱记载,梁碧如的先祖,即十一世祖锦台公于 1688 年迁徙至梅县折桂窝,开枝散叶。③梁碧如为第二十世,族谱上列有谢氏和吴氏两位夫人。梁碧如的正室谢氏在南洋出生,为中国驻槟城第三任副领事谢春生④的女儿,育有五子,分别为恩权、德权、应权、忠权和意权,他们都在马来亚(今马来西亚)出生。梁碧如在 1876 年,即年满 19 岁就南来谋生。起初是在同是梅县客家人的南洋富商谢春生处打工,兼照顾其女儿。据说梁碧如工作表现良好,谢春生对他的初步印象很好,故意让梁碧如照顾其女儿,以便进一步观察他的为人。⑤梁碧如通过了这一长时间的考验后,谢春生满意地将女儿许配给他。当时梁碧如已经年满 32 岁(1889 年),次年生下长子恩权。⑥之后,德权等四个男孩也先后诞生。梁夫人谢氏由于出生富贵之家,性格也比较强势,家中的内务基本上是由谢氏决定,包括纳妾一事。

---

① 笔者八访梅州洁养堂的时间分别为 2006 年 11 月 10 日,2008 年 7 月 15 日,2009 年 10 月 30 日,2010 年 6 月 29 日,2012 年 12 月 8 日,2013 年 10 月 14 日,2014 年 11 月 18 日,2018 年 4 月 28 日;另外,作者也安排肖文评教授于 2010 年 5 月 23 日、5 月 30 日、5 月 31 日和 6 月 12 日采访并记录梁光羲的口述。

② 有关梁碧如的后人在家乡的情况,一部分内容是采用其曾孙梁光羲的口述和受访记录。

③ 《锦台公老本》(族谱)。2010 年 6 月 29 日笔者四访洁养堂时的采访记录。

④ 谢春生(1847—1916),又名荣光,字梦池。原籍广东省梅县松口镇铜琶村。

⑤ Christine Wu Ramsay, *Days gone by: Growing up in Penang*. South Yarra, Vic.: Macmillan Art Publisher, 2003, p. 7. 作者为梁碧如的外曾孙女。

⑥ Ramsay, *Days gone by: Growing up in Penang*, p. 7.

在那个时代,有钱的男人纳妾是很正常的事,而且也是身份地位的象征。谢氏安排原来伺候她的婢女为丈夫的妾,①很可能就是没有列在族谱上的陈氏。有关陈氏的信息几乎从缺,只知道她的坟冢坐落在槟榔屿广东暨汀州会馆义冢上的梁碧如墓的右侧,碑上刻了"皇清显妣勒顺梁母陈孺人墓",②由此可以确认她确是梁碧如的妻妾。在梁碧如墓的左侧,则是其原配谢氏的墓。

谢氏除了为梁碧如纳了一个妾外,也同意他回乡娶个老婆。因为梁碧如长期在海外,而且也娶了"南洋婆",有必要为他在家乡娶个老婆照顾家里的老人,又因为梁碧如是长子,更应该为家乡留下香火。梁碧如在 1896 年在家乡娶了吴氏,次年吴氏的长子梁恕权出生。按年龄顺序,梁恕权(1897—1966)是梁碧如的第四个男孩。

梁碧如逝世于 1912 年 4 月,当时槟城报章刊登逝世消息:"本屿富商梁君碧如⋯⋯在本屿莲花河府第仙逝,享年 56 岁,遗下一妻三妾,六男四女⋯⋯"③由此可知,梁碧如除了在中国的吴氏、在槟城的谢氏和陈氏外,应该还有一个妾,但到底是谁不得而知。而梁碧如的六个子嗣,有五个是谢氏所生,一个是中国家乡的吴氏所生。由于梁碧如有"两头家",在马来亚和中国都有家庭和子嗣,这就牵动南洋和中国的互动关系。但梁碧如不像第一任驻槟榔屿领事张弼士和第二任领事张煜南,他们除了照顾本家和本乡外,也花了很大的精力和财力去投资国内大型的企业和建设,例如,张弼士在烟台设立葡萄酒厂,张煜南兄弟则在潮汕兴建铁路。梁碧如在中国的建设,都是和他的家族或本乡有关的事业。下节从梁碧如在家乡兴建的围龙屋——洁养堂来检视马来亚的梁碧如和中国家乡的联系。

## 二、洁养堂:家乡的荣耀和家族符号

梁碧如在家乡兴建的"洁养堂"是最能代表维系马来亚和中国侨乡关系的物质资产,而且其价值不只是在于建筑本身,也包括建筑内所遗留下来文化符号,以及衍生出来的跨域亲情。坐落在今之梅州市梅江区三角镇三角村的"洁养堂",占地面积 5343 平方米,建筑面积 2542 平方米。④此屋坐东北

---

① 梁碧如在南洋所娶进门的第二个女人应该是陈氏。参见:Ramsay, *Days gone by: Growing up in Penang*, p. 8.

② 感谢白伟权及周建兴提供梁碧如墓地的信息和照片。笔者于 2018 年 12 月 4 日亲往槟城其墓地考察。

③ 《富商仙逝》,《槟城新报》,1912 年 4 月 9 日,第 3 版。

④ 根据悬挂在洁养堂大门口的"梅江区文物保护单位"的牌子的说明文字。

向西南,由围墙、内禾坪、半月形池塘、堂屋、化胎、围龙、左右横屋等构成,为典型的客家围龙屋,建筑结构为"三堂四横一围",内有 120 多个房间。洁养堂在 1897 年动工兴建,1900 年完工建成。梁碧如出资兴建洁养堂的时候,已经在南洋奋斗了 21 年,成为马来亚知名的富商和锡矿家。在家乡买田地盖大屋,是很多华侨的心愿。洁养堂这块地原来不是梁家的,而是彭姓人家的。彭某是泥水师傅,专门替人建房子,但自己日子过得很辛苦。梁碧如看上他家的地基风水和周围土地,就与彭某商量,请他移居附近的地方另建新屋,新屋的土地和建筑材料的费用全由梁碧如支付。梁碧如把彭家老屋和田地买过来后,将屋拆了,建成了洁养堂。[1]

洁养堂的落成是当地的一件大事,也是梁碧如光宗耀祖的盛事。梁家后裔还记得,梁碧如在家乡的妻子吴氏(1868—1958)乔迁当天,是用箩筐将三岁的儿子梁恕权从折桂窝老屋挑过来,风光入住。[2]折桂窝的老屋是梁氏第十八世祖梁英华(梁碧如的祖父)建的,梁英华生两个儿子,长子梁赢官(梁碧如的父亲)和次子梁宪官。当洁养堂建成时,梁赢官就把老屋留给弟弟宪官居住,他自己这一房,包括他的三个儿子碧如(即广辉)、广兴和广成迁居新盖成的洁养堂。[3]

有关洁养堂的产权,梁赢官准备把它平分三份,每个儿子各有一份。梁碧如的妻子吴氏不同意,认为盖新屋的钱都是梁碧如在南洋发财后拿回来的,梁碧如名下应该分得一半,其他两兄弟再平分剩下的一半。梁赢官没有什么理由可反对,就按照吴氏的说法处理产权了。[4]从这件事情可以看出,吴氏不像典型的传统中国媳妇,家族大事由男人做主,而是会替丈夫争取应有的权益。

此后,洁养堂一直是梁碧如以及他在马来亚的后人与家乡联系的中心,也是他们牵挂之情的寄托场所,因为梁碧如原乡妻子吴氏和她养育的子孙都是居住在这里。[5] 1949 年新中国成立,实行土地改革后洁养堂内的十多间房被分配给贫农。但这些贫民没有过来住,有的就转卖给附近小密水库的移民住。其间梁家后裔仍然住在洁养堂。1960 年代"文革"时期,洁养堂遭到相当大的破坏,并被十几户农民占住。[6]中国改革开放后,洁养堂归还

---

① 梁光羲口述,2010 年 6 月 12 日。
② 梁光羲口述,2010 年 6 月 12 日。
③ 梁光羲口述,2010 年 6 月 12 日。
④ 梁光羲口述,2010 年 6 月 12 日。
⑤ 后代子孙长大后也有迁居香港等地,或者穿梭两地的。
⑥ 梁光羲口述,2010 年 5 月 23 日。

给梁家,但此时这个历经沧桑的洁养堂也只是个老旧的围龙屋民居。2011年12月,洁养堂的身份发生转变,它被公告为"梅江区文物保护单位"。[①]这个转变主要不是因为这个围龙屋本身具有上百年的历史,而是围龙屋内被发现留有极其重要历史文物,凸显出这座围龙屋的历史价值和它原主人的历史角色。

到底是什么历史文物引人注目呢?笔者在2006年初访洁养堂,发现这个围龙屋大门前和屋内天井处被弃置的两块百多年前的石匾额和石碑。[②]它们不只和梁碧如的善行有关,也和清末大臣李鸿章及大清皇帝有关。大门前的石匾额题的是"乐善好施"四个大字,而天井一角躺着的石碑,碑的前后刻有如下文字:

> 案奉钦差北洋大臣直隶爵阁督部堂李札开,光绪十九年九月念六日在天津行辕,专弁附奏,广东嘉应州花翎候选同知梁廷芳遵其祖父母及父母命,捐助直赈棉衣裤二千套,业经解交津验收分拨灾区。该员善承亲志,仰体时艰,慷慨捐输,有裨赈务,所捐棉衣裤,照章核给,与建坊定例相符,应请旨俯准,梁廷芳为其祖父梁英杰、祖母梁邓氏、父梁上瀛、前母梁蓝氏、生母梁刘氏,在原籍建坊,给予"乐善好施"字样,以示旌奖,理合附片具奏。是年十月二十日奉刊朱批,着照所请,钦此。钦遵。

原来光绪十九年(1893)中国北方直隶地区发生大水灾,梁碧如以祖父母和父母的名义捐赠衣物救济灾民。时任大清帝国北洋大臣兼直隶总督的李鸿章奏请皇上恩准建筑"乐善好施"牌坊以为回报梁家的善行,并刻碑为记。这个捐赠衣物赈济灾民的举动不只是个善行,而且也是中国传统孝道文化的表现,因为捐款赠物的实际者是梁碧如,但言明是奉其祖父母及父母之命捐助,而且要为祖父母、父亲、前母和生母建坊,以奉接朝廷褒奖,荣耀先祖,孝道可嘉。可惜经过1960年代"破四旧",牌坊已经荡然无存,而厚重的"乐善好施"石匾额一角也遭到破损,弃置大门口一旁多年。而那块记录

---

① 有关洁养堂的被发现,见刘奕宏、钟小丰:《梁璧如:被历史尘封的客家巨商 曾任晚清驻槟城领事》,《客家风情网》,http://www.hakkaonline.com/thread-91688-1-1.html,浏览于2019年8月2日。

② 有关考察发现,见黄贤强:《洁养堂的重现和变迁:田野考察纪要》,《全球客家研究》2015年第4期,第143—158页。

梁家善行和朱批的石碑,也竟被废置屋内天井一角。时过境迁,梁碧如后人可能已经不知道这块石碑的珍贵。笔者到洁养堂到访和考察,能为梁家发现这两块镇家瑰宝,也算是田野过程中对受访家族的贡献。

洁养堂在 2011 年 12 月 31 日被核定为"梅江区文物保护单位",次年 4 月 20 日立牌公告。不久,时任当地《梅州日报》记者的刘奕宏撰文,引述笔者的谈话,曰:"去世近百年的梁碧如今天在南洋依然保持很高的知名度,可在家乡却是如此的落寞。"刘奕宏附和地写道,"的确如此,在梅州现存的地方史志包括华侨史,基本上找不到有关梁璧如的记载,历史是如此的吊诡,梁璧如到底是怎样的人物?"[1]于是他发表一篇介绍文章,将梁碧如在马来亚和家乡的重要事迹娓娓道来,当地居民才开始了解梁碧如这位情牵和造福南洋和中国两地的先贤。

## 三、蒙养学堂和德济疗养院:梁氏家族的仁心善果

梁碧如在马来亚,除了有担任槟城领事官的一般活动外,推动教育发展也是他长期的贡献,其中包括他为槟城的中华学堂(1904 年建立)和崇华学堂(1907 年建立,1912 年改校名为时中学校)出钱出力。[2]即使在他逝世后,梁碧如的遗孀和子嗣也按他生前的意愿,出资创办"璧如女校",让女童也有机会受教育。另外,梁碧如对家乡的启蒙教育和医疗两方面的贡献也很突出。他曾出资兴建的"蒙养学堂",提供免费教育给梁姓子弟。另外,梁氏家族也捐献土地给德济疗养院,以建筑疗养院房舍,造福病人。

梁碧如对家乡子弟的教育贡献,首推设立学堂。他有感于年幼时没有太多的读书机会,当他在马来亚事业有成、财富丰厚时,就兴起建设学堂的念头,尤其是他在槟城合资兴办的中华学堂及崇华学堂已经先后在 1904 年和 1908 年开学。梁碧如在洁养堂右侧一块占地约 520 平方米的土地上兴建了一座附属建筑物,作为学堂用途,并于 1909 年完工。"蒙养学堂"为中西合璧式的两层楼建筑,建筑面积约 1000 平方米。[3]所谓中西合璧,主要是指楼房架构使用香港运回来的"红毛泥"建筑,梁柱、门框用国产麻石打造,门窗则采用西式拱券门和彩窗。楼房除了一个正大门之外,左右两边还分

[1] 刘奕宏、钟小丰:《梁璧如:被历史尘封的客家巨商 曾任晚清驻槟城领事》,浏览日期:2019 年 8 月 2 日。

[2] 黄贤强:《客家人与槟榔屿的华教和孔教》,收录于黄丽生编《东亚客家文化圈中的儒学与教育》,台湾大学出版中心 2012 年版,第 167—188 页。

[3] 《广东梅州中西合璧私塾:蒙养学堂》,《中国园林网》,http://gj.yuanlin.com/Html/Detail/2011-1/10504.html,浏览日期:2019 年 3 月 27。

别开设侧门,方便学生出入活动。屋内装修考究,厅堂地板采用马来亚进口的彩色瓷砖铺筑,窗扇用木格套进口彩色玻璃,走廊护栏用中式翠绿色瓷质花栏装饰。①

蒙养学堂建成后,梁碧如交由他的弟弟梁广兴(又名梁建侯)与张怀真共同办理学校事务。梁广兴和张怀真都是辛亥革命时期梅州地区的同盟会的成员,所以蒙养学堂也成了倡导新学的活动据点。张怀真出任蒙养学校校长。张怀真(1871—1941),名于生,广东梅江区场林坪村人,清秀才、廪生。1906 年加入同盟会,任梅州同盟会秘书。后转入教育界和报界,为著名报人和爱国者。除此之外,由于资料所限,我们对蒙养学堂所知有限。但按照光绪二十九年十一月(1904 年 1 月)清末中国第一个由中央政府颁布在全国范围内实行的法定新式教育制度,即所谓的"癸卯学制"②而言,新的学制主要划分为三段七级。第一阶段为初等教育,分三级,包括蒙养院(相当于现在的幼儿园)、初等小学堂(五年)和高等小学堂(四年)。第二阶段为中等教育,即中学堂(五年)。第三阶段为高等教育,分三级,包括高等学堂(三年)或大学预科、大学堂(三年至四年)、通儒院(相当于现在研究院)。③在这个学制下,蒙养院或学堂属于幼儿教育机构,为三岁至七岁幼儿启蒙教育之所。由于家乡教育不发达,梁碧如为家乡梁姓子弟兴办幼儿教育院是有道理的。

蒙养学堂在"文革"时期和洁养堂一起被没收,改革开放后蒙养学堂和洁养堂才归还梁家后人。2006 年笔者初访时,蒙养学堂是出租给外人当作住处兼仓库使用,学堂内除了住有租户外,也堆满不少货物和杂物。2008年再次探访时,蒙养学堂屋内已经清空。据梁家后人解释,他们希望恢复学堂原来的样貌和功用,以示对祖上负责。④清理后的蒙养学堂,地板上的进口图案瓷砖,窗户上的彩绘玻璃,仍显露出一百年前这栋建筑的风采和典雅风格。但 2011 年底当地方政府将洁养堂列为文物保护单位的时候,并没有包括蒙养学堂的建筑,而且有许多开发商对这块土地及建筑很有兴趣。但梁家后人没有被当下的利润诱惑,坚持不出卖,最后出租给一个公寓开发商

---

① 《广东梅州中西合璧私塾:蒙养学堂》,浏览日期:2019 年 3 月 27。

② 癸卯年为 1903 年,但"癸卯学制"正式颁布于癸卯年十一月二十六日,即 1904 年 1 月 13 日。当时清廷公布的《奏定学堂章程》,包括《学务纲要》、《各学堂管理通则》、《蒙养院章程及家庭教育法章程》、《初等小学堂章程》、《高等小学堂章程》、《中学堂章程》、《高等学堂章程》、《大学堂章程》(附通儒院章程)、《初级师范学堂章程》、《优级师范学堂章程》等。

③ 刘真:《教育行政》,正中书局 1950 年版,第 93 页。

④ 2008 年 7 月 15 日笔者二访洁养堂时的记录。

当作附属的幼儿园。①在梁家后人没有充裕的财力和更好的办法自己处理这栋建筑之前,出租出去当作幼儿园,或许也是个不错的处置办法,而且也符合梁碧如当初兴建蒙养学堂的目的。蒙养学堂租金的收入,也让梁家公账得以有盈余,除了可以雇人定期清理洁养堂的环境和保养及维修外,还能支付家族中人喜事的礼金和白事的帛金,以及资助祠堂祭祖和闹元宵活动的费用。每年的相关收入和支出的财务明细表贴在洁养堂中堂大厅柱子上,公开透明,显示这个家族还保留传统的做法,将公账公告于公开场所,昭示家族人。② 蒙养学堂的发展和转变,可能是当初梁碧如建校行善时所始料不及的,可谓前人种树,后人遮阴。

20 世纪初期的南洋华侨领袖或富商,在从事公益事业的时候,除了兴建学校以教育幼小外,另外一项公益事业就是建设医院或疗养所,以照顾病人。梁碧如也不例外,他在家乡除了开办"蒙养学堂"外,也资助"德济疗养院"的设立。疗养院设在梅县东南郊区的清凉山。《乾隆嘉应州志》记载:"清凉山,黄沙嶂背,颇产土茶。旧志云,山腰平夷,有小寺。"③由于山腰平坦处的地势不是很高,海拔 800 多米,但空气清新凉爽,夏天时山上气温比山下低五六度,适合调养肺病。19 世纪末 20 世纪初,一群主要来自瑞士和德国的欧美传教士,在梅县清凉山西南部湖鳅塘一带动工兴建疗养院。同时,一些名流巨贾也接踵而来在清凉山兴建避暑别墅,故有粤东"庐山牯岭"之誉。④

德济疗养院其实是梅县德济医院的附设机构。德济医院是由瑞士基督教巴色传道会派德籍传教士兼医师韦嵩山(Hermann August Heinrich Wittenberg, 1869—1951)于 1893 年来梅县倡办的,1896 年医院大楼落成启用。1915 年梅县德济医院院长宝为善医生和纪振纲牧师倡建德济疗养院,于是派人前往清凉山调查和测量气候,确认为适合治疗肺病之地,因此募款购地建疗养院。此时梁碧如已经逝世,梁碧如的弟弟梁建侯(梁广兴)代表梁家捐出了清凉山的一块土地,即位于山腰湖鳅塘的一片山坡平地,作为兴建德济疗养院的院舍。建院的费用也得到梁碧如的岳父谢春生和同是梅县松口镇人的荷属东印度(今印度尼西亚)富商梁映堂等人慷慨出资,鼎

---

① 2013 年 10 月 14 日笔者六访洁养堂时的记录。

② 2018 年 4 月 28 日笔者八访洁养堂时的记录。

③ 《乾隆嘉应州志》卷一:山川,收录于故宫博物院编"故宫珍本丛刊"第 174 册,海南出版社 2001 年影印本,第 205 版。

④ 《图说历史:清凉山早期的影像》,https://kknews.cc/zh-sg/history/k2zz6v.html,浏览日期:2018 年 6 月 1 日。

力支持。可惜百年之后，德济疗养院址只留下断壁残垣，为梁碧如家族的慈善事业和慈悲心怀留下仅存的痕迹。但从旧照片中可看出当年德济疗养院的规模不小，整个院区是由好几栋建筑组成。

梁家在清凉山湖鳅塘一带也曾有一栋别墅，与当时很多的别墅一样，现今只留下废墟。但在某个废墟前方的斜坡树丛里，还可找到被弃置的梁碧如前母蓝太夫人的墓碑。①碑文为"皇清例赠恭人蓝太君墓"，墓碑右边刻有"光绪十八年壬辰岁孟冬"及"男候补同知加一级 赏戴花翎 梁廷芳"等字样，②左边则有立碑人孙（权字辈）和曾孙（锡字辈）多人名字，确定是梁碧如前母的墓碑，而且是在1892年农历十月下葬。这块墓碑何时废置于此不得而知，很可能又是在"文革"期间遭到破坏和弃置的。一代巨商贵人前母的墓碑被遗弃在山上树丛废弃物堆中，不禁让人叹息和惋惜。但当年蓝太夫人也是托梁碧如的福，曾在这个风景和风水俱佳之地下葬。

清凉山上还有其他与梁家相关的遗迹。2013年笔者到洁养堂探访梁碧如曾孙梁光羲时，从访谈中对梁家在清凉山的事迹有更多的了解。梁光羲主动提供了几张珍贵照片，那是1965年7月梁家后人到清凉山祭拜祖坟时的留影，其中一张照片下方还有"清凉山梁英华公家冢全景"的字样。英华公即梁碧如的祖父。家冢修建成纪念碑状，高约五六米，碑上刻有"梁氏英华公家冢"及"旅马来亚华侨恕权鑫权等立"。③这几张照片证明至少在1960年代中期，清凉山上还有梁家的墓冢，而且那个家冢是由已移居马来亚的梁恕权（梁光羲的祖父）等人出资建立的。

简言之，从梁碧如的弟弟梁广兴代表梁家管理蒙养学堂以及捐出清凉山的一片土地作为兴建德济疗养院的屋舍，可以看出即使梁碧如于1912年去世之后，他的家族还是延续他的慈善作风，捐款办学和捐地为善，他的福荫还继续造福下代子孙和当地居民。

## 四、后裔的遭遇和出走：跨地域流动和联系

过去一般讨论某个华侨领事的时候，通常只注意他在侨居地的一生事迹，而没有追踪他的后裔的发展。但如果要更清楚某个人物的影响，应该还可以观察这个人物的后裔情况。以下讨论梁碧如逝世后他在马来亚的后裔和中国家乡的家族后人的互动，尤其是以洁养堂为中心的人事物的变化。

① 感谢刘奕宏先生热心向导。
② 2013年10月14日笔者考察清凉山时抄录。
③ 2013年10月14日六访洁养堂时抄录，谢谢梁光羲先生提供的照片。

　　上文提过,梁碧如逝世时留下六个儿子,其中五个在马来亚,只有第四个儿子梁恕权留在中国家乡。梁碧如留在马来亚的五个儿子,因为继承庞大的遗产,除了执行梁碧如的遗愿,拨出一部分遗产行善,如在槟城设立璧如女子学校外,他们的私人生活都过得很富裕,甚至奢侈,尤其是长子梁恩权。他除了拥有豪华洋楼居住、进口高档汽车代步、美食入口、西服披身外,他的休闲生活也像当地的英国殖民地官员等西方上流社会人士一般,尤其特爱赛马,他自己也是马主,他的爱马还替他赢过赛马大奖。[①]此外,他还继承了父亲在南洋社会的名望和地位,例如他接任了霹雳州怡保号称"百万富翁俱乐部"的闲真别墅的掌门人一职,以及"霹雳客属公会"的会长等职位。其他梁碧如在马来亚的儿子虽然没有大哥如此富贵,但也都相距不远。至于远在家乡的四子梁恕权和他的家人也不愁吃不愁穿,更不需要工作赚钱养家,只要每年南下马来亚一趟,领取梁碧如遗留事业中自己那份利息和利润就足够维持家乡一家人富裕的生活,甚至还可以进行一些投资。[②]

　　众所周知,清末民初华侨回国时都会受到地方官吏或土匪不同程度的骚扰或勒索,留在家乡的眷属也可能会遭到土匪的抢夺、绑票和勒索,甚至杀害。梁恕权和他的亲人就遭此厄运。梁碧如于 1912 年在槟城逝世后,他的六个儿子继承"梁权公司"的股份,唯一留在中国的梁恕权也有一份。[③]梁恕权每年去马来亚一趟领取大笔的股息分红等收入,这件事在家乡为人所熟知和引人羡慕。1929 年,一个绑匪集团终于行动了,那年梁恕权在准备出洋的前夕,请了 20 多个亲友客人在洁养堂内摆酒席聚餐,突然一群土匪冲了进来,将梁恕权带走。同时被绑走的还有梁开权(梁碧如弟弟梁广兴的儿子)和另一亲戚梁子明。当时恕权很有钱,土匪显然是冲着他的钱财来的。除此之外,土匪也是受人之托,要去杀害梁开权。梁开权被绑走没多久,就在附近被枪杀身亡。

　　原来绑匪头子叶某,是附近的大沥村人。梁碧如在南洋发大财后,家里的事由其弟梁广兴打理,建筑新屋洁养堂工程的监督工作也是由他负责。因为有梁碧如雄厚的财力支持,梁广兴一度贵为地方政府议员,在家乡很有身份和地位,乡里有什么事也都请他出头。当时没有自来水供应,大家喝的是井水,灌溉则用池塘水。叶某居住的大沥村的灌溉水源的水塘地却是梁家的。有一年天旱缺水,村民纷争不断,村里请梁广兴负责管理水塘。有一

---

①　Ramsay, *Days gone by*; *Growing up in Penang*, p. 16.
②　梁光羲口述,2010 年 5 月 23 日。
③　梁光羲口述,2010 年 5 月 23 日。

次叶某的父亲带头到池塘偷鱼,被梁广兴用杖棍打了一下,叶某的父亲耿耿于怀,临死时留下遗言要他的儿子替父报仇。叶某因此记恨,后来就勾结土匪,绑走了恕权,枪杀了梁广兴之子梁开权。[1]匪徒把梁开权杀害后,将梁恕权和梁子明带到平远县城仁居一带藏匿。梁子明后来被放回来传话,要梁家用一大笔钱赎回恕权。被绑期间绑匪对恕权很好,有吃有喝,可见绑匪意在他的钱,不是他的命。[2]

梁恕权母亲吴氏在儿子被绑走后,急着筹措一大笔赎金,而梁恕权在马来亚的五个兄弟并没有帮上忙。母亲吴氏只好把恕权名下的香港梁辉台[3]一条街的产业卖了,凑够钱交给绑匪赎回儿子。经手卖掉梁辉台的是梁碧如妻子吴氏在香港的弟弟"财伯",并把钱从香港带回来交给吴氏。现已不知具体梁辉台卖了多少钱,赎金又是多少钱?但根据口述资料,所卖梁辉台的金钱收入,不只足够付了赎金,作为中间人的"财伯"所得的中介费,还可以在家乡水车镇安货岗建了一栋大屋。[4]可见卖掉梁辉台的金额之大。

从这件绑架案可以印证,即使华侨本人不回乡,他在家乡的亲人也可能受到伤害。这个绑架案对梁恕权本人影响太大了,他被赎回来后,阴影犹存,不敢在洁养堂过夜,马上安排和母亲吴氏一起下南洋一段时间。梁恕权再回到家乡的时候在洁养堂建起四层楼高的炮楼,类似碉堡,以防匪徒再来骚扰。[5]可惜这个炮楼在 1960 年代因为"四清运动"和"大四清"而被破坏,1974 年被拆毁,目前只留下毁损的墙基。幸好梁家还保留一张早期洁养堂围龙屋外观的老照片,可清楚地看到原来的炮楼高耸竖立在大门内的左侧。

了解梁恕权遭绑架案的前因后果也解决了一个重要的问题:为何梁碧如遗孀吴氏会在 1929 年南来。过去我们注意到一张吴氏和马来亚梁家人的合家照,那是 1929 年 9 月 4 日梁碧如六个儿子共同为"家母吴太君六十一寿设悦之辰"时的合照。[6]因此推论是为了替吴氏祝寿而请她南来。但这

---

① 恕权被绑走后,家里听到枪声,不知打死了谁。第二天早上梁开权媳妇到村口,发现有人躺在路边,用手一摸,凉凉的,身体已硬了,再看竟然是自己丈夫,受到惊吓而中风,不数天也去世了。夫妻死后,其母十分伤心,一个多月后也死了。梁开权的朋友在打理丧事时,写了一副挽联:"开权兄身中数枪,百日中连丧三命。"梁光羲口述,2010 年 5 月 23 日。

② 在梁恕权被绑走后,两个土匪家还住在洁养堂一段时间,但因梁恕权在匪徒手里,梁家人不敢报官,还每天好吃好喝招待他们,可见匪徒的嚣张程度。梁光羲口述,2010 年 5 月 23 日。

③ 梁辉台街的产业虽卖了,但"梁辉台"址和碑铭还在。笔者于 2013 年 3 月 2 日在香港实地考察和摄像。

④ 梁光羲口述,2010 年 5 月 23 日。

⑤ 梁光羲口述,2010 年 5 月 23 日。

⑥ Ramsay, *Days gone by: Growing up in Penang*, plate 27.

个理由似乎不够完整。从上述的绑架事件看来,吴氏陪同儿子梁恕权到南洋来也是为了儿子收惊,而停留期间正值吴氏六十一大寿,便举行贺寿庆宴,留下了那张珍贵的家庭合照。

梁恕权从马来亚回到家乡后,除了在洁养堂加建四层楼高的炮楼以策安全外,也常到香港去投资置产和居住。梁恕权年少时曾在香港上学读书,对香港并不陌生。他前后一共娶了四个妻妾,原配潘氏,二妻何氏,三妻刘氏,四妾张氏。他们都是有钱人家的女儿,其中原配潘氏、三妻刘氏长期住在香港。潘氏虽然也是梅县人,但因家境富裕,小时候就到了香港。梁恕权在香港念书时认识的潘氏,1916年结婚,当时梁恕权虚岁二十,而潘氏小他两岁。二妻何氏(梁光羲的母亲)一度也住在香港,后来因原配潘氏嫉妒,梁恕权只好将她送回梅县梁家。梁恕权的第四个妻妾张氏原是梁恕权母亲吴氏的婢女,梁恕权后来将张氏纳为第四个妻妾,专门在家里照顾母亲吴氏。

1949年新中国成立之后,梁恕权当时人在家乡,非常担心自己的前途。在土地改革实行之前,即所谓的"摸底调查"的时候,因为梁家有很多雇工,又有不少田地,梁恕权害怕自己被划为地主,就以看病为由离乡去了汕头,之后乘船到了马来亚,从此和其同父异母的兄弟居住在马来亚。当时还在家乡的二妻何氏也想办法出走,几经折腾,终于可以离村到了汕头,再经过梁广兴的安排,得以乘船到马来亚与丈夫梁恕权会合。

由于梁恕权和何氏夫妇的出走南洋,梁家在中国家乡和南洋两地展开了新一阶段的跨地域联系。当时一般人已经不能自由往返马来亚和中国家乡两地,但还能保持书信往来。梁恕权的孙子梁光羲至今还保留了不少马来亚寄回来的书信,主要是梁恕权和他的二妻何氏写给嫡长孙梁光羲的信,[①]信中除了例常的问候和督促孙子好好读书和做人外,也看到梁恕权和妻子何氏常常通过各种渠道,托寄或托带一些钱和食物等物资回家乡为家人纾困。[②]1966年6月梁恕权在马来西亚怡保逝世,享年七十。此后,其遗孀何氏继续肩负起和洁养堂家人联系的工作,主要是通过与孙子梁光羲的书信往来维系家乡和马来亚家族的关系。何氏本人也未雨绸缪,在1966年11月立下遗嘱,将自己身后及已故梁恕权留下的财产,指定由三个尚健在的儿子和其中两个孙子(包括长孙梁光羲)继承。[③]何氏本人在马来西亚安

---

① 梁恕权和何氏与梁光羲通信主要因为梁光羲是长孙。梁恕权和何氏所生的长子(即梁光羲的父亲)在1962年于英德农场劳改期间逝世。梁光羲口述,2010年5月23日。

② 笔者于2008年7月15日二访洁养堂时收集到60余封有关书信的副本。信件由梁家后人提供。

③ 有关遗嘱副本,由梁家后人提供。笔者于2008年7月15日二访洁养堂时取得。

度晚年,1989 年 8 月以 86 岁高龄逝世。

## 五、结论

跨地域的调研、文献与口述资料并重的研究方法让我们更了解南洋华侨与侨乡侨眷的互动关系。梁碧如及其家族的际遇虽然只是个案,但也是具有代表性的成功华侨范例。梁碧如的发迹符合了华侨白手起家的模式。他南来马来亚后,依靠勤奋、人脉和运气,在当时最有可能谋利的锡矿业累积财富,同时也积极参与社团公益和领事公职以累积社会资本。梁家在南洋的荣华富贵也延续到家乡老家,洁养堂围龙屋大宅的落成,不只是光宗耀祖的文化符号,也是情牵南洋和家乡的标志。梁碧如虽然很少回家乡,但他所兴建的洁养堂就等于他的化身,让侨眷时刻感受到他的存在,也领受到他的恩泽。

梁碧如"两头家"的婚姻状态造就了南洋和中国联系的家族纽带。即使梁碧如逝世后,他在南洋和中国家乡的遗孀和子嗣不只分别在两地继承他的慈善德行,也继续定期接触和往来,例如在马来亚的子嗣为远道而来的太夫人吴氏举行盛大的祝寿宴会就是很好的例子。除了亲情的维系外,梁碧如留下的遗产及其利息惠及南洋和中国两地的家属也是一个重要的催化因素。但再辉煌的家族也可能会受到外在环境的影响和打击。在中国,民国时期家乡的治安败坏对梁家眷属的生命财产有直接的威胁,新中国成立后政治的动荡和阶级斗争更决定了梁家式微的命运。在马来亚,梁家的光彩持续到日本占领马来亚前夕,在三年八个月日军的蹂躏和高压统治期间,梁家大小的处境已经大不如前。有关梁家在马来亚的具体发展尚待进一步研究,但梁家后人在中国的身份现已与普通人无异,只有被地方政府列为文物保护单位的洁养堂及其留下的清朝石碑和匾额,仍可佐证昔日的辉煌。

# 附录:洁养堂的重现和变迁:田野考察纪要①

洁养堂位于广东梅县三角镇(今梅州市梅江区),出资兴建者为梁碧如(1857—1912,又名梁璧如、梁廷芳、梁广辉、梁辉)。从 2006 年笔者发现梁碧如的故居洁养堂开始,曾七访洁养堂,从鲜有人注意的破旧围龙屋,到被当地政府列为文物保护单位,可谓见证了洁养堂的重现及变迁的历史。更

---

① 原文刊载于《全球客家研究》2015 年第 4 期,第 143—158 页。

重要的是,每次的田野考察,都让笔者有新的文物发现,逐步对洁养堂、梁碧如及梁家在海外和家乡的家族史有更清晰的了解。兹将历次的田野考察纪要如下。

## 初访洁养堂——发现瑰宝

2006 年 11 月发现洁养堂,有些幸运,但也是坚持和执着的结果。当时是趁着到嘉应学院客家研究院参加学术会议之便,在两位客家研究院的研究生的陪同下,抽空去寻访资料中出现过的洁养堂。当时只知道它坐落在梅江区三角镇,但当地人也没听说过梁碧如这个"名人"。几经周折,也误访当地另外一座梁姓的围龙屋。最后皇天不负有心人,从一条大道上的小巷入口,沿着民居小径,弯曲前进,在尽头处看到一座陈旧的围龙屋。探听之下,意外发现梁家后人就住在围龙屋旁的民居中。首先出来接待的是梁碧如的曾长孙梁光曦,他惊讶地看到一个新加坡的学者远道而来考察他那座几乎被人遗忘的围龙屋。交谈之际,我们都互相有了收获,原来我们在东南亚所熟悉的梁碧如,在家乡是以梁辉或梁广辉的名字存在于梁家后人的记忆中。梁光曦也才第一次知道,他的曾祖父原来也名为梁碧如,而且还惊喜地了解到梁碧如在南洋曾有如此显赫的官职和荣耀。梁光曦还向笔者展示手抄的家族系谱图,由此可以对梁碧如之上两代和下三代的家族系谱有更清楚的了解。

洁养堂兴建于 1897 年,三年后完工落成,为"三堂四横一围龙"屋式,占地面积 5343 平方米,建筑面积 2542 平方米。洁养堂坐东北向西南,由围墙、内禾坪、半月形池塘、堂屋、化胎、围龙、左右横屋等构成,内有 120 多个房间。值得注意的是,洁养堂左侧建有附属私塾——蒙养学堂,为梁氏族裔子弟受教之场所。洁养堂在"文革"时期被没收,并受到很大的破坏。

这次初访洁养堂,最大的发现是围龙屋内一处天井旁的一块类似搓衣板的石块,竟然是清末北洋大臣兼直隶总督李鸿章奏请皇上赏赐梁碧如的功德碑记。原来是光绪十九年(1893)天津发生水灾时,梁碧如以祖父母和父母的名义捐赠衣物救济灾民,因此李鸿章特别奏请皇上恩赐"乐善好施"石牌和恩准建筑牌坊以为回报。(碑记内容见本章第 22 页)。时过境迁,梁碧如后人不识这块碑记的珍贵,竟将之废置天井一角。此外,曾经竖立屋旁巷口的牌坊在"文革"时被拆毁,笨重的"乐善好施"石牌也被弃置在围墙大门口外一旁,左上角还已经破损,见证着历史的沧桑和政治的无情。笔者能为梁家发现李鸿章奏请皇上恩赐的碑记和"乐善好施"石牌这两块镇家瑰宝,也算是田野调查过程中对受访者家族的贡献之一。

## 再访洁养堂——重现光辉

2008 年 7 月再访洁养堂,最惊讶的是中堂大厅焕然一新。记得第一次到访时,洁养堂内部空荡,上中下堂间的天井还长了野草。这次考察,发现洁养堂除了比较干净外,中堂上还挂上新制的匾额,上书醒目的"洁养堂"三字。同样引人注目的是中堂两侧的墙壁上,各挂了几幅巨型照片。乍看之下,似曾相识,梁光曦马上向我解惑,说是前些时候笔者寄给他的几张照片的放大照,包括梁碧如在南洋所摄的照片,以及 1929 年梁碧如的六个儿子在马来亚怡保为首次南来的吴太夫人(梁碧如在中国家乡的太太)祝寿的合照。梁光曦非常珍惜这些照片,因为他从来没看过这些照片,甚至没看过梁碧如和其他在马来亚定居的叔公的样貌。

一个人如果那么认真地看待家族的过去,这个家族的历史就有希望重现。笔者从梁光曦身上看到梁碧如家族史的光辉重现。这一次,梁光曦向我展示三批文物,一是一份详细的手抄《洁养堂家族备忘(簿)》,内容详细到祖父和父亲等先辈逝世的年月日和时分都有注明;二是一批 1960 年代到 1980 年代的侨批文书,主要是当时留在马来亚的祖父母、叔公等写给梁光曦的信函,可以看出在那个不能自由往来的时代,两地亲人仍有密切的联系;三是好几张 1930 年代洁养堂的老照片,最明显的是新盖不久的四层楼炮楼,竖立在围墙大门内右侧。原来 1920 年代末期,梁光曦的祖父梁恕权曾被匪徒入屋绑架,后家人变卖香港的一块产业,凑足赎金后才得脱身。之后洁养堂就修建了一座炮楼,以求自保。从旧照片中还可看到洁养堂的外景,是一大片稻田地,洁养堂竖立其中特别显眼。炮楼已在"文革"后期被破坏,洁养堂周围已经被一片高楼大厦环绕,变化巨大。

考察结束时刻已经接近晚餐时间,本想请客答谢,好客的梁光曦反而邀请住在邻近的兄弟和堂兄弟八人,倒过来请笔者到餐厅吃一大餐。他们家境都不是很理想,让他们额外支付这餐费用,心里很不是滋味,但盛情难却,也高兴他们把笔者当作好友来看待。

## 三访洁养堂——考察锦台公祠

2009 年 10 月三访洁养堂,一见面梁光曦就拿出一个月前当地《梅州日报》刊载的两大版专辑,介绍马来西亚怡保客商和客家会馆的历史和活动,其中还刊登了一栋建筑物的照片,说明文字为:"百万富翁俱乐部——闲真别墅,由梅县籍梁碧如先生建于一八九三年。"可见梁光曦现在已经很关心他曾祖父当年在马来亚活动的事迹了。这让笔者感到很欣慰,因为在考察洁养堂的过程中,不只是让笔者更了解洁养堂和梁家的历史,也让梁家后人更了解和关注先祖的历史和事迹。

此次探访也发现洁养堂右侧的蒙养学堂,已经和初访时有所不同。记得初访时,蒙养学堂出租给外人当作住家兼仓库使用,堂内除了住有租户外,也堆满不少货物和杂物。此次再次考察,学堂已经清空,梁光曦的解释是他们决定不对外出租学堂,希望保持学堂的原貌,以示对先祖负责。仔细视察上下两层楼的蒙养学堂,为典型的中西合璧建筑,地板上的进口瓷砖,窗户上的彩绘玻璃,仍显露出一百年前这栋建筑的风采和典雅风格。遥想当年能在这个学堂受教育的梁氏族裔子弟是多么幸福,比其他众多失学的中国孩童幸运多了。

隔天在梁光曦陪同下,笔者考察位于折桂窝的梁氏宗祠——锦台公祠。此公祠也是围龙屋式,前方也有一个大型的半月池塘,而禾坪则是族人举办活动的空间。根据《整修锦台公祠记》云:十一世祖锦台公于 1688 年由新塘尾迁徙至大窝里,开基立业,锦台一脉,枝繁叶茂,人才辈出,因此大窝里有"折桂窝"之美誉。祠记续云:公祠为祖公发祥之吉地,历代裔孙相继维护,不断完善。1912 年廿世裔孙广辉(即梁碧如)捐资重振。可见梁碧如虽身在南洋,仍在家乡兴建大屋、修建祠堂,对家庭和家族的贡献从不间断。

这次考察值得顺便一提的是,笔者终于有机会回请梁光曦和他的兄弟和堂兄弟们,在笔者下榻的酒店餐厅,席开一桌,边吃边谈,也可说是轻松的访谈时刻。

## 四访洁养堂——亲睹《锦台公老本》族谱

2010 年 6 月首次带几个研究生来考察洁养堂,进入洁养堂正门,眼睛为之一亮。因为多年来一直放置在天井旁的功德碑记和弃置在围龙屋墙门外的"乐善好施"石牌,终于被搬移到洁养堂屋内,不必再受水洒雨淋,总算有个比较妥当的安身之所。而且,发现功德碑记的背面原来还有碑铭文字,完整的碑文终于呈现于世。

此次田野考察,梁光曦还记得笔者上次提到想看看的《锦台公老本》族谱。这本族谱相当完整,编于民国元年(1912),上溯太始祖三一郎公,从开基主十一世祖锦台公开始比较详尽。笔者关心的二十世梁碧如,族谱上的官衔为福建补用道,而父亲十九世梁瀛官,官衔高至荣禄大夫,可见是梁碧如孝心捐官的结果。

## 五访洁养堂——列为文物保护单位

2012年12月再度带领另一批学生考察洁养堂时,高兴地看到洁养堂已被梅江区人民政府列为梅江区文物保护单位。梁光曦还拿出一份《梅州日报》,邀笔者在洁养堂大门口合照留念。原来这份报纸刊登了该报专题记者刘奕宏等人所撰写的特稿《梁碧如:被历史尘封的客家巨商》。经此报道,梅州当地人肯定对长期被忽略的梁碧如和洁养堂有了更多的认识,知名度大开,难怪梁光曦这般快乐。那篇特稿剪报,还被镶挂在中堂墙壁上,置于梁碧如等先祖的照片旁。

刘奕宏那篇文章提供了一个进一步了解梁家历史的线索。文中提到梁碧如曾在清凉山的湖鳅塘一带购置不少土地,甚至外国人兴建的肺病疗养院用地,也是梁家捐出。山上树林里还有一块弃置的梁碧如前母蓝氏的墓碑。这段文字引起笔者很大的研究兴趣,心中打定主意,下次来访一定要上山探寻。

临走前依惯例巡视洁养堂各个角落一遍,也环视周遭环境,感触良多。眼见一栋栋的高楼大厦,越来越贴近洁养堂四周,有种阵地就要被攻陷的危机感。地方政府虽然已将洁养堂列为文物保护单位,但无法阻止周围环境的变迁。远自1930年代洁养堂的风水不说,即使是2006年初访时洁养堂的隐秘和宁静,也荡然无存,这或许是时代发展的代价。告别梁光曦后回首一望蒙养学堂的高墙内,感觉剧变就要来临。原本树木丛生的学堂左侧空地,已经不见树枝和绿叶,只有一株被砍伐后只剩下半截主干的枯树,笔者感受到风雨欲来吹袭蒙养学堂的预兆。

## 六访洁养堂——登上清凉山探秘

十个月后的2013年10月再度来到梅州,实现到清凉山寻幽探秘的自我承诺。笔者承蒙刘奕宏的引路,他还亲自驾车子绕经狭窄和弯曲的山路,抵达山顶公路尽头,再步行跋涉一段不短的山路,全程约一个半小时,终于来到空气清新的世外桃源。清凉山位于梅州城区东南方,海拔800多公尺,夏天时山上气温比山下低五六度,是避暑和疗养的绝佳胜地。百年前山上曾有不少别墅,但现在都只剩断壁残垣。

抵达山上湖鳅塘时,除了池塘边的几户人家外,并未见其他人烟的痕迹。刘奕宏带笔者直入树林中,在一处建筑的残遗址前的陡坡上,指着下方的垃圾堆旁的一块墓碑,说那就是梁碧如前母蓝太夫人的墓碑。笔者冒险下去看个清楚,果然没错,为"皇清例赠恭人蓝大君墓",墓碑右边刻有"光绪十八年"及"男 后补同知加一级 赏戴花翎 梁廷芳"等字样,左边则有立碑人孙(权字辈)和曾孙(锡字辈)多人名字。这块墓碑何时废置于此不得而知,但现在梁家后人已无力重整墓地,亦无法将此墓碑移下山妥善安置。一代巨商贵人前母的墓碑被遗弃在山上树林垃圾堆旁,不禁让人叹息和惋惜。

清凉山上还有其他与梁家相关的遗迹。1910 年代瑞士医生倡建的德济医院肺病疗养院,就建在梁家捐赠的山坡平地上。1912 年梁碧如逝世后,弟弟梁广兴(建侯)为疗养院的主要捐助者之一。当年占地面积 252 平方米,建筑面积 162 平方米的疗养院址如今只留下断壁残垣,为梁碧如家族的慈善事业和慈悲心怀留下仅存的痕迹。

下山后回到城区,迫不及待到洁养堂探视梁光曦并作访谈,以便对梁家在清凉山的事迹有更多的了解。梁光曦向我提供了几张珍贵照片,那是 1965 年 7 月他们到清凉山祭扫祖坟的留影,其中一张照片下方还志有"清凉山梁英华公家冢全景"字样。英华公即梁碧如的祖父。家冢修建成纪念碑状,高约五六公尺,碑上刻有"梁氏英华公家冢"及"旅马来亚华侨恕权鑫权等立"。这几张照片证明至少在 1960 年代中期,清凉山上还有梁家的墓冢,而且那个家冢是由移居马来亚的恕权(梁光曦的祖父)等人出资建立的。

这次考察洁养堂,也应验了我上回对蒙养学堂即将有所变化的预感。此时蒙养学堂外墙已经架满鹰架,正进行整修和粉饰的工作。学堂四周已经完全变样,原来隔壁正在兴建高楼住房公寓的发展商,已经取得蒙养学堂的租约,将它改造成公寓附设的幼稚园。

## 七访洁养堂——夜临围龙屋

2014 年 12 月带了另一批研究生考察洁养堂,从厦门经潮州一路奔驰,但进梅州城区时交通出了状况而耽误时间,抵达洁养堂时已经夜幕低垂,梁光曦提了照明灯领引同学参观。这是笔者第一次夜里考察洁养堂,也是难得的经验。夜色中依稀看到洁养堂在周遭现代化的钢骨水泥包围下,仍独领古典风骚。原来和洁养堂连体的蒙养学堂,已经暂时分体出去,被整修得似乎恢复昔日的光彩,但内部已经当作幼儿园使用,和原来蒙养学堂所扮演的教育角色一脉相承,这或许也是在时代冲击下无可奈何的最佳选择。中堂大厅柱子上还贴有学堂出租后的收入和洁养堂的相关支出的财务报表,显示这个家族还保留传统的做法,将公账公告于公开场所,昭示族人。

这次考察最欣慰的是看到光曦伯身体仍然健康,前几年小中风后的康复情况良好,说话也比较清晰了。唯一不变的是他的热情,每次来访,不管是自己一个人还是带学生来考察,梁先生都不厌其烦地解说,几乎每次都提供一些新的资讯或分享珍贵的文物。

## 结　语

八年间田野考察同一个地点七次,或许对人类学家来说是很正常的事,但对一个历史工作者来说是很罕见的,这也是笔者学术生涯的一个记录。

回顾这七次的田野考察,最大的成果是双向的分享和收获——研究者和受访者都各有所获。对笔者而言,不止收集到很多一手的资料,包括珍贵的族谱、老照片、侨批文书,甚至遗嘱,也听到很多文献无从记载的口述家族故事,更目睹了清凉山上的断壁残垣和弃置的墓碑。对受访者梁家而言,他们有机会将被世人遗忘的洁养堂提升为文物保护单位,看到先祖梁碧如的相貌和进一步了解他的成就和贡献,还认识到朝廷赏赐功德碑记和石牌的意义。梁家曾因侨眷和地主身份"成分不佳"而饱受折腾和歧视,如今终于可以因为家族的光辉历史而扬眉吐气。梁碧如和洁养堂的家族史可以再现,主要是由于梁光曦等人对家族历史的重视和懂得保留家族资料,再加上当地文史工作者如刘奕宏等人整理地方资料,都为未来一部完整的跨地域家族史打下了稳固的基础。另外也要感谢这些年来嘉应学院客家研究院,尤其是院长肖文评和研究员宋德剑、夏远鸣等人多年来为笔者到梅州开会和考察研究提供便利,使这项研究计划得以顺利进行。

# 第三章　两大家族的跨地域婚姻与其政商网络

　　19 世纪末和 20 世纪初,荷属东印度(今之印度尼西亚)棉兰(Medan,旧称日里或日丽,Deli)的张家为当地最有权势的华侨家族。原籍广东省嘉应州梅县的张煜南和张鸿南兄弟,先后被荷兰殖民政府委任为甲必丹(Kapitan)和玛腰(Major),即当地的侨领。他们也是当地的开埠者,富甲一方。同时期的台湾板桥林家,也是台湾地区的首富之一,即使在 1895 年因《马关条约》将台湾割让给日本,原籍福建省龙溪县的林维源举家迁到厦门后,林家还有产业和族人留在台湾,并保留一定的影响力。棉兰张家和台闽林家,不只地理上隔着一片宽广的海域,族群上也分属不同的方言群。本章将研究以下问题:为何棉兰张家和台闽林家会联姻? 跨地域的商业和政治网络在这两大家族的婚姻中扮演何种角色? 族群和地域背景如何影响林景仁和张福英的婚姻生活和跨地域活动的抉择?

　　有关棉兰张煜南和张鸿南的事迹,在大部分南洋名人列传或客籍富商研究的书籍或论文中都会出现。[①]张氏兄弟不只是棉兰的开埠者和旺埠者,也先后领导当地华人社会长达约 40 年(1880 年代到 1921 年)。他们在当地的事业包括烟草、胡椒和橡胶种植业,以及贸易和金融业等。张氏兄弟更为人称道的是回国投资兴建中国第一条商办铁路——潮汕铁路,此铁路于1906 年完工通车。[②] 2011 年出版的《楷范垂芬耀千秋——印尼张榕轩先贤

---

① 其中包括吴奕光:《印度尼西亚苏北闻人录》,棉兰南风文学社 2009 年版,第 1—38 页;张直端:《著名的华侨实业家张榕轩、张耀轩昆仲》,收录于印度尼西亚苏北客属联谊会编《印度尼西亚苏北客属联谊会五周年纪念特刊》,棉兰印度尼西亚苏北客属联谊会 2006 年版,第 144—145 页。《诰授光禄大夫钦察考察南洋商务大臣侍郎衔总理潮汕铁路事宜三品京堂张君榕轩别传》,收录于张鸿南编《张榕轩侍郎荣哀录》,棉兰汇通石印本 1917 年版,第 2—4 页;最早一部张鸿南的传记则是尤惜阴:《南洋华侨第一伟人张鸿南》,上海国民生计杂志社 1917 年版。

② 有关张氏兄弟兴建潮汕铁路的事迹,参阅颜清湟:《张煜南与潮汕铁路(1904—1908):华侨从事中国现代企业的一个实例》,收录于《海外华人史研究》,新加坡亚洲研究学会 1992 年版,第60—78 页。

逝世一百周年纪念文集》①和《华侨之光——张榕轩张耀轩张步青学术研究会论文集》②已经对张氏一家两代三杰（"三杰"中的第三杰是张煜南的长子张步青③）作了相当全面的介绍。但对张家生活细节描写得更仔细的是张鸿南长女张福英（张馥瑛）的回忆录——*Memories of a Nonya*。④这本回忆录的内容集中在张鸿南 1921 年逝世前的张家情况，包括作者自己和台闽林家的林景仁的婚姻生活。但不管是张福英的回忆录，或其他有关张氏兄弟的文献，都没有明确记录棉兰张家和闽台林家这段姻缘的由来，这也是本章关注和讨论的重点之一。

有关台闽林家的资料和研究相对而言比较多，其中包括王国璠有关林家的家传的整理⑤和许雪姬的多篇有关板桥林家的研究文章，其中有对留在台湾地区的林家族人与日本统治者及中国大陆地区的政商关系的专题讨论。⑥但对林景仁的生平和活动事迹的讨论甚少，反而对他的诗文的评论文章相对比较多。⑦这可能因为林景仁并不像家族中其他的人多叱咤商场和政界，而是很有文学素养和创作丰富的风流文士。有关林家历史的论著中极少涉及林景仁和张福英的婚姻。本章除了参考张福英的回忆录外，也根据林景仁的诗集⑧及其他史料和文献，抽丝剥茧，解读两大家族的婚姻及林景仁和张福英的内心世界和感情变化。

## 一、两个豪门家族的联姻：张福英和林景仁家族

讨论一个跨地域和跨族群的婚姻，先要从这两个家族如何产生交集谈

---

① 饶漖中主编：《楷范垂芬耀千秋——印尼张榕轩先贤逝世一百周年纪念文集》，香港日月星出版社 2011 年版。

② 黄浪华编：《华侨之光——张榕轩张耀轩张步青学术研究会论文集》，中国华侨出版社 2011 年版。

③ 张步青（1885—1963）曾于 1915 年至 1929 年间先后担任中国驻棉兰领事和总领事长达 15 年。吴奕光：《印度尼西亚苏北闻人录》，第 41—46 页。

④ Queeny Chang, *Memories of a Nonya*. Singapore：Eastern Universities Press, 1981. 近年有中译本出版，即张福英著，叶欣译《娘惹回忆录》，台湾文学馆 2017 年版。

⑤ 王国璠：《板桥林氏家传》，台北祭祀公业林本源 1975 年版。

⑥ 例如，许雪姬：《日据时期的板桥林家——一个家族与政治的关系》，收录于"中研院"近代史研究所编《近世家族与政治比较历史论文集》，台北"中研院"近代史研究所 1992 年版，第 659—695 页；许雪姬：《台湾总督府的"协力者"林熊征——日据时期板桥林家研究之二》，收录于《"中研院"近代史研究所集刊》（第 23 卷下册），台北"中研院"近代史研究所 1994 年版，第 55—88 页。

⑦ 余美玲选注《林景仁集》（台湾文学馆 2013 年版）的"导言"中，有比较详细的生平介绍。有关林景仁的诗文的论述，主要有沈春燕《林景仁及其〈三草〉研究》，中国文化大学硕士论文，2008 年。

⑧ 林景仁：《林小眉三草》，龙文出版社 1992 年版，内含《摩达山漫草》（棉兰辉通书局 1920 年版石印本）、《天池草》（星洲晋益书局排印本，出版年不详）和《东宁草》（台湾 1923 年排印本，出版社不详）三部诗集。

起。女主角张福英(1896—1986)是荷属东印度棉兰玛腰张鸿南的长女。张鸿南(1861—1921),梅县客家人,字耀轩,棉兰当地人称张阿辉。在梅县松口老家长大的张鸿南,和当地许多年轻人一样,在家乡发展无门,只好渡海南来。张鸿南比其他人幸运的是,他可以投靠已经在南洋发达的兄长张煜南。张煜南(1851—1911),号榕轩,1870 年左右率先来到荷属东印度的巴达维亚(Batavia,今印度尼西亚首都耶雅加达 Jakarta)谋生。最初是谋职于富商张弼士(大埔客家人)旗下。稍有积蓄后,张煜南便冒险到苏门答腊岛的日里地区开垦荒地。①他在棉兰地区的开垦略有成果后,便安排家乡的弟弟等人前来协助,扩大事业版图。张鸿南于 1880 年离乡前往棉兰,成为哥哥的得力助手。②在当地经营多年的张煜南,时被荷印殖民政府委任为当地华侨最高的职位——玛腰。张鸿南于 1887 年被荷印政府委任为雷珍兰,时年 27 岁,③不久被提升为甲必丹,这是仅次于玛腰的侨领职位。1897 年,刚卸下新加坡署理总领事一职的南洋首富张弼士应清政府之邀请,回国筹办银行和铁路等事业,归国前将其在南洋的一切企业委托张氏兄弟代管,使张氏兄弟的事业版图扩大,成为南洋举足轻重的华侨财团之一。张弼士回国之后,受到清政府重用,包括担任铁路总办,负责推动粤汉铁路等建设工程。1903 年张煜南和鸿南兄弟应张弼士之邀回国筹建潮汕铁路,1906 年底铁路干线完工通车,成为中国近代史上第一条由华侨投资兴建的商办铁路。1911 年 9 月张煜南病逝,④张鸿南继位为玛腰,成为当地华人领袖兼首富,拥有庞大面积的种植园丘,也从事银行业,及经营橡胶、咖啡、椰子和茶叶等土产贸易。张鸿南于 1916 年高调庆祝在荷印政府从政 30 年,举城欢庆一周,堪称南洋绝无仅有之盛大庆典。1921 年张鸿南病逝,享年六十。

张福英是张鸿南的掌上明珠,七岁时父亲特别得到荷印政府的允许,破例让张福英进入招收荷兰官商子弟的荷语学校就读。母亲则经常替她打扮成一个荷兰小公主的样貌,让她融入欧洲人的生活圈子。母亲也安排张福英每天下午学习中文两个小时。除了母语客家话和荷兰语外,她也能讲流利的马来话和一些英语。她的家族常被日里苏丹奉为座上宾。

---

① 张煜南最初主要是经营商业和垦殖业,种植甘蔗、烟叶、橡胶等。饶淦中主编:《楷范垂芬耀千秋——印尼张榕轩先贤逝世一百周年纪念文集》,第 109 页。

② 编者不详:《张耀轩博士拓殖南洋卅年纪念录》,上海商务印书馆 1921 年版;棉兰 1964 年再版(出版社不详)。

③ 刘士木:《张公耀轩伉俪合摄影像题辞并序》,收录于尤惜阴《南洋华侨第一伟人张鸿南》,上海国民生计杂志社 1917 年版,第 1 页。

④ 《日里张玛腰逝世》,《槟城新报》,1911 年 9 月 13 日,第 3 版。

张福英 13 岁的时候(1909 年),大伯张煜南就为她安排好婚事,亲家是从台湾板桥迁居厦门鼓浪屿的林家。不久,张福英开始学习女红、炊事。父亲还聘请一位大洋洲女士教她英文和社交礼仪。16 岁时(1912 年)张福英原本计划好到瑞士继续她的学业,但林家希望尽早举行婚礼,一场跨地域和跨族群的隆重婚礼由此诞生。但问题是,为何张煜南要为他的侄女安排这门婚事,为何对象又是台闽林家,要回答这些问题,必须对林家的家族事业有一些了解。

这场跨地域的婚姻的新郎是林景仁(1893—1940)。林景仁,字健人,号小眉,别署蟫窟主人,生于台北板桥。1895 年随父祖内渡,居厦门鼓浪屿。从小受业于台籍进士施士洁门下,林母龚氏也严加督课,年少悉读诸经,1911 年游学英国牛津大学。林景仁爱写诗,受林父影响,热衷参与诗社,结交诗友,一生出版多部诗集。19 岁时(1912 年)奉父命娶棉兰张鸿南之女福英。

林景仁家世显赫,是板桥林本源家族林维源的孙子,也是迁居鼓浪屿的林尔嘉的长子。林维源(1840—1905),台北板桥人,祖籍福建省漳州府龙溪县。刘铭传任台湾巡抚时曾贯彻"招抚生番、清除内患、垦殖番地、扩张疆域"之政策,林维源就奉令设立抚垦局于大溪。1884 年中法战争期间,法国侵略台湾,抗法军队出现经费困难,林维源主动借给清廷 20 万两银,以充军饷。1886 年奉清朝廷诏命担任帮办台湾抚垦大臣,为台湾北部山地及台湾少数民族区域之实际统治者,因此林维源成为清朝时期唯一本籍为台湾的地方主官。1890 年被封为"太仆寺卿"。经商方面,林维源为当时台湾的最大茶商,也投资房地产、矿产和铁路建设,又参与樟脑输出的事业。1895 年《马关条约》将台湾地区割让给日本,林维源避走厦门,终老于此。

继承父业的林尔嘉(1875—1951),字叔臧,又作菽庄,别署百忍老人,为林维源的长子,生于台北板桥。1895 随父亲及弟妹举家内渡,返回故乡福建龙溪原籍,后定居厦门鼓浪屿。1905 年父亲林维源逝世后,林尔嘉继续筹办厦门保商局信用银行业务,又任厦门商务总会总理,还受朝廷召见,受赏五品京堂。其资历还包括福建省矿务议员、度支部币制议员、农工商部头等顾问官等。进入民国时期,林尔嘉淡出仕途,虽被推举为福建咨议局议员,又获选为民国参议院议员,皆婉谢不就,唯接受出任鼓浪屿工部局华董及福建暨南局(主管华侨事务)顾问等职。此后林尔嘉除了处理鼓浪屿的地方政务和关注华侨事务外,也投入时间和精力在商务事业上,包括投资泉州电器公司、创办厦门德律风(电话)公司、经营厦门自来水公司、投资漳厦铁路,也在漳州购买大片土地设立广福农业公司经营农业等。①林尔嘉还有一个雅兴,对长子林景仁影响深远,即前文所说的热衷吟诗结社。1913年林尔嘉于鼓浪屿建筑菽庄别墅,创办"菽庄诗社",定期在别墅开办诗会,征诗会友,悠游度日。② 1937年七七事变后,日军全面入侵中国,林尔嘉携眷避走上海。1945年中国抗战胜利,台湾地区光复时,林尔嘉返台定居,安度晚年,期间再组诗社,1951年病逝于台北。林尔嘉的一生,虽然主要的活动在台海两岸③,但也在南洋活动,他的事业经历中,包括担任福建省矿务议员、清末农工商部顾问、福建暨南局顾问、投资漳厦铁路等活动,都有机会与南洋回国投资实业的张氏兄弟等人接触,埋下张林两家结成姻亲的种子。

## 二、两个家族的铁路事业和政商网络

这个婚姻显然不是自由恋爱,而是奉父母之命结合的。但这两大家族是如何交集的呢?媒妁之言又是起于何时?目前掌握到的史料虽然无法明确地交代清楚,但可从这两大家族的事业发展看出端倪。如上所述,两大家族分别是南洋和台闽地区的富豪之家。两大家族门当户对的联姻固然常见,但跨族群又跨千里之遥的结合则会格外引人注目。有证据显示,张福英和林景仁的姻缘,是张福英的伯父张煜南和林尔嘉在张福英和林景仁结婚前三年(1909年)敲定的。根据张福英的回忆,是因为"林家曾帮过伯父(张煜南)一个很大的忙"④。但到底林家帮过张煜南什么大忙,回忆录中没有说明。因此只能通过梳理他们的事业活动来进行推论。印度尼西亚华裔学者欧阳春梅在一份介绍张福英及其创作的英文材料里具体提到,张福英的大伯安排她嫁给一个"生意伙伴的儿子"。⑤根据张家和林家的生意和事业活动,最有可能促进两家交集的机会是投资修建铁路一事。这需要从张煜南和张鸿南兄弟在1903年回国投资兴建潮汕铁路谈起。

清末修建铁路,不只是国家基础建设和富强国家的一个重要指标,也是外国谋取中国经济利益和政治权益的一个着力点。清廷有识之士深知其中

---

① 有关林尔嘉略传,参考:王国璠《板桥林氏家传》,第43—56页;许雪姬《楼台重起·上篇:林本源家族与庭园的历史》,板桥北县文化局2009年版,第41—43页。

② 有关林尔嘉的诗作,见林尔嘉撰,沈骥编校《林菽庄先生诗稿》,龙文出版社1992年版。

③ 林尔嘉曾于1926—1931年间到欧洲调养肺病,此为例外。

④ Chang, *Memories of a Nonya*, p. 69.

⑤ Myra Sidharta, "Introduction to the Works of Queeny Chang,"*Achipel*, vol. 24 (1982), p. 236;另外,印尼学者Benny G. Setiono 也在其书 *Tionghua dalam Pusaran Politik*(*Chinese in the Whirlpool of Politics*)中提道:"张氏在中国的生意伙伴是住在靠近厦门市的鼓浪屿的富商林尔嘉,他的女儿张福英便是嫁给林尔嘉的儿子林景仁。"

关键,因此鼓励华侨回国投资,减少对西方国家资本的依赖。19 世纪末南洋首富张弼士于 1897 年回国后,先后受委任多个职务,其中包括钦差闽广农工路矿和考察南洋商务大臣,①具体与铁路建设有关的职务包括 1898 年出任的粤汉铁路总办、1902 年担任的广东佛山铁路总办等。1903 年 6 月在张弼士再次受慈禧太后和光绪皇帝召见后,便于次月奏陈振兴商务筹议十二条,其中第一条就是"农工路矿宜招商承办议"。② 张弼士为配合这条筹议,随即策动老部属及事业合伙人张煜南和张鸿南回国投资潮汕铁路。

1903 年 11 月张煜南被慈禧太后和光绪皇帝召见后,有关申办潮汕铁路的议案就获得清政府批准,并于 1904 年 9 月动工。在筹办潮汕铁路时,张煜南原以为出资一百万银元就可完工,并准备由张煜南和鸿南兄弟、谢荣光(梅县人,前任驻槟榔屿领事官,也是张煜南的儿女姻亲)和梁碧如(梅县人,时任驻槟榔屿领事官,也是谢荣光的女婿)等亲友合资。③但后来工价、物价腾涨,必须增加股额至两百余万元。④ 1904 年 1 月潮汕铁路公司在香港召开股东大会时,决定由张煜南和谢荣光合认股一百万元,吴理卿(香港)和林丽生(日籍)合认股一百万元,梁碧如则退股。最后铁路完工时,又已增资到三百余万元。其中林丽生收购了吴理卿的股权,约占全部股权的三分之一。

这条全长约 42 公里的潮汕铁路在 1906 年 11 月建成通车,修筑过程中除了成本不断上涨外,其他风波也不断,包括勘察路线和修筑铁路期间遭到不满风水被破坏或不满土地赔偿价格的居民的抗争,⑤但最大的风波还是林丽生股权性质的争议。原来林丽生是日籍,时任大阪商船会社厦门支店买办。日本早有染指闽粤铁路兴建工程的意图,因此利用香港买办吴理卿的引介,以林丽生的华商身份入股潮汕铁路公司,让日本人取得操控潮汕铁

---

① 有关张弼士的研究丰富,包括韩信夫、杨德昌主编:《张弼士研究专辑》,北京社会科学文献出版社 2009 年版;有关张弼士研究综述,见黄贤强:《历史书写与文化记忆——以张弼士为例》,收录于郑培凯、陈国球编《史迹、文献、历史:中外文化与历史记忆》,广西师范大学出版社 2008 年版,第 98—113 页。

② 光绪年间北洋官报局代印本。转载于韩信夫、杨德昌主编:《张弼士研究专辑》,第 3—4 页。

③ 有关南洋客家富商形成的一个隐形的客家权势集团的论析,参阅本书第一章。

④ 陈海忠:《晚清潮汕铁路和地方社会》,收录于《潮学研究》(第 13 辑),汕头大学出版社 2006 年版,第 114 页;有关增资认股(共 10,707 股,合计 2,141,400 元)的详细名单,见《商部具奏粤绅承办潮汕铁路并请保护》,《申报》,1905 年 9 月 9 日,第 10 版。

⑤ 其中包括 1904 年底和 1905 年初的发生在胡芦市的两名日籍工程师被殴致死事件。见陈海忠:《晚清潮汕铁路和地方社会》,第 113—114 页。《申报》也有多篇报道追踪事件的发展,包括《纪潮汕铁路闹事原因》,1905 年 2 月 19 日,第 3 版。

路的修建和经营权。① 获得潮汕铁路经营合约的三五公司，是林丽生的幕后金主爱久泽直哉在厦门成立的公司，而爱久泽直哉则是台湾总督府民政长官后藤新平的经济顾问。② 由此可知，三五公司表面上是日本和中国商民合办的商业机构，其实就是日本帝国向华南和南洋地区进行经济侵略的马前卒。③海外归国投资的张煜南一心要实业富国，显然不完全清楚政局的险恶和日人的野心，但日人的阴谋最终还是被国人察觉和揭露④，导致当地不断有人抗议变相的日资入股及日本三五公司垄断潮汕铁路的经营权。至此，潮汕铁路风潮卷入了清末中国各地保路救国风潮的漩涡里。张煜南在这个抗争运动中，饱受国人责难，认为他引狼入室，也因"假借外人以图私利"之嫌而遭到粤督岑春煊弹劾，⑤甚至连他对祖国的忠诚也受到质疑，背负了"叛国之冤"⑥。

1909 年 8 月有戏剧性的转变，林丽生同意退股，将名下的股份全数由张煜南和张鸿南兄弟购回，平息了这场保路风潮，也保住了张煜南的名节。问题是张煜南是如何让林丽生同意退股的，或者说是如何让日本人愿意将已经含在嘴里的肥肉吐出来的。目前的文献仍然没有肯定的答案，基本上还是认为受到舆论和抗争的压力，但这个解释不符合日本帝国不轻易罢手的特性。所以张煜南能够解套，一定还有别的原因和贵人的协助。这个相助的贵人，有理由相信正是台闽闻人林尔嘉。证据有二：一是上文提到张福英的回忆录中写道的，她和林景仁的婚约，是大伯张煜南和林家于 1909 年敲定的，⑦因为林家帮了张煜南一个大忙。时间点是符合的，张煜南的潮汕铁路危机，正是 1909 年得到解套。而且这个忙，对张煜南来说不可谓不大。

---

① 有关日本透过三五公司进行控制潮汕铁路的筹建和经营，参见蔡龙保：《日占时期台湾总督府铁道部的南进支援——以潮汕铁路的兴筑为例》，《辅仁历史学报》2012 年第 28 期，第 233—269页；郑政诚：《日占时期台湾的国策会社——三五公司华南事业经营之探讨》，《台湾人文》2000年第 4 号，第 157—184 页。

② 陈小冲编：《厦台关系史料选编（1895—1945）》，九州出版社 2013 年版，第 50—56 页。

③ 郑政诚：《日占时期台湾的国策会社——三五公司华南事业经营之探讨》，第 157—184 页。

④ 《广东留学日本诸生联名上振贝子论潮汕铁路掺入洋股事》，《申报》，1905 年 1 月 30 日，第 9 版。

⑤ 《岑云帅请参张煜南》，《申报》，1905 年 3 月 2 日，第 5 版；但根据蔡龙保的研究，潮汕铁路被日人所掌控，主要并非林丽生引狼入室、张煜南养虎为患所致，而是清朝商务大臣载振之失败决策所导致者。见蔡龙保：《日占时期台湾总督府铁道部的南进支援——以潮汕铁路的兴筑为例》，第 263 页。

⑥ 陈小冲编：《厦台关系史料选编（1895—1945）》，第 61 页。

⑦ 余美玲认为婚约是 1911 年敲定的，根据的是 1911 年 7 月 3 日《汉文台湾日日新报》报道他们两家婚事的新闻，可是那是公布于报的时间，而非两家两年前已经敲定婚约的时间。而且，该则新闻中提到的是张煜南之女将议配给林尔嘉之子，也有错误，实为张鸿南之女。见余美玲：《林景仁集》，第 17 页，注 11。

二是张煜南和林尔嘉有一定的事业交集和交情,而且林尔嘉也有人脉资源,可以从中和日方协调和劝说。这方面可从林尔嘉的事业和政商网络得到旁证。

在张煜南积极投资兴建潮汕铁路的时期,林尔嘉也参与福建省的铁路建设。1905 年清政府批准福建兴建铁路,次年商办的"福建全省铁路有限公司"①成立,由闽籍京官、内阁学士陈宝琛担任闽路总理,主持其事。陈宝琛之妹陈芷芳是林维让(林尔嘉的大伯)的二儿媳妇(即林尔康之妻),与林尔嘉有姻亲之谊。由于这个关系,林尔嘉不但是福建全省铁路公司的大股东之一,且实际参与漳厦铁路工程的具体事务。漳厦铁路公司招股章程规定:"本公司专招华股,如有为外国人代购股票,及将股票转售,抵押于外国人者,本公司概不承认。"②这和潮汕铁路招股初衷相似。因此,漳厦铁路公司股份主要由福建商界、沪粤同乡以及南洋华侨认购,其中一个重要的投资者为张煜南的旧识胡国廉(即胡子春,永定下洋人)。胡国廉在南洋开矿发迹,被称为"锡矿大王"。1906 年时漳厦铁路公司已经收集股本 170 万元,其中胡国廉认股 20 万元,后被股东会推举为漳厦铁路的协理。③曾投资潮汕铁路的驻港闽籍买办吴理卿一度也扬言要集资包办漳厦铁路,后被陈宝琛洞悉他的资金不可靠而功败垂成。④但仍然可以从这些人士的交叉活动看出潮汕铁路和漳厦铁路的投资者和人事的重叠。

漳厦铁路于 1905 年筹办,1907 年开始动工兴建,1909 年建成。换言之,张煜南和林尔嘉在同一时期都在从事铁路的兴建事业,两铁路又相邻近,甚至当初福建省铁路有限公司修建漳厦线铁路时,就考虑到要和潮汕铁路连接,以贯串闽粤铁路。此外,张煜南熟悉的京官如盛宣怀和张弼士等与林尔嘉的姻亲陈宝琛都是官场的同僚,甚至和他自己也有交往。张煜南于1903 年底上京二次觐见慈禧太后之后,便南下到上海与时任铁路大臣的盛宣怀见面,商谈铁路修筑事宜。⑤盛宣怀向张煜南推介曾留美学习的铁路专

① 有关福建铁路公司暂定章程和章程,见陈毅编:《轨政纪要》(第 3 卷),文海出版社 1970 年版;另见宓汝成编:《中国近代铁路史资料,1863—1911》,中华书局 1963 年版,第 988—990 页。
② 陈毅编:《轨政纪要》(第 3 卷);另见宓汝成编:《中国近代铁路史资料,1863—1911》,第 990 页。
③ 向军:《清末华侨与漳厦铁路的修建》,《丽水学院学报》2012 年第 3 期,第 30 页。
④ 向军:《清末华侨与漳厦铁路的修建》,第 28 页。
⑤ 《张京卿第二次奏对纪实》,收录于饶淦中主编《楷范垂芬耀千秋——印尼张榕轩先贤逝世一百周年纪念文集》,第 145—151 页。

家詹天佑(时供职于山海关内外铁路总局)负责这条铁路的工程设计。①张煜南和张弼士的关系更是密切。如上文所述,张煜南下南洋之初,便是在张弼士旗下工作。1894 年张弼士从槟城副领事升任代理新加坡总领事时,便安排张煜南继他署理槟城副领事一职。当张弼士负责督办闽广路矿大臣的时候,曾和陈宝琛侍郎筹划兴建闽广铁路,路线从潮汕铁路起经行诏安、云霄、平和、漳兴、漳州、海澄各处直达福州,并与林尔嘉的养父林维源等商议募集资本之法。②

张煜南与陈宝琛的关系也很密切。1906 年底陈宝琛为了筹措兴建漳厦铁路的资金股本,亲自南下南洋各地。③在槟城停留期间,曾参访极乐寺,并留下两首诗,其中之一题为《极乐寺留谂妙莲方丈》。④妙莲方丈正是极乐寺的开山住持,诗中对妙莲法师开创极乐寺,尤其是 1904 年获得清朝圣上钦赐《龙藏经》一事称赞有加。而极乐寺自 1890 年草创以来十余年间的扩建功劳最大者为张煜南。可见妙莲和张煜南的佛缘匪浅,妙莲于 1905 年率领众监院石刻《张煜南颂德碑》,以表彰张煜南的功德。碑文末曰:"于园中建功德堂一座,奉公塑像,四时上供,并规定祀期以贻后,庶几没世不能忘也。"⑤另外,极乐寺中也有多处张煜南的石刻、柱刻。一年后,陈宝琛来访极乐寺,即使无缘见到张煜南,也对张煜南绝对不会陌生。更何况他们此时已经分别在筹建漳厦铁路和即将完成潮汕铁路的兴建。基于这些重叠的人际关系,张煜南和林尔嘉因为铁路等事业上或人际网络上有直接的接触或间接的交流,应该是不难理解的。

承上所言,由于张煜南和林尔嘉的事业和人际网络有交集和交情,林尔嘉在 1909 年替张煜南解除潮汕铁路林丽生股权所带来的困扰是有理由的。因为林丽生的股权,其实就是在台湾的日本公司的股权,而林尔嘉虽然迁离

---

① 1904 年 3 月,詹天佑接受设计潮汕铁路的任务,一行六人来到汕头勘察地形。詹天佑从地形水陆各方面进行详细勘测,设计出第一个方案。不料当时投资铁路的另一大股东林丽生勾结英商太古洋行及日本商人爱久泽直哉,以更低的估价,否定了詹天佑的设计方案,将铁路承包权转让给日本人。日本三五公司设计了潮汕铁路新方案,于 1904 年 8 月 19 日正式施工。

② 《张弼士太仆新近历史》,《槟城新报》,1904 年 12 月 16 日,第 3 版。

③ 1906 年 10 月,陈宝琛赴南洋各埠为漳厦铁路募股。参见蔡佩蓉:《清季驻新嘉坡领事之探讨》,新加坡国立大学中文系、八方文化创作室 2002 年版,第 122 页;陈宝琛在新加坡的募股活动,见陈宝琛:《劝办福建铁路说辞》,《叻报》,1906 年 11 月 27 日,第 1—2 版;陈宝琛:《续劝办福建铁路说辞》,《叻报》,1906 年 11 月 28 日,第 1—2 版。

④ 陈宝琛:《沧趣楼诗文集》,上海古籍出版社 2006 年版,第 85 页;另一首诗题为《宿极乐寺》,见同书,第 90 页。

⑤ 有关张煜南与妙莲法师的关系及其对极乐寺的贡献,见本书第 7 章。

台湾,但他在台湾地区还有家族事业,也和台湾的日本统治势力有一定的互动关系。许雪姬在研究日据时期林家的政治关系时,论及林家与日本统治者的密切关系。以林尔嘉为例,他虽然定居鼓浪屿,也不入日本籍,但他经常来往于厦门、台湾之间。另外,由于林家产业大部分在台湾地区,林尔嘉因管理产业的需要和以后因家族财产的纠纷,曾求助于当时日本在台的民政长官后藤新平等,并与之有交游来往。林尔嘉的四公子林崇智在鼓浪屿的婚礼,日本驻厦门领事曾颁训词,显示林尔嘉与日本驻厦官员有相当的来往。[①]更重要的是,许雪姬指出,日本政府利用林家在华南及南洋的声望和事业(指林尔嘉子娶棉兰侨领张鸿南女为妻后,林家也经营棉兰的橡胶园等事业),扩充日本在这些区域的影响力。[②] 林尔嘉和有权势的日本人交往的例子还有不少。虽然这些都是旁证,还没有发现有文献直接提到林尔嘉透过日本的影响力,促成林丽生退出潮汕铁路的股权,以解决张煜南的困境,但这种可能性是存在的。许雪姬还提到林家性格特点之一就是喜爱结姻朝廷大臣和南洋大族,[③]而林尔嘉和南洋张鸿南豪门结成姻亲,也符合林家的家族特性,甚至有报章称这场婚姻是林家高攀了张家,因为当时南洋张家的财富还在闽台林家之上。《台湾日日新报》就有报道称:"闻女家之富,过于婿家。此次婿家之出洋就亲也,一切川资,均出女家赠送。闻其数三千圆,其他妆奁财产,约在数万元以上,此其奢豪,可见一斑云。"[④]这场联姻,符合传统门当户对的婚姻现象,也配合了两大家族各自的利益,包括解除了张家在中国投资的困境,也成就了林家要广结姻缘的家族特性和扩张南洋事业的野心。

### 三、"闽南王"与"客家后"的跨地域婚姻与发展

尽管这场闽客跨族群和跨地域婚姻的完成有不单纯的动机,但对于婚姻的男女主角而言,那是单纯的一桩依父母之命完成的婚姻大事。张福英在回忆录中追述,当得知她的婚姻已经被安排好的时候,她说道:"我不在乎嫁给谁,只要父母高兴就行了。"[⑤]对林景仁来说,由父母安排婚事在林家也是很自然的事。[⑥]

---

① 许雪姬:《日据时期的板桥林家》,第 680—681 页。
② 许雪姬:《日据时期的板桥林家》,第 681 页。
③ 许雪姬:《日据时期的板桥林家》,第 665 页。
④ 《林绅迎婚之准备》,《台湾日日新报》,1912 年 10 月 22 日,第 9 版。
⑤ Chang, *Memories of a Nonya*, p. 70.
⑥ 几年后,林景仁的两个弟弟也是在父亲的安排下,在同一天结婚。

### (一)新婚蜜月期

这场跨地域和跨族群的婚礼安排在 1912 年 11 月 11 日(壬子年十月初三)举行。[①] 原本张福英的母亲希望延后一年,因为张母本人几个月前刚生了一个小女儿,不适合远行。但林家反对延期,一则是吉日早已订好,不宜更改;二则是清朝被推翻后,地方政军局势不稳定,林家希望 19 岁的长子早日成家,安定下来。两家妥协和折中的方案是将婚礼大典改在棉兰,按原定日期举行。

婚期来临时,张鸿南热情接待来自远方的姻亲团,将自己的其中一栋别墅用来作为男方的行馆,以避免入赘之嫌。未来女婿一行人阵仗不小,南来的 12 人中包括男方的首席代表林景仁的舅舅、男方介绍人(媒人)林某、两位秘书(其中一人为英国人)、一位女管事(美国人)和她的女仆、四个男仆和一个厨师。[②] 男方带来丰厚的聘礼自不在话下,而女方的嫁妆更是价值连城。一场盛大、隆重的婚礼让整个棉兰市沸腾起来,上至日里苏丹和荷印政府百官,下至当地各族群民众都献上祝福和分享喜庆。苏丹还派出他的大房车当作婚礼的礼车,并借出苏丹王宫宴会厅当作婚宴地点。[③]由此印证张鸿南玛腰在当地的崇高地位和影响力。

在棉兰的婚礼仪式结束后不久,林景仁和新婚夫人回厦门拜见男方父母,正式入门林家。陪伴张福英同行者,也和林景仁来迎亲的阵容旗鼓相当。张福英一行人的领队也是舅舅,除了大舅外,还有姨妈及其女儿、两个堂妹和一个日籍女佣(以便日后到日据台湾的板桥时可以随行协助)。[④]

轮船短暂停留新加坡和中国香港地区后,抵达厦门,一场热闹的迎亲仪式正等待着他们。虽然正式的婚礼在棉兰已经举行过了,但厦门林家的婚庆礼俗和排场气氛也不逊色。由于轮船抵达厦门港时已经傍晚了,林景仁和张福英不得不被故意留滞在船上,等待次日天亮时,才热热闹闹地从码头被迎回林家。林家亲朋好友好奇地争睹这个"番婆"新娘。张福英受到特别关注,其中一个原因是她是天足,和当地闽南名门闺女一律缠足是不同的。张福英没有缠足,因此走路比较快。婚礼仪式当天,原本按规定走在家翁林父和家婆林母后边的福英,看到三寸金莲的林母走下石阶时,关心地往前搀扶并行,引起在场看热闹的旁人哗然和窃窃私语,认为福英这个举动不合礼俗。

① Chang, *Memories of a Nonya*, p. 75.
② Chang, *Memories of a Nonya*, p. 78.
③ Chang, *Memories of a Nonya*, pp. 88-90.
④ Chang, *Memories of a Nonya*, pp. 98-99.

林景仁和张福英开始共同生活的时候有点语言沟通的困难。林景仁讲的是闽南话,也会英语;张福英会说客家话、马来话、荷兰语和一些英语,但她婚后努力学讲闽南语和更流利的英语。总体来说,张福英远嫁而来的生活还过得不错,主要是家翁和家婆都相当疼爱这个儿媳妇。林父赠送了多件名贵的古董给张福英装饰她的新房,更难得的是,林母对张福英特别袒护,尽管林家中有些人对张福英的样貌、服饰和一些不合传统的行为有所歧视,林母的回应是"不管她长得如何或她是如何的人,她就是我希望景仁娶的媳妇"①。

1913年初,张福英在厦门渡过第一个农历新年,在这个欢庆的日子里她是唯一穿着欧式礼服的家人,非常显眼。林家的美籍管事赞美她美丽得像一位 Queen(女王或王后)。从那天起,福英就将自己的英文名字取为 Queeny,正好和她的丈夫的名称"King"(闽南话"景"的谐音,即家人对林景仁的称呼)可以相配。因此,这场跨族群的婚姻,可谓"闽南王"与"客家后"的结合。

不久,林父在鼓浪屿南岸依山面海兴建一座"菽庄花园",林景仁和张福英便常到花园散步,生活相当惬意。菽庄花园是林父特意模仿板桥林家花园而建成的,以解思台故园之情。林景仁和张福英也曾回台湾拜会林家亲戚,亲自参访林家祖屋和花园。张福英还记得他们俩曾在林家花园里享用了一次浪漫的午餐。② 林景仁向张福英介绍,林家花园的设计,是模仿《红楼梦》中的大观园建筑的。回到厦门后,林景仁还送了一本《红楼梦》给张福英阅读,她被书中浪漫的情节所吸引。这趟台湾蜜月之旅回来后,张福英怀孕,第二年(1914年)生下他们的长男——林桐。

**(二)跨地域的生活和事业发展**

为人父母之后的林景仁和张福英并没有就此长住鼓浪屿。1915年7月林景仁和张福英回到棉兰,并准备长期居留。③其中一个原因是林景仁一年前刚得过一场重病,即使康复后平时还需要用手杖撑着走路。林景仁父母认为热带的气候可能比较适合身体虚弱的儿子。张鸿南很高兴女儿和女婿回来长住,并在棉兰准备了一栋别墅让他们安心居住。喜爱写诗的林景仁除了在岳父名下的日里银行上班外,其他时间就陶醉在清幽的环境中创

---

① Chang, *Memories of a Nonya*, p. 106.

② Chang, *Memories of a Nonya*, p. 110.

③ 1914年底,张福英婚后第一次回娘家探亲。但张福英和林景仁这趟在棉兰停留的时间不长,1915年的农历新年前回到厦门。

作出不少诗文，后收录在其诗集《摩达山漫草》中。

在棉兰定居的六年期间，有几件事值得注意。首先是他们结交了多位南洋的富商（和后来的富商）。他们是在一艘由上海航行到新加坡的船上认识了李光前（1893—1967）[1]。李光前当时还是一个刚从上海留学回到新加坡干活的年轻人，但他们很投缘，当林景仁和张福英在棉兰安顿好后，就邀请李光前到棉兰来访问。林张夫妇不久还到新加坡探望这位后来的东南亚橡胶大王和新加坡慈善家李光前。[2] 1915年底的新加坡之行，林张夫妇还拜访了已是当地侨领的陈嘉庚和林文庆，他们都是自己父辈的老朋友。林景仁也认识不少当地其他泉、漳籍的富商，奠定了他在东南亚的人脉关系，尤其是闽籍的人际网络。

其次是1916年发生的一喜和一悲两件大事：先是岳父张鸿南在荷印政府服务30周年纪念的隆重庆典，为棉兰空前热闹的大事，"连日棉兰街市，剧增数万人，绿女红男，马龙车水，笙歌沸地，烟火迷天。盖自设棉兰商埠以来，未有如此次热闹者"[3]。各界庆贺典礼、宴会、花灯游街、烟花晚会、学生运动会等活动长达一周。林尔嘉还受亲家委托推荐有学识之士到棉兰为张鸿南编辑纪念刊物，结果林尔嘉推荐其诗社的成员许南英（许地山之父）前往执行编辑任务。[4]林景仁也因此多了一个诗友做伴唱和。许南英在棉兰做伴的一年多，也是林景仁在棉兰期间诗作丰硕的时期。1916年发生的一件悲事是张鸿南的老东家——堪称东南亚首富的张弼士忽然心脏病发，逝世于巴达维亚。林景仁和张福英陪同张鸿南去巴达维亚处理张弼士的后事。[5] 由于张鸿南为张弼士的法定遗产执行人，因此让张鸿南的事业版图和财富达到顶峰。

再次是林景仁在棉兰事业的起伏。1916年是林景仁事业爬升之时。那年，他被提升为日里银行的经理。他非常投入银行的工作，发展事业的野心也开始膨胀，甚至还开办自己的银行（Kong Siong Bank），希望走出岳父的庇荫。林景仁在棉兰的闽南人社群中特别受到尊敬，被邀请担任学校的

[1]　李光前后成为陈嘉庚的女婿，并且是1930年代至1960年代新加坡的富豪和慈善家。

[2]　有关李光前的生平事迹，参见 Huang Jianli, "Three Portraits of Singapore Entrepreneur Lee Kong Chian (1893—1967)," *JMBRAS*, vol. 82(1) (2009), pp. 77—100.

[3]　萧惠长：《张玛腰耀轩先生服官三十年纪念连日各界致贺纪事》，收录于《张耀轩博士拓殖南洋卅年纪念录》，第1页 。

[4]　可惜一年后许南英尚未编辑完成，却因水土不服，染病丧命异乡。有关特刊，后由黄警顽等人继续完成，于1921年由上海商务书局出版。

[5]　Chang, *Memories of a Nonya*, p. 142.

董事主席,也受闽南商人邀请合资经营生意。林景仁以客家人的女婿身份居住在棉兰,也在一定程度上纾解了当地闽、客族群之间的紧张关系,[1]因为棉兰虽然是客家人开埠,但从 20 世纪初以来,由于闽籍移民人数大增,闽南人的人数已经超越客家人,成为当地人口最多的华人族群。良好的族群关系网络也是南洋华人的社会资本,从林景仁在南洋的生活经验中得到印证。可惜林景仁没有他的父亲和岳父的经商本领,再加上一些找他合伙经商的人,也只是觊觎他或他岳父的财产,所以他的商场之路最终还是以失败收场。1921 年 2 月 4 日张鸿南忽然病逝,[2]林景仁的靠山顿失,再加上商场的失意,他决定和张福英离开棉兰,回到中国。

### (三)旅居各地及分道扬镳

由于林景仁志不在商,又有豪门大少的身份和心态,他并没有安心在厦门开展他的事业。1921 年至 1926 年间,林景仁与张福英先后在台湾、北京、上海和杭州等地短期居留。停留各地期间,虽然挂名从商,实际上是游山玩水,结交诗社文友,吟诗酬唱。1926 年,林尔嘉被检验出得了肺结核,并接受德籍医生的建议,到瑞士调养肺结核疾病。[3]林景仁与张福英随林父到欧洲居留长达六年。其间偶有回厦门探亲,其他时间也游历欧洲和北非30 余国。[4]熟悉多种欧洲语言的张福英在留欧期间,不止自己如鱼得水,也为家人在日常活动中作出语言沟通上的贡献。

1931 年林父病愈,一行人从欧洲回到中国。返抵国门后也是林景仁和张福英感情生变的爆发点,因为此时张福英已经无法再忍受林景仁的一再纵情,决定离开林景仁。原来林景仁风流成性,已经有不少前科记录。婚前林景仁曾和一个女仆有染,婚后色性不改,在棉兰居住期间,有一回到新加坡访友,因急性盲肠炎动紧急手术,住院调养期间竟然和两个护士有暧昧关系。出院后休养期间,又和一位歌女(当地的风尘女郎)密切交往。[5]最让张福英痛心和绝望的是从欧洲回国途中,在陪伴林父回国的船上,张福英"惊讶地发现林景仁竟然带了一位瑞士女孩同船回国。"[6]回到鼓浪屿林家后,张福英又发现家里多抚养了一个小女孩,原来那女孩是林景仁到欧洲前,在

---

① Chang, *Memories of a Nonya*, p. 124.
② 《张耀轩君之噩耗》,《槟城新报》,1921 年 2 月 23 日,第 7 版。
③ Chang, *Memories of a Nonya*, p. 178.
④ 沈春燕:《林景仁及其〈三草〉研究》,中国文化大学硕士论文,2008 年,第 48 页。
⑤ Chang, *Memories of a Nonya*, pp. 133—134.
⑥ Sidharta, "Introduction to the Works of Queeny Chang," p. 238.

日本外遇所生的小孩。①显然林家也纵容林景仁的风流行径，并包容他婚外的私生子女。张福英虽然没有马上和林景仁离婚，但在得到林父的理解后，离开夫家到南京工作。张福英在途经上海的时候，还修函给林父，一再道出其中无奈："今媳与夫子离居，实违父母之命，不孝大矣。但想已无夫妻之爱，做一对假夫妇，媳真不愿为。奈何无缘偕老，恩情至此而已耳。媳大过出此妄言，但想亦不出于人情，千万望大人宽恕也。"②

不久，林景仁也由南京到河南新乡任职，他俩在南京正式分离后不久，林景仁写了一首怀念旧情的《南京别福英》诗，带有几分悔意："别绪难分苦与辛，无情天地有情人，再生誓化孤山石，长守梅花不断春。"③张福英的回应诗《和蟫窟主人》则包含怨气和绝望："廿载追随历苦辛，何因竟作薄情人，梅花原是多清福，一夜狂风满地春。"④20 年的夫妻之情可能无法完全割舍，但张福英自认姻缘已尽，此后他们虽然偶有诗文往来，但再也没有见面。⑤

张福英因为懂得荷文、法文、德文和英文等多国语文，所以受到南京政府外交部重用，担任外事专员。⑥三年后（1934 年），张福英奉母亲之命到汕头担任伯父张煜南和父亲张鸿南创办的潮汕铁路公司的总经理一职。1939年日军侵略潮汕前夕，国民政府为免铁路被日军所用，下令铁路公司自行拆毁铁路。张福英也在此时，离开战乱的中国，回到棉兰定居。

另外，林景仁在 1931 年回到厦门后，经国民党要员邹鲁的介绍，9 月初到达河南新乡担任豫陕晋边区绥靖督办公署上校参议，负责军中刊物《建国特刊》的笔政工作。⑦不久日本发动"九一八事变"侵略中国东北，举国同仇敌忾。林景仁写信给张福英的时候，道出了他的愤慨和心情："天下事，不可为而实可为，暴敌犯我金瓯，必将自食其果，所痛我一书生耳，抵抗无策，弱笔三寸，衹泄一腔愤恨而已。"⑧林景仁在担任《建国特刊》笔政约一年的时

---

① Sidharta, "Introduction to the Works of Queeny Chang," p. 238.

② 张福英：《林尔嘉家族信件：张福英致林尔嘉信》，收录于《台湾文献汇刊》（第 7 辑第 2 册），厦门大学出版社 2004 年版，第 10 页。

③ 王国璠编注：《林小眉先生誊稿》，收录于《板桥林氏家传》，台北祭祀公业林本源 1975 年版，第159 页。

④ 王国璠编注：《林小眉先生誊稿》，第 159 页。

⑤ 张福英于 1932 年 2 月 6 日在上海由张崇鼎律师作证，张林双方签字离婚，并呈上海第二特区地方法庭备案离婚。见《申报》1937 年 7 月 13 日第 2 版启事。但据林景仁长孙林南星口述（笔者于 2020 年 10 月 20 日开展访谈），张林两人并没有正式离婚。

⑥ Chang, Memories of a Nonya, p. 179.

⑦ 王国璠编：《林小眉撰建国特刊社论选辑》，收录于《板桥林氏家传》，台北祭祀公业林本源 1975年版，第 173 页。

⑧ 王国璠编：《林小眉撰建国特刊社论选辑》，第 173 页。

间内,撰写了社论 50 余篇,皆为启发民族意识,鼓舞抗日决心之作。例如,《同胞欲知亡国之惨乎——请看台湾!》①一文就是以日据时期台湾同胞的悲惨命运作为警钟。但林景仁的军旅公职并不顺利,不久,他的人生和政治认同发生了一个大转弯。

1932 年 3 月日本扶植的"满洲国"成立,台湾出身的"满洲国"外交部总长谢介石与林景仁是旧识,再加上林家姻亲陈宝琛和林景仁诗友郑孝胥等人的关系,林景仁一则为了生计,二则为了情谊,贸然前往东北,挂职"满洲国"外交部欧美科长。陈宝琛曾于宣统元年(1909)奉召入京,任末代皇帝溥仪的老师。清帝逊位后仍追随溥仪。1923 年陈宝琛还引荐福建同乡郑孝胥入宫。"满洲国"成立后,郑孝胥官拜国务总理。"满洲国"的实际政权操纵在日本人手中,所以据说林景仁终日无所事事,过着以赌、舞、优为消遣的糜烂生活。② 1940 年 10 月林景仁因肺病逝世于东北,享年 47 岁。

1945 年 8 月日本投降,台湾光复回归中国。不久,林尔嘉举家迁回台湾。而张福英在战后不久,曾回到大陆,试图重振潮汕铁路公司,但不久解放战争爆发,国民政府败退台湾,张福英再次离开大陆,返回棉兰定居。此后她偶尔到台湾探访夫家族人,也定期到新加坡探望在那里成家立业的独子林桐等亲人。1960 年林桐不幸得癌症病逝,张福英则在 1986 年逝世于新加坡。③ 曾经轰动一时的林张两大家族的跨地域联姻,至此正式落幕。

## 四、余论

闽台林家和棉兰张家的联姻,在族群关系和研究上有其特殊意义。首先是开拓了跨族群互动研究的新范畴。跨族群互动的研究,尤其是闽客互动的研究早已受到关注,也已有不少成果。但过去比较关注在台湾地区或在大陆境内的跨族群案例,比较少同时涉及跨越台湾、大陆和南洋等地区的跨族群互动研究。由于是跨地域的互动,在处理族群互动及族群差异比较研究的时候,地域因素所造成的差异需要注意。以棉兰张家和闽台林家的互动而论,客家族群和闽南族群的生活习俗差异,必须考虑地域的影响。例如,张福英的天足相对于闽南闺女的缠足,固然是客家和闽南族群妇女的明显差异,但张福英的"奇装异服"和不按礼俗的一些行为,则不是客闽族群的基本差异,而是棉兰张家生活在荷印殖民地上层社会和家庭教育的结果。

---

① 王国璠编:《林小眉撰建国特刊社论选辑》,第 173—174 页。
② 沈春燕:《林景仁及〈三草〉研究》,第 51、55 页。
③ "Mdm. Queeny Chang Fuk Yin," *The Straits Times*, 29 August 1986, p. 27.

再如,闽台林家和棉兰张家的家庭结构和对妻妾态度的不同对林景仁和张福英的感情生活和态度有所影响。林家是相当典型的闽南富豪之家,男人三妻四妾是正常的现象,林父林尔嘉就有多个妻妾并同时生活在一个屋檐下。在这种家庭和环境长大的富家子弟林景仁易于纵情和风流,而林家长辈也纵容他的行为。张福英在棉兰的家庭情况却有很大的差别,张母是出生于荷印苏门答腊的一个小镇的客籍家庭,和原乡的客家女性有所差别。张母是个非常强势的女人,嫁给张鸿南前,就要张鸿南发誓不能再纳妾,当然也不愿意女儿受到这种委屈。例如,当张母听闻闽南富贵人家的习俗中,男人通常将结婚时太太带过来的女仆纳为自己的小妾时,觉得不可思议和无法接受。为了防患于未然,张母不让张福英的女仆陪同她嫁到厦门去。①张福英也受到母亲的影响,无法一再容忍林景仁在外拈花惹草,所以从欧洲回来后,终于和林景仁摊牌,决定和丈夫分开,寄情于自己的事业和生活。

　　其次,从对棉兰张家和闽台林家联姻的研究,也可以看出跨地域的上层社会的跨族群互动和联姻往往与家族的政经关系和利益相关。过去在讨论南洋移民社会时,一般的观察认为在帮群聚居的南洋华人社会,同族群或同方言群通婚是普遍存在的现象,其中原因不只是地缘的关系,更是因为不同族群有不同的沟通方言和生活习俗等问题。但在上层社会,主要考虑的还是门当户对,而门当户对的背后,隐藏着每个家族的政商利益考虑。以棉兰张家而言,张福英和林景仁的婚姻,与张家在大陆的投资事业息息相关。对闽台林家而言,这个婚姻是林家将企业版图由闽台扩大到南洋的一个好机会。在 20 世纪初的时代背景下,子女奉父母之命、媒妁之言而成婚,还是很正常的事。上层社会的儿女婚姻自然也成为跨族群互动互利和跨地域政商联盟的一个重要棋子。但一桩婚事并不能保障两个家族长久联盟或利益互惠,尤其是其中一个家族的情况出现了变化。以闽台林家和棉兰张家这个案例而言,联姻的互惠光景不到十年。1921 年张鸿南遽然病逝时,长女张福英 25 岁,而身为长子的大弟张华龙也只有 21 岁,最小的弟弟张松龙才两岁。张鸿南逝世时因为没有独当一面的男丁维持和发展家业,家道很快地中落。所以不必等到 1931 年张福英和林景仁的婚姻破裂,以及张福英主动提出要和林景仁离异时,这个联姻结盟的利益关系早已不复存在。张福英和林景仁的分道扬镳,只对当事人有直接影响,对两个家族的影响已经微乎其微。

　　再次,棉兰张家和闽台林家的联姻或许不是一个普遍的案例,因为这两

---

① Chang, *Memories of a Nonya*, pp. 82—83.

家都有特殊的家族背景。但从这两个家族的特殊案例,还可以观察这两个
家族对国家认同的观念或重视的程度。棉兰张家从中国移民到南洋,白手
起家,千辛万苦经商致富后,首先想到的是获取功名,光宗耀祖,取得功名的
方式除了受当地殖民政府委任外,另外的途径就是买官爵位。① 当棉兰张
氏兄弟受清廷之邀回国投资铁路兴建等工程项目时,更把它当作是回馈桑
梓和祖国的义举。张福英在南京政府外交部工作及后来受母亲之命担任潮
汕铁路总经理一职,也是受到为国家服务、为家门增光荣的使命感的影响。
闽台林家则因为清朝政府在甲午战争中战败,台湾地区割让给日本后,不愿
生活在日本人的统治下而迁居厦门。由此可知,林家(尤其是林维源和林尔
嘉)的国族认同相当明显。但碍于林家产业还在台湾地区,为保障家产不会
化为乌有,林家不得不与日本统治者妥协,并与之保持一定的政商关系。林
景仁的祖国意识最初也是很强烈的,后来他到"满洲国"任职,主要是解决生
活问题,而非政治认同日本的侵占。林景仁甚至也意识到他留在"满洲国"
工作,会给家族蒙上阴影和政治上的困扰,所以他在"满洲国"任职一年多后
曾辞职到天津去另谋发展。但是没有谋生技能的林景仁,后来还是被谢介
石的儿子谢喆生劝说回去"满洲国"任职,以解决他的温饱问题,导致林景仁
最终病逝时的身份还是"满洲国"的官员。有关林景仁和张福英,乃至于闽
台林家和棉兰张家的国族认同问题是个复杂和值得深入探讨的问题,因偏
离本文的主旨,可留待日后另辟专文讨论。

---

① 张鸿南在新加坡嘉应五属义祠的长生禄位显示,他当时的功名为"皇清诰授荣禄大夫赏戴花翎
二品顶戴江西补用道",同时也获得"大荷兰国赏赐一号宝星"并"特授甲必丹管辖日里地方事
务"。1921 年 2 月张鸿南逝世时已是民国时期,他的墓碑铭刻的功名为中华民国"二等嘉禾勋
章国务院高等实业顾问",同时也是大和国(荷兰)"华人事务顾问官棉兰玛腰"并获得"大英国
法学博士衔"。笔者分别于 2007 年 3 月 25 日在新加坡嘉应五属义祠及 2009 年 11 月 8 日在棉
兰张鸿南私人墓园田野考察时抄录。

# 第四章　归根与扎根：
# 论东南亚客家富商的跨域人际网络

19世纪末至20世纪初，张弼士和张鸿南可说是东南亚客家两大富商，活跃于南洋和中国各地。他们的地域、族群、行业和政商交织的跨域网络繁杂，不易梳理清楚。本章以张弼士的哀思录和张鸿南生前的荣耀集为基本资料，整理和分析他们的跨域人际网络，并试图回答以下的研究问题：为何同处在一个时代并有多重交集的两个客家富商，他们的人际网络会有明显的差异？其中一人与祖国的政商各界保持非常紧密的关系，另外一人则在地化比较明显，并与自己的客家族群及在地社会有更紧密的关系。本文也将进一步追问，是什么内在因素和外在客观条件导致他们的人际网络有所差异，是否可以因此将他们归类为不同的南洋富商类型？

在本章聚焦的时代，南洋华人社会与传统中国社会的一个明显不同之处，就是他们的领导阶层。[①]传统中国社会以"士农工商"排序，领导阶层都是由士（读书人）构建而成，而南洋移民社会，则是由经商致富者位居领导地位[②]，客家富商张弼士和张鸿南就是其中两位显赫的领导人物。过去的研究偏向于将他们归属为同一类的华侨富商，比较强调他们的共同点。[③]其实他们也有明显的不同之处，笔者甚至主张将他们作不同的归类。以下先讨论他们的不同类型。

---

[①]　有关19世纪和20世纪初新加坡和马来亚华人社会领导人物的介绍和分析，可参考杨进发：《新马华族领导层的探讨》，新加坡青年书局2007年版。

[②]　王赓武教授认为早期新马华人社会主要有"工、商"两个阶级，颜清湟教授则认为有"工、商、士"三个阶级。参见 Wang Gungwu（王赓武），*Community and Nation：Essays on Southeast Asia and the Chinese*. Singapore：Heinemann Educational Books, 1981，p. 162；颜清湟：《新马华人社会的阶级结构与社会流动（1800—1911）》，收录于《海外华人史研究》，新加坡新亚洲研究学会1992年版，第149页。

[③]　有关张弼士研究的历史书写和文化记忆，见本书第六章。英文的资料则包括 Michael R. Godley, *The Mandarin-capitalists from Nanyang：Overseas Chinese Enterprise in the Modernization of China，1893—1911*. New York：Cambridge University Press, 1981。有关张鸿南的研究相对比较少，且多与张煜南的研究一并研究和讨论，例如黄浪华：《华侨之光：张榕轩张耀轩张步青学术研讨会论文集》，中国华侨出版社2011年版；有关张鸿南后人对其回忆，见 Queeny Chang, *Memories of a Nonya*. Singapore：Eastern Universities Press, 1981。

## 一、"归根"与"扎根"：两个南洋客家富商的类型

张弼士（1841—1916，名振勋，原名肇燮，广东大埔客家人）是为人所熟知的南洋富商，他曾在南洋开垦种植、经营矿业、船运业和金融业等，也在中国投资酿酒业、矿业、铁路建设等，可谓当时最有名的跨地域和跨事业的绅商。张弼士"商优而入仕"，成为清末的红顶商人，并先后受任命担任大清国驻槟城副领事、驻新加坡总领事、清朝督办铁路大臣、商部考察外埠商务大臣、闽粤两省农工路大臣等职。张鸿南（1860—1921，号耀轩，又名阿辉，广东梅县客家人）在中国近代史上的知名度比不上张弼士，是因为他没有回到中国长期当官，但他在中国也有一些投资（如投资建设潮汕铁路）和慈善事业（如捐款救济陕西旱灾，顺直饥荒等）。张鸿南在南洋的事业版图相比张弼士不遑多让，尤其在荷属东印度的苏北地区长期耕耘，并继承其兄（张煜南）稳固的事业和崇高的地位，可谓独霸一方。

张弼士和张鸿南虽然年龄相差 20 年，但他们都活跃于同一个大时代，即 19 世纪末 20 世纪初。他们在很多方面也有类似的背景。首先，他们都是从家乡南来打拼的客家人。张弼士来自广东大埔县（当时属潮州府，现属梅州市）西河镇，张鸿南则来自邻近的嘉应州（现属梅州市）梅县松口镇。张弼士的父亲张兰轩为读书人，是村里的私塾老师，也行医治病。张弼士在四兄弟中排行第三。由于家境清寒，1858 年，18 岁的张弼士随着移民的浪潮，远赴南洋的荷属巴达维亚（今印度尼西亚的雅加达）打工谋生。由于张弼士勤劳又肯吃苦，得到老板的赏识，老板甚至把女儿许配给他。不久，张弼士继承岳父的事业和遗产，并大展宏图，扩张店铺和经营酒行。数年之内，他先后创设和经营多家商号和公司，并且从地区性的经营慢慢发展为跨区域企业。而且，张弼士善于经营人际关系，他取得荷属东印度公司殖民政府官员的信任，获得授权承包其兵营的粮食供应①，也获准承包一些地区的酒税、典当税和鸦片烟税。由于商业活动盈利丰厚，张弼士很快地晋升为巨富。从 1866 年起，他先后开办裕和、笠旺、万裕兴等垦殖公司、东兴矿务公司以及广福、裕昌轮船公司等，堪称南洋首富。

如果说协助张弼士发迹的贵人是他的老板（即后来的岳父），张鸿南的贵人则是他的哥哥张煜南（1850—1911，号榕轩）。原来张煜南在年少时就

---

① 有关张弼士在巴达维亚的商业活动，尤其是承包荷印政府兵营粮食和其他物资的记录，参阅包乐史（Leonard Blusse）、聂德宁、吴凤斌校注：《公案簿》（"吧城华人公馆档案"丛书第 11 辑），厦门大学出版社 2012 年版。

因家贫南来谋生,至 1879 年时,张煜南已经在棉兰闯出一番大事业,为当地首屈一指的巨富,并先后受荷印政府委任为当地华人领袖"雷珍兰"(Lieutenant)和"甲必丹"(Kapitan),最后晋升为当地职位最高的"玛腰"(Major)。此时,坐困家乡的张鸿南受召来南洋协助哥哥经营和发展事业。换言之,张鸿南是在哥哥铺好的平坦道路上起步冲刺。张鸿南很快掌握经商的本领,并将张氏兄弟的事业推到另一高峰。当张煜南于 1911 年突然病逝时,张鸿南很快地被荷印殖民政府重用,接任棉兰地区的玛腰一职。殖民地政府中的华人领袖玛腰一职并非世袭制,所以张鸿南继任为玛腰,主要是由于他的才能和财富受到荷印政府的高度的赏识。张鸿南的事业版图也是多元的,主要包括垦殖业和金融银行业。由于张氏兄弟与张弼士的私交也很好,都受过张弼士的提携①,也一起合伙做生意。张弼士于 1898 年回祖国发展时,其在南洋的事业主要交由张鸿南管理。张弼士逝世前,先后于1912 年 5 月和 1916 年 7 月写好遗嘱和修正遗嘱,将张鸿南立为遗产信托人和遗嘱执行人之一。② 可见他对张鸿南的充分信任。

其次,张弼士和张鸿南的另外一个共同点是他们都曾回祖国投资。张弼士不仅是最早被清朝政府征召担任海外使节的华侨之一③,也是最早响应祖国号召回国投资,以实业兴邦的南洋华侨领袖。如上所述,他在中国投资的产业包括酿酒业、矿业、铁路建设等。由于张弼士的雄厚财力和影响力,他也是最早被任命为朝廷大臣的华侨领袖,担任过多个与他的事业贡献及海外影响力相关的职务,包括粤汉铁路总办、商部考察外埠商务大臣、闽广农工路矿督办等。张弼士在 1898 年至 1904 年间,曾三次受慈禧太后和光绪皇帝召见,可见其受重视程度。

张鸿南虽然没有像张弼士般担任朝臣,他本人也没谒见过慈禧太后和皇帝,但他对祖国的贡献和资助也有迹可寻。张煜南和张鸿南兄弟手足情深,在哥哥张煜南 1911 年逝世前,很多贡献和资助都是兄弟联名的,例如他们兄弟先后捐巨款资助清政府扩充海军力量、救济中国灾荒等。他们对于家乡的文化教育事业也予多方资助,如捐助松口中学的建校费用,资助出版历代嘉应名人诗选及出版嘉应州地方志等。此外,兄弟两人对香港大学和

---

① 张煜南刚到南洋爪哇岛谋生时,曾受雇于张弼士的公司。

② 张弼士于逝世前两个月,即 1916 年 7 月 26 日作一次遗嘱的修正补充,内容变动不大,张鸿南的遗嘱信托人和执行人地位没有变动。另外一个遗产执行人是张弼士的侄子。有关遗嘱影印本,现展示在槟城的"蓝屋"(张弼士故居),见本章附录一。

③ 在南洋地区的华侨只有新加坡的胡璇泽(1878—1880 年担任清国驻新加坡首任领事)比张弼士更早被委任官职。

广州的岭南大学都有慷慨捐款或捐建校楼。1910 年南京举办中国的首次博览会——南洋劝业会,张氏兄弟由哥哥领衔,捐款 30 万元,为这个博览会的圆满结束和善后作出贡献,并获得朝廷的奖叙。[①] 张氏兄弟对中国实业的贡献,最为人称道的还是兴建潮汕铁路一事。

上述张弼士和张鸿南的事迹多为人所熟悉,他们这些南洋富商也多被人笼统地归为同类——实业兴邦的爱国华侨。但如果作深层分析,张弼士和张鸿南可说是两种不同的华侨类型,笔者分别称之为"归根型"和"扎根型"南洋华侨富商。所谓,"归根型",是指将事业重心移归祖国发展的模式,"扎根型"则是将事业扎根于在地社会。张弼士显然是归根型的代表,因为自 1898 年回国担任朝官后,他陆续在中国开办他的企业,包括酿酒业、铁路建设等交通业、金融业等。而他在海外的企业,也逐渐交给张鸿南管理,淡出南洋的实业版图。张鸿南的事业轨迹则不同,他跟随哥哥在南洋发迹后,就一直以南洋为中心发展他的事业版图。他在中国的显著投资,就是与哥哥出资兴建潮汕铁路,除此之外,主要是慈善捐款,为国家(如南洋劝业会)和地方(如嘉应州)作出贡献。或者应该如此说,张煜南和张鸿南兄弟情深,张鸿南跟随或响应哥哥在中国的投资和慈善事业。当张煜南于 1911 年逝世后,张鸿南便较少在中国进行投资活动。

## 二、生荣与死哀:从哀思录和荣耀集分析华商的人际网络

张弼士和张鸿南同样是过番的客家移民,同样是曾活跃于 19 世纪末和 20 世纪初的南洋地区富商,但为何最终作出不同的归宿选择,一个根归祖国,另一个则扎根异乡?本节借助两部文献作为分析的材料,其中一部是《张弼士君生平事略——附荣哀录》(以下简称《荣哀录》)[②],另一部是《张耀轩博士拓殖南洋卅年纪念录》(以下简称《纪念录》)[③],从中梳理出他们的人际网络,并讨论其中影响他们归根和扎根决定的因素。

荣哀录,亦称哀思录,一般是大人物逝世后,后人编辑而成。纪念张弼士的《荣哀录》是由其生前好友郑官应编辑,附在他撰写的《张弼士君生平事略》之后。《荣哀录》收录了个人、团体和机构(包括商号)的挽联和悼念词。

① 《两江总督张人骏奏南洋劝业会期满闭会情形等折》,《商务官报》,北京农工商部商务官报局 1910 年(宣统二年九月二十五日)第 25 期,新加坡国立大学图书馆电子资料库版。

② 郑官应:《张弼士君生平事略——附荣哀录》,文海出版社 1972 年版(影印本),第 5—20 页。

③ 萧惠长:《张玛腰耀轩先生服官三十年纪念连日各界致贺纪事》,收录于《张耀轩博士拓殖南洋卅年纪念录》,商务印书馆 1921 年版,第 1—8 页。

虽然不是所有张弼士的亲人、朋友和有关系的个人和组织都名列其中，尤其是比张弼士早逝者更不可能出现在《荣哀录》中，但从《荣哀录》的名单中，可相当清晰地了解张弼士的人际网络。所以，《荣哀录》是研究张弼士的社会关系和政商关系的一个重要材料。

《纪念录》则是研究张鸿南的一手材料。《纪念录》的内容是张鸿南晚年，即 1916 年适逢他在荷印政府服务 30 周年的时刻，在棉兰举办了一系列为期一星期的盛大庆典活动的记录。那次的庆典为当地空前热闹的大事，据目击者报道："连日棉兰街市，剧增数万人，绿女红男，马龙车水，笙歌沸地，烟火迷天。盖自设棉兰商埠以来，未有如此次热闹者。"①为了这个庆典，张鸿南委托远在厦门鼓浪屿的儿女亲家林尔嘉推荐有学识之士到棉兰为他撰写传略和编辑纪念刊物，结果这位台湾板桥林家的接班人林尔嘉推荐其诗社的成员许南英（即许地山之父）前往执行编撰任务。许南英是时在棉兰的林景仁（林尔嘉之子，也是张鸿南女婿）之好友，他们乐于异乡做伴。许南英在棉兰一年余，尚未完成纪念特刊的编辑工作，便不幸染上热带疾病，客死南方。数年后，黄警顽在许南英的编辑内容基础上，增补和出版了《纪念录》。《纪念录》收录了序文、题字、颂词、颂联、颂诗、传略等数百则及照片上百帧，②无疑是张鸿南在世时的荣耀集，也是了解张鸿南生平交往之珍贵资料。

张弼士之《荣哀录》和张鸿南之《纪念录》的性质虽然不尽相同，主要差别在于前者汇集了对已经逝世者的追悼和哀思的文辞和颂联，后者则是对尚在世者的赞颂和记录。但两者的内容都有助于了解主人翁的交往对象和人际网络，因为《荣哀录》的哀文和《纪念录》的颂词作者都是与主人翁有一定的私人情谊或公务关系。

由于篇幅有限，无法罗列所有在《荣哀录》和《纪念录》中出现的作者，以下仅归纳有关作者的身份特点及讨论如何从《荣哀录》和《纪念录》看出张弼士和张鸿南的人际交往特点，并从这个视角推论他们为何作出"归根"或"扎根"的决定。

张弼士于 1916 年 9 月 12 日逝世，当时他正在荷属东印度的巴达维亚出席一个晚会。他身体突感不适，急救无效，病逝异乡，享年 76 岁。其后张

① 萧惠长：《张玛腰耀轩先生服官三十年纪念连日各界致贺纪事》，第 1—8 页。
② 据初步统计，《纪念录》内容包括题字 36 人、序文 8 篇、传略 1 篇、照片 163 帧、题辞 2 则、纪事 1 则、颂词 25 则、颂幛 8 轴、颂诗上百首、颂联一百余对、长篇行述 1 篇、跋 3 篇、荷文和法文传略各 1 篇等。

弥士的灵柩隆重地船运回大埔故里,途中先停留槟城,再途径新加坡,以及中国的香港、汕头等地。灵柩运抵香港之时,英港政府下半旗志哀,港督及香港大学监督均亲临执绋。① 灵柩寄厝于九龙湾之大湾数月之久,后运返故里举行公祭。时任大总统的黎元洪特遣广东省省长朱庆澜致祭并颁赐大总统祭文②和大总统碑文③。

如上所述,张弥士的《荣哀录》是由政商挚友郑官应汇整而成。郑官应(1842—1921)比张弥士年轻一岁,又名观应,祖籍广东香山县。郑官应是中国近代活跃的思想家、实业家、教育家和文学家等。他与盛宣怀、李鸿章等政商名人交往密切,与张弥士也有非常亲密的关系。郑官应高度评价张弥士的一生,曾率子挽联曰,弥公"多才多艺,匪惟富国,尤善交际。费数百万,振兴工商,葡萄制酿,铁路银行,盐田沙砖,玻璃布厂,南洋各岛,开垦尤广,丰功伟业,名播五洲"④。郑官应总结张弥士一生事迹后,认为应该为他铸塑铜像,并建祠堂,以垂诸后世。⑤ 但铸塑铜像和建筑祠堂需宗族和家属同意,非郑官应个人意愿所能实行。因此,郑官应只好为已故好友撰写一篇传记和编辑一册《荣哀录》。正如《张弥士君生平事略》序所言,他与张弥士"旧交也,兰谊也,亦道侣也"。张弥十归道山后,他将"其生平、事略、荣典、挽章汇集成帙,付诸梨枣,以志景慕,亦聊尽友谊"⑥。但由于张弥士突然逝世后,"外洋各埠,内地各省,人思表扬、言哀之作甚多,联语词文抄录恐有未全"⑦。即使郑官应所编的《荣哀录》也无法将所有挽联收录齐全,但从收录的挽联中已可以相当清楚地看出张弥士的人际交往情况。

如果将《荣哀录》内的挽词和挽联作者作个粗略分类的话,可分为宗族与同乡、经商同业和政治同僚三类。第一类的宗族与同乡有数十人题有挽联和挽词,这一类主要是张氏宗亲世侄和大埔的客家亲友,包括负责经营张裕酿酒公司的张成卿等人。宗亲情谊容易理解,他们的哀文和挽联的出现也不需多作解释。

第二类的经商同业类可以看出张弥士在商业和经济领域的人际网络特点,即他有丰沛的商业人脉,尤其能够展现他与祖国商会及其领导人的关

---

① 郑官应:《张弥士君生平事略》,收录于《张弥士君生平事略——附荣哀录》,第 19 页。
② 郑官应:《荣哀录》,收录于《张弥士君生平事略——附荣哀录》,第 23—24 页。
③ 郑官应:《荣哀录》,收录于《张弥士君生平事略——附荣哀录》,第 24—28 页。
④ 郑官应:《荣哀录》,收录于《张弥士君生平事略——附荣哀录》,第 80—81 页。
⑤ 郑官应:《荣哀录》,收录于《张弥士君生平事略——附荣哀录》,第 81 页。
⑥ 郑官应:《序》,收录于《张弥士君生平事略——附荣哀录》,第 3 页。
⑦ 郑官应:《荣哀录》,收录于《张弥士君生平事略——附荣哀录》,第 81 页。

系。例如，广州总商会领导陈勉畲（总理）、胡颂棠（协理）、邝拔民（坐办）与商董屈湘平、秦祥光、郭翰臣和高俊臣联名挽联，另外还有多位商董个别题名挽联者，包括邓德周、梁载南、梁佩唐、梁汉台、韩翼楼、廖养吾、黄心存、刘友豪、黄显芝、杨海山、郑德铭、陈树荣等人。此外，出现在《荣哀录》的中国商会还包括：京师总商会、奉天总商会、哈尔滨总商会、山东济南总商会、湖南总商会、宁波总商会、汕头总商会和云南总商会等，可说是遍布全国的主要商会都表示哀悼。其中原因是张弼士曾先后担任广东总商会总理和全国商会联合会会长等职。另外，由于张弼士生前众多产业中也包括中药业，所以国内的两粤广仁善堂、广济医院和光华医社等也有挽联哀悼。南洋方面也有一些商号具名哀悼，主要包括同属会丰集团的各地商号，即荷属东印度的三宝垄会丰商店、棉兰埠会丰商店，马来亚的太平商埠会丰商店、庇能埠（今之槟城）会丰商店、金堡埠会丰商店、坝罗埠（今霹雳州怡保）会丰商店，以及八打威（即巴达维亚，今之雅加达）三昌公司①和荷属泗水中华公司等。

第三类政治同僚类，更可以看出张弼士的政治人脉非比寻常。除了上文提到黎元洪颁赐的《大总统祭文》和《大总统特颁前参政院参政张振勋碑文》外，《荣哀录》还收录了广东省省长朱庆澜、广东财政厅厅长严家炽、粤海道尹王典章和警察厅长王顺存等政府高层的挽联，以及清末民初政治活跃的名人章炳麟②、吕海寰③等人的挽联。另外，还有三位对张弼士影响深远的清末重要政治人物，一位是对张弼士有知遇之恩的驻英公使龚照瑗（1836—1897），他因公务途经南洋时认识张弼士。龚照瑗与张弼士详谈后，认为他是国家英才，将他引入仕途。另外一位是重用张弼士的李鸿章（1823—1901）。李鸿章曾安排张弼士觐见慈禧太后，还先后任命张弼士担任多项官职。④ 第三位是李鸿章推动洋务运动的一个大将盛宣怀（1844—1916），他曾担任清廷天津海关监督，办理中国第一家轮船航运企业轮船招商局，创办中国通商银行，自然与回国投资的张弼士有很多业务投资上的合作，如保障张弼士在烟台的葡萄酿酒厂享有三年免税和 15 年专利的特殊待

---

① 连锁的会丰商店和三昌公司的创办人为何华生（广东顺德人），他是香港华人药业的先驱者。

② 章炳麟（1869—1936），号太炎，浙江余杭人。清末民初民主革命家、思想家、著名学者，著述甚丰。曾和蔡元培等合作，发起光复会，后参加同盟会，主编《民报》等刊物。晚年在苏州主持章氏国学讲习会。

③ 吕海寰（1842—1927），字镜宇，山东掖县（今莱州市）人。清末著名外交家、中国红十字会创始人，历任驻德国、荷兰两国公使，工部尚书、钦差商约大臣、兵部尚书、外部尚书、督办津浦铁路大臣、中国红十字会会长、名誉会长等职。

④ 李鸿章在 1896 年出访欧洲和参加俄皇加冕典礼，同年 4 月 7 日途经新加坡，受到时任总领事的张弼士的隆重接待。

遇等。盛宣怀在清末也先后被任命为工部左侍郎、会办商务大臣、邮传部右侍郎等职务,与曾受任命为考察外埠商务大臣的张弼士有官场上的同僚关系。可惜龚照瑗、李鸿章、盛宣怀这三位政治上极具影响力的人物比张弼士早逝,当然无法出现在张弼士的《荣哀录》中。但郑官应所写的张弼士生平事略中,对他们的交往关系有清楚的叙述。

进入民国之后,张弼士的财力和影响力同样受到民国的先后领导人孙中山和袁世凯等的敬重。张弼士是一位懂得顺应历史潮流的人,他目睹清末动乱的政治和社会局势,也观察到孙中山革命运动的发展。他对孙中山革命运动的暗地支持体现在他支持次子张秩君加入孙中山成立的同盟会。此外,当革命党人在海外秘密活动时,张弼士曾进行秘密援助,通过胡汉民向孙中山捐赠 30 万两白银作为其革命经费。[1] 1912 年 8 月 21 日,孙中山应袁世凯之邀北上,途经烟台,参观了张裕葡萄酿酒公司,并题字"品重醴泉"赠予张弼士。[2] 孙中山百忙之中还能亲临张裕葡萄酿酒公司,品尝葡萄酒并题词,这既是对张裕公司美酒佳酿的赞许,又是对张弼士个人的褒奖,可见两人关系匪浅。袁世凯掌权后,同样很赏识张弼士,不仅任命他为"总统府"顾问、工商部高等顾问、南洋宣慰使、立法会议议员、参政院参政、全国商会联合会会长,还授予张弼士二等嘉禾勋章。袁世凯比张弼士早逝三个月,所以不可能看到他给张弼士的题挽。孙中山是否有题挽则有待考证,但没有出现在郑官应所编辑的《荣哀录》中。

简言之,从张弼士的生平事略和《荣哀录》可以看出张弼士商政关系亨通,其人际交往的特点是与祖国的商会及与清末民初的中国政界领导人的关系网络铺设得很繁密。张弼士虽然早年到南洋谋生发迹,成为南洋首屈一指的富商侨领,但他从没有忘记要回国贡献。从张弼士和他的"伯乐"龚照瑗的一段对话可以看出端倪。事缘光绪十九年(1893)龚照瑗在槟榔屿初遇张弼士,经过一段交谈后,龚照瑗认定张弼士不只是商界中人,还是"天下奇才",并严肃地问张弼士:"现中国贫弱,盍归救祖国乎?"张弼士回答:"怀此志久矣。"于是,龚照瑗将张弼士推荐给李鸿章,"力言君才可大用,即奏派槟榔屿领事官,此为君服官祖国之始"[3]。1894 年张弼士被调升为清廷驻新加坡代总领事。1898 年应清廷之召回国,并受到慈禧太后和光绪皇帝召

① 韩信夫、杨德昌主编:《张弼士研究专辑》,社会科学文献出版社 2009 年版,第 8 页。
② 韩信夫:《客属华侨实业兴邦的先驱者张弼士》,收录于《张弼士研究专辑》,第 94 页。
③ 郑官应:《张弼士君生平事略》,收录于《张弼士君生平事略——附荣哀录》,第 12 页。

见。北洋大臣李鸿章奏请他办理商务事宜，①确定了他此后长期在祖国的"归根"事业。

与张弼士相比，张鸿南是同时期另外一种南洋富商模式。相较于张弼士的"归根"意识浓厚，张鸿南的"扎根"倾向非常明显。所谓"扎根型"的南洋富商，是指致富后的华商领袖并不以回归祖国做出贡献为首要考虑，而是在当地继续巩固和发展他们的事业。他们仍然关爱祖国，但只是以间接的方式（并没有长期留在中国境内）或以部分的精力和财力贡献给祖国。上文提到，张鸿南的事业主要是在荷属东印度的棉兰（旧称日里或日丽），事业版图扩及苏门答腊岛其他地方和爪哇岛各地，以及英属马来亚等地。他在中国的投资和慈善事业，主要是追随哥哥张煜南的步伐，在投资兴建潮汕铁路及赈灾等方面作出贡献。张鸿南自从过番南洋发展事业后，就很少往返祖国，也不曾上京觐见皇上和太后或民国总统。

从《纪念录》收录的颂词（包含颂联和颂诗）的作者身份背景来分析，可以印证张鸿南"扎根"南洋的特点。首先，在经商同业类的颂词者中，可以看出张鸿南的商业人脉网络集中在南洋地区，而非中国内地。提供颂词的中国境内的商会只有汕头商务总会（总协理蔡明南和李彩臣具名）和家乡松口商务分会同人。商号方面有经营药业的汕头延寿堂（总经理李海珊等六人具名）和潮州西关外百忍堂（司理张润生具名）。另外，提供颂词的南洋商会、商团、商号和商人则明显比较多，即张鸿南的根据地棉兰（日里）地区的"日丽农工商学各界""日里属工商学各界全体""日里阇属各工团""文华行（金业）""革履团""缝业团""铁业团""棉兰各商号和商人"等（共计131人或商号或商团具名）。另外还有吧城的"南茂公司"，以及荷属东印度各地的"鉴江丁宜绅商工学界"、"浮卢巴烟众侨商"、"吧噉埠"72商号和商人、"牙陇埠"（Galang）51商号和商人、"浮卢坝埠"30商号和商人、"段卜干埠"（Patumbukan）41商号和商人、"禾岸埠"21商号或商人、"丹戎不老哇甘江妈那"11商号和商人、"峇丁贵埠"22商号和商人、"昔里陇埠"25人和商号、"丹容不胜蛙埠"25商号和商人、"班兜老武埠"31商号和商人等。此外，还有"侨居英属商学界同人"（马来亚）计46人，英属地（石叻/新加坡）的商号和商人计13人。由此可见张鸿南在南洋商界耕耘深厚，其在南洋的商业人脉关系远远超过其在中国的商业网络。

其次，在政治人物类的题字和颂词方面，《纪念录》也有不少当时中国的

---

① 韩信夫：《张弼士年表》，收录于《张弼士研究专辑》，第286—287页。

政要的题字祝贺,包括三位先后担任临时大总统或总统的民国领袖,即孙中山(临时大总统任期:1912年1月至同年2月)、黎元洪(总统任期:1916年6月至1917年7月;1922年6月至1923年6月)及徐世昌(总统任期:1918年10月至1922年6月)。张鸿南与孙中山的关系,可追溯到辛亥革命时期,张鸿南因为松口同乡谢逸桥是革命活跃分子,私下曾捐巨款给孙中山进行革命事业。民国建立后,孙中山亲书"博爱"条幅致赠,表达对他的感谢。但没有记录显示张鸿南和孙中山曾见面或有直接的接触。张鸿南与黎元洪及徐世昌总统同样不曾见面,这两位民国初年的总统的题字出现在《纪念录》,主要是由于编者的用心安排,透过关系取得他们的题字。因为有总统的题字,能凸显张鸿南较高的社会地位。另外,张鸿南毕竟曾是南侨极具影响力的富商,基于公关的考虑,总统也乐于给他一定的尊荣。

与张鸿南有实际业务关系的政治人物,是兼具实业家身份的张謇(民初曾任北洋政府工商总长)和汤寿潜(清末曾任浙江全省铁路公司总理及孙中山当政时候的南洋劝捐公债总理),他们分别为《纪念录》作序。此外,其他比较有分量的政治人物包括为《纪念录》题字的吴稚晖(民国政坛元老)、王正廷(曾任国会副议长、署理外交总长)、朱庆澜(时任广东省省长)和唐继尧(时任云南督军兼省长)。

与张弼士的《荣哀录》比较,张鸿南《纪念录》中的中国政要的名气和地位并不逊色,但《纪念录》更显著的一个特点,就是多了许多南洋地区的政治人物。在殖民地时代,荷兰和英国统治者任命南洋华人领袖为"侨长""雷珍兰""甲必丹"和"玛腰"等来协助管理当地华人事务,其中在荷属地区又以"玛腰"为最高头衔。张鸿南本身就是棉兰地区的玛腰。在《纪念录》题颂词的华侨领袖,计有棉兰(Medan)、老武汉埠(Labuan)、明礼埠、火水山埠(Pangalan Brandan)、打埠、丁宜埠(Bandartinggi)、巴鉴埠、海口埠、亚沙汉(Asahan)、岑岸亚贝、右尾登宜等地的雷珍兰;日丽(Deli,棉兰)、笼葛埠(Langkat)、望加里(Pulau Rupat)的甲必丹;另外还有10个小埠的侨长。从如此多的地方侨领奉献颂词,可知张鸿南在南洋地区有丰厚的政治影响力和人脉关系。此外,张鸿南在南洋的政治网络,也扩及中国驻南洋各地的领事官,除了自己的侄儿所担任的驻棉兰领事(张步青)外,还包括驻泗水领事(王树善)、驻苏门答腊巴东领事(余佑番)、驻爪哇总领事(欧阳庚)、驻新嘉坡总领事(胡维贤)和驻槟榔屿领事(戴培元)等。这些迹象同样显示张鸿南在南洋扎根的深厚。

张鸿南"扎根"南洋,但他没有完全"忘根"。相反地,他与原乡的联系以及他的客家情结还是很浓厚的。从《纪念录》中可看到不少客家原乡亲友的颂词。除了亲友外,他和家乡的文教界的关系特别密切。他曾和兄长张煜南对嘉应州的文化教育事业鼎力资助,包括捐巨款为松口中学建校,捐助出版宋、明至清末时期嘉应州历代名人诗选——《梅水诗传》13 卷,以及资助《光绪嘉应州志》的编纂等。从《纪念录》可以看到这方面的痕迹。文教界的颂词作者包括嘉应州的杨沅(曾任嘉应州学务公所所长)、吴眉尹(松口仁发学校校长)、卜伟民(与张鸿南等人创建松口溪南学校并担任创校校长)。嘉应州客家人且活跃于南洋文教界的颂词作者则有谢碧田(梅县人,曾于新加坡活动,于苏岛亚齐办学)、刘士木(兴宁人,曾任苏岛中华学校校长及上海中华拓殖民研究会研究员)、饶芙裳(梅县松口人,曾任槟城时中学校校长,广东教育司司长)等。

张鸿南对于文教事业的关心和支持,也得到中国多位知名教育家的响应,包括为《纪念录》题字的蔡元培(1868—1940,北京大学校长)和郭秉文(1880—1969,时任南京高等师范学校①教务长、校长)、袁希涛(1866—1930,清末民初教育家),以及贡献颂联的李登辉(1873—1947,荷印华侨,时任复旦公学、复旦大学校长)。除了李登辉与南洋关系密切外,汪凤翔(1906年广东学务处派汪凤翔为荷印劝学总董兼视学专员)、余佩皋(1888—1934,时任新加坡南洋女子师范学校校长)也是与南洋有关系的中国教育界知名人士。

简言之,从《纪念录》可清楚地看到张鸿南“扎根”南洋的痕迹。张鸿南的商业网络明显是以南洋为重心,虽然他的政治网络触及中国政要,但还是南洋各地的侨领联络网比较密集。他对家乡的关心,对客家族群文化事业的支持,可以说明他虽然“扎根”南洋,但不是从祖国完全“脱根”。只是他不像张弼士般,以归国的行动,完全投入祖国的服务和贡献。

## 三、归根型和扎根型华商的形成因素

从《荣哀录》和《纪念录》的初步剖析,可以发现过去学界对南洋富商的理解和印象过于简单和笼统。同一个时期的南洋富商,尽管表面上有许多共同点的张弼士和张鸿南(例如他们的客家族群背景、过番发迹的经历、回馈祖国的热心等),经过更细致的比较和分析,还是可以分辨出他们分属于“归根型”和“扎根型”的华侨富商。到底是什么因素左右了,甚至是决定了

---

① 1921 年南京高等师范学校升格为国立东南大学,1928 年更名中央大学,1949 年更名南京大学。

这两位客家富商的行动取向呢？

首先从内在因素(生活态度和个人志向)而言，张弼士有浓厚的传统中国士大夫和富人的特质，他虽然出身贫寒，但勤奋向上，在海外闯出一片天地后，其生活方式和态度与传统中国的绅商没有很大的差别。他在南洋和家乡都盖有大房屋，以彰显财富和地位。此外，张弼士共有七个妻妾(也有论者说是八个)，子女成群。① 根据他的遗嘱中有关子女的遗产继承权的内容来看，重男轻女的观念明显，只有男嗣有财产继承权。个人志向方面，张弼士过番是逼不得已的选择，累积财富是他取得成功和晋升的手段，他的终极目标还是回国发展，在官商两途上大展宏图。所以当驻英公使龚照瑗问他是否愿意为祖国效力时，他毫不犹豫地回答说"怀此志久矣"。他的仕途顺遂，很快地便从驻槟城副领事到驻新加坡代总领事。不久，他将南洋的商业交代给张鸿南管理，踏上归国的道路，成为最早回国并受任命为朝官的南洋华侨。从张弼士的事迹，尤其是从《荣哀录》里分析出来他的政商人脉网络以及其网络的地域分布来看，可以看出张弼士很用心地经营他在祖国的事业，甚至最后为国内的事业鞠躬尽瘁。

张弼士归国的外在因素，即时代和政治背景又是如何呢？张弼士崛起的时代，正好是海外华侨的财力开始被重视的时代，或者说是被清朝政府垂涎的时代，因为内忧外患的清廷需要依靠华侨的财富来纾困。清朝政府自1840年鸦片战争以来，屡战屡败，不止领土和主权受到侵蚀，还要一而再地向外国赔偿战败军费。1893年清朝解除海禁，为华侨归国打开合法的大门。张弼士的财力和在南洋侨界的影响力受到清朝官员的重视，将他引入仕途，协助招商引资，他的职务由留驻海外的领事转变为清政府中央部院大臣。个人的意愿和时代的契机决定了张弼士的行动取向，造就了这个"归根型"南洋富商的先驱。

张鸿南的行动取向为何又有不同呢？上文提到张鸿南和张弼士的出洋动机和发迹历程有许多相似之处，也同样活跃在19世纪末和20世纪初的大时代。先以内在因素来论，张鸿南也是因在家乡没有出路而过番南来。不同的是，在南洋已经发迹的哥哥为张鸿南铺好了道路，所以他很快地出人头地，事业和财富都紧随哥哥张煜南，为人处世也深受兄长的影响，甚至长女张福英的婚姻大事也是由张煜南做主安排。② 两兄弟富贵了之后，也在

---

① 张弼士除了发妻在中国家乡外，其他的姬侍都在南洋各地，其子女也多生于海外，所以家庭因素对张弼士最终选择"归根"的决定影响不大。

② Chang, *Memories of a Nonya*, p. 69.

南洋和家乡分别修建大房屋。婚姻方面张氏兄弟相对保守，除了在家乡都各有一个妻子之外，张煜南另外在南洋只有一个妻子，而张鸿南在南洋则有妻妾两名，与张弼士的七个妻妾相差甚远。志业方面，张煜南和张鸿南两兄弟都把事业重心放在南洋，尤其是荷属棉兰地区，他们可以说是当地的开埠先驱和功臣。张煜南曾被张弼士推荐继任清廷驻槟城副领事。① 但做了一年余，便以无法兼顾棉兰的事业为由辞官回去棉兰。张鸿南也曾被安排代理驻槟城副领事，但他显然无意正式担任槟城的官职。张氏兄弟不是轻视中国的官职，而是他们在棉兰已经扎稳根基，并且长期受到荷印政府的重用，分别担任荷印政府委任的玛腰和甲必丹职务，即棉兰地区最高和次高的华侨领袖官衔。② 从张鸿南的《纪念录》可以看到他在南洋地区的政商和事业人脉网络，亦可明显看到他在南洋扎根之后的事业成果。

张鸿南还有一些特点与张弼士不同，甚至与他的哥哥也不一样，那就是他的多元族群人际关系及西化程度。《纪念录》收录的上百帧照片显示，参与祝贺张鸿南在棉兰从政 30 年纪念庆典的不仅有华人的官、商、学、工界群体，还包括欧籍男女来宾近百人、马来人商学界数十人、玛腰署马来书记及其家属数十人、印度人巨商数十人，以及各橡胶园丘和椰园的数百名爪哇工人等。另外，他对欧洲人的能力、价值观和语言也很重视。张鸿南雇用一个荷兰籍的欧洲白人负责总管他的数十个园丘业务。他对子女的教育也没有性别歧视，不只儿子，连女儿也可以得到良好的欧语教育。例如大女儿张福英从小就被特别安排进入荷语学校，另外还请英语补习老师培养女儿的英语能力。正因为如此，张鸿南后人的日常应用语言主要是欧语和当地语言，而非华语或客家话。他的后人的生活圈子也相当西化，子女大部分都曾在欧美留学，到目前这一代已经完全不能听、讲和写华文了。

外在因素方面，张鸿南所处的时代背景和政治环境与张弼士的情况很类似。华侨回国投资兴国的呼声仍然很大。经过张弼士的游说，张鸿南曾和张煜南于 1903 年回祖国投资兴建潮汕铁路，1906 年完工通车。过去讨

---

① 张弼士推荐张煜南为继任的槟城副领事，除了因为张煜南曾经是张弼士的部属外，他们都是客家人的身份也是其中的一个因素。有关客家人经由垄断清朝驻槟城副领事一职来加强他们在槟城的势力和地位，以突破槟城华人社会长期以来被福帮（主要闽南人）和广帮（主要是广府人和潮州人）所垄断的局面，可参阅拙作《槟城华人社会领导阶层的第三股势力》，收录于《跨域史学：近代中国与南洋华人研究的新视野》，厦门大学出版社 2008 年版，第 102—116 页。本章不再赘述。

② 荷属东印度的殖民政府也和英属马来亚政府类似，采取"间接管理"的方式管理殖民社会，即重用华人领袖来协助管理华人社会。除非会造成社会的动荡或会影响到他们的统治权威，否则殖民统治者是不会直接干涉华人的事务。

论到张煜南和张鸿南投资兴建潮汕铁路,都将它视为华侨回国投资实业兴邦的成功案例。但其实张煜南和张鸿南在兴建潮汕铁路的过程中也遭到不少波折,包括征收土地的困难、破坏风水的民怨,以及因为被怀疑引入日本资金而受到民族主义高涨的国人的质疑和反对。[①]这些困难和挫折也影响张鸿南不愿将事业重心移转祖国的决定。当然最重要决定"扎根"的因素还是他们在棉兰的地盘已经稳固,并受到荷印殖民地政府的重用和信任。

解读张弼士的《荣哀录》和张鸿南的《纪念录》的人脉网络,可以归纳出两种不同的南洋华商模式,即张弼士的"归根型"模式和张鸿南的"扎根型"模式。如果进一步剖析,"归根型"的张弼士的中国情结是高层次的或中央层次的,是要为国家和中央政府贡献所能。张弼士出任督办铁路大臣,可以为中国的铁路交通总蓝图把脉,他出任考察南洋商务的大臣,可以透过他在南洋的威信协助国库空虚的清朝政府招商引资。另外,"扎根型"的张鸿南的中国情结是属草根层次或客家原乡层次,是要为家乡和地方做出贡献。张鸿南对嘉应地区的学校建设和资助客家名人诗文集的出版,嘉惠了这个客家地区的文教事业。兴建潮汕铁路的动机主要也是为了改善客家原乡(包括嘉应州和大埔地区)至出海口(汕头)的人流和货运交通,以促进原乡的经济和方便原乡人口往返南洋。因为长期以来从粤东地区的客家人从松口镇渡口上船,再顺着韩江南下也只能抵达潮州,从潮州到汕头的水路不通,因为韩江河口三角洲地区河床浅,不适合船只川行。

当然,南洋客家富商不只有"归根型"和"扎根型"两类,有许多富商或游移或交叉两者之间而可归纳为第三种或第四种类型,这些都有待进一步地深入研究和广泛地取样。但本章的论述已经说明不应将所有南洋富商简单地归入一种相同的模式。以《荣哀录》和《纪念录》为史料而归纳出张弼士的"归根型"模式和张鸿南的"扎根型"模式的分类和研究,忝属抛砖引玉。总结而言,张弼士的归根思维和人际网络以及张鸿南的扎根思维和人际网络都受到内在人物性格和志向的形塑,以及外在的时局和机遇的制约。

---

① 有关筹建潮汕铁路遇到的困难,参见颜清湟:《张煜南与潮汕铁路(1904—1908年):华侨从事中国现代企业的一个实例研究》,第60—78页。

# 附录一：张弼士遗嘱

## The Will of Thio Tiauw Siat

I, Thio Tiauw Siat（张肇燮）known in China as Chang Chin Hsun（张振勋）at present in Penang in the British Colony of the Straits Settlements, Merchant, hereby revoke all former wills and testamentary dispositions made by me so far as the same relate to and affect my immoveable and moveable property situate in the said Colony of the Straits Settlements, the Federated Malay States in the Malay Peninsula and in Shanghai and Cheefoo in China and in Hongkong and in Rhio and Sumatra and also as relate to and affect all my shares in all limited companies in the Chinese Empire. And I declare this to be my last will and testament made the date and per herein after appearing so far as the same relate to and affect my immoveable and moveable property situate in the said Colony of the Straits Settlements and the said Federated Malay States. I appoint Chong Ah Fie（张阿辉）alias Tjong Affie（张阿辉）of Medan in Deli in Sumatra, Captain China, and my nephew Thio Jin Teong（Chinese characters）, otherwise called Thio Teck Neok（Chinese characters）, formerly of Penang aforesaid but now residing at Cheefoo aforesaid (hereinafter called "my trustees") to be the Executors and Trustees of this my Will, and I hereby expressly declare and direct that in all matters relating to the administration of my Estate and effects and the carrying out of the trusts of this my Will in the event of either of my trustees being absent from the Colony of the Straits Settlements and the Federated Malay States aforesaid, the other of them present therein shall have full power and authority to so administer and carry out the trusts. I direct my trustees to pay so far as they possibly can out of my ready money and without if possible selling any portion of moveable property and any portion of my immoveable property other than the immoveable property specified in the next succeeding clause hereto if not sold in my lifetime. All my just debts, and funeral and testamentary expenses and also the legacies bequeathed by this my will or by any Codicil hereto I hereby declare that I have authorised my present attornies to sell and dispose of all the immoveable properties hereinbefore referred to namely：

（1）All that piece of land messuages and hereditaments situate in the District of Tulloh Ayer Rajah, Waterfall Village, Penang, being part comprised in Grant No. 1718 of 1805 acquired right to by me by Deed Poll dated the 22$^{nd}$ day of May 1906, Registered No. 104, Volume CXXXIX of 1901 which said piece of land is estimated to contain an area of one road and nine poles and is described in the Government Survey Plan as Lot 165 Mukim XVIII.

（2）All that piece of land messuages and hereditaments situate in the District of Tulloh Ayer Rajah and Waterfall Valley, Penang, being part comprised in Grant No. 1718 of 1805 and now known as 164 Mukim XVIII acquired right to by me by Deed Poll dated 30$^{th}$ day of April 1901, Registered No. 67, Volume CXXXVIII of 1901 which said piece of land is estimated to contain an area of one road and one pole.

（3）All those two pieces of land messuages and hereditaments adjoining each other and forming one connected piece situate in Tulloh Ayer Rajah, Penang, comprised in Grant No. 72 and being the whole of those comprised in Lots 252 and 253 all of T. S. VII acquired right to by me by Deed Poll dated 21$^{st}$ June 1901, Registered No. 174, Volume CXL of 1901 and which said two pieces of land are estimated to contain the respective areas of 11025 square feet and 5367 square feet.

（4）All those three pieces of land messuages and hereditaments adjoining each other and forming one connected piece situate at McAlister Road, Penang, being part of Grant No. 28 of 1794 and being the whole of those comprised in Lots 367, 368 and 369 respectively of T. S. VII acquired right to by me by an Indenture which said three pieces of land are estimated to contain the respective areas of 10687 square feet, 9748 square feet, and 9150 square feet.

（5）All those two pieces of land adjoining each other and forming one connected piece situate at Bridge Street in the District of Kampong Pulo Penang in Penang being parts of Grants 505, 952, 1123, 1729, 1743, 1755 and 1746 and being the whole of those comprised in Lots 202 and 203 T. S. XI acquired right to by me by an Indenture dated 27th November 1894, Registered No. 146, Volume X of 1894. In the event of any or all the said immoveable properties not having been sold in my lifetime, I further direct and declare that my Trustees shall sell or in their absolute discretion postpone such sale or any or all of the above mentioned properties which shall not have been sold during my lifetime.

I give and bequeath to each of my Trustees Tjong Affie（张阿辉）and Thio Jin Teong（Chinese characters）if they shall apply for and obtain probate of this my will and as Executors administer my estate the sum of ten thousand dollars（＄10000/－）which sum shall be taken and accepted by them as in full satisfaction of my commission or other charge they may otherwise have been entitled to as Executors, and I declare and direct that my trustees the said Chong Ah Fie（张阿辉）and Thio Jin Teong（Chinese characters）shall also be entitled to take and accept and charge a commission of five percent between them on all rents and other income collected and received by them if they shall act as the Trustees of this my will and so long as they shall continue to carry out the trusts herein, or in the event of only one of them acting or continuing to act as such trustees he shall be solely entitled to the whole of the said five per cent commission.

I devise and bequeath the residue and remainder of my immoveable and moveable property to my trustees on the following trusts which trusts I declare to be for the natural lives of my wife Chee Yun Kim（Chinese characters）, my concubine Chin Kim Poe（Chinese characters）, Thio Pin Long（Chinese characters）, Thio Nghean Long（Chinese characters）, Thio Sze Long（Chinese characters）, Thio Kee Long（Chinese characters）, Thio Yuk Long（Chinese characters）, my grandson Thio Shee Fock（Chinese characters）, and the son of my deceased son Thio Mee Long（Chinese characters）, my daughter Thio Chen Nyong（Chinese characters）, and the survivor of them（which term is hereinafter referred to as "the said trust term"）.

Firstly, upon trust as to my dwelling house in Leith Street bearing

Municipal Assessment No. 14 together with all my plate linen china glass and crockery ware, pictures, prints, furniture and other household effects in and about the said premises. To hold the said dwelling house as a family house and the said articles and goods as family property and to permit my said wife Choo Yun Kim (Chinese characters), my said concubine Chin Kim Poe (Chinese Characters), my sons Thio Pin Long (Chinese characters), Thio Nghean Long (Chinese characters), Thio Sze Long (Chinese characters), Thio Kee Long (Chinese characters), Thio Yuk Long (Chinese characters), my grandson Thio See Fock (Chinese characters), the son of my son Thio Mee Long (Chinese characters) deceased and my daughter Thio Chen Nyong (Chinese characters) and all my sons and daughters who may hereafter be born to me in lawful wedlock, and all their respective wives and their respective husbands, and all male issue of my said sons and grandsons, and until they marry all the female issue of my said sons grandsons, and daughters, and in the case of all my daughters' children whether male or female only until they respectively attain the age of twenty one years or marry whichever shall first happen, provided always that in the event of my daughters or any of them dying leaving their or her husband and child or children surviving then the said husbands or husband and child or children shall no longer reside in the said dwelling house to occupy and use the same free of rent, and in the event of any dispute arising between any of the persons so entitled to occupy and use the same whereby the continued residence in the said family house of all such persons should be undesirable, I authorise my Trustees to decide which of such persons so disputing as aforesaid should be excluded from residing in such family house and using such family property.

Secondly, to pay to any of my wives and if there be no wife living then to any female hereinbefore authorised to be an occupant of my said family house being my direct descendant, or being the wife of any of my male descendants whom they may from time to time consider and select as most proper person to receive and expend the same during the said trust term such sum monthly as they my Trustees shall think proper, but not exceeding the monthly sum of Two hundred and fifty dollars( $250/－), such payment to be made in order to defray out of such the costs of the Ordinary repairs and painting and whitewashing and the lighting up of the said family house and servants' wages and general expenses necessarily incident to the upkeep of the said family house and family property and shall include the payment of assessment and general and domestic water rates, but I particularly declare that no part of such sum go to be paid as aforesaid shall be expended in supplying food or drink or clothing to any of the persons for the time being entitled to occupy the said family house as aforesaid or for the upkeep of any horses or carriages.

Thirdly, to hold all the further residue and remainder of my said moveable and immoveable property as to moveable upon trust to convert such parts thereof as shall not consist of money, and to invest the proceeds thereof and the moneys in hand with power from time to time to vary such investments, and as to the immoveable property to manage rent let or lease out the same upon such term as my Trustees shall think fit. Upon trust to divide the annual income thereof in such parts shares or proportions and pay the same during the said trust term in the following shares.

One share thereof to the said Choo Yun Kin (Chinese characters).

One share thereof to the said Chin Kin Poe (Chinese characters).

One share thereof to the said Thio Pin Long (Chinese characters).

One share thereof to the said Thio Nghean Long ( Chinese characters).

One share thereof to the said Thio Sze Long (Chinese characters).

One share thereof to the said Thio Kee Long (Chinese characters).

One share thereof to the said Thio Yak Long (Chinese characters).

One share thereof to the said Thio Shee Fock (Chinese characters).

One share thereof to the said Thio Chen Nyong (Chinese characters).

And two shares thereof to each son and one share to each daughter who may be born to me after the date of this my will and be living at the time of my death, and I declare that in the event of any of the persons hereinbefore mentioned who is a son or grandson of mine dying during the said trust term his share of and in the annual income of the said Trust

Fund shall be paid during the said Trust Term to his sons in equal shares as tenants in common, and if there be only one such child then to that child only.

And I further declare that in the event of the marriage of my said wife Choo Yun Kim or of my concubine Chin Kim Poe or of the death of my said daughter Thio Chay Nyong or of any daughter who may be born to me after the date of this my will during the said trust term her share in annual income shall immediately cease and be divisible among the remaining persons entitled in the proportions above-mentioned. And upon the expiration of the said trust term I direct my trustees for the time of this my will to sell and convert into monies the whole of my moveable property as shall not consist of money, and also the whole of my immoveable property in trust for the following persons, that is to say, upon trust to divide the whole of the said trust fund and pay one part or share thereof to the male issue in the male line of the said Thio Pin Long (Chinese characters), one part or share thereof to the male issue in the male line of the said Thio Nghean Long (Chinese character), and one part or share thereof to the male issue in the male line of the said Thio Sze Long (Chinese characters), one part or share thereof to the male issue in the male line of the said Thio Kee Long (Chinese characters), two parts or shares thereof to the male issue in the male line of the said Thio Yuk Long (Chinese characters), one part or share thereof to the male issue in the male line of the said Thio Shee Fock (Chinese characters), two parts or shares thereof to the male issue in the male line to each son born to me in lawful wedlock after the date of this my will.

And I declare that the shares so given as aforesaid to the male issue in the male line of the persons abovementioned shall be deemed to be given as per stirpes and not as per capita, and that the male issue in the male line of the abovenamed persons shall take among themselves in equal shares as tenants in common, and if there be only one male issue in the male line then he shall take the whole.

And I hereby declare that no daughter or issue male or female in the female line shall take any share in the said Trust Fund.

I hereby expressly direct or declare that in the event of any person entitled to occupy the said family dwelling house or to any part or share or any other interest whatsoever in my Estate and effects under the terms of this my will become at any time a convert to any other religion or faith his or her said right part or share or any other interest shall immediately cease and determine.

I hereby declare that the provisions of the Conveyancing and Law of Property Ordinance Ⅵ of 1886 as to the power of appointment of New Trustees and the vesting in them of the trust property shall apply.

I further hereby declare that on my son Thio Yuk Long attaining the age of twenty one years or when he would have attained the age of twenty one (21) years if he had been then still living my said sons Thio Pin Long, Thio Nghean Long, Thio Sze Long, Thio Kee Long, the said Thio Yuk Long and my said grandson Thio Shee Fock or the survivors or survivor of them or the Executors or Administrators of such last survivor of them may by writing appoint another person or other persons to be a Trustee or Trustees in place of any Trustees dead remaining out of the Colony of the Straits Settlements and of the Federated Malay States aforesaid, or of any trustee desiring to be discharged or refusing or being unfit to act, or being incapable of acting in the execution of the trusts of this my will with full power to vest the trust property in him or them.

In Witness Whereof I the said Thio Tiauw Siat have hereunto set my hand to this my will at Penang this 23rd day of May 1912.

(Signed and acknowledged by the Testator Thio Tiauw Siat, otherwise known as Chang Chin Hsun, as and for his last will and Testament in the presence of us present at the same time who at his request in his presence and in the presence of each other have hereunto subscribed our names as witnesses. )

Sd. Reginald A. P. Hogan, Solicitor, Penang.

Sd. Reginald V. J. S. Hogan, Solicitor, Penang.

Sd. L. Fook Phoy, Clerk to Hogan & Motion.

（笔者注：以下为 1916 年新增的遗嘱内容）

This is a Codicil to the Will of me Thio Tiauw Siat（张肇燮）known in China as Chang Chin Hsun（张振勋）which will bears date 23rd day of May 1912 and affects my immoveable and moveable property on the Colony of the Straits Settlements and the Federated Malay States only：

1. I revoke all interest whatsoever given by my said will to my son Thio Nghean Long（Chinese characters）and his issue and in lieu thereof bequeath to the said Thio Nghean Long a legacy of Dollars five hundred only（＄500/一）.

2. I declare that since the date of my said Will I have had another son born to me called Chang Kam Long（Chinese characters）and confirm the interests conferred upon his as such after born son and his issue by my said Will.

3. In all other respects I confirm my said Will.

In witness whereof I have set my hand hereto the twenty sixth day of July One thousand nine hundred and sixteen.

（Signed by the said Thio Tiauw Siat as a Codicil to his Will in the presence of us together and by us together in his presence：）

Sd. H. R. L. Dyne

Solr. Singapore

Sd. C. Yew Soon

Singapore

Solicitor's Clerk


资料来源：笔者抄录自马来西亚槟城的"蓝屋"（张弼士故居）。


# 附录二：张鸿南先生家传

亚灿

先生号耀轩，广东梅县人。幼有大志，性刚直，重然诺，尤精会计。微时为亲老家贫计，辍读就商，与乃兄煜南先生共经营于松口心亭大封翁所业之昌盛兴记号。先生勤苦砥砺、事必躬亲，习会计学，尤无间昼夜。由是亿则屡中，措置裕如，尝慨然曰："大丈夫不能以文学致身通显、扬名显亲，亦当破万里浪、建树遐方,与当世实业家相周旋,为中国海外通商史放一异彩,安能郁郁久居乡里耶?"大封翁闻而壮之,嗣与煜南先生先后渡洋。时海禁初开,间关险艰,先生不少却。初抵槟榔屿以英人治具,张难表见,乃航行苏门答拉日里埠。日里者,苏岛东海滨之一郡也,和人(按:荷兰人)久议开辟,因佐理乏人,故进行极滞。

公初抵日里,见森林茂盛、土地膏腴,与煜南先生抱积极主义,思乘机有以整理之。其时粮食、金融转运极难,乃集资于老富坑,设万永昌商号,以资策应,复肆力方言之学,联络本地和巫人等。期年营业畅遂,闻望日著。先生与巫人交,尤推诚相与,遇华巫争执事,得公片言立决。巫酋尤信赖先生,凡有进言靡不听从。时和政府(按:荷印政府)进略棉兰,思辟为首邑。而和商所辟之烟园工人,类皆我国闽广无业游民,分门别户,争斗劫掠时有所闻。和官苦之,以先生孚众望,先后任先生与煜南先生以老富坑及棉兰雷珍兰①之职,华人事悉倚任焉。

时一千八百八十六年,即光绪廿二年(按:应为十二年)孟夏,实先生初膺和职,展其抱负之时也,先生年仅二十有四。② 由是与和官结约,安抚流寓、严禁械斗、剔除烦苛,市廛始相安宁。和官乃得肆意于地方政务,先生之力也。卅年前,华侨智识犹陋,邪说左道各树一帜,焚符诵咒迎神降真之事,纷然杂陈。黠者借此渔利,偶有抵触,动启争端。公思有以矫正之,因势利导,乃创设武帝庙于棉埠,使众趋向,定于一尊。棉地初辟,毒瘴弥漫,侨人身故任意厝葬,一经筑路或设铁道,挖骨抛骸,见者惨目。公乃划定葫芦巴园等处地址,捐集尝祀,使生有所感、死有所归,累累荒冢,无暴露之惨,而孝子顺孙远道追寻,不至散失埋没。口碑传诵,遐迩周知。他如捐巨款创济安医院,定园规以休养工人等事,尤彰彰在人耳目间也。

先生生长内地,祖国观念常切于怀。时值多故,筹饷孔亟,先生以新海防例及陕西筹赈、顺直赈捐案内,叠助巨款。清廷嘉公爱国,由同知擢升知府,指分江西试用。时一千九百零一年,即清光绪二十七年事也。先生既声名洋溢,好善益力。甲辰(按:1904年)秋,京师医局告成,经费浩繁。先生设法筹挪,凑集巨数,清廷奖励有加。嗣粤桂督抚以先生广西赈案内出力,会保仍以道员归江西补用。先生尝慨祖国实业不兴,难语富强。庚戌(按:

---

① "雷珍兰"为荷印时期华人领袖职称,仅次于"甲必丹"及最高级的"玛腰"。

② 另有传记认为张鸿南于1887年获得荷印政府委任为"雷珍兰"。按他出生于1860年来算,时年应该为27岁。见刘士木:《张公耀轩伉俪合摄影像题辞并序》,收录于尤惜阴《南洋华侨第一伟人张鸿南》,上海国民生计杂志社1917年版,第1页。

1910 年)春,江宁创办江南劝业会,搜求陈品。先生膺名誉理事员,悉心选送,思欲乘此时机投资兴业,为内地倡。会终,与煜南先生承领会场基地,拟分层建设成一模范市场,一时声誉飞腾,祖国之实业家皆交口称誉。时粤督某据南洋视学员报告,以先生办棉兰敦本学校,成效昭著,规模经费,尤称宏富,大加奖励,以树风声。先生屡受特赏,效力祖国之念愈笃,尝应粤督请筹划黄埔开埠事宜,举皮革、士敏及安插华工诸要端,悉商决于先生。先生尽心规划,思兼营并骛,俾竣厥事。适煜南先生膺筹办长江实业、考察南洋商务大臣之命,甫议北上,遽归道山。清廷以先生代办考察南洋商务大臣事,以竟其功。先生三轴共毂,应付愈频。辛亥秋,武昌首义,戎马倥偬,实业进行手续,宜暂待时机。迨民国二年秋,农商部以先生研究实业有素,特聘先生为高等顾问官。政府复得爪哇、吧东等处领事报告先生在棉兰历办事迹,奉策令赏给"急公好义"字样,并赏三等嘉禾章,以示褒崇。

先生自微时以至通显,虽叠受荣幸,不因是自足,尝引盛名难副为戒,尤孜孜于公益慈善之事。如在祖国建筑松源河口磐安石桥、松口南岸河堤数百丈、福建龙岩见峰桥、五里桥、湾江桥、香港东华医院、广东深水浦医院、上海广东红十字会、松口高等小学、松口溪南公立小学、上海孔教会,辛亥潮州水灾、乙卯(按:1913 年)广东水灾、江南浙江赈济以及修理张氏祖祠、加荐张氏历代远祖祭费,公皆慨捐巨资,动累千万,尤以捐助香港大学、修理日里医院道路,皆费至巨万不少吝。癸卯(按:1903 年)冬,与煜南先生创办潮汕铁路,开中国商办之嚆矢,为华侨回国办事之先声。迄今潮汕绵延百里,晌(按:瞬)息可通,收军事转运之利便者,非先生之力不及此。先生以崎岖枝路未竟,汕埠客货究未畅通,复派技师从事测绘,期以来年告成,以便行旅。复悯念乡人士之贫苦,为设梅口汕头乐善社,岁时周恤之,其好善惓惓有如此者。

先生既以一身系中外之望,和政府倚任尤专。每次回国假限未满,荷政府辄函电敦促,有非公坐镇不能之势。论者谓使先生得肆力宗国,其树立当更有远大者,洵实事也。先生初膺棉兰之雷珍兰也,处事接物,悉秉大公。侨人省份不一,易启猜嫌。公开诚布公,化除畛域,悉以是非为衡。即今闽广华侨,交口称美,无有异辞,知公之感人者深矣。公以华工立约来棉,在烟园佣工,或被诱拐,或因他故卖身,情皆可悯。父兄有投函恳告者,靡不设法取赎,资遣回华,以完全其骨肉。每值岁暮,华侨之流寓棉兰贫不能自食者,皆给以衣资,借资度岁。和政府嘉其爱惜同胞,时称誉焉。时日里各烟园公举领袖,组织种烟总会,评议佣工手续。以先生资望,每咨访焉,先生多所匡正,其所裨益,局外或未尽知也。和政府以其贤劳罔懈,特擢升甲必丹以资表奉。时一千八百九十八年，即中历光绪廿四年秋也。

先生之经营商业也，虽巨细不遗、名实互核，而高掌远跖，各具久大之规。日里地处热带，植物滋蕃，西人久视为种植沃壤。公以树胶利用甚广，先后开辟树胶园口七八所，广袤近千里，投资数百万，佣工者常数千人。又于园内试购新机焙制，他日发达，于争回利权，不无关系。又审商务盛衰，全恃金融畅滞为关键。棉兰华商虽日趋繁盛，而汇兑涨落操自外人。乃与煜南先生特设日里银行，以调剂之，兼为华工递书寄款，金钱借是以输入内地者，岁以巨万计。而乡曲父老，日暮途遥，游子无方，得通鱼雁，尤馨香祝而生佛供也。昔祖国新设商部联络华侨，又促海外各埠倡设商会借通声气，先生以是举为当务之急，悉心规划，克期成立，被举为总理。自是祖国政府与侨商声气互通，预闻内政，华侨回国兼有护照保护，不至为内地关卡所留难者，皆设商会后之实效也。和政府已以日属烟园日辟，乃以一千九百零六年在棉设立葛都辣，总管苏门答拉东部一切道路桥梁交通机关。又以棉兰市政日张，兼设地方自治会，以资经划，皆先后举先生为议员。华和平日，佣值高下迥殊，间有苛派，先生乃曲陈原委，华佣赖免重征。荷律岁有家具税及所得税，托先生代办，先生仅于富有者稍取盈焉，贫乏不能任者，尝为借垫。和官侦知之，益加倚重。后虽有专官管理税务，然雅不欲自卸其责，诚恐稽核未审或负担过重，终不免为侨商累也，其维护同胞有如此者。

辛亥秋，棉兰玛腰出缺，百端待理。时先生由粤返星，得电回棉，和政府即以公补授玛腰今职。时西历一千九百一十一年九月，即清宣统三年事也。明年秋九月，和廷以先生勋劳懋著，特赏阿兰惹拿苏勋章一座以荣誉之。先生之膺棉兰地方自治会议员也，凡所建议，皆预为华侨留余地，务使烦苛不及。如于自治会屋面建设大钟楼，使早作夜息辈依为标准，无过量之劳动。又于海口建设疯人院，聘医生董其事。和属小学校之设，不吝巨款以助其成；其对巫人子女之失学，复不习于艺能也，将来必有生计人种之忧，特设一女工学校以教育之。其居心大公无我，有如此者。兹撮其事略如左，吾侨之慈善家，其亦知所取法乎！

资料来源：亚灿：《张鸿南先生家传》，《南洋华侨杂志》1917 年第 1 卷第 1 期，第 1—6 页。

# 第五章　从《张榕轩侍郎荣哀录》
## 看张煜南的跨域人际网络

张煜南（1850—1911），号榕轩，是 19 世纪末 20 世纪初南洋地区，尤其是荷属东印度（即今之印度尼西亚）的著名华侨实业家和地方侨领。张煜南生于广东梅县，年少过番南洋谋生，侨居南洋期间，锐意经营种植业和商业，累积丰厚资产后，活跃于南洋各地及祖国，并对南洋当地和中国的政治、侨务、经济发展和慈善事业都作出了重大贡献。1911 年 9 月 11 日张煜南病逝于荷属东印度的棉兰侨居地，灵柩下葬于其私人花园——茂榕园。葬礼极其隆重，全城哀恸，胞弟张鸿南在悲痛之中，为兄长编印《张榕轩侍郎荣哀录》[①]（以下简称《荣哀录》）。由于一般的荣哀录收集了逝者的亲友的悼念祭文和挽联，从中可以观察逝者的人际交往情况，进而对逝者的生平有更全面的了解，实为珍贵之史料。但至今不见有关《荣哀录》的介绍文章，更遑论有关《荣哀录》的专门论析。本文将从《荣哀录》的内容着手，论析张煜南的人际网络及其特点，以期对张煜南的人物特质及跨域人际交往有更清晰的了解。

## 一、张煜南及其《荣哀录》

有关张煜南的一些重要事业贡献，已有一些学者专家著文论述，其中有集中在张煜南在中国的铁路事业和贡献，以颜清湟的论文《张煜南与潮汕铁路（1904—1908 年）：华侨从事中国现代企业的一个实例研究》为代表。[②] 另外，也有文章虽然没有以他的姓名为标题，但重点还是集中在他在南洋的开埠和在中国的铁路建设等成就。[③] 有关张煜南的研究也常与其弟张鸿南或其他客家领袖联系在一起，如《潮汕铁路创办人华侨张榕轩兄弟》[④]以及《记

---

① 张鸿南编：《张榕轩侍郎荣哀录》，民国六年汇通刻本。
② 颜清湟：《海外华人史研究》，新加坡亚洲研究学会 1992 年版，第 60—78 页。
③ 例如，马一：《晚清驻外领事中的华商侨领》，《东南亚纵横》2011 年第 10 期，第 77—81 页；黄华平：《华侨与近代中国民营铁路（1903—1914）》，《八桂侨刊》2006 年第 2 期，第 68—70 页。
④ 李松庵：《潮汕铁路创办人华侨张榕轩兄弟》，收录于文史资料研究委员会编《广东文史资料》（第 3 辑），广东人民出版社 1980 年版，第 61—80 页。

晚清驻槟榔屿的客属两领事：张弼士与张煜南》。① 2011 年张煜南逝世一百
周年纪念的时候，他的曾孙张洪钧夫妇在棉兰为他举行盛大的纪念活动，并
出版《楷模垂芬耀千秋——印尼张榕轩先贤逝世一百周年纪念文集》②，收
录了家族保留的不少文献和资料，可惜并没有包括《荣哀录》的内容。有关
张煜南完整的传记专书至今尚从缺，但他的生平简介则散见于一些人物列
传、特刊专辑，及专题论文中。在讨论如何从《荣哀录》看他的人际网络前，
有必要先简单介绍其生平事迹。

　　张煜南生于广东省梅县松口，属客家人。父母生七男一女，张煜南少时
因家贫辍学，帮父亲打理杂货店生意，但因本小利微，经营亏损，家中唯一的
生计因此中断。由于当地有很多人到南洋谋生，于是 17 岁的张煜南也冒险
过番，南下荷属东印度的巴达维亚（即今之雅加达）。起初，张煜南在原籍广
东大埔县的同宗张弼士门下任职。稍有积蓄后，自立门户，迁移到同属荷兰
人统治的苏门答腊岛的日里（今属棉兰地区）从事开垦和种植等事业。1879
年，胞弟张鸿南（号耀轩）南渡助兄，经过十余年的用心经营，张煜南逐渐成
为棉兰地区华侨社会中的首富。③ 同时，荷兰殖民者因看到张煜南有功于
当地的开发，又操经济大权，先后委任他为华人"雷珍兰""甲必丹"和"玛腰"
等，成为名副其实的华人侨长。

　　所谓商优则入仕，1894 年，张煜南经由老东家张弼士的推荐，继任清廷
驻槟榔屿副领事官，又先后获授三品京堂候补、头品顶戴侍郎以及考察南洋
商务大臣等官职。1903 年，张煜南和张鸿南昆仲又在张弼士的举荐下，参
与兴建中国近代史上第一条由华侨投资的商办铁路——潮汕铁路。张煜南
还曾受到慈禧太后和光绪皇帝两度召见，④他顺势向清廷呈报在韩江下游
修建潮汕铁路的计划和潮汕铁路公司章程，并获得嘉奖和批准。除了实业
救国外，他也曾捐献巨款资助清政府扩充海军，以及赈济陕西旱灾和顺直饥

① 姚楠：《记晚清驻槟榔屿的客属两领事：张弼士与张煜南》，收录于《南天余墨》，辽宁大学出版社
1995 年版，第 161—168 页。
② 饶淦中主编：《楷范垂芬耀千秋——印尼张榕轩先贤逝世一百周年纪念文集》，香港日月星出版
社 2011 年版。
③ 有关张煜南在棉兰的领导地位，参阅黄贤强：《荷印棉兰华人族群社会与领导阶层》，收录于林
开忠编《客居他乡：东南亚客家族群的生活与文化》，台湾"客家委员会"客家文化发展中心与暨
南国际大学东南亚研究中心 2013 年版，第 100—124 页。
④ 有关张煜南两度受慈禧太后和光绪皇帝召见的奏对实录，见饶淦中主编：《楷范垂芬耀千
秋——印尼张榕轩先贤逝世一百周年纪念文集》，第 136—151 页。

荒等。1910 年在南京举办南洋劝业会博览会①，张氏兄弟带头捐款 30 万，再次实践他的实业救国的理想。

在文化教育和社会公益事业方面，张煜南也慷慨行善。例如，在中国，他捐助家乡松口中学办校经费，也出资出版宋明至清末嘉应历代名人诗选《梅水诗传》十卷、《续梅水诗传》三卷。② 他也鼎力资助温仲和与吴宗焯编修《光绪嘉应州志》③，自己还编著《海国公余辑录》六卷和《海国公余杂录》三卷。④ 张煜南对南洋的文教和慈善事业的贡献也不落人后，他乐善好施，对槟城的极乐佛寺和华校出钱出力，对棉兰当地的慈善事业更是为人所称道，除了捐资兴建学校和麻风疗养院外，也造桥修路等。

张煜南一生为侨居地的繁荣和祖国的建设呕心沥血、鞠躬尽瘁，难怪当张煜南病逝时，中国和南洋各界都惋惜和哀痛，从《荣哀录》中可见其中的情况。在《荣哀录》中致哀的个人、行号、社团、机构众多，除了序和别传外，计有祭文 40 余篇，挽联 60 余则（致哀者名单见本章附录）。下文举出有代表性者，并从中看出张煜南的三亲（宗亲、姻亲、乡亲）网络，以及他的政商和文教社交网络。

## 二、从《荣哀录》看张煜南的三亲网络

### （一）宗亲网络

张煜南为嘉应州松江溪南张氏世系，开基祖腾超公，祖父为十五世葆能公，诰封奉政大夫，父亲为十六世联祥公，诰封奉直大夫。张煜南与胞弟张鸿南分别为十七世爵干公和爵辉公。⑤ 根据《荣哀录》中的记录，张煜南有子四人，皆能世其家，分别为步青、瀚青、宸青、铭青。⑥ 其中最为人知者当属长子张步青（字公善），曾任清朝花翎二品顶戴广东提学使司、陆军部职方

---

① 有关南洋劝业会的资料，见全国图书馆文献缩微复制中心编：《中国早期博览会资料汇编》（第1—3 册），北京全国图书馆文献缩微复制中心 2003 年版。

② 张煜南、张鸿南辑：《梅水诗传》（十卷），1901 年初版；张煜南、张鸿南辑：《续梅水诗传》（三卷），1911 年初版。2005 年张煜南曾孙张洪钧出资影印再版。

③ 《光绪嘉应州志》（32 卷），嘉庆伍氏心远庐补刊本，1932—1933 年版。

④ 张煜南辑，张鸿南校：《海国公余辑录》（六卷），光绪二十四年汇通刻本；张煜南辑，张鸿南校：《海国公余杂录》（三卷），光绪二十四年汇通刻本。2005 年张煜南曾孙张洪钧出资影印再版。

⑤ 饶淦中主编：《楷范垂芬耀千秋——印尼张榕轩先贤逝世一百周年纪念文集》，第 188—189，264—304 页。

⑥ 张鸿南编：《张榕轩侍郎荣哀录》，第 3 页右面；另，张煜南在茂榕园的墓碑立于宣统三年（1911）岁季秋月，立碑人为张煜南的五个儿子（步青、宸青、铭青、瀚青、本龙）及"东"字辈孙二十人。黄贤强于 2011 年 6 月 17 日于棉兰田野考察时抄录。

司主事等职。宣统三年(1911)被皇帝旨赏"三四品京堂"官衔,民国时则先后受委任为驻棉兰领事和总领事达十余年。①

《荣哀录》免不了收录家族成员的哀悼文联,在《荣哀录》中出现张煜南的宗亲主要有胞弟张鸿南、韶光、润、直降、鸿、汝和、云鹏、延麟、沄、汉清、衡南和湘南等人。举例如下:

宗亲中最重要的无疑是胞弟张鸿南,他们兄弟情深,《荣哀录》正是张鸿南为已故兄长编印的,以表哀思。张煜南和张鸿南昆仲在南洋地区发迹,并肩征战商场。张煜南于光绪四年(1878)与张弼士合资在苏门答腊日里开办笠旺垦殖公司,由于缺乏人手,便请其弟南来协助。光绪五年(1879)张鸿南从梅县来到棉兰,在兄弟两人共同努力经营下,垦殖公司业务蒸蒸日上,发展迅速,利润不断增加。于是他们又与张弼士合资开设万永昌商号和日里银行,经营各种商品贸易,又投资房地产、航运、军需品生意。经过十多年的锐意经营,赚利甚巨,总资产达数千万印度尼西亚盾。② 他们也晋升成为南洋地区举足轻重的华商富豪,并先后被荷属东印度政府委任为当地的"玛腰"。张鸿南有此成就是与兄长张煜南分不开的,在《荣哀录》的最后一则挽联中,张鸿南写下"恩卅余年,提挈有方"③,表达了对亡兄三十几年来的提携和扶持的深挚感激。

张煜南的另外一个宗亲是张韶光(又名张舜卿)。他们都曾是张弼士的左右手,张韶光与张弼士是大埔同乡,13 岁就读完五经,为张弼士所赏识,于 1876 年被他带往巴达维亚,不久转往槟榔屿。张韶光成为张弼士在马来亚一带企业的管理人,俗称管家,真正的职称是万兴裕公司马来亚总经理。④ 张弼士在当地捐资的学校管理及槟城副领事任上的政务处理,张韶光襄助甚多。因此,他自然也和继张弼士之后担任副领事的张煜南多有接触。张韶光后来成为当地华侨富商和社会活动家,担任中华总商会多届的协理。张韶光挽联中特别提到"宗族引为光宠"⑤,强调张煜南的事业和善行光宗耀祖。

---

① 饶淦中主编:《楷范垂芬耀千秋——印尼张榕轩先贤逝世一百周年纪念文集》,第 188—189 页。
② 房学嘉:《张弼士为商之道研究》,华南理工大学出版社 2012 年版,第 63—67 页。
③ 张鸿南编:《张榕轩侍郎荣哀录》,第 44 页左面。
④ 有关张韶光的传记,最早的一篇是张日垣所撰的《张韶光君》,收录于林博爱编《南洋名人集传》(第二集上册),南洋民史纂修馆 1924 年版,第 42—42 页。
⑤ 张鸿南编:《张榕轩侍郎荣哀录》,第 43 页。

### (二)姻亲网络

《荣哀录》中出现的姻亲主要包括马来亚侨领、企业家谢荣光和梁廷芳。谢荣光(1848—1916,字春生,号梦池)的儿子娶张煜南二女儿①,两家结为姻亲,因此谢荣光在《荣哀录》中以"姻愚弟"自称。值得注意的是,谢荣光与张煜南另外一层关系是同僚及事业伙伴。当张煜南辞去清政府驻槟榔屿副领事一职时,推荐谢荣光继任。谢荣光本人更看重二人的姻亲关系,在《荣哀录》中的祭文中写下"谊属姻娅兮能不动情,被发大荒兮伤如何痛"②,足见两人关系的亲密程度。梁廷芳(1957—1911,字广辉,号碧如)则是谢荣光之女婿,与张煜南的姻亲关系较远,因此自称"愚甥",称张煜南为"舅氏"。梁廷芳又继承谢荣光的清政府驻槟榔屿副领事一职,所以与张煜南也是事业伙伴,但在《荣哀录》中,他同样是将姻亲关系放在首位,祭文首句便以"呜呼! 舅氏勋业烂然,溯登仕版,中外称贤"③开始。

此外,另一个与棉兰张家有重要婚姻关系的家族是台湾地区著名五大家族之一的板桥林家。将板桥林家推向家族高峰的是第四代族长林维让和林维源兄弟。哥哥林维让的姻亲网络多属仕宦大族,而弟弟林维源则更倾向于结交各地商界名人,其中就包括了荷属东印度的侨领张氏兄弟、金门旅日富商王敬祥④等。林维源的长子林尔嘉在《荣哀录》中自称"世愚侄",因此张、林两家可谓世交,这也促成了后来张煜南之侄女,即张鸿南的长女(张馥英)与林尔嘉的长子(林景仁)缔结姻缘。⑤林尔嘉的挽联特别提到张煜南在棉兰和槟城的功业,更是指出张煜南在出资兴建潮汕铁路一事上,堪称"瀛海华侨表率"⑥。

另外,值得一提的是,张煜南的原配夫人为梅县家乡的徐夫人⑦,而二夫人则是婆罗洲兰芳公司(后又称兰芳共和国)的第十二任领导人刘亮官(任期1876—1880)之妹。张煜南曾在张弼士的委派下担任兰芳公司的代理商,由于这个机缘,张煜南娶了兰芳公司第十一任领导人刘阿生(又名刘

---

① Queeny Chang, *Memories of a Nonya*. Singapore: Eastern Universities Press, 1981, p. 48.
② 张鸿南编:《张榕轩侍郎荣哀录》,第9页左面。
③ 张鸿南编:《张榕轩侍郎荣哀录》,第28页左面。
④ 江柏炜:《海外金门人侨社调查实录:日本篇》,金门大学出版社2013年版,第36—37页。
⑤ Chang, *Memories of a Nonya*, pp. 80—92.
⑥ 张鸿南编:《张榕轩侍郎荣哀录》,第35页左面。
⑦ 1911年张煜南逝世前几个月,徐夫人才南来棉兰居住。

生,任期 1848—1876,1880—1884)的女儿,即刘亮官的妹妹刘葵英为妻。①
张煜南辑录的《海国公余辑录》第六卷中,有一首关于兰芳公司的咏事诗:
"地辟罗江百里长,公司昔日立兰芳。廿年客长人争敬,碑记今犹竖墓
旁。"②这首诗指出罗芳伯(嘉应州梅县人)在婆罗洲所创兰芳公司的地理位
置以及创始人罗芳伯当年的成就。③ 由于得到兰芳公司的大力支持和关
照,尤其是与兰芳公司领导人的姻亲关系,张煜南的商路更加通畅,因此累
积了雄厚资本。然而,由于刘亮官和刘阿生分别于 1880 年和 1884 年病逝,
因此这两位极其重要的姻亲并没有机会在《荣哀录》中出现。

### (三)张煜南的乡亲网络

这里的乡亲,不只是狭隘的同村、同乡或同县的亲友,而是包括同一方
言区的邻近县——特别是粤东的梅县和大埔县——的乡亲。在 19 世纪末
到 20 世纪初的南洋华人圈中,兴起一个以张弼士、张煜南、谢荣光、梁廷芳、
戴欣然所组成的"客家集团"。④张弼士和戴欣然为大埔人,张煜南、谢荣光
和梁廷芳为梅县人。这个集团成员的特点是共同具有客家人的身份认同、
有充裕的财力和社会影响力、有衣钵相传的官场事业,以及有群策群力的慈
善事业。例如,他们曾合资为马来亚槟城名刹——极乐寺捐助善款及开办
中华学堂和崇华学堂等。他们最引人瞩目的是先后担任过槟榔屿副领事一
职,甚至可以说这个集团长期垄断了这个官职,先后为张弼士(任期 1893—
1894)、张煜南(任期 1894—1895)、谢荣光(任期 1895—1903)、梁廷芳(任期
1903—1907)、谢荣光(1907 年第二次任职)、戴欣然(1908—1911)。⑤ 虽然
驻槟城领事的委任是由驻新加坡领事(总领事)推荐给中国驻英公使,再由
朝廷正式任命,但卸任的槟城副领事在推荐继任人选一事上有相当的影响
力,尤其是清政府当时有晋用当地富商担任槟城副领事的惯例。因此历任
的清廷驻槟榔屿副领事就被这个客家集团所垄断。

"客家集团"的主要成员张弼士、谢荣光和梁廷芳都出现在张煜南的《荣

---

① 王振勋:《海上丝路的奇士张弼士的实业活动与经世致用思想之研究》,《朝阳学报》2004 年第 9
期,第 440—441 页。

② 张煜南辑,张鸿南校:《海国咏事诗》,收录于《海国公余辑录》(第六卷),第 13 页左面。

③ 有关罗芳伯及兰芳公司的事迹,见罗香林:《西婆罗洲罗芳伯等所建共和国考》,香港中国学社
1961 年版;另见张维安、张容嘉:《客家人的大伯公:兰芳公司的罗芳伯及其事业》,《客家研究》
2009 年第 3 卷第 1 期,第 57—89 页。

④ 黄贤强:《族群、历史、田野:一个客家集团的跨域研究》,收录于《族群、历史与文化:跨域研究东
南亚和东亚——庆祝王赓武教授八秩晋一华诞专集》,新加坡国立大学中文系及八方文化创作
室 2011 年版,第 55—69 页。

⑤ 姚楠:《记晚清驻槟榔屿的客属两领事:张弼士与张煜南》,第 161—165 页。

哀录》中,其中与张煜南关系最密切的当属对他有知遇之恩的张弼士。张弼士是客籍侨商中最早的成功典范,在张弼士的带领下,许多客家侨商也提高了在海内外的经济、社会和政治地位,他对张煜南及其胞弟张鸿南的提携,在两人事业发展过程中扮演重大的角色和影响。

当初张煜南只身南来巴达维亚,也是先投靠张弼士,担任张弼士酒码专卖代理人。[①] 1878 年,张煜南与张弼士合资开办笠旺垦殖公司,垦荒种植咖啡和茶叶。后来又与张弼士合资创办一家日惹银行,以调剂全埠金融。张煜南在张弼士的指引和辅佐下,商途愈发顺遂,眼界愈发开阔。为了开拓商机,张煜南先转战到苏门答腊岛北部的老武汉埠经商,不久,更将目光转向了日里河畔的一片处女地——棉兰。当时的棉兰还是一片瘴疠之地,沼泽丛生、人烟稀少,而有过垦殖经验的张煜南却看到了这里无限的商机。1878年张煜南先在那里开设了万永昌商号,雇佣从家乡南来的乡亲和当地原住民,开垦种植烟草、橡胶和甘蔗等经济作物,奠定了他在棉兰发展的经济基础。不久,胞弟张鸿南也被召南来协助业务。兄弟二人先后投资数百万荷兰盾,在日里平原上开辟了七八座橡胶园以及茶叶、油、糖等加工场,占地面积达一百多平方公里,职工人数多达数千,一度上达一万多人。张氏兄弟的辛勤努力大大促进了种植业的发展,也带动了市场的繁荣,各国种植园主也纷纷来到棉兰投资。在种植业站稳脚跟之后,张煜南兄弟于 1898 年与张弼士合股创办了广福号、裕昌号两家远洋轮船公司,航行于棉兰、槟榔屿、新加坡、香港、上海各埠,大大拓展了棉兰与各商埠的联系。[②]

张弼士对张煜南有几次重要的提携。其一,1893 年 5 月张弼士受清廷驻新加坡总领事黄遵宪推荐署理总领事一职,便得暂时卸下驻槟榔屿副领事职位,张弼士推荐张煜南代理职务,于是张煜南于 1894 年接任槟榔屿副领事官。在任期间,受到当地侨民爱戴,为他在英属马来亚奠下侨领的地位,堪称跨地域的南洋华侨领袖。其二,张弼士先行获召回祖国发展实业,1899 年被委任为粤汉铁路总办,除了督导铁路建设外,也往返于南洋各地,劝募华商投资商办铁路。1903 年,张弼士力荐张煜南兄弟出资兴建潮汕铁路,1906 年完工通车,成为中国第一条华侨投资完成的民营铁路。清廷因此授予张煜南三品京堂,以资嘉勉。

通过张弼士对张煜南的屡次推荐和二人的密切合作,可以看出无论是

---

① 王振勋:《海上丝路的奇士张弼士的实业活动与经世致用思想之研究》,第 440—441 页。

② 姚楠:《记晚清驻槟榔屿的客属两领事:张弼士与张煜南》,第 165—168 页。

商场还是仕途,张弼士都是张煜南人生中重要的向导。而张煜南也堪称张弼士的得力助手和忠诚合作伙伴。当张煜南逝世时,张弼士在《荣哀录》中表达了深切的哀悼和追思:

> 灵其性孝友,其品端庄。少笃文学,诗词见长。旋弃毛锥,旅游南洋。智超卜式,才迈弘羊。振勋(按:即张弼士)已知深而友善,复相与登争竞之场,凡商战之策,略悉倚赖其谋臧,善指挥而多划,亦沈毅而周详……①

相比其他人着重于赞颂张煜南在各方面的成就,张弼士的祭文更倾向于对张煜南才华的称赞以及对二人密切合作和深厚友情之怀念。

### 三、从《荣哀录》看张煜南的政商和文教网络

从《荣哀录》中可以看出张煜南的社交网络非常广泛,本节只讨论其中的政商界和艺文界两方面。

#### (一)张煜南与中国政商人物的关系

张煜南与清末民初的中国一些政商界名人有密切交往,其中包括为张煜南撰写别传的汤寿潜。该篇《诰授光禄大夫 钦差考察南洋商务大臣侍郎衔总理潮汕铁路事宜三品京堂张君榕轩别传》为《荣哀录》的开篇文章,由此可知,汤寿潜不只与张煜南熟悉,而且关系匪浅。汤寿潜为清光绪十八年(1892)进士,1906 年与张謇组织预备立宪公会,参与清末宪政改革。辛亥革命后任浙江首任都督,也曾参与民国时期中国最大的商业银行之一的浙江兴业银行的创办,可说是横跨政商两界的闻人。1905 年汤寿潜曾担任修建沪杭铁路总理,他也因为担任这个职务,与当时正在筹办潮汕铁路的张煜南多有接触。张煜南在修建潮汕铁路的过程遇到困难重重,风波不断。首先是在集资时,林丽生投入超过 100 万两的日资,使到原本号称是中国侨民资本修建的铁路变质,引起反对者抗议,惊动朝廷。为平息抗争,张煜南只好将林丽生的投资全部购回。其次,施工期间承建的日本工程队与沿线中国村民爆发流血冲突,日本政府乘机提出铁路归日本经办,并由日本派兵保护等无理要求。几经斡旋,才在中方赔款 2.6 万银圆后得以平息。②汤寿潜

---

① 张鸿南编:《张榕轩侍郎荣哀录》,第 7 页右面。
② 李松庵:《潮汕铁路创办人华侨张榕轩兄弟》,第 53—70 页。

显然了解张煜南修建潮汕铁路的艰辛和困难,在《荣哀录》的张煜南别传中特别赞颂张煜南实业报国的辛劳和功绩。

张煜南晚年正值中国进入政治动荡时刻,反清革命志士在海外频频活动,张煜南也接触了一些重要的反清革命人物和知识分子。在《荣哀录》中出现的革命活跃人物包括萧惠长和饶集蓉(又名饶芙裳),其中萧惠长更为《荣哀录》作序,重要非凡。萧惠长是推翻清朝政权后的首任嘉应州兴宁县县长。革命时期的 1903 年,萧惠长和何子渊等人创办兴民学堂,聘请具有革命思想的丘逢甲担任校长。1904 年,萧惠长又与丘逢甲、何子渊等人参与筹划黄冈起义。由萧惠长执笔的《荣哀录》序文,简要介绍了张煜南生平事迹及成就后,以"孔子曰,其生也荣,其死也哀,系以荣哀,庶非溢耳"①,表达了对张煜南的至深哀悼和敬佩。

饶芙裳(1857—1941)则是横跨政治和文教两界的名人。他是梅县松口人,与张煜南同乡。饶芙裳是《光绪嘉应州志》的编修之一,曾与温仲和、丘逢甲、黄遵宪在潮州、汕头、梅县等地倡办岭东同文学校、梅县师范学校、体育传习所等。1907 年底,因有革命党嫌疑,避居南洋槟榔屿,次年在当地创办崇华学校,担任第一任校长。1908 年,饶芙裳作为赞助人,协助创立了实为革命派及同盟会在马来亚进行革命宣传活动的地下基地的槟城阅书报社。② 辛亥革命成功后饶芙裳回国,出任广东省教育司司长。③饶芙裳在槟城活动的时候,张煜南已经不是当地副领事,而且事业重心已经集中在棉兰和中国。因此张煜南和饶芙裳的接触,可能是在他们两人都在潮汕活动的1905 年前后。由于有同乡关系,当张煜南逝世消息传开后,饶芙裳撰挽联哀悼:"远道昔怀人,屡随汽笛南来挹公风度;长江思驻节,忍见浪花东去淘我英雄。"④可见饶芙裳对张煜南充满思念和敬佩。

### (二)张煜南与文教界人物的关系

在《荣哀录》也可以看出张煜南与文教界交往频繁。由于教育是张煜南投入慈善事业的一个重要方面,在《荣哀录》也出现了一些学校师生的挽联,其中包括张煜南出资在棉兰兴办的敦本学校和中华学校的师生。《荣哀录》里中华学校校员撰写的挽联"盛德至善没世不忘道君子;编诗辑录等身著作

---

① 张鸿南编:《张榕轩侍郎荣哀录》,第 1 页左面。
② 槟城阅书报社编:《槟城阅书报社廿四周年特刊》,槟城阅书报社 1931 年版,第 7—8 页。
③ 饶芙裳在 1913 年被选为众议院议员。国会解散后,复赴南洋。1917 年任护法国会众议院议员。1922 年第二次恢复国会时,再任众议院议员。1924 年任广东省琼崖道尹。
④ 张鸿南编:《张榕轩侍郎荣哀录》,第 34 页左面。

有传人"表达了对张煜南善心的感谢和对其文才的欣赏。

晚清爱国诗人、教育家丘逢甲曾赞扬张煜南在教育方面的功绩,在丘逢甲写给星洲才子邱菽园(即邱炜萲)的信中提道:"吾闽粤已得风气之先,则所以设学育材以为自强根本者,当不致落人后……张榕轩昆季籍亦松口,闻其将倡建书楼,与谢君(即谢梦池—笔者注)并驾齐驱……"①张煜南在辛亥年七月十九日(1911 年 9 月 11 日)病逝,其时丘逢甲也病情严重,在家乡养病,次年二月病逝,所以不见丘逢甲在荣哀录上出现。但他们共同的文友邱菽园则写了很长的祭文,对张煜南各方面的才华和成就极其赞赏,文末提道:"公之盛名本可不朽,况有文采更在人口。"②

张煜南在艺文界最值得注意的友人是朝鲜书法家尹溪石,有"草圣"尊称的尹溪石的祭文,排列在《荣哀录》之第二序位,可见其分量。尹溪石在成名之前,曾在中国各地游历卖艺,张煜南显然曾对他有重恩,使尹溪石写出感人肺腑的祭文,文曰:"晚生以一介书生远游异地,辱先生知遇,情在肺腑,不敢或忘。别后自度年老多病,后会难期。复于八月秒拟游日里,冀见一面。"③可是当他抵达槟城的时候,得到张煜南已经病逝的消息。悲痛之余,尹溪石盘算赶去日里已经为时太晚,所以一度想南下新加坡,希望张煜南的灵柩运返梅县家乡途中,他能在新加坡见到其棺椁。但后又听说张煜南最终被安葬在日里,尹溪石只能作罢,也因此"卧病在床,不能出户者数日",更感叹道:"呜呼! 孤客远来不见先生之面,又不能凭棺一恸,何缘之悭耶!"④

张煜南不只与外籍的书法家结缘,和中国的一些书法家也有长期的交情。晚清书法家何晋梯在挽联中感怀与张煜南的情谊:"廿年渥荷知交古谊同声称鲍叔,万里惊传噩耗州门遥望恸羊昙。"⑤挽联中提到 20 年的情谊,原来何晋梯在 1890 年代初开始就先后在新加坡总领事馆和槟城副领事馆服务一段长时间,算是张煜南的旧部属。今天在槟城极乐寺内还可以看到何晋梯的石柱题联,署名的职衔为"福建即补知县前新嘉坡总领事随员"。⑥ 此外,在槟城领事官梁碧如任内,何晋梯也曾因为梁碧如请假

① 丘铸昌:《丘逢甲交往录》,华中师范大学出版社 2004 年版,第 229—230 页。
② 张鸿南编:《张榕轩侍郎荣哀录》,第 10 页左面。
③ 张鸿南编:《张榕轩侍郎荣哀录》,第 5 页左面。
④ 张鸿南编:《张榕轩侍郎荣哀录》,第 5 页左面—第 6 页右面。
⑤ 张鸿南编:《张榕轩侍郎荣哀录》,第 36 页右面。
⑥ 笔者于 2017 年 6 月 5 日田野考察极乐寺时抄录。

回国,代理副领事一职三个月余(1905 年 4 月至 7 月)。① 值得特别一提的是,清光绪二十七年(1901)醇亲王载沣赴欧回国途经槟城时,当地华侨绅商迎送的祝文《恭颂钦差头等专使大臣和硕醇亲王回国序》②的执笔者也是何晋梯。

## 四、张煜南人际关系网络的特点

### (一)亲缘、地缘与业缘关系的重叠性

张煜南的人际关系网络中,有不少重要人物具有亲缘、地缘与业缘三重关系,而且相互重叠,例如张鸿南既是张煜南的胞弟,有着密不可分的血缘关系,兄弟二人又是生意上的最佳合作伙伴。谢荣光和梁廷芳则与张煜南既有同乡的地缘关系,又是张煜南的姻亲,更是同一个"客家集团"的成员,为客家人垄断了清廷驻槟榔屿副领事这一职务,有着共同的为侨民谋福利的目标。张弼士对于张煜南来说亦师亦友,③张弼士作为"客家集团"的灵魂人物,与张煜南有地缘层面的关系,而对张煜南在商场和仕途上的引领又属于业缘层面的关系。此外,张弼士在商务上对张煜南的提携又促成了张煜南与兰芳公司刘氏的婚姻。三重关系的相互交织巩固了张煜南与张鸿南、张弼士、谢荣光和梁廷芳等人的关系。换言之,他们首先都有家族、宗族或姻亲关系。其次,他们都来自同一地域,在语言、文化、精神上有着共同的族群认同。再次,他们同属一个"客家集团",有着共同的事业追求和目标。

### (二)人际网络的广泛性

《荣哀录》中出现的人物除了本文重点讨论的"三亲"人物和政商名人及文教界的友人外,也包括其他身份和背景的人物,甚至包括不同族群和不同地域的人物,以及不同的机构和行业,例如,马来人(苏丹能利吉利日利、侍生端娘吧哩吻等)、官员(清国兵部尚书吕海寰、日里甲必丹邱昭忠等)、会馆(新加坡应和馆、棉兰古城馆等)、公司(荷兰十二国公司、棉兰福建公司等)、

---

① 张晓威:《晚清驻槟榔屿副领事之角色分析(1893—1911)》,台北政治大学博士论文,2005年,第 113 页。

② 此祝文原件在中国嘉德拍卖行 2004 年秋季拍卖会上以人民币 28000~35000 元估价拍卖。https://auction.artron.net/paimai—art28372514/,浏览日期:2019 年 5 月 20 日。

③ 虽然有澳洲学者认为张弼士和张煜南是叔侄关系,但显然并非事实。充其量只是由于同样姓张,出于同宗关系的礼貌而采用的亲切称谓而已。见 Michael R. Godley, *The Mandarin—capitalists from Nanyang: Overseas Chinese Enterprise in the Modernization of China*, 1893—1911. New York: Cambridge University Press. 1981.

商会（新加坡总商会、棉兰轩辕行等）、商号（昇昌号、泉顺记等）、商人（槟城黄金庆、新加坡郑利康）、医生（汕头梁希曾、棉兰黄毓华等）。从这些撰写祭文和挽联的人物和单位可以发现，张煜南的社交网络是广泛而多层次的。正可反映出张煜南一生的跨地域和跨领域活动身份和广结善缘的领袖特征。

### （三）人际网络的实用性

张煜南结交的一些人士对他的事业甚至人生有着重要的促进作用，换言之，他的人际关系网络有实用价值。例如，张煜南与胞弟张鸿南互相扶持，征战商场多年，累积雄厚的资本后，成为富甲南洋的侨商大族。张弼士的知遇之恩则激发了张煜南的商业潜能，张煜南在与张弼士的合作中也积累丰富了商务经验，张弼士的屡次举荐更促成了张煜南兄弟完成兴建潮汕铁路的创举，列入史册，也为民造福。张煜南与台北板桥大族林氏的世代之交以及后来的家族联姻更是对张、林两家的事业版图有互补和增强作用。张煜南与革命志士萧惠长和饶芙裳的情谊则激励了张煜南对革命事业的同情，使他关怀家国存亡之心有所寄托。

## 五、结论

一般人或许认为荣哀录只是对逝者歌功颂德的资料，但从本文对张煜南的《荣哀录》的讨论，可以说明荣哀录也是很珍贵的史料，可以让人们对张煜南这个人物的一生事迹和活动有更全面的了解。从《荣哀录》祭文和挽联的作者可以了解张煜南多层的人际关系，张煜南的人际关系中亲缘、地缘和业缘三重关系交互重叠，彼此加固，形成了一个坚实而稳固的社交网络核心。张煜南一生广结益友，上至朝廷仕宦，下到商贾民众，内交客家同乡以共战商场，外结革命友人以实业救国。此外，张煜南又与教育界、文艺界等人士交往颇深，体现其广结善缘、门客三千的社交能力。最后，人际关系网络中的每一个人物或机构对张煜南的人生和事业都有着不同程度的促进作用，成为张煜南在不同阶段和不同领域发展的推力或助力。换言之，张煜南毕生在商场和仕途的成就与他布置的人际网络密不可分。而《荣哀录》正是解码张煜南人际网络的一个重要线索。

# 附录:《张榕轩侍郎荣哀录》目录及致哀者

| 序号 | 文类 | 致哀者落款 | 备注 |
|---|---|---|---|
| 1. | 序 | 里人萧惠长 | 萧惠长(1876—1949);广东兴宁县县长;兴宁县新学创办人;同盟会会员 |
| 2. | 别传 | 浙东愚弟汤寿潜 | 汤寿潜(1856—1917);实业家、政治家 |
| 3. | 祭文 | 荷兰国十二公司同人等 | 荷属印尼 |
| 4. | 祭文 | 高丽国尹围溪石 | 别署尹围,出生于1841年;朝鲜书法家 |
| 5. | 祭文 | 姻愚弟谢荣光 | 谢春生(1847—1916);晚清驻槟榔屿副领事 |
| 6. | 祭文 | 宗愚弟振勋 | 张弼士(1841—1916);实业家;驻新加坡总领事 |
| 7. | 祭文 | 日里属甲必丹晚生邱奎觉等 | 荷属日里甲必丹 |
| 8. | 祭文 | 愚弟邱昭忠 | 荷属日里甲必丹 |
| 9. | 祭文 | 晚生邱炜萱 | 邱菽园(1884—1941);英属新加坡《天南新报》创办人 |
| 10. | 祭文 | 福建全省侨商同人等 | 福建 |
| 11. | 祭文 | 广东全省侨商同人等 | 广东 |
| 12. | 祭文 | 惠州公司同人等 | 棉兰 |
| 13. | 祭文 | 潮州公司同人等 | 棉兰 |
| 14. | 祭文 | 棉兰维善祀社同人等 | 商业行会 |
| 15. | 祭文 | 棉兰轩辕行同人等 | 商业行会 |
| 16. | 祭文 | 棉兰文华行同人等 | 商业行会 |
| 17. | 祭文 | 棉兰鲁北行同人等 | 商业行会 |
| 18. | 祭文 | 棉兰番鞋行同人等 | 商业行会 |
| 19. | 祭文 | 棉兰古城馆同人刘朴生等 | 宗亲组织 |
| 20. | 祭文 | 棉兰合胜堂同人等 | 商业行会 |
| 21. | 祭文 | 棉兰福裕堂同人等 | 商业行会 |
| 22. | 祭文 | 棉兰广益堂同人等 | 商业行会 |
| 23. | 祭文 | 棉兰广华居同人等 | 商业行会 |
| 24. | 祭文 | 棉兰吧公司同人等 | 商业行会 |

| 序号 | 文类 | 致哀者落款 | 备注 |
|---|---|---|---|
| 25. | 祭文 | 日里烟酒当公司同人并成等 | 商业关系 |
| 26. | 祭文 | 晚生林开成等 | |
| 27. | 祭文 | 晚生陈东如 | 棉兰中华商业银行创办人 |
| 28. | 祭文 | 晚生周妙能 | 荷印笼葛甲必丹 |
| 29. | 祭文 | 晚生苏保全 | 棉兰雷珍兰 |
| 30. | 祭文 | 晚生陈仲尧 | 广东梅县 |
| 31. | 祭文 | 晚生黄元合 | |
| 32. | 祭文 | 晚生陈兴等 | |
| 33. | 祭文 | 晚生马维荣吴娘和等 | |
| 34. | 祭文 | 晚生郑利康 | 新加坡医生 |
| 35. | 祭文 | 晚生黄全桥 | |
| 36. | 祭文 | 琼州府晚生吴长安等 | |
| 37. | 祭文 | 德和生同人等 | |
| 38. | 祭文 | 姻愚弟李运元 | |
| 39. | 祭文 | 姻家愚弟谢循陔 | |
| 40. | 祭文 | 愚婿徐鹭清 | |
| 41. | 祭文 | 愚甥梁廷芳 | 梁碧如（1857—1912）；槟城副领事。 |
| 42. | 祭文 | 宗愚侄汉清暨阖族人等 | |
| 43. | 祭文 | 宗愚侄润 | |
| 44. | 祭文 | 宗愚侄直降 | |
| 45. | 祭文 | 宗愚侄鸿 | |
| 46. | 挽联 | 巫来由东姑苏丹能利吉利日利 | |
| 47. | 挽联 | 荷兰国十二公司同人 | 荷印 |
| 48. | 挽联 | 棉兰扳年库同人 | |
| 49. | 挽联 | 侍生端娘吔哩吻 | |
| 50. | 挽联 | 愚弟吕海寰 | 吕海寰（1842—1927），清末官员；中国红十字会创始人 |
| 51. | 挽联 | 姻弟谢荣光 | 谢春生（1847—1916）；晚清驻槟榔屿副领事 |

续　表

| 序号 | 文类 | 致哀者落款 | 备注 |
|------|------|-----------|------|
| 52. | 挽联 | 福建公司同人等 | |
| 53. | 挽联 | 潮州公司同人等 | |
| 54. | 挽联 | 中华学校校员等 | |
| 55. | 挽联 | 星架坡应和馆同人 | 新加坡 |
| 56. | 挽联 | 嘉应大埔公司同人 | |
| 57. | 挽联 | 中华学校全体学生 | 棉兰 |
| 58. | 挽联 | 敦本学校全体学生 | 棉兰 |
| 59. | 挽联 | 姻弟徐信麟 | |
| 60. | 挽联 | 愚弟邱昭忠 | 邱昭忠(？—1916)；日里甲必丹 |
| 61. | 挽联 | 愚表弟饶集蓉 | 饶芙裳(1857—1941)；槟城时中学校校长；《光绪嘉应州志》编修 |
| 62. | 挽联 | 姻家愚弟饶华 | |
| 63. | 挽联 | 世愚弟杨沅 | 嘉应州学务公所所长 |
| 64. | 挽联 | 愚弟梁希曾 | 梁柏轩；医师，著有《疠科全书》一卷。 |
| 65. | 挽联 | 世愚侄林尔嘉 | 林菽庄(1874—1951)；姻亲；厦门市政会长。 |
| 66. | 挽联 | 愚弟卜凤诏 | |
| 67. | 挽联 | 晚生邱清德、陈东和、谢芊淡 | 邱清德和陈东和为印尼棉兰中华商业银行创办人 |
| 68. | 挽联 | 星嘉坡总商会晚生陈荣光 | 新加坡中华总商会董事 |
| 69. | 挽联 | 晚生林铭存 | 林丽生；日籍；潮汕铁路股东 |
| 70. | 挽联 | 晚生何晋梯 | 晚清书法家，驻新加坡总领事馆及槟城副领事馆随员 |
| 71. | 挽联 | 晚生叶洒合 | 棉兰福建侨商 |
| 72. | 挽联 | 晚生陈仲尧 | 广东梅县 |
| 73. | 挽联 | 晚生陈仲仁 | |
| 74. | 挽联 | 晚生黄瑞武、邱金觉、杜祥水、林文庆、吴文同、黄叔礼、邱述瑾 | 吴文同为丁宜埠雷珍兰 |
| 75. | 挽联 | 愚弟梁兆熙偕侄锡璜禄祥 | |
| 76. | 挽联 | 晚生梁维岳 | 梁乔山(1881—1920)，湖南邵阳人，留学日本，同盟会会员。 |

| 序号 | 文类 | 致哀者落款 | 备注 |
|------|------|-----------|------|
| 77. | 挽联 | 晚生谢学明李崇晖 | |
| 78. | 挽联 | 晚生胡柏安 | |
| 79. | 挽联 | 晚生何汝成 | |
| 80. | 挽联 | 姻晚生谢循陔 | |
| 81. | 挽联 | 晚生梁际尧、叶燕浅、黄怡林、何云巖 | 叶燕浅为棉兰《苏门答腊民报》创办人 |
| 82. | 挽联 | 愚侄婿温士璆 | |
| 83. | 挽联 | 世愚侄李宝森 | 李谷生，广东大埔 |
| 84. | 挽联 | 晚生吴仲华 | |
| 85. | 挽联 | 世愚侄周乃霖 | |
| 86. | 挽联 | 晚生叶守梅 | |
| 87. | 挽联 | 晚生林之彦、林兆年、范之准 | |
| 88. | 挽联 | 晚生苏贤有 | 棉兰不池沙通俗学校总理；浮罗巴烟中华学校总理 |
| 89. | 挽联 | 愚婿徐鹭清 | |
| 90. | 挽联 | 愚婿谢延年 | |
| 91. | 挽联 | 愚婿梁熙懋 | |
| 92. | 挽联 | 晚生黄良檀 | 新加坡道南学堂捐款人、总理 |
| 93. | 挽联 | 晚生陈福泰 | |
| 94. | 挽联 | 女医生黄毓华 | 棉兰医生 |
| 95. | 挽联 | 晚生温吉明、巫鼎祥、李礼官、许燕孙、叶元秀、叶顺香 | |
| 96. | 挽联 | 愚弟胡廷梓 | |
| 97. | 挽联 | 晚生陈顺丹、苏国安、新中兴、新福发 | 陈顺丹为荷印打埠雷珍兰，仙达中华学校总理，三班头中华学校董事 |
| 98. | 挽联 | 晚生温宝森、谢万初、萧奕、张采忠、张珍霖、林鼎铭 | 林鼎铭为中南银行董事 |
| 99. | 挽联 | 明新公司同人 | 棉兰商号 |
| 100. | 挽联 | 昇昌号、广和号 | 棉兰商号 |
| 101. | 挽联 | 万吉号、隆发号、威发号 | 棉兰商号 |
| 102. | 挽联 | 泉顺记 | 棉兰商号 |

续　表

| 序号 | 文类 | 致哀者落款 | 备注 |
|---|---|---|---|
| 103. | 挽联 | 逢发号 | 棉兰商号 |
| 104. | 挽联 | 愚弟云 | |
| 105. | 挽联 | 功服弟衡南 | |
| 106. | 挽联 | 功服弟湘南 | |
| 107. | 挽联 | 愚侄汉清 | |
| 108. | 挽联 | 宗愚侄韶光 | 槟城万裕兴公司总经理 |
| 109. | 挽联 | 愚侄汝和 | |
| 110. | 挽联 | 宗愚侄云鹏 | |
| 111. | 挽联 | 宗愚侄廷麟 | |
| 112. | 挽联 | 宗愚侄沄 | |
| 113. | 挽联 | 胞弟鸿南 | 张耀轩(1860—1921),棉兰甲必丹、玛腰、侨领。 |

# 第二部分　近代中国的客家侨领

# 第六章　历史书写与文化记忆：
## 以张弼士为例

张弼士为广东大埔人，他年少时远赴南洋的荷属东印度谋生。发迹后，他的事业遍及英属槟榔屿和新加坡及中国各地。他曾先后担任清政府驻槟城首任副领事、驻新加坡署理总领事、闽广农工路矿大臣、考察南洋商务大臣等职务，并创办张裕葡萄酿酒公司。张弼士在槟城有"蓝屋"豪宅，在家乡大埔的故居"光禄第"则在 2002 年被列为广东省文物保护单位。① 史传上称张弼士为"南洋首富""红顶商人""爱国侨领""华侨实业家""客家骄子""中国葡萄酒之父"等。张弼士的各种历史形象在不同时空出现或被强调，而且随着时空的转移，集体记忆中的张弼士形象也有所演变。所以本章除了整理和归纳不同时期历史书写中的张弼士形象外，也探讨为何这些历史形象是在特定的时空出现和流行，以及它代表了何种时代意义。

## 一、历史上的张弼士

为了方便讨论历史书写和文化记忆中的张弼士，首先简述他的生平事迹。②张弼士（1841—1916），本名振勋，字肇燮，号弼士。他生于广东省大埔县西河镇车龙村。父亲张兰轩在村里当私塾老师兼行医治病。张弼士幼时家贫，跟随父亲读过三年书。他在 18 岁时只身远赴南洋荷属巴达维亚（今印度尼西亚雅加达）谋生。张弼士到了南洋后在一家米店工作，由于勤劳和肯吃苦，老板很赏识他，不仅把女儿许配给他，还把米店的生意交给他管理。不久，张弼士开设自己的店铺，此后数年，他先后创设和经营多家商号和公司，并且从地区性的经营慢慢发展为跨区域的事业。由于投资眼光独到和经营得当，张弼士逐渐从一个平凡的过番客成为一个资产雄厚的南洋富商。

从 1870 年代开始，张弼士的企业版图扩张到荷属苏门答腊的日里和亚

---

① 广东省大埔县委员会文史资料委员会编：《大埔文史》（第 23 辑），大埔中国人民政治协商会议大埔县委员会《大埔文史》编辑委员会 2005 年版，第 328—329 页。
② 有关这部分张弼士的生平介绍，乃参考相关的传记文章综合而成，包括韩信夫、杨德昌主编《张弼士研究专辑》，社会科学文献出版社 2009 年版；广东历史学会张弼士研究专业委员会编：《张弼士研究资料》（第 1—5 辑），广东历史学会张弼士研究专业委员会 2006 年版。

齐,以及英属的槟榔屿——他在日里与张煜南(广东梅县人)等人合股开设日里银行,在亚齐投资开荒种植,在槟榔屿经营土产等生意。1886 年他于槟城创办"万裕兴轮船公司",购买了三艘轮船航行于槟城、亚齐之间。之后,又创办了"万裕兴垦殖公司",开发槟城土地。由于万裕兴公司集团的总部设在槟榔屿,张弼士在南洋的跨区域企业便以槟榔屿为中心。

张弼士在南洋致富之后,也回祖国投资实业,其中包括在烟台开设张裕酿酒厂,在广东各地开办纺织厂、矿务公司和砖瓦厂等,也在大埔、汕头和广州等地投资置产。张弼士还参与了中国第一家华资银行,即中国通商银行的筹办。

张弼士是近代"由商入仕"的典型人物。1890 年代初期,当清朝政府考虑在槟榔屿设置副领事署的时候,物色副领事的原则和标准是"就地取材,须公正诚实,绅商派充"①。结果张弼士获得赏识,在 1893 年受命担任首任驻槟榔屿副领事。一年后,张弼士再晋升为驻新加坡署理总领事。此外,他还在 1904 年获清廷赏赐头品顶戴,补授太仆寺正卿。他回国被朝廷委任多个重要官职,也曾被派往南洋考察商务、监督学务及鼓励华侨回国投资等。

1916 年 9 月 12 日,张弼士在荷属巴达维亚病逝,享年 76 岁。他的棺柩途经新加坡,再从中国香港、汕头经水路运回原籍广东大埔安葬。运柩专轮留港期间,广东省省长朱庆澜征得家属同意,将灵柩专程运省,接受公祭,当时的大总统黎元洪还特致祭文和特颁碑文。②

## 二、文本书写中的张弼士形象

近百年来有不少有关张弼士的历史书写。从文章性质和形式而论,在 1980 年以前,主要是有关他的传记或追忆文章。这些历史书写出现在名人传记、人物志、宗亲和乡亲会馆纪念特刊、游记和杂记等书刊中。1980 年之后,虽然传记和纪念性文章继续出现,但也开始出现有关张弼士的学术专著,包括博士论文和学术期刊论文。而且,这些学术论著通常有专门的研讨主题,例如他的跨国企业与中国的近代化关系、他在清末民初对中国工商业

---

① 《使英薛福成奏南洋新设副领事随员酌定章程折》,《清季外交史》(第 91 卷)。
② 有关大总统祭文和特颁碑文,见郑官应:《张弼士君生平事略》,文海出版社 1972 年版(影印本),第 23—27 页。

的贡献、他担任领事时期的事迹，以及他的国族认同等。①

　　本章不以书写张弼士文章的性质和形式作为基本架构来讨论有关张弼士的历史书写和文化记忆，而是讨论张弼士的人物形象在历史书写和文化记忆中的演化。综观历来有关张弼士传记文章中所出现过的形象，包括华侨富商、大实业家、大慈善家、轻财好善的伟人、反殖民爱本土的华族模范、成功企业家模范、客家爱国侨领等。张弼士的各种历史形象在不同时空出现或被强调，而且随着时空的转移，集体记忆中的形象也会有所演变。

　　以下将分别探讨张弼士各种历史形象的出现及其时代背景。主要依据廿余种人物传记②、地方志③、游记④和社团的纪念特刊⑤，从中整理、归纳和分析。这些书刊的选择，主要是因为他们有代表性：以出版时间而言，有张弼士生时和死后；以出版地而言，有南洋和中国各地及欧洲；以语文而言，有中文和英文；以书刊性质而言，有传记、方志、游记、特刊等。

### （一）华侨富商形象

　　张弼士逝世前，有关他生平事迹的介绍文章已经出现。⑥比较有代表性的是 1908 年出版的 *Twentieth Century Impressions of British Malaya* 中的一篇有关他的传记。文章内容简单扼要，全文 360 余字，主要叙述张弼士的商业遍及荷属东印度的爪哇、苏门答腊和廖内群岛，英属的槟城，新加坡和马来联邦各州，甚至提到在中国香港地区和中国内地都有张弼士的事业版图。除了商业和矿业之外，张弼士也受聘先后担任中国驻槟城的领事及驻新加坡的总领事。在文章截稿的 1908 年，张弼士当时已在中国担任清朝商务大臣和总管铁路的官职。整篇传记平实地记载了张弼士的事迹，在南

---

① Michael Godley，*The mandarin—capitalists from Nanyang；overseas Chinese enterprise in the modernization of China，1893—1911*. New York：Cambridge University Press，1981；陈民：《论张弼士在晚清发展民用工业中的历史作用》，《华侨华人历史研究》1992 年第 3 期，第 416—427 页；陈争平：《客家英杰张振勋与清末民初中国实业发展》，收录于陈支平、周雪香编《华南客家族群追寻与文化印象》，黄山书社 2005 年版；蔡佩蓉：《清季驻新加坡领事之探讨（1877—1911）》，新加坡国立大学中文系、八方文化企业公司 2002 版；张晓威：《商而优则仕：南洋富商张弼士出任槟榔屿首任副领事之探讨》，《海华与东南亚研究》2002 年第 2 卷第 3 期，第 93—112 页。

② 例如，林博爱编：《南洋名人集传》（第 1 集），南洋民史纂修馆 1922 年版；祝秀侠编：《华侨名人传》，中华文化出版社 1955 年版；温广益：《广东籍华侨名人传》，广东人民出版社 1988 年版等。

③ 例如，温廷敬：《大埔县志》，台北市大埔同乡会 1971 年出版 1942 年影印本。

④ 例如，梁绍文：《南洋旅行漫记》，中华书局 1933 版。

⑤ 例如，《张弼士先生事略》，收录于槟榔屿客属公会四十周年纪念刊编辑委员会编《槟榔屿客属公会四十周年纪念刊》，槟榔屿客属公会 1979 年版。

⑥ 例如，《张弼士太仆新近历史》，《槟城新报》，1904 年 12 月 16 日，第 5 版。

洋商业开拓的着墨较多,华侨富商的形象俨然浮现在文中。文章前后还附上张弼士穿着官服的照片及他在槟城的豪宅——蓝屋。①

这本书的编撰者为英国人 A. Wright 和 A. Cartwright,他们不谙中文,其有关张弼士略传的资料具体来源不详,但可以肯定的是,他们在整个编写过程获得英国殖民地政府的大力支持和提供官方资料,其中包括海峡殖民地(Straits Settlements)总督安德逊(Sir John Anderson)、辅政司(Colonial Secretary)、马来联邦各邦参政司(Resident Councillor)、各政府部门主管、英文报界、英国官方出版印刷部等多方面的协助。此书由英国 Lloyd's 大英出版社出版。全书分类编写,包括农、林、渔、矿各物产、原住民手工艺、马来文学与历史、地质、气候、动物、植物、金融财政、卫生医院、公共建设、行政政治、交通、人口、宗教、电报、邮政、海港贸易、显赫和杰出人物等。②其中人物部分收录了 98 名华裔人物,绝大部分是富商,张弼士就是其中一个显著者。由于这是由英籍人编撰的传记,可知张弼士的富商形象,不只已为当地华民社会所公认,也受到英人社群之认可。

### (二)大实业家、大慈善家形象

张弼士逝世后,清末民初思想家和实业家郑官应撰《张弼士君生平事略》(以下简称《事略》)一文以为悼念。张弼士和郑官应两人"旧交也,兰谊也,亦道侣也",关系匪浅。《事略》全文约四千字,内容丰富,对张弼士的家世、过番南洋经过、在荷属和英属南洋的商业和慈善事业、在中国的事业和投资、其经商之道和致富思想、其政绩和品格、往生后哀荣等,都加以叙述或评论。文末对张弼士的总评为:

> 按君生平,商学则深得力于史公货殖列传,故能在南洋英荷商场独树一帜,使西人敬服,且其力果,其心精,谋无不当,事无不成,致富立业,实由于此。又能以济人利物为怀,民生国计为务,当世称大实业家、大慈善家,必首数君焉。③

---

① A. Wright & A. Cartwright, eds., *Twentieth Century Impressions of British Malaya*. London: Lloyd's Greater Britain Publishing Co., 1908, pp. 777-781.

② 有关这部书的介绍,参阅陈舜贞:《中国〈南洋海峡英属殖民地志略〉和英国 *Twentieth Century Impressions of British Malaya* 中有关槟榔屿华籍人物的比较研究》,收录于陈剑虹、黄贤强编《槟榔屿华人研究》,韩江学院华人文化馆、新加坡国立大学中文系 2005 版,第 188—189 页。

③ 郑官应:《张弼士君生平事略》,第 19—20 页。

郑官应对张弼士相当熟悉，于公于私都有交往和交情，因此《事略》一文内容的可信度高。虽然文中难免有溢美之词，但基本上对张弼士的事迹的描述相当完整。由于郑官应是以一个中国的思想家和实业家的身份来看张弼士，难免会关心这个华侨实业家和慈善家对祖国的态度。郑官应继续评价张弼士道，"最难得者，身拥厚资，不自暇逸，年已垂老，不惮焦劳，无非欲提倡实业，遂其救国救民之志"①。张弼士爱国爱民的大实业家和大慈善家的历史形象，也从这篇文章开始树立起来。以后许多记载张弼士的文章和传记，基本上是参照郑官应所言。

### （三）轻财好善的伟人形象

张弼士作为一个轻财好善的伟人的具体形象的形成，始于梁绍文的游记。梁绍文在 1920 年春天从上海到南洋各地调查华侨教育和考察华侨状况，其游记《南洋旅行漫记》于 1933 年在上海出版。②游记中有一节描述张弼士的伟大："张弼士的伟大，不在乎金钱的富有和禄位的崇高；他的伟大，就在他肯作肯为的精神，与能收能放的度量，赚了人世间不少的财帛，同时能散放许多财帛于人世间，这是何等胸襟！何等气概！"③由于梁绍文是南来调查教育的，他对教育界的情况特别留意。他考察了槟榔屿的学校，尤其是在考察了张弼士领导出资创办的中华学堂后，有感而发："在南洋最先肯牺牲无数金钱办学校的，要推张弼士为第一人。"④梁绍文是知识分子，他写的是游记，而非小说。他的游记中的英雄话语，并非虚构，而是反映了他在槟城的所见所闻。这也说明当时槟城民间社会对张弼士进行评价时，特别注重张弼士对当地教育的慷慨贡献。

简言之，历史形象之所以会确定，是因为同一种形象长期被重复和被强调。郑官应为张弼士所塑造的"大实业家、大慈善家"形象以及梁绍文游记所塑造的"轻财好善的伟人"形象就是如此影响有关张弼士传记的书写长达近半个世纪。从张弼士逝世后至 1960 年代为止，上述张弼士的历史形象重复出现在这个时期出版的各种名人列传、方志和杂记中。以下举三个有代表性的例子为证。

一是槟城出版的《南洋名人集传》。集传全套五册，共收录三千余人的

---

① 郑官应：《张弼士君生平事略》，第 20 页。
② 有关梁绍文等人的南洋游记的讨论，见郭美丽：《文人雅士游记中的槟城华人社会：1920—1930 年代》，收录于黄贤强编《槟城华人社会与文化》，新加坡国立大学中文系 2005 版，第 1—29 页。
③ 梁绍文：《南洋旅行漫记》，第 69—70 页。
④ 梁绍文：《南洋旅行漫记》，第 70 页。

传记。集传中的各篇传记除了由林博爱等编者亲自撰写外，也聘请各地谘访员实地采访南洋各界名人撰编而成，堪称南洋地区最早编著出版的华人列传系列。1922 年出版的首册载有张弼士传。在七百余字的传记内容中，强调张弼士是"一大商业家，亦一大资本家也"①。我们无法证明传记作者是否曾参阅郑官应的文章，但他们叙述有关张弼士的事迹，的确有不少雷同之处。②由于集传出版后，分赠各地社团和各界人士，所以传记的内容又广为以后出版的许多相关刊物所重复引用。

二是温廷敬编纂的《大埔县志》。1942 年出版的大埔县志中的人物志收录张弼士传。内容简单扼要，全文约九百余字，主要介绍张弼士的早年生活、在南洋发迹经过、担任领事的政绩、对槟榔屿等地的教育慈善活动和捐款、回国后受赏及就任官职、提倡实业和改良土货、率团赴美筹办中美合资银行等。③《大埔县志》笔下的张弼士仍离不开大实业家和大慈善家的形象。

三是邝国祥所著之《槟城散记》。书中有一篇有关张弼士的杂文，是作者追忆小时候在中国家乡听闻有关张弼士的逸事，以及长大后在槟城听过有关张弼士的传闻。④ 由于作者邝国祥是张弼士之侄孙女婿，所以他的文章备受瞩目。他所写有关张弼士的追忆文章也常被后人参照和引用。但邝国祥笔下的张弼士，并没有脱离郑官应的大实业家图像或梁绍文的轻财好善的伟人的英雄话语。而且邝国祥的文章中还直接引用梁绍文游记中的一些叙述。⑤

### （四）反殖民爱本土的马来西亚华族模范形象

张弼士的历史形象在 1960 年初开始有所演变。因为东南亚时局的改变，一种新的张弼士形象随之出现，那就是反殖民爱本土的华族模范形象。马来亚在 1957 年独立，在争取脱离英国殖民统治的过程中，华族、马来族和印度族携手合作。但独立后，马来族掌握国家政治大权，因为他们以原住民自居，自认是国家的真正主人，而人数居劣势的华族和印族则被认为是外来

---

① 林博爱编：《南洋名人集传》（第 1 集），第 9 页。
② 两者也有不同的地方，例如《南洋名人集传》提到张弼士是在前往亚齐的船上与一位商家书记谈论他的经商致富思想；而郑官应一文则提到张弼士与过境的中国使臣龚照瑗谈论相关思想。其实，两者之间并不一定矛盾，而是有可能张弼士在不同的场合都有表达类似思想的谈话。
③ 温廷敬编：《大埔县志》（第 21 卷），台北市大埔同乡会 1971 年影印本，第 26—27 页。全文见文末附录。
④ 邝国祥：《槟城散记》，星洲世界书局 1958 年版（此书脱稿于 1948 年），第 97—107 页。
⑤ 邝国祥：《槟城散记》，第 103 页。

民族,对国家的认同和效忠受到关注,甚至受到怀疑。在此新的时局下,华人对过去先贤人物的书写也顺时势调整,尽量将华族的移民史纳入国家历史的一部分。①华族作者在撰写本族的先驱人物时,不再强调他们和祖国(中国)的联系,而是将焦点摆在他们对马来亚这块土地的开垦和对反殖民主义的独立运动的贡献。

　　1961年槟城的文史工作者梅井出版中文和马来文双语对照的《马华名人传》,其中一篇传记为《敢作敢为的富豪张弼士》。这篇传记的时代意义主要体现在两点,一是在形式上,它是第一篇双语(马来文和中文)的张弼士传记;二是在内容上,它是将华侨名人纳入马来亚反殖民史和马来亚华族社会史中。作者在陈述一件张弼士经历过的事情后,发表了符合时宜的评论。原来张弼士在1894年欲搭乘德国轮船从新加坡前往中国,但轮船公司拒绝售卖头等船舱票给他。为了反对轮船公司的种族歧视,张弼士恫言要自己成立一家经营同样航线的轮船公司,来打击德国轮船公司。但是笔者认为张弼士可能不是准备要成立一家新的轮船公司来打击德国的轮船公司,因为张弼士在1886年就已经开办了轮船公司。比较可能的是张弼士准备在已有的轮船公司内,开设新的航线,即与德国轮船公司同样的航线来打击对方。无论如何,结果是德国轮船公司妥协了,同意取消禁止有色人种乘搭头等船舱的规定。作者梅井评论道:"六十年前的张弼士已经对抗而且挫折了喜欢歧视有色人种的欧洲人,所以,他算是星马第一个反对欧洲人种族歧视成功的东方人士了。"②这种说法,正符合了马来亚独立前后反西方殖民主义的话语。华人先贤参加反西方殖民和种族歧视主义,正符合华人作为新兴国家主人之一的合理地位。另外,文章也提到,张弼士"不单致力于本身的事业,而且成功地繁荣了印度尼西亚和马来亚的一些城市。凭着他的富裕的条件,他也始终为印度尼西亚和马来亚的华族社会谋福利"③。这种强调张弼士繁荣本土城市,造福本土社会的论述,也符合张弼士贡献本土社会和国家的形象。

---

① 另外一位著名的华族移民领袖叶亚来,也在马来亚独立后一段相当长的时间被接受为国家历史的一部分。叶亚来在19世纪中叶担任过吉隆坡华人甲必丹(受英国人委任的官职),对今天马来西亚的首都吉隆坡的早期开发作出重要贡献。但1980年代后,他的开垦功绩和历史地位受到马来人的质疑。有关叶亚来的讨论,参阅柯学润:《从神话到历史:叶亚来和马来西亚华人英勇的过去》,《海外华人研究》1992年第2期,第243—244页;黄贤强:《叶亚来:从平凡移民到不平凡领袖》,收录于何启良编《匡政与流变——马来西亚华人历史与人物:政治篇》,"中研院"东南亚区域研究计划2001年版。

② 梅井:《马华名人传》,新加坡上海书局1961年版,第97页。

③ 梅井:《马华名人传》,第91页。

梅井对张弼士新形象的塑造,在 30 年后仍然有其影响。1991 年刘崇汉受邀主编《马来西亚华裔先贤录》,以通俗的文字介绍和纪念华裔先贤,"目的在于学习他们的苦干精神、创业精神、兴学办校精神及为民众、民族利益奋斗的精神"①。第一辑中选录八位华裔先贤,张弼士是其中一人。②刘崇汉引用梅井的论述,强调张弼士对本土的贡献。此外,也强调这些先贤传记的社会和教育功能。在目录页下方有大字标语:"寻根,加强对祖先历史的认识。植根,加强民族教育,振兴文化。"

有关张弼士的历史书写,至少在马来西亚地区,至今已演化到教化功能,并扮演传递华族祖先历史文化的中介。

### (五)改革开放的中国企业家模范形象

1979 年以来中国进入改革开放的新时代,导致了张弼士形象在中国的发展有别于在马来西亚的演变。在改革开放后,中国特点是对外开放和经济改革,因此张弼士一生事迹中有关对外开放的思想和行动被凸显出来。韩信夫的《张弼士与对外开放》③一文中特别强调他在投资开办张裕酿酒公司时,引进外来人才,先后聘请多位欧洲酿酒专家担任首席酿酒技师。另外,张弼士也招徕外洋华商,振兴中国的农工路矿各业,而且还亲自率领实业团访美,洽办中美合资银行和轮船公司,一再显示张弼士是改革开放的先驱。

改革开放时期,华侨的历史也重新受到重视。1988 年温广益编著的《广东籍华侨名人传》问世,书中张弼士传的内容主要参照《大埔县志》中张弼士传的叙述,但特别突显其华侨企业家的形象。这篇传记也引用梁绍文游记中对张弼士慈善事业的赞语。但最值得注意的是传记作者对张弼士创办和经营烟台张裕酿酒公司有较多的着墨,这位"实业奇才"俨然成为成功企业家的模范。④ 此后,有更多文章讨论张弼士在工商企业的贡献,如陈民的论文《论张弼士在晚清发展民用工业中的历史作用》。⑤ 再如,饶德峰的《客家先贤张弼士对当代企业家的启示》⑥,充分凸显了张弼士作为一个成

---

① 刘崇汉编:《马来西亚华裔先贤录》,马来西亚华校教师总会 1991 年版,第 42 页。
② 另外七位华裔先贤分别是叶亚来、叶致英、叶观盛、赵煜、陆佑、陈秀莲和黄乃裳。此外还有一群"无名英雄"。
③ 韩信夫:《张弼士与对外开放》,收录于《张弼士研究专辑》,第 171—181 页。
④ 温广益:《广东籍华侨名人传》,第 58 页。
⑤ 陈民:《论张弼士在晚清发展民用工业中的历史作用》,第 416—427 页。
⑥ 饶德峰:《客家先贤张弼士对当代企业家的启示》,《京华埔人》2006 年第 34 期,第 16—18 页。
　(按:感谢刘锦云女士提供《京华埔人》刊物中有关张弼士的文章)

功企业家典范形象的地位。

### （六）客家爱国侨领形象

近年来中国大陆对张弼士的研究又有一波新的推动力,得力于建构中的"客家学"研究的蓬勃发展。各地的客家社团和相关地方政府和研究机构也扮演了重要角色。客家学的学术建构蓝图,可以追溯至1933年罗香林出版的《客家研究导论》。但客家研究在中国的积极进展,是1980年代改革开放以来的特殊现象。客家学①的研究范围很广,人物研究是其中重要的组成部分。而在众多的客家人物中,张弼士可说是最亮眼的一个人物。有关张弼士的学术研讨会已经举办多次。例如,2002年北京客家海外联谊会学术委员会在北京大学召开"张弼士诞辰161年纪念会"、2003年广东历史学会成立张弼士研究专业委员会并举行"纪念张弼士诞辰162年的学术报告会"、2004年《京华埔人》编委会等主办"张弼士学术研讨会"、2005年广东省梅州市社会科学界联合会、嘉应学院和中共大埔县委宣传部联合主办"张弼士学术研讨会"、2006年广东历史学会张弼士研究专业委员会组织了纪念张弼士诞辰165周年暨学术研讨会、2012年中共大埔县委宣传部与西河镇人民政府联合主办的"大埔县张弼士研讨会"等。这些研讨会的论文和报告对张弼士作了各方面的讨论。他俨然成了客家族群的模范先贤和爱国侨领。②在互联网上搜索"张弼士"关键词,会出现数以万计的相关文章,其中不乏以"爱国侨领""客家骄子"等为题的文章。

## 三、"张弼士"形象的建构与记忆

从张弼士的历史形象在不同时期的历史书写中不同的呈现,可以看出人们对历史人物的记忆会随着时空而改变,或变得更复杂。人物的基本特质虽然没有变化,但新的形象也会产生。以张弼士为例,他的富商形象、实业家形象、慈善家形象是他的基本特质。但在1960年代的马来西亚历史书写中,他逐渐被"去中国化",成为本土的反殖民统治、反西方种族歧视的马来西亚华裔的民族急先锋和族群模范。在1980年代以来中国的历史书写中,张弼士又明显地成为企业家的成功模范。在客家研究兴起的热潮中,张

① 客家学（Hakkalogy）是指与客家有关的综合性学术研究领域,也可说是跨学科（历史学、人类学、社会学、民族学、文学、语言学等）的研究领域。但作为一个学术学科的理论架构和领域边界尚待厘清。因此,有学者认为以客家研究（Hakka Studies）称之更为恰当。

② 例如,叶扬《杰出的爱国侨领张弼士》,收录于杨顺东编《张弼士研究资料》（第5辑）,广东省历史学会张弼士研究专业委员会2006年版,第36—40页。

弼士成了客家先贤典范和客家骄子。这类"族群模范"和"企业家模范"即张弼士新的形象。

到底是谁让历史上的张弼士转型呢？抽象的答案是客观时局使然，具体的答案则是民众的集体记忆，或者也是集体期望。所谓集体期望，在1960年代的马来西亚华人社会是期望出现开疆立国的华族先贤；在1980年代以来的中国是期望出现推动经济改革开放的企业家楷模。而张弼士的历史经验，正可以满足这些期望。当有这些期望的时候，就会有人以各种方式来满足这些期望，包括以历史书写和历史建构的方式。就如同一般市场经济原理所说的，有市场需求（集体期望），就会有供应（集体记忆）。集体记忆可能是自然产生的，也可能是建构出来的。以张弼士为例，传记的撰写可以建构新形象。新形象如果广为人所接受，就会形成集体认知，久而久之也就成为集体记忆。所以历史书写、集体期望、集体记忆之间存在内在的逻辑关系。换言之，历史书写与集体记忆的关系复杂且密切。一方面，历史传记叙述人物事迹，但也塑造人物形象，如郑官应和梁绍文的文章，将张弼士作为一个大实业家和大慈善家的形象根植于后人的记忆中。以后其他人所写的张弼士传，尽管有其他新的形象出现，但那只是丰富张弼士在历史记忆中的形象，而非取代原有大实业家和大慈善家的基本形象。

另一方面，传记作者在撰写时，也可能是根据自己的回忆（如郑官应的情况）或集体记忆（如梁绍文的情况）来完成。郑官应和张弼士是事业上的伙伴和官场上的同僚，两人认识甚深。当张弼士逝世后，郑官应根据对过去的记忆，完成了一篇相当详细的张弼士生平事略。这篇生平事略，成了从那以后有关张弼士传记的蓝本。梁绍文游记中有关张弼士的记载，显然不是自己对张弼士的追忆，因为没有证据显示梁绍文与张弼士相识。他们也不完全是同一个时代的人物。无论如何，梁绍文应该曾听过张弼士的一些传闻。游记中记载张弼士的那一节的第二段便提道："张弼士是什么人？恐怕年及三十稍留心时局的人，都晓得他是个实业家而兼政治家的华侨中有名人物。"这篇游记的重要性，在于梁绍文率先将张弼士轻财好善的"伟大"加以强调。这种"取之社会、用之社会"的伟大精神让后人对张弼士印象深刻。游记中还特别提到张弼士在教育方面的具体贡献：

> 在南洋最先肯牺牲无数金钱办学校的，要推张弼士为第一人。槟榔屿的中华学校，相传为华侨学校中最先创办，且最有成绩的，就是张弼士所建筑……我因为槟榔屿中华学校的名词听的[得]熟了，急急要

参观这间学校，所以约了两位朋友一同前去。只见校舍是一间四方式两层楼的大洋房……客厅之中，供着一尊泥像，止［只］有尺把高，坐在一张椅子上，手执雕尾羽扇，身穿长衫马褂，态度雍容，面圆耳厚，眉目间表露忠厚长者的神情，关在一个玻璃□内，校内的职员，早晚焚香供奉，这就是槟榔屿学界人士，追念张弼士恩德的纪念品了。最可怪的，孔夫子的神位，止［只］供在侧边；张弼士的泥像，反供在当中，表示他们敬爱弼士比敬爱仲尼要加倍！①

从这段文字的记载，可以看出梁绍文的书写，主要是根据个人的实地观察，也有取材自当地华人的集体记忆。因为在槟榔屿华人社会的集体记忆中，张弼士最为当地华人称道的，不是商业上或官场上的成就，而是对教育事业的慷慨善举。如果没有摄取当地华人的集体记忆，初到槟榔屿的梁绍文，不可能写下那么深入的看法。这段有关张弼士的生动和详细的描绘文字，可说是将张弼士神格化的开始，在这以后的有关张弼士的传记中，张弼士几乎都是以没有瑕疵的形象出现。

文物的保留和展示也有助于文化记忆。有关张弼士的历史文物，以两处为代表，即在马来西亚槟城的"蓝屋"和在广东大埔的张弼士故居。张弼士在槟城的豪宅"蓝屋"，从1897年开始建造，建成于1901年。位于槟城市区莲花河路14号（即今天的Leith Street）。蓝屋是一栋中式庭院大屋，占地5202平方米，内有38间房间，另有五个中庭和天井供采光和通风之用，还有220个大小不一的窗口。②"蓝屋"在张弼士的众多房产中最为豪华，手工最为精细。晚年的张弼士和他最疼爱的七姨太有相当长的时间住在蓝屋。张弼士在他的遗嘱中规定，他所遗留给子孙的产业在他最小的孩子（他在74岁时所生）去世前不得变卖。1989年最小的儿子逝世后，当时已经相当残旧的蓝屋终于被拍卖。买主为槟城的一群热心于古迹保护的人士，并由建筑师卢光裕（Laurence Loh）和他的妻子卢林玲理（Lin Lee Loh-Lim）负责细心整修复建，花了五年才完成。修复后的蓝屋先后获得马来西亚国家建筑奖及联合国亚太文化遗产奖。目前，蓝屋除了每天定时开放给公众参观外，还具备商业用途。内有16间高级的主题客房，其他房间和空间也供出租为会议厅、宴会厅或音乐厅等。

① 梁绍文：《南洋旅行漫记》，第70页。
② Lin Lee Loh-Lim, *The Blue Mansion：The Story of Mandarin Splendor Reborn*. Penang: L'Plan Sdn. Bhd., 2002.

　　张弼士在大埔的故居"光禄第"则是气势磅礴的围屋大宅,其依山靠水,位置极佳。两旁山势左高右低,是所谓的青龙白虎。屋后山前有一条河水,并修有私人码头。光禄第按三堂四横一围的结构建造,有厅 18 个、天井 13 个、房间 99 个。三进院后修着半圆形的三层木楼,非常有气派。"光禄第"在 2002 年被列为广东省文物保护单位。而且,这个张弼士的故居已被规划为大埔客家民俗文化村的主要景点。

　　文物的保留、保护和展示有助于增进历史文化的记忆,这是毋庸置疑的。但与张弼士的"蓝屋"和"光禄第"有关的问题还值得进一步思考和反思,其中包括:如何平衡或兼顾这些历史遗迹的经济效益和文化传承角色;"蓝屋"和"光禄第"如何在文化记忆中扮演更积极的角色等。[1]

---

① 近年开始有将"蓝屋"和"光禄第"作对比讨论的文章出现,如廖筱纹:《大埔光禄第与槟城蓝屋——张弼士两地故居纪行》,收录于黄贤强、廖筱纹和邓宇等著《中国与东南亚客家:跨域田野考察与论述》,新加坡国立大学中文系、茶阳(大埔)会馆、茶阳(大埔)基金会及八方文化创作室 2018 年版,第 25—36 页。

# 附录:张弼士

温廷敬

张振字勋肇燮(笔者注:应为"张振勋,字肇燮"),号弼士,维新甲车轮坪人(注:今大埔县西河镇车龙村)。父彦三,诸生,有学行。振勋年十八随估客赴南洋,至荷属噶啰吧(注:今之印度尼西亚雅加达)。经营数年,囊渐裕,创裕和公司,植谷米、椰子、树胶、咖啡、木棉、茶诸物。振勋见荷人在南洋各岛专务种植尽地利,英人则专辟商场,兴商开矿皆获厚利。思兼用其长,乃于荷属设怡厘公司、笠旺公司、日丽(注:又称日里)银行,英属文东埠创文东公司,槟榔屿创万裕公司。营商业、辟锡矿、事垦植,诸利并兴,积资益富,侨民有所执业,至者日众。荷政府以振勋兴商辟利,增益税务有功,地方礼遇优异,欲授以职。婉谢之,人问故,曰吾华人当为祖国效力,服官异邦非吾志也。

光绪癸巳,驻英公使龚照瑗抵槟榔屿,振勋谒见与语。器之,荐于朝,并函直督李鸿章,力言振勋才可用,奏派驻槟榔屿领事官。甲午,升星嘉坡总领事。中东之役,输募巨款助国。丁酉,李鸿章委办大清银行。庚子,奉调回华随办商务。辛丑,委总办佛山铁路。癸卯三月,奉军机大臣奏保人才召见,二次奏对,称旨赏给侍郎衔,以三品京堂候补。甲辰,电召进京,奏陈农工商矿铁路水利一权度量衡圜法共十二条。传旨嘉奖赏给头品顶戴,补授太仆寺卿、督办闽广农工路矿大臣,旋命为考察南洋商务大臣兼槟榔屿管学大臣,捐助南洋槟榔屿及香港大学堂各十万元,港大学赠给法学博士以酬之。振勋挽回外溢利权,独出资百万,在烟台创张裕葡萄酿酒公司,惨淡经营十余年,始克收效。

民国三年农商部呈准免税并给圜。优异外国商报论中国实业大家,有毅力而成绩昭著,独推振勋焉。已充广东总商会总理,更充全国商会联合会会长,极力提倡实业,改良土货,在粤先后创办有开建金矿、惠州织布、平海福兴玻璃、福裕盐田、佛山裕益砂砖、崖门普生机器、火黎垦牧、广州亚通机织各公司,投资百余万。遭世变沧丧殆尽,人咸惜之。壬子,奉袁总统电召到京,聘为工商部顾问,命考察商务、筹办内地开埠事宜。甲寅,充约法会议员、参政院参政,寻充美国报聘实业团团长,与美政府筹办中美银行。归国报命,依前议资本一千万元,两国分任。振勋认筹三百万,余二百万由各省商会招募。振勋以此为二国流通金融,振兴实业之要务,急于成立。遂于丙辰四月,躬赴南洋各埠,劝导华侨入股,冒暑遄征,积劳成疾。夏历八月,卒于荷属噶啰吧公寓,弥留时犹以银行未成立为憾,嘱梅县张鸿南竟其志。年七十有六。中外官商,咸执绋吊祭。丧归自吧城,过槟榔屿,由新嘉坡至香港,英荷政府皆下半旗志哀。英督暨大学堂监督俱躬亲临吊。广东省省长朱庆澜呈大总统,请将振勋事略宣付国史馆立传,奉令核准,并派员赴大埔原籍致祭及赐撰坟墓碑文云。

资料来源:温廷敬编:《大埔县志》(第 21 卷),台北市大埔同乡会 1971 年版,第 26—27 页。

# 第七章 张煜南与槟榔屿华人文化、社会图像的建构

根据有关张煜南的历史书写，他是一个典型的白手起家，奋斗成功，创业有成的南洋富商和慈善家，对 19 世纪末至 20 世纪初南洋社会的文教、宗教和社会福利事业都有重要的贡献。他也以行动回馈祖国，为以实业投资报国的爱国华侨代表人物之一。最为人所称道的是他和弟弟张鸿南合资兴建和经营的潮汕铁路。特别在客家人的文化记忆中，张煜南和鸿南昆仲可能是仅次于张弼士的成功华侨人物。本章的第一部分回顾张煜南一生中的重要经历（一个乡下的平凡少年、南洋的劳工、商场上的成功富商、华侨社会的领袖和慈善家、实业救国的爱国华侨），进而介绍有关他的各种历史形象出现的由来。第二部分将讨论张煜南与槟城极乐寺的密切关系及当地华人文化的建构。第三部分则从他编著的《海国公余辑录》中了解当时槟榔屿华人社会的图像。最后略论他的客家人身份和人际网络与他的南洋事业的关系。

## 一、历史书写和记忆中的张煜南

张煜南（1851—1911），号榕轩，广东梅县松口（松南乡南下村）人。有关他早年在家乡生活的文献记载非常少。从他后来写诗和论著的能力来推论，他童年时应该读过几年书。少年时帮助父亲经营小杂货店，售卖日用食品。但这种生意无法维持一家十口的生活。长大懂事后的张煜南，决定另谋出路。①当时从松口镇出洋谋生的人不少，回乡的水客口中也流传着南洋

① 介绍张煜南生平的短文不少，但缺乏比较全面的传记。有关他的略传包括《张榕轩 张耀轩》，收录于梅县地方志编纂委员会编《梅县志·人物》，广东人民出版社 1994 年版，第 1110—1111 页；广东省地方史志编纂委员会编：《广东省志·华侨志》，广东人民出版社 1996 年版，第 346—347 页；温广益编：《广东籍华侨名人传》，广东人民出版社 1988 年版，第 68—76 页；《张榕轩兄弟事略》，收录于槟榔屿客属公会四十周年纪念刊编辑委员会编《槟榔屿客属公会四十周年纪念刊》，槟榔屿客属公会 1979 年版，第 735 页；邝国祥：《槟城散记》，新加坡世界书局 1958 年版，第 90—91 页；姚楠：《南天余墨》，辽宁大学出版社 1995 年版，第 166—168 页；Lee Kam Hing & Chow Mun Seong, *Biographical Dictionary of the Chinese in Malaysia*. Petaling Jaya: Pelanduk Publications, 1997, p. 12. 张煜南逝世 100 周年的时候，其曾孙张洪钧出资编印了纪念文集，收集了相当多过去不为人见的家族资料，见饶淦中主编：《楷范垂芬耀千秋：印尼张榕轩先贤逝世一百周年纪念文集》，香港日月星出版社 2011 年版。

的富裕情况。张煜南受到这种环境的影响,便决定到南洋来发展。

张煜南在 17 岁时下南洋。[①]按照当时一般的出洋途径,他是由松口上船,顺着梅江下游转入韩江,南下潮州,然后在汕头转乘大船出洋到达荷属东印度的巴达维亚。据载,他最初在张弼士名下的单位担任职工,后来被擢升为高级职员。经过几年的储蓄,张煜南累积一些资本后,前往苏门答腊的棉兰地区开荒发展。他先在距棉兰约 16 公里的老武汉埠开设商店,并开垦四周丛林荒地,种植甘蔗、烟叶、橡胶等。[②] 后来张煜南与张弼士等人合资在日里创办日里银行,并开设万永昌商号,经营各种商品。[③]他成功地使当地繁荣起来,并成为当地华人社会的首富。荷兰殖民统治者委任他为当地的"雷珍兰",后升任"甲必丹"及"玛腰",确定他在棉兰地区领袖地位的合法性。1879 年,张煜南的弟弟张鸿南也从家乡南来日里,协助哥哥经营多方面的业务。[④]弟弟做事认真并善于人际交往,很快被委任为企业的总管兼账目的管理人。由于有了弟弟这位得力助手,张煜南后来将一部分时间和精力用于拓展在英属槟榔屿的事业。

另外,张煜南初到南洋来的雇主张弼士也已将事业拓展到槟榔屿,张弼士于 1893 年被委任为槟榔屿第一任副领事。一年后,当张弼士被升任为署理新加坡总领事时,他提名张煜南接任槟榔屿副领事。[⑤]在此后约 9 个月(1894 年 9 月至 1895 年 5 月)[⑥]的副领事任内,张煜南与槟榔屿华人社会结了不解之缘,对当地华人的宗教和文化事业也留下深远的影响。

除了在棉兰和槟榔屿的事业和官职外,一般有关张煜南的传记文章还会提到他在南洋和中国的慈善事业和对祖国的实业贡献。慈善公益方面,

---

① 现有数据无法证实张煜南南来的方式。但根据他后来的发展来判断,他应该是以自由身或赊票的方式南来,因为他在巴达维亚工作了几年后,便自立门户,到北苏门答腊创业和发展。

② 张直端:《著名的华侨实业家张榕轩、张耀轩昆仲》,收录于《印度尼西亚苏北客属联谊会五周年纪念特刊》,印度尼西亚棉兰 2006 年版,第 144 页。

③ 温广益编:《广东籍华侨名人传》,第 69 页。

④ 当年帆船航行缓慢,1880 年张鸿南才抵达苏门答腊东岸的港口不老湾(又译为勿劳湾 Belawan),随后转往日里。日里是张煜南事业的奠基地。他也在那里成家立业,娶了刘葵英为妻,之后育有一子一女。张葵英是坤甸兰芳公司(罗芳伯)的第十代后人刘生之女。张煜南在家乡的原配为徐氏。

⑤ 最初虽然是代理副领事一职,但对槟榔屿当地华人来说,无疑是清廷驻当地的最高领事官。当地的报章和文献资料多尊称他为"领事"或"领事官"。有关驻槟榔屿的客籍领事和当地华人社会关系,参阅拙作《十九世纪槟城华人社会领导阶层的第三股势力》,《亚洲文化》1999 年第 23 期,第 95—102 页。

⑥ 张晓威:《晚清驻槟榔屿副领事之角色分析(1893—1911)》,台北政治大学博士论文,2005 年,第 113 页。

张煜南和鸿南兄弟在棉兰创建敦本学校和捐建各埠中学校舍。他们也出资建造棉兰日里河大铁桥；并且捐建济安医院，实行医药免费治疗。他们还在棉兰不老湾的海口附近捐建麻风医院，收容治疗麻风病人等等。对于祖国和家乡的文教公益事业，张氏兄弟亦慷慨解囊，热心资助。他们为故乡松口捐建溪南学校和高等学堂等。1902 年张煜南捐八万两白银给广州一所高级中学作基金，他们兄弟也曾慷慨捐赠十万元给香港大学。在故乡松口，他们筑河堤数百丈以防水患，也在松源和福建等地捐建桥梁。张煜南还在祖国捐款赈灾，其中包括 1911 年的潮州水灾。

　　1903 年，张弼士被清廷委任为粤汉铁路和佛山铁路总办，他特邀张煜南一起回国商议筹建铁路事宜。张煜南认为祖国风气闭塞，道路不畅，国计民生皆受影响，因此他向清廷提出修建潮汕铁路的计划，很快便获得批准。潮汕铁路于 1904 年 3 月动工兴建，1906 年 10 月干线全部竣工，后加筑意溪支线全长 42 公里，造福潮汕地区，这是华侨投资创办的最早的一条铁路，也开创了中国商办铁路之先河。[①]潮汕铁路在推动华侨回国投资方面起了正面的作用，促进了当时粤东经济的发展。潮汕铁路建成后，清政府为表彰张氏兄弟的业绩，于 1907 年授张煜南为三品京堂候补，后又委任他为考察南洋商务大臣，并授张耀轩为四品京堂候补。兄弟两人相继捐巨资赞助清廷扩充海军和筹办京师医院。1910 年，江南开办南洋劝业会，张氏兄弟首捐30 万元，用于倡导"实业救国"。[②] 1911 年 9 月，张煜南逝世于棉兰市。[③]

　　张煜南的历史形象是何时树立起来的？上述张煜南的生平介绍主要参考了一些相关的传记文章和资料。但这些传记内容多是大同小异，也都简短。追本溯源，最早的一篇张煜南的传记应该出现在他逝世后的荣哀录上。

---

① 颜清湟：《张煜南与潮汕铁路（1904—1908）——华侨从事中国现代企业的一个实例》，收录于《海外华人史研究》，新加坡亚洲研究学会 1992 年版，第 60—78 页。

② 邝国祥：《槟城散记》，第 91 页。

③ 《槟城新报》1911 年 9 月 13 日报道张煜南逝世消息时，提到他享寿五十有九；上海《时报》于1911 年 9 月 26 日也报道他的死讯，但没有提到他的寿年；张煜南的侄女的回忆录提到他逝世当天的情况，并收录一张出殡时的珍贵照片。见 Queeny Chang, *Memories of a Nonya*. Singapore：Eastern Universities Press, 1981, pp. 60—61。

这篇《张君榕轩别传》①全文共 1150 字,作者是清末民初闻人汤寿潜。②《张君榕轩别传》涵盖张煜南一生的事迹和功业,自此之后有关张煜南的生平传记文章,都离此文的内容不远,可见其重要性。特附录如下:③

诰受光禄大夫

钦察考察南洋商务大臣侍郎衔总理潮汕铁路事宜三品京堂张君榕轩别传④

君讳煜南,⑤号榕轩,⑥其先世自福建徙广东嘉应州,遂籍焉。⑦君十七岁弃学就商,涉历南洋诸岛,初客巴打维亚(今雅加达)荷兰文、马来语娴习逾恒流。⑧为人谨厚⑨有绳尺,果于任事用,是以商业起家。辟日里、棉兰市,所居成聚,久之益扩其业,敷设徧苏岛各埠⑩。荷人擢君为雷珍兰,迁甲必丹,继授玛腰,佩戴勋章。⑪玛腰者,荷人所置吏,⑫

---

① 这篇传记的全称是《诰受光禄大夫钦察考察南洋商务大臣侍郎衔总理潮汕铁路事宜三品京堂张君榕轩别传》。
② 汤寿潜(1856—1917),原名震,字蛰先(仙),会稽山阴天乐乡(今属萧山)人,中国近代著名的政治活动家和实业家。汤寿潜早年受维新思想影响,于 1890 年写成《危言》四卷,主张变法,从而一举成为江南戊戌维新的著名人物。1892 年中进士,入翰林院为庶吉士,1893 年在国史馆任协修。1905 年清廷授予四品京卿,总理全浙铁路,主管沪杭甬铁路修建事宜,建成浙江省的第一条铁路沪杭线,全长 300 余里。1906 年汤寿潜还与张謇组织预备立宪公会,担任副会长,从而成为与张謇齐名的清本立宪派的领袖,史称"南汤北张"。1907 年任学部咨议官。1911 年辛亥革命爆发,杭州新军起义,成立浙江军政府,汤寿潜被推举为浙江都督。1912 年 1 月南京临时政府成立,汤寿潜为交通总长(未赴任),4 月改授赴南洋劝募公债总理,5 月归国,7 月复任浙路公司理事长。1915 年汤寿潜回家乡,1917 年 6 月病逝。
③ 汤寿潜:《诰授光禄大夫钦察考察南洋商务大臣侍郎衔总理潮汕铁路事宜三品京堂张君榕轩别传》,收录于张鸿南编《张榕轩侍郎荣哀录》,棉兰汇通 1917 年版石印本。因此篇别传撰于宣统三年(1911),本书称之为"1911 年荣哀录版"。笔者感谢张榕轩后人赠送此书。另,1917 年 4 月槟城出版的《南洋华侨杂志》第 2 期(第 14—16 页)也转载了张榕轩别传,但与 1911 年荣哀录版的内容有些差异,笔者称之为"1917 年杂志版"。
④ 1917 年杂志版标题作《张君榕轩别传》。又标题下多引论一段:"方世之变,道德蔑如,伪夫趁势猎一时之权势。甚者既猎权势以欺天下,复猎道德以欺后世。逮其身将恐不免于灾害,谓能使人蒙其利,岂理也哉!此非秉信抱悫之人,必不能勤身爱物,以大厥施于吾民。若张君榕轩者,盖其人欤!"
⑤ "君讳煜南",1917 年杂志版作"君名煜南"。
⑥ 1917 年杂志版无"号榕轩"三字。
⑦ "遂籍焉",1917 年杂志版作"遂占籍"。
⑧ 这句话,1917 年杂志版作"州人故多习为海估,君年十七巳涉历南洋诸岛,学贾于巴打维亚,荷兰文、马来语娴习逾常流。"
⑨ "为人谨厚",1917 年杂志版作"其人谨厚"。
⑩ "敷设徧苏岛各埠",1917 年杂志版作"敷设遍槟榔屿诸埠"。
⑪ 这句话,1917 年杂志版作"荷人初以君为棉兰华人领袖,累迁甲必丹,授玛腰。"
⑫ "荷人所置吏",1917 年杂志版作"荷廷所置吏"。

总管①华人政商一切事宜之任也。诸豪猾者或假以横附荷人、陵轹己族。② 自君居职二十余年，③流惠及众，斗嚣以戢。先是华人输作者，多鬻身身为奴，④号曰"苦力"，主者鞭朴驱迫无人理。君为甲必丹，乃与荷人定律，听得自赎。为置邮汇法，量其佣率之羡储而归之，使居有所赡；立医院，使疾苦者有所疗；买冢地，使殁⑤有所藏；拓公园，使倦有所息；建横舍，使幼有所学。侨人德之，君益饶衍。中国有饥馑、水旱、兴筑之役，莫不输金以助。及举要政，需财用，事体大者，输益力。先后捐数十万，略无难色。侨之富人⑥，莫能先也。由是君名称藉朝野间，我景皇帝待以殊礼，酬以高官。⑦ 自闽试用同知，调补槟榔屿领事，累阶至三品京堂，加侍郎衔，钦差考察南洋商务大臣。⑧ 是时中国⑨始有咨议局之制，粤人并举君为议员。癸卯岁（按：1903），商部方新设，⑩尤倚重君，乃悉力营潮汕铁路，以利交通；设日丽银行，⑪以通泉货，规划宏远，能举其大。国之有商办铁路，自潮汕始。路初成，附资者有悔言，君慨然独出百四十余万，尽收之返其本，论者以为难。宣统二年（按：1910），⑫江南开劝业会，君率弟鸿南任资三十万⑬为之倡。其时国人渐知趋重实业者，盖君兄弟提倡⑭之力为多云。君孝友任邮⑮，出于天性，平居被服若寒素，知君者咸谓秉性抱愿人也。自以失学，晚尤喜读书，有雅人深致，撰《海国公余录》若干卷、《梅水诗传》若干卷。⑯ 以辛亥年

---

① "总管"，1917年杂志版作"统治"。

② 1917年杂志版无"诸豪猾者或假以横附荷人、陵轹己族"一句。

③ "自君居职二十余年"，1917年杂志版作"君居职几二十年"。

④ "多鬻身身为奴"，1917年杂志版作"多鬻身为奴"。按：前者应该有误。

⑤ "殁"，1917年杂志版作"没"。

⑥ "富人"，1917年杂志版作"资本家"。

⑦ 这句话，1917年杂志版作"由是君名称籍甚朝野间，清廷待殊礼，酬以高官。"

⑧ 这句话，1917年杂志版作"自闽试用同知，署槟榔屿领事，累阶至侍郎衔，以三品京堂候补，嗣复简任为考察南洋商务大臣。"

⑨ 1917年杂志版无"中国"二字。

⑩ 这句话，1917年杂志版作"癸卯秋（按：1903），君入京展觐，时商部方新设"。

⑪ "设日丽银行"，1917年杂志版作"设日丽银自于棉兰"。按：后者措辞似有误。

⑫ "宣统二年（按：1910）"，1917年杂志版作"清亡前一年"。

⑬ "任资三十万"，1917年杂志版作"任巨资"。

⑭ "提倡"，1917年杂志版作"左右"。

⑮ "邮"，1917年杂志版作"恤"。

⑯ 这句话，1917年杂志版作"自以晚年尤喜读书，有雅人之致，撰《（海）国公余录》若干卷、《梅水诗传》若干卷。"

（按：1911）七月十九日无疾卒，年六十一。① 有四子，②皆能世其家。

赞曰：予读《明史》，至郑和七下西洋，未尝不废书而叹也。时所谓③西洋者，特南洋耳④，和何尝一至西洋哉？方有明全盛时，⑤南洋种夷数入贡求内附，不于⑥斯时分遣重臣、辑和诸番、移民兴殖为万世计，而乃贪求其宝货，以柎循之责委之阉竖⑦，夆⑧然自足，虽复专力漠北，无捄⑨后世边祸。呜呼！何其疎⑩也？使其虑足以及此，则诸夏之声威且输印度洋以陵（按：凌）驾欧洲，马来群岛岂英、荷诸邦所得而有乎？我朝⑪盛时禁闽、广人与诸番交易，焚其船，其智乃更出郑和下（漳浦蓝鼎元有论南洋事宜，极言其害，且建殖民之策。当时莫能用，今人亦鲜能道之）⑫，曷怪季世失权廮地、日以削弱哉？⑬予尝历诸岛，考其民俗，察其物宜，洋洋乎⑭美哉国也。吾有庭户之利而听人⑮守之，不其惜欤？⑯独喜侨人多富而好礼、达于时变、赴公义如己私，其有裨于国者大，而冀政府所以善之者，以⑰尽其术也。若⑱张君自奋商旅之中，外平市政，内拓实业，虽为客卿，其所兴举赖之者众矣，不亦足多乎？⑲

宣统三年十月一日浙东年愚弟汤寿潜谨撰⑳

由这篇评传的内容来判定，张煜南的历史形象和定位，在他本人逝世后

---

① 这句话，1917 年杂志版作"以辛亥年（按：1911）七月某日无疾遽卒，年六十有二。"
② "有四子"，1917 年杂志版作"有子四人"。
③ 1917 年杂志版无"谓"字。按：1917 年杂志版措辞似有误。
④ 1917 年杂志版无"耳"字。
⑤ 这句话，1917 年杂志版作"方明族全盛"。
⑥ "于"，1917 年杂志版作"以"。
⑦ "阉竖"，1917 年杂志版作"小臣"。
⑧ "夆"，1917 年杂志版作"奢"。
⑨ "捄"，1917 年杂志版作"救"。
⑩ "疎"，1917 年杂志版作"疏"。
⑪ "我朝"，1917 年杂志版作"前清"。
⑫ 1917 年杂志版无括号中之内容。
⑬ 1917 年杂志版"予尝历诸岛"句前多"民国起而承其极弊，将有以振之，亦廪廪焉，无忘此民焉可矣"一句。
⑭ "洋洋乎"，1917 年杂志版作"芊芊乎"。
⑮ "听人"，1917 年杂志版作"听他人"。
⑯ "不其惜欤"，1917 年杂志版作"岂不惜哉？"
⑰ "以"，1917 年杂志版作"有以"。
⑱ 1917 年杂志版无"若"字。
⑲ 这句话，1917 年杂志版作"虽致身海岛之中、奉命颛制之世，其所兴举，赖之者众矣，不亦足多乎哉？"
⑳ 1917 年杂志版无落款。

不久,即1911年底经汤寿潜之笔确定下来。可惜汤寿潜这篇传记,对张煜南在槟榔屿事迹的描述只有片言只语,所以后人对这段历史也非常模糊。事实上,1894—1895年间,张煜南代理槟榔屿副领事任内,他将自己的事业和活动范围由荷属的棉兰地区扩大到英属的槟榔屿,但目前的资料都少有涉及他在槟榔屿的日常活动,目前常见的一些其他传记篇章,也都是以一些笼统的词句叙述,如"是时槟榔屿无正领事之设,由副领事执行一切职务。莅任期月,友邦亲善,侨民安谧,乔木多阴,颂声交作"①。但可以肯定的是,有两件事情让他在槟榔屿的华人社会史上留下重要痕迹。一是他对极乐寺创建和发展的重要贡献;二是他编著的《海国公余辑录》对槟城历史、社会、文化和学术上的贡献。以下将侧重讨论张煜南与东南亚名刹——槟榔屿极乐寺的关系,以及他所编著的《海国公余辑录》中所呈现的槟榔屿社会图像,以了解张煜南与槟城地方社会的关系。

## 二、张煜南与槟榔屿极乐寺

极乐寺虽然不是槟榔屿最早的一间佛寺,②但无疑的是最著名的佛教圣地。它的建筑规模宏大雄伟,是到槟城的游客必来参观的景点。极乐寺于1891年由妙莲禅师③创建。妙莲禅师原为福州鼓山涌泉寺住持。根据《创建白鹤山极乐寺碑》所云,"光绪十有五年(按:1889年)春,闽省鼓山方丈妙莲禅师始杖锡来游,怀道至止,庙居广福。"④妙莲南来后,起初受聘为位于槟城市中心的广福宫的住持和尚。但一则因为广福宫的董事领导层的内部纷争,二则因为妙莲禅师认为闹市中不便静修,便决定在市外寻找一处地方另辟天地。⑤据碑铭记载,妙莲禅师独具慧眼,到了槟城郊外的亚逸淡(Ayer Hitam),"旷观山峰挺峙,沧洋回环,蜿蜒百十里,归而不结束。形势

---

① 张直端:《著名的华侨实业家张榕轩、张耀轩昆仲》,第144—145页。此材料由李远忠和叶钟玲先生提供,特此声谢。
② 槟榔屿最早的佛寺是属于缅甸传统的达米卡拉玛寺(Dhammikarama Temple),成立于1803年。而华人最早成立的庙宇是1800年成立的广福宫。庙内主祀观音,但配祀是妈祖,是释儒道兼容的庙宇。陈秋平:《移民与佛教:英殖民时代的槟城佛教》,新山南方学院2004年版,第116—131页。
③ 妙莲法师(1844—1907),福建归化县(今明溪县)人。
④ 《鹤山极乐寺志》(第3卷),槟城极乐寺1923年版。
⑤ 陈剑虹:《槟榔屿广福宫史话》,收录于《槟榔屿广福宫庆祝建庙188周年暨观音菩萨出游纪念特刊》,槟榔屿广福宫信理部1989年版,第36页;陈秋平:《移民与佛教:英殖民时代的槟城佛教》,第132页。

之胜,宜作兰若,以助胜概"①。选好该处山麓地后,妙莲禅师便准备购地建寺。但万事起头难,"方丈诚具慧眼也,究之飞锡万里,孑然清静,虽有愿而未易偿耶!"②后来,是谁让妙莲如愿以偿呢?

张煜南的支持最为关键。极乐寺原本只是一所简陋的佛门精舍。有一次,担任槟榔屿代理副领事的张煜南到极乐庵游玩时,妙莲禅师请张煜南协助扩建禅寺,张煜南慷慨支持。极乐寺碑记对这一段过程有相当完整的记载:

> 虽然方丈具慧眼愿力,而非得张檀樾煜南侍郎公好义急公,作无量公德,方丈亦有志其莫伸耶?当创始之秋,草架茅舍,借以蔽风雨,奉大士焉。方丈几费心力谋建筑,卒未得人集款,莫能举动为憾。适侍郎公权槟领事篆,方丈欣然曰:公来,寺之幸福也!抑如须达挈布金,使精舍得以由建耶!遂殷殷以此举相属望。公政暇来游,深以地势优美为赞,曰:曷不提倡缔造乎?方丈曰:固所愿也,正有待于公耳。公毅然认巨资,谋厥成。更得张公振勋、谢公荣光、张公鸿南、郑公嗣文、戴公春荣诸慈善暨闽粤绅商等,好行其德,捐输而襄其事,始渐次扩充,而底以有成也。③

现在一般文章论及极乐寺的建设和发展,首先提到的是张弼士(张振勋),认为张弼士是最重要的捐建者。因为在 1906 年 3 月所刻的极乐寺捐款"公德碑"中,张弼士捐银三万五千元,在 284 位碑上有名的捐款者中名列榜首。张煜南捐银一万元,排名第二。其他捐款人都介于七千元和一百元之间。由于捐款数额最多,张弼士也被尊为极乐寺六大总理之首。④ 其他五位总理依序为张煜南、谢荣光、张鸿南、郑嗣文和戴春荣。由于张弼士是当时南洋的首富,有雄厚的财富,捐款数额最高,又先后担任清政府驻槟榔屿副领事和新加坡总领事等显要官职,所以在一些有关极乐寺的文献材料中都将张弼士排名在其他人之前。但这并不表示他与极乐寺的渊源最深。纵观极乐寺的开创史,与极乐寺渊源最深及在早期创建时提供最多协助的应该是张煜南。从上述极乐寺碑记的引文的最后两句话可看出玄机,张煜

---

① 《槟城极乐寺碑记》,收录于傅吾康、陈铁凡编《马来西亚华文铭刻萃编》(第 2 卷),马来亚大学出版部 1982—1987 年版,第 664 页。
② 《槟城极乐寺碑记》,收录于傅吾康、陈铁凡编《马来西亚华文铭刻萃编》(第 2 卷),第 664 页。
③ 《槟城极乐寺碑记》,收录于傅吾康、陈铁凡编《马来西亚华文铭刻萃编》(第 2 卷),第 664 页。
④ 《鹤山极乐寺志》,卷 7 的《五大总理传略》中只列出五大总理,其中不包括张鸿南。但《槟榔屿白鹤山极乐寺碑》中清楚注明大总理为六人。见傅吾康、陈铁凡编:《马来西亚华文铭刻萃编》(第 2 卷),第 658—660 页。

南除了答应捐款建筑外，还邀请其他富商共襄盛举，尤其是其他同是客家人的富豪张弼士、谢荣光、郑嗣文、戴春荣和他的弟弟张鸿南等。以张煜南担任槟榔屿署理副领事的崇高地位以及他与这些客籍富商的密切私人关系，不难理解张煜南从中扮演了穿针引线的角色。

极乐寺的所有碑文记载的几乎都是极乐寺的创建或扩建史和捐款芳名录。只有一篇碑文是表扬个人功德的，那就是《张公煜南纪功碑》，充分说明了张煜南在极乐寺的特殊地位。张煜南的功德碑文如下：

> 　　光绪十有五年春，福建鼓山住持妙莲禅师杖锡南渡槟榔屿，以亚逸淡之白鹤山峰峦崨嶫，林壑幽清，遂购地一区，创建梵刹，为焚修所。因其形而名之曰白鹤山，且颜之曰极乐寺云。惟时净业初兴，事当创始，给孤长者不作，掇材建殿者无人。俯仰筹维，殊难措手。适有张公煜南者，以三品京堂，权槟城领事篆，兼荷兰玛腰官，性原好善，德更在民。清高之品，中外同钦。风雅之怀，溪山并洁。公余之暇，游躧偶临。因慨胜景之待兴，尤冀佛光之普照。遂于乙未之岁（按：1895年），购天福园一区，施之本寺，为香火业。既而又作布金之施，复尽提倡之力。其时以源泉无出，饮濯维艰，浴僧之举无成，奉客之茶几乏。旋而探悉后山有瀑，其清且洁，公又购其园丘，施之本寺，更以铁管导泉入笋厨，时在庚戌夏月，因名之曰保榕，所以志德也。于是银浆甘露，泽体濡心，游客住僧皆饮，德矣。呜呼！公之为寺谋也则智，而好施也则仁。做其服官于国则忠，政及于民则惠，柔能伸法，所在有舆人之歌。刚不伤慈，友国俱客卿之去。由其蓄之于中者既纯，故施之于外者皆善也。虽然，此岂足以尽公哉！亦其善之一端耳。惟衲等感德既深，当谋所以报公之道，乃于园中建功德堂一座，奉公塑像，四时上供，并规定祀期以贻后（祀期见外纪），庶几没世不能忘也。
> 　　大清光绪乙巳三十一年十月，大英一千九百零五年怒民末①。开山住持妙莲、监院得如、本忠、善庆等同立石。②

由此碑文可以证实张煜南对极乐寺建寺初期的重大贡献有二：一是购天

---

① 怒民末，即公历十一月"November"的音译。

② 《张公煜南纪功碑》，收录于傅吾康、陈铁凡编《马来西亚华文铭刻萃编》（第2卷），第666页。另据《鹤山极乐寺志》卷三所载，极乐寺中有关张煜南的纪德碑共有二处，纪略大致相同而文太芜杂，因此，录其事而去其文，合两者为一文。但《鹤山极乐寺志》的手抄稿本中有几处抄错字。

福园一地赠极乐寺;二是购园丘地一块以提供极乐寺食水来源并铺设水管引水入寺中。极乐寺感恩回报方法有二:一是将所赠园丘命名为"保榕"园以志恩德;二是建一座公德堂并造一塑像以为祝或祀。一年要祝或祀几回呢?寺中规定:"每年元旦日、正月十五日、清明节、端午节、七月初七日、七月十五日、八月十五日,此七日均与大殿上供同例。公存为之祝福,公殁则以为祀也。"[1]

除了纪功碑和保榕园的纪念以及公德堂的祝祀外,在极乐寺范围内的许多石刻和柱刻等还可以找到有关张煜南的痕迹。极乐寺的石刻和柱刻,大部分是建寺有功善士及在 19 世纪末至 20 世纪初来访的名流雅士留下的痕迹,其中包括张弼士、张鸿南、谢荣光、梁碧如、胡国廉、邱菽园、康有为、陈宝琛、陈西祥、林耀煌等。但以数量而言,没有人比张煜南留下的刻字还要多,由此可进一步证实了张煜南和极乐寺的密切关系。因为不是所有来访者都可以留下字迹。而且,即使留下字墨,也不一定会被题刻在石上。一定是对极乐寺有特殊贡献或拥有特别身份的人物才有此荣耀。现抄录张煜南在极乐寺的刻字和刻诗词如下为证:

(1)大士殿东厢福神祠石壁上的刻字和诗(1894 年):

光绪甲午冬,余于日哩甲必丹,署理槟城领事官。两处兼权,徒劳跋涉。公余之暇,辄与同人杨善初诸友,往阿易意淡与极乐寺住持方丈妙莲谈佛经,说因果,不觉俗虑顿清,赋此以志鸿爪。

世味年来已淡然,每逢佳处辄参禅。地因静僻人踪少,山到深幽鸟语圆。佛火一龛明我性,钟声半夜起龙眠。宦途仆仆劳何补,妙谛同参证妙莲。

花翎候选同知张煜南题并志[2]

(2)大雄殿中石柱的联语(1898 年):

本无声而有声钟声磬声梵声声声觉梦
自有色而无色山色水色月色色色皆空

清光绪戊戌春月三品京堂张煜南题

---

[1] 《张公祀期》,收录于《鹤山极乐寺志》(第 10 卷)。
[2] 《福神祠石壁刻诗》,收录于傅吾康、陈铁凡编《马来西亚华文铭刻萃编》(第 2 卷),第 630 页。另见《鹤山极乐寺志》第 5 卷。但《鹤山极乐寺志》有两处手抄之误,将诗中的"深幽"误为"幽深",更严重的是将作者张煜南误写成其弟弟张鸿南。

(3)花坞东壁的刻字(1904 年):

　　光绪三十年甲辰秋月穀旦
　　福禄寿康

嘉应张煜南敬书①

(4) 花坞东壁旁附的联句(1904 年):

　　光绪三十年甲辰秋月穀立
　　福纪洛筹祥开槐树
　　福寿
　　寿绵瀛篆庆集兰阶

嘉应张煜南撰并书②

(5)花坞寿佛石上的刻字:

　　人在蓬莱第一峰

榕轩张煜南③

　　张煜南在极乐寺的刻字有两种类型:一类是发自内心的感受或领悟;另一类则是一般的祝福和祝寿语。极乐寺是槟榔屿最著名的佛寺,张煜南与极乐寺结缘,不只是出钱协助兴建禅寺那么简单而已。上述张煜南在大士殿东厢福神祠石壁上的刻字就是清楚的写照。有相当高文化修养的张煜南在公余之暇到极乐寺与妙莲方丈谈经说佛,去除俗虑。由这些铭刻记录,不只可以看出张煜南和住持方丈的私交关系,由于大部分已注明刻字年份,因此可窥探张煜南在某些特定时期的内心世界和思想。

　　除了石壁和石柱上的刻文外,张煜南的自述也反映了同样的事实。他

---

① "福禄寿康"四字以楷书书写,字径为二尺。《鹤山极乐寺志》(第 3 卷);图片见傅吾康、陈铁凡编:《马来西亚华文铭刻萃编》(第 2 卷),第 645 页。
② "福寿"两字以楷书书写,字径为四尺。《鹤山极乐寺志》(第 3 卷);图片见傅吾康、陈铁凡编:《马来西亚华文铭刻萃编》(第 2 卷),第 646 页。
③ "人在蓬莱第一峰"七字以楷书书写,字径为一尺。《鹤山极乐寺志》(第 3 卷)。刻字的年份不详。

对极乐寺有如下的描写："此邦名胜……其最幽邃者，云木千章，飞泉一派，环绕左右，为阿意淡之极乐庵。是庵，余偕埠中诸商敛资为之，于庵旁作一静室，扁曰小隐山房。每于公余之暇，辄往信宿，与寺僧小颠，诗酒流连，作蔬笋饭，乐此不厌。既回棉兰，忽忽将近十年，每一念及，辄缱绻不忘也。"①这段文字，说明张煜南不仅与住持方丈熟悉，与寺中的小僧侣也打成一片。他在寺旁还有一个小房室，供他短期住宿使用。可见他与极乐寺的密切关系。难怪他回到棉兰多年之后，还很怀念极乐寺的点点滴滴。

张煜南最初到极乐庵游玩，可能是出于他对大自然的喜好，所以利用工作之余到郊外散心。认识妙莲禅师后，他们相当有缘，谈话投机，当妙莲希望他协助建寺时，张煜南一则因为自己有一定的财力和人脉关系可以资助，二则自己也喜欢在这个风景秀丽、环境清幽的地方有座可观的禅寺，因此便鼎力协助。他可能没有想到，当极乐寺各座殿堂在 1894 年陆续建成的时候，极乐寺不再是当年"静僻人踪少"的小精舍，而是建筑雄伟的槟城名寺。②光绪三十年（1904）清廷钦赐龙藏经及袈裟锡杖等法物予极乐寺及其住持方丈，使极乐寺更负盛名。各界慕名前往参观游览者络绎不绝。近代中国名人来到槟城，必定到此一游，有的人也留下痕迹。如 1903 年康有为留下"勿忘故国"刻字于寿福石上；1906 年陈宝琛③留下"龙象真成小鼓山，廿年及见请经还。何期六十陈居士，听水椰林海色间"七言绝句于花坞石壁上④；1916 年章太炎也在极乐寺留下墨迹。⑤ 民国初年从中国南来的文人雅士如侯鸿鉴、梁绍文、招观海和郑健庐等人也都在他们的南洋游记中特别提到游览极乐寺的印象和感受。⑥极乐寺盛名因此远播。

---

① 《槟榔屿名胜》，收录于张煜南辑，张鸿南校《海国公余辑录》（第 1 卷），光绪二十四年汇通刻本。
② 极乐寺的几栋主要的建筑物的建筑年代如下：1894 年，地藏殿、福神祠；1895 年，天王殿；1897 年，大雄宝殿；1898 年，法堂；1899 年，藏经楼、两座客房；1901 年，钟鼓楼、西归堂和海会塔等。见陈秋平：《移民与佛教：英殖民时代的槟城佛教》，第 225—226 页。
③ 陈宝琛（1848—1935），闽县（今福州）人。1868 年考获进士，历任内阁学士兼礼部侍郎、宣统皇帝之太傅等。
④ 《鹤山极乐寺志》（第 6 卷）。
⑤ 《鹤山极乐寺志》（第 10 卷）。
⑥ 侯鸿鉴：《南洋旅行记》，无锡锡城公司 1920 年版；梁绍文：《南洋旅行漫记》，中华书局 1933 年版；招观海：《天南游记》，出版社不详，1933 年版；郑子健《南洋三月记》，中华书局 1935 年版。有关这些文人在南洋的讨论，参阅郭美丽：《文人雅士游记中的槟城华人社会，1920—1930 年代》，收录于黄贤强《槟城华人社会与文化》，新加坡国立大学中文系 2005 年版，第 1—29 页；薛莉清：《真实的幻像——20 世纪初中国文人雅士对吉隆坡社会图像的构建》，收录于黄贤强编《吉隆坡与槟城华人社会——历史书写与记忆》，新加坡国立大学中文系 2006 年版，第 50—65 页。

槟城的人文气氛因极乐寺的出现而有所提升。极乐寺已经成为槟城一个重要的文化地标。在槟城华人社会中,极乐寺已经不纯粹是一个宗教场域,而是华人的文化圣地。一个槟城华人社会的文化记忆正逐渐建构形成。当然,极乐寺有今天的成就不是张煜南一人的功劳,其他建寺的大总理和大董事等人,以及历任住持方丈的努力经营也功不可没。但张煜南在极乐寺构建的酝酿关键时期,鼎力相助,出钱出力促成建寺工程顺利完成,功德非其他人所能及。从极乐寺对他特别尊崇的各项事实可以证明。因此,若要对槟城华人社会文化的建构有所了解,必先对极乐寺的历史发展有所理解;要对极乐寺的创建历史有所了解,则要对张煜南与极乐寺的密切关系有所认识。换句话说,了解张煜南创建极乐寺的功德是一个基本的理解层次;了解张煜南(或有心或无意)透过极乐寺的建立和发展,建构出华人社会的文化图像是一个更高层次的理解,也是本文所要强调的论点之一。

### 三、《海国公余辑录》中的槟榔屿华人社会图像

如果说张煜南创建极乐寺是对槟城华人社会做出的有实体的贡献,那么他编著《海国公余辑录》则是对有关槟城华人社会的学术研究做出贡献。[1]张煜南在 1895 年卸下槟榔屿副领事职衔,有比较多的时间继续完成一项进行多时的工作,即编著《海国公余辑录》。这是张煜南留给后人的最重要的文化和学术遗产之一。今天我们已经无法完全掌握一百多年前槟城的自然和人文环境的实际景象,身为历史当事人的张煜南,透过笔将他所体验和见证的槟城社会记录下来。因此,他的撰著对重构 19 世纪末槟城华人社会图像有重要的帮助。《海国公余辑录》也是目前所见最珍贵的一部有关早期槟榔屿华人社会的中文史料之一。[2]

《海国公余辑录》共有六卷。更明确地说,《海国公余辑录》有两种刻本。一是光绪二十四年(1898)刻本(姑且称为"甲本"),共 6 卷;二是光绪二十七年(1901)刻本(姑且称为"乙本"),包括《海国公余辑录》6 卷,附《海国公余杂著》3 卷,共 9 卷。乙本是甲本的增订版。例如,乙本的第一卷《槟榔屿记事本末》,比甲本的第一卷增加了《槟榔屿生聚》《槟榔屿仕宦》《槟榔屿商贾》

---

① 张煜南也热心资助出版与家乡嘉应五属有关的诗文和方志,他和弟弟张鸿南在 1901 年和 1911 年先后出资辑录刊成《梅水诗传》,并且鼎力捐资支持翰林院检讨温仲和总纂编成《光绪嘉应州志》。

② 张煜南的《海国公余辑录》虽然比第一部有关槟榔屿的专著《槟榔屿志略》晚几年编撰完成,但 1891 年刊行的《槟榔屿志略》的作者力钧只在槟榔屿参访三个月,本身又非当地的华人社会领袖,因此他的接触面和观察深度无法与张煜南相提并论。

《槟榔屿物产》《槟榔屿名胜》《槟榔屿过客游踪》《槟榔屿星使停轮》等七篇。本节的讨论,暂以甲本为主,除非有特别注明者。①

《海国公余辑录》第一卷专收录了与槟榔屿天时、地理、人事和社会现象有关的篇章;第二卷至第五卷收录槟榔屿以外五洲四洋的文献;第六卷则是辑录与各国和各地(包括槟城)风土和社会景象有关的"竹枝词"②。但最值得参考的还是第一卷和第六卷有关槟榔屿的部分,因为张煜南先后在当地居留的时间不算短,除了在 1894 至 1895 年间担任清政府驻槟榔屿的副领事,出于职责必须多在槟城居留外,其他时期他也常往返槟榔屿和棉兰两地,从事商业活动。因此,他对槟城的人、事、物等非常熟悉,"故言槟事特详"③。而且,虽然《海国公余辑录》以汇编为主,但在许多篇章之后,张煜南都撰写按语,有关槟榔屿部分的按语尤其具有深度。可惜过去有关张煜南的文章都只概略介绍《海国公余辑录》,④其实卷中详述槟城之地名沿革及民情风俗等,反映了当时槟榔屿华人社会图像。

以下将先讨论《海国公余辑录》第一卷部分内容的重点,然后再论析诗词中所反映的槟城华人社会。但首先要了解的是,张煜南为何要编著这套书。根据他自己的说法:"予自服官南洋以来,始则承办洋务,职守棉兰。继而奉命中朝,篆权槟屿,公事孔亟,暇日无多,卷帙虽富,难时披览,幸迩来有弟耀轩得以分任棉兰事。予遂从槟署退食,检点残篇、搜集旧闻,详稽时务,并与当世士大夫往来赠答,博访兼咨。举凡风土人情、山海形势、道里广狭、电报异同,有知悉而言详者,一一而笔诸书,因辑有海国公余一录。"⑤张煜南从小爱读书,文才不错,但就如上文曾提到的,为了改善家庭的经济情况,他年轻时便过番南来,锐意经营,直到 1894 年接替张弼士担任槟榔屿副领事。可见他在 1895 年卸下代理副领事一职之前,都在忙于商务和政务。不

---

① 有关两种刻本在咏事诗方面的讨论,见尹德翔:《张芝田〈海国咏事诗〉与张煜南〈续海国咏事诗〉》,收录于《晚晴海外竹枝词考论》,中国社会科学出版社 2016 年版,第 275—282 页。

② "竹枝词"原是唐代流行于巴山楚水长江中游地区的民歌曲调,经过历史长河的演变和传播,保有民俗民情的地域文化仍然是这种曲调的特色。

③ 《凡例》,收录于张煜南辑,张鸿南校《海国公余辑录》(第 1 卷)。

④ 温广益并认为张煜南"开创了当地侨领留有著述于世的先例",见温广益《广东籍华侨名人传》,第 72—73 页;张晓威亦沿用此说,见张晓威《晚清驻槟榔屿副领事之角色分析(1893—1911)》,第 336 页。但此说法可疑。因为肯定有其他华人比张煜南更早留有著述,其中包括黄遵宪。黄遵宪在 1891 至 1894 年间担任驻新加坡总领事,无疑是当时被公认的南洋侨领。他的有关南洋的著述比张煜南更早问世。

⑤ 《自序》,收录于张煜南辑,张鸿南校《海国公余辑录》(第 1 卷),1898 年刻本。此刻本与 1901 年刻本的部分内容有所不同。而且,在 1898 年刻本的自序文末,所志的日期是"光绪二十二年季冬月";而 1901 年刻本则是"光绪二十四年孟冬月"。可见后者是修订稿。

过值得注意的是,他在忙于商务和公务的时候,也没有停止收集图书或阅读的习惯,所以当他卸下领事官一职,并将棉兰部分的商务和政务交由弟弟张鸿南负责之后,便可以专心着手编写资料,撰著心得,并在光绪二十二年底(1896年冬)完成《海国公余辑录》初稿的编撰和序文的撰写。

张煜南对书名的题解是:"曰海国者,撰自异邦也;曰公余者,政有余闲也;曰辑录者,不敢窃取也。噫嘻是录也,撷拾成篇,不过参考自便,何敢炫以示人耶。"①其实这是张煜南客气之语,虽然《海国公余辑录》的主要内容是辑录而成,但书中有许多按语,都是张煜南的评论,以下列举一些小节中的按语,从中可了解他的思想和及他对槟榔屿的认识和看法。

甲本《海国公余辑录》第一卷共有十节,分别介绍了槟榔屿天时、地舆、始事、疆界、水程、形势、食货、税饷、添设领事和流寓诗歌。在《槟榔屿天时》一节中主要描述槟榔屿在经纬线的位置及天气状况。张煜南认为一般人认为南洋天气四时皆夏,一雨便成秋的说法太过笼统。他认为可以说得更明确:"南洋自八月至十一月为春、自十二月至三月为夏、自四月至七月为秋。春多温、夏多热、秋多燥。惟无冬令耳。"他之所以如此细分,因"煜居南洋多年,故能知之悉而言之详"②。张煜南所说槟榔屿的春夏秋,并非以温带地区一年四季的季节标准来分季,而是以气温的炎热程度和干湿程度来衡量。此外,即使与当今一年中天气变化的情况有所不同,也可以让后人注意到一个世纪多以来由于人为对大自然破坏所造成的天气模式的改变。在这节的按语中可以看出张煜南观察各种现象入微,例如他从比较的角度认为"以屿与新嘉坡较之则屿较温于新嘉坡;以屿与仰光较之则屿较凉于仰光"。③

在《槟榔屿地舆》一节中,张煜南解释槟榔屿地名的由来,他认为由于岛上多产槟榔,故名槟榔屿。④在讨论《槟榔屿始事》一节的时候,张煜南的按语曰:"英人有事亚洲自槟榔屿始,由是而满刺加(马六甲)、新嘉坡。举巫来由(马来亚)部之地,大而柔佛、基德、彭亨归其保护;小而芙蓉、硕兰莪、大小白腊(霹雳)归其管辖。履霜坚冰,由来渐也。所以辑南洋岛志托始于槟榔屿。"从这段按语中可发现,张煜南对南洋历史的发展很清楚和熟悉。槟榔屿于1786年由英国人莱特开埠,比英国人在1819年开埠新加坡更早33年。1824年英国人将苏门答腊西部的属地明古连与荷兰人控制的属地马

---

① 《自序》,收录于张煜南辑,张鸿南校《海国公余辑录》(第1卷)。
② 张煜南辑,张鸿南校:《海国公余辑录》(第1卷)。
③ 张煜南辑,张鸿南校:《海国公余辑录》(第1卷)。
④ 张煜南辑,张鸿南校:《海国公余辑录》(第1卷)。

六甲互相交换。两年后英国人再将其控制的槟榔屿、新加坡和马六甲三属地组成海峡殖民地（Straits Settlements），统一管理。19 世纪后半叶，英国人逐渐将势力伸展到马来半岛内地各邦，完成它在南洋的殖民地霸业。因此要了解英国在东南亚的殖民历史，必须从槟榔屿开始。

《槟榔屿税饷》一节主要讨论槟城的各种税饷，其中引用的资料包括殖民地政府工部局的材料和新加坡《叻报》和《星报》的报道。可见张煜南所谓的"辑录"，不只是辑录前人所著的书籍中的资料而已，也参考原始的官方报告和当地报章的报道，可说是言之有据。他的分析尤其难得，譬如，一般人都了解吸食鸦片对个人和社会的负面影响，但槟城华人的情况到底有多严重呢？他以 1890 年代初槟榔屿的鸦片税收数据和吸鸦片的人口计算，结果是上鸦片瘾者每年须"输饷三十五元，十年约输饷三百五十元。饷不过鸦片价三之一，合计之约千元"。可见他的计算相当准确和合理。十年内每人花千元鸦片费，他语重心长地评论道："富者耗此千元尚不足惜。然以之创善举、济贫人，亦种福之道；况贫者流落他乡，归计不果，为鸦片累者比比也。"①从这段话可以看出张煜南怀有慈善之心，这和他的实际行为如捐助极乐寺等是符合的。另外，他道出了鸦片害人的事实，对许多移民的悲惨命运感到惋惜。他的按语反映了他个人的思想和槟城华人社会的一些现象。

《海国公余辑录》收录了不少反映槟城华人社会的诗词，分别编录在第一卷的《槟榔屿流寓诗歌》一节中和第六卷之《海国竹枝词》中。前者约有 57 首，后者有 17 首直接与槟城社会有关。以下分类列举《槟榔屿流寓诗歌》中一些呈现槟城人文社会图像的诗词：

反映富豪生活者："兼司局事任招商，贸易闽人姓纪王（按：王文庆），富有田园居数世，久安乐土未还向。"

反映娼妓活动者："新街②深处好藏娇，大贾时来意气骄，楼内笙歌楼外月，令人那得不魂消。"

反映鸦片烟毒害者："无钱沽酒置金钟，性癖烟霞兴转浓，阴耗多财浑不觉，误人最是阿芙蓉。"

反映私会党活动者："义兴建德（按：两个会党的堂号）党人魁，乡曲横行

---

① 张煜南辑，张鸿南校：《海国公余辑录》（第 1 卷）。

② 新街（Campbell Street）在市中心，为槟城的红灯区。当时在新街和周围的横街有数十间妓院，通常以"某某楼"或"某某堂"命名。有关 19 世纪的新街娼妓活动及一些妓院堂号，参阅 Wong Sin Kiong（黄贤强），"Women for Trade：Chinese Prostitution in Late Nineteenth－Century Penang，"*Journal of South Seas Society*，vol. 53 (1998), pp. 171－184.

种祸胎，偶过当年征战地，黄沙白草掩枯骸。"

反映民俗节日活动者："凄风苦雨哭声纷，儿女提壶祭扫动，剔尽蓬蒿寻短碣，荒山无处觅遗坟。"

反映新科技改变生活者："电信全凭一线中，各般货价报匆匆，重洋消息无嫌远，万里家书隔日通。"

这些写实诗词浅白易懂，不需赘言解释。但可以确定的是，这些诗歌可以协助我们重构 19 世纪下半叶槟城华人社会的部分图像。

有关槟城社会的竹枝词则主要收录在第六卷的《海国竹枝词》中。①在一百多首有关东洋、南洋、印度和西域、欧洲、非洲、美洲的竹枝词中，有关槟城社会的有 18 首，以内容来分类，涉及人文社会图像者计有 11 首，其中包括槟榔屿开埠史 1 首、经济活动 2 首、富商和文人活动 3 首、宗教信仰 2 首、不良社会风气 3 首。② 由于这些咏事诗词是张煜南在槟城时所作，足以反映他对槟城的观察和认识，特略为介绍和讨论。

有关槟榔屿开埠史者有："拓基赖特实权舆，风会迁流百载余，十万人家生聚盛，高楼重叠市尘居。"这首竹枝词呈现槟城历史的发展，词中提到英国人莱特（Francis Light），他是被公认的槟榔屿的开辟者。他在 1786 年从吉打国苏丹（土王）手中取得槟榔屿的管辖权，使之成为大英帝国在远东的一个殖民地。英国人开始引进中国和印度劳工，开发土地和经济资源，并将槟榔屿开辟为一个重要商港。从赖特开始到作者作词时的 19 世纪末，的确经历了百余年的历史，而且槟榔屿岛上的华人，在这个时候也差不多是十万人左右。岛上高楼迭起的繁荣景象，在词中也呈现出来。

接下来的两首词则说明华人在当地从事的一些经济活动："宏开园口种胡椒，逐队人来涌似潮，难得工头坚嘱咐，各宜遵守旧规条"，说明大量华人被有组织地引进岛上，从事以胡椒为主的园耕种植业。而且，也可以看出种植业主对工人有一套清楚的管理制度。"陡然货物满重洋，出口多于入口商，今日又增时市价，一船椰子与丁香"，这一首补充说明除了胡椒种植业外，椰子和丁香的种植生产和出口也是槟榔屿主要的经济活动，而且，当时槟榔屿的对外贸易是出超的良好现象。

如果上述两首词描述的是中下阶层的劳动现象，以下三首词则可以看

① 在 1901 年刻本中，第六卷题为《海国咏事诗》。所选录诗词的数目也有些不同。例如有关槟榔屿的部分，1898 年刻本有 18 首，1901 年刻本则只有 15 首。
② 另外的 7 首包括 1 首有关槟城的传说，4 首涉及自然现象和景观（山水、气候和物产），以及 2 首涉及英兵操练管理和西人休闲活动。由于与华人社会无直接关系，不在本文讨论范围。

出槟榔屿的华人富商和文人的情况。"经营谁似粤闽商,前后流风数郑王,大厦连云金百万,卜居累代未归乡",描述槟榔屿的华商中,以来自闽、粤两省的中国人居多,其中又以闽籍的王文庆和粤籍的郑景贵为代表。这两人家财万贯,雄霸一方。但他们的共同点是几代人都居住在当地,没有回过祖国故乡。"杯酒清倾送别筵,归乡名士倦游天,赠行不乏能诗客,醉月飞觞李谪仙",这一首则是描绘槟城各界为力永福(即《槟榔屿志略》的作者力钧)饯行的场景。力钧在槟城三个月,离开前的饯别会上,有多人当场挥毫作诗相赠,可见槟城华人不乏文人雅士。

下面二首是有关槟城华人的信仰。"观音亭子上千云,绿女红男拜祷纷,愿借银瓶功德水,片时洗尽海天氛",观音亭是槟榔屿闽粤华人最早共同建立的庙宇,长期以来也是当地华人信仰的中心。由于地点就在早期华人聚居之处,香火特盛。从上面这首词可以看出观音亭香火之盛。"山色当门洒翠岚,此中胜境好幽探,留题不少名流迹,啧啧人称极乐庵",其中提到的极乐寺位于郊外,风景秀丽,更是名人雅士喜欢到访,并留下题字和刻石之地。

槟榔屿大部分的华人是中下层的老百姓,直接描绘老百姓生活习惯和不良风气的写实词也出现在竹枝词,以下是三例。"花萃新街月满楼,开厅团坐递金瓯。调丝擪竹无穷乐,不到更阑兴不休",新街是槟榔屿的红灯区,词中描述的是槟榔屿华人寻欢作乐的情景,说明当地盛行嫖妓风气。"谋生无术苦难医,屡展归期未有期。烟赌累人良不浅,此身流落在天涯",指出烟赌的害处,染上这些恶习者最终将因耗费金钱而导致无法顺利回乡。"十年世界阅繁华,能守资财有几家?物付摇铃生产尽,到头应悔弃泥沙",描述的也是因为挥霍无度而导致家庭破产者。

综合而言,《海国公余辑录》第一卷的大部分内容是以方志形式出现,以纪事本末体的方式编撰,主题明确,有助于对槟榔屿的史地、经济、财税等宏观性的了解。《槟榔屿流寓诗歌》和第六卷之《海国竹枝词》的内容则显得有些零碎,因为他们是以诗词的形式呈现。但就如板块拼图一样,将这些板块整理和拼凑起来,可以重构槟榔屿华人社会的图像,因为诗词中的主题,往往分别扣紧各阶层华人生活百态。本文虽然只讨论其中一部分的诗词,但19世纪末的槟榔屿地方社会图像,已隐约成形。张煜南最主要贡献,是他以当代人和目睹者的身份,严谨选择和细心考订他所搜集的材料,而且不吝附加按语评论或解释,使《海国公余辑录》成为研究槟榔屿华人社会的珍贵原始资料。

## 四、结语

本章撰写的重点是讨论张煜南与槟榔屿华人地方社会的关系，尤其是透过他与极乐寺的密切关系以及他所编撰的《海国公余辑录》来看槟榔屿华人文化和社会图像的建构。从极乐寺的创建到它成为槟城华人文化的地标是一个纵向的发展过程；而《海国公余辑录》所呈现出来的社会景观是对19世纪末槟城社会横面的了解。经过纵横交错的切入和理解，使槟榔屿华人文化社会图像能更清楚地呈现出来。

在构思和撰写本章的过程中，笔者并没有特别强调张煜南的客家人身份。本章关注的是张煜南做了什么，而非张煜南是谁。当然，张煜南作为嘉应客家人是客观的事实。他过番南来也的确受到同乡客家人出洋风气的影响。初到荷属东印度时，他也受到客家人张弼士的关照，甚至出任槟城领事官也和他的客家人身份有关。[①]但是，张煜南所做的每一件大事并不一定都受到客家人身份的影响，尤其是他担任槟榔屿领事官之后，因为这个官职的服务对象是当地全体的华人，而非某一方言群。譬如，张煜南和来自福州的妙莲方丈关系很好，他慷慨支持兴建极乐寺，是出于超越族群利益的考虑。另外，他编撰《海国公余辑录》，从选择材料到撰写按语，也都没有局限于狭隘的族群视野。

但在宗乡意识浓厚的时代，从张煜南所做的上述两件事情中，我们还是可以看到客家人无形网络的存在。在创建极乐寺到时候，张煜南显然有透过他的客家人的人际网络，动员其他富有的客家领袖共襄善举，所以极乐寺建寺时期捐款最多的前几人都是客家人。另外，从《海国公余辑录》也可以看到一个特殊的现象，那就是为这部著作写序题词者，几乎都是客家人，包括由黄遵宪署题书名，[②]嘉应州知州关广槐[③]手书序文，其他写序者还有温

---

① 有关客家人垄断历任清末驻槟榔屿领事官一职的原因，见黄贤强《十九世纪槟城华人社会领导阶层的第三股势力》，《亚洲文化》1999年第23期，第95—102页。

② 1901年刻本则由杨青题署书名。

③ 清政府规定本地人不得担任本地官职，因此，嘉应州的知州为外地人。关广槐是梧州长洲人，进士，曾担任兵部主事等。可能是由于他曾担任嘉应州知州，梅县人张直端称他为乡贤。见张直端：《著名的华侨实业家张榕轩、张耀轩昆仲》，第145页。

仲和①、杨沅②、熊曜宗、张芝田③、张麟寓和梁迪修④;题词者则有张莘田⑤、
廖岳云、罗献修、文元和侯家骥等人。⑥

　　从1893年以来,清政府先后所委任的五位驻槟榔屿领事官都是客家
人。⑦在所有晚清客籍领事中,张煜南可说是学养最佳的一位。他编撰《海
国公余辑录》,不只将槟榔屿等世界各地的地方社会介绍给中国人,开拓中
国人的视野;同样重要的是,借由他的著作,可以了解一个中国驻东南亚领
事的世界观,尤其是他所呈现的槟榔屿华人文化和社会的图像。

---

① 温仲和(1849—1904),梅县松口人,光绪十五年进士,翰林院检讨,《光绪嘉应州志》总编。

② 杨沅,梅县人,光绪二十四年进士,《光绪嘉应州志》总采访。

③ 梅县贡生张芝田,《嘉应乡士志》编著者,《续梅水诗传》编者之一。

④ 清末廪贡生梁迪修,梅县松口人。

⑤ 张莘田,《光绪嘉应州志》总采访。

⑥ 这些人当中有几位的生平待查。但大部分(也可能是全部)是客家人。因为他们的姓名多出现
　 在两篇祝寿文中。这两篇祝寿文是晚清梅州黄家为"诰封宜人黄老伯母许太宜人七十有五荣
　 庆"和"诰封太夫人黄老伯母许太夫人九旬开一荣寿暨五代同堂大喜"而作。受祝贺者同为一
　 人,为黄遵宪之堂嫂。祝寿之人,多为当时举人以上之社会名流,包括黄遵宪和黄遵楷昆仲、张
　 煜南、杨沅、张芝田、张莘田、廖岳云、侯家骥等人。

⑦ 历任晚清驻槟榔屿领事官为张弼士、张煜南、谢荣光、梁碧如和戴欣然。

# 第八章　谢春生侨领的角色、任务和故居

　　谢春生(1847—1916)是继张煜南之后的中国驻槟城领事官,前后两个任期(1895 年 5 月至 1903 年 3 月;1907 年 7 月至 12 月)共计约 8 年 3 个月,是历任晚清驻槟城领事官中任期最长的一位。谢春生的生平简介,散见于各种相关列传书刊或会馆特刊中。① 张晓威有一篇比较详细的文章,但其文重点在于考证谢春生代理副领事的任期和正式职称,且参考材料主要是包括官方档案和一般文献在内的传统史料。②

　　本章的重点不在于完整介绍谢春生的生平事迹或公务角色,而是透过谢春生在领事官任期内从事的活动来讨论中国驻槟城领事官的社会角色。另一个重点是根据南洋地区发行的中文和英文报章报道的数量和内容,来检视槟城领事官的任务及其所受华人社会与殖民地统治者的关注程度。此外,利用跨域研究的方法,通过田野考察谢春生在侨乡的故居,来讨论过去研究中没有厘清的一些问题。

## 一、谢春生与槟城侨领的角色

　　19 世纪末,清朝政府设置并派任槟城副领事最重要的目的是照顾当地的华商和侨民。薛福成在 1890 年奏请添设槟城等地领事时说得很清楚:"附近新嘉坡各岛曰槟榔屿(即槟城)、曰马六甲、曰罗佛芙蓉、曰石兰莪、曰白蜡皆未设领事,华商因受欺凌剥削,无不环诉哀求,拟请各设副领事一员,即以随地公正殷商摄之……盖领事一官在彼外洋虽无管辖华民之权,实有保护华人之责。"③除了"护侨"这个众所周知的职责外,槟城的领事官还扮演哪些社会角色呢? 根据谢春生领事官任内的社会活动,我们可以将其归纳为以下四个角色。

　　首先,槟城领事官必须是慈善家,而从事慈善工作必须有财富作后盾,

---

①　包括槟榔屿广东暨汀州会馆编《槟榔屿广东暨汀州会馆二百周年纪念特刊》,槟榔屿广东暨汀周会馆 1998 年版,第 289—290 页。

②　张晓威:《近代中国驻外领事与海外华人社会领袖角色的递换——以驻槟榔屿副领事谢荣光(1895—1907)为例》,《政治大学历史学报》2004 年第 11 期,第 167—221 页。

③　《使英薛福成奏英属各埠拟添设领事保护华人折》,收录于《清季外交史料》(第 83 卷),文海出版社 1963 年版(影印本),第 33—36 页。引文中的标点符号为笔者所加。

因此历任的槟城领事官都是由富商担任。他们不能只是随意捐出一些善款,而是要以身作则,带头劝捐,换句话说领事的捐款数额通常都是名列前茅的。以1895年8月至1901年8月期间为例,《槟城新报》曾刊登几次主要的捐赈公告,谢春生每次都上榜,而且皆名列榜前,其他前任和继任的领事官也通常不会缺席。例如,在谢春生上任次年,也就是1896年5月,曾和首任副领事张弼士等六人发起捐赈广西六郡大饥荒的劝捐活动。张弼士和谢春生分别捐出500元和300元,名列捐款榜上的第一名和第二名,之后继任领事官的戴欣然也捐了100元。此三位领事官所捐达到义款总数的三分之一左右,如表8.1。

表 8.1　捐赈广西六郡大饥荒的捐款者和金额表

| 各人金额 | 捐款者(包括个人、商号及社团) |
|---|---|
| 500 元 | 张弼士 |
| 300 元 | 谢春生 |
| 200 元 | 谢增煜、开恒美号 |
| 120 元 | 蔡有格 |
| 100 元 | 戴欣然、林宁绰、怡顺宝号、万得丰号、得昌宝号、林锦祥、张维藩、杨维岳、郑嗣文等 9 人 |
| 60 元 | 杨章柳等 2 人 |
| 40 元 | 荣源宝号等 3 人 |
| 30 元 | 林克全等 5 人 |
| 24 元及以下 | 13 人(名单从略) |

注:除了个人名义捐款外,有些捐款者则以商号或社团名义捐款,统计捐款者数量时皆以捐款人称之。
资料来源:《赈捐芳名》,《槟城新报》,1896 年 5 月 28 日,第 5 版。

这则捐款芳名录最后还注明:"以上所捐各款经由本埠领事谢司马荣光(即谢春生)电汇灾区,此布。"①

1898 年 4 月,槟城华人社会的最高领导机构平章公馆又发起了一次捐款活动。在这次的捐赈粤省饥荒的公告名单中,谢春生捐献 200 元,名列第六位,如表8.2。

---

① 《赈捐芳名》,《槟城新报》,1896 年 5 月 28 日,第 5 版。

表 8.2　捐赈粤省饥荒捐款表

| 各人金额 | 捐款者(包括个人、商号及社团) |
|---|---|
| 1000 元 | 林资源 |
| 600 元 | 林宁绰、广货行 |
| 500 元 | 郑景贵 |
| 399.5 元 | 连义堂 |
| 200 元 | 谢春生、罗广生、朱宝兰、瑞福号、得昌号等 5 人 |
| 160 元 | 新益新 |
| 120 元 | 万得丰 |
| 100 元 | 万裕兴(张弼士的商行)、怡顺发、王永兴、罗茂生、王珍祥、广安号、广荣号、荣栈号、祥隆号、顺泰号、陈广顺等 11 人 |
| 60 元 | 和盛号 |
| 50 元及以下 | 67 人(名单从略) |
| 合计 | 91 人总共捐 6554.5 元 |

注:除了个人名义捐款外,有些捐款者则以商号或社团名义捐款,统计捐款者数量时皆以捐款人称之。

资料来源:《赈捐告白》,《槟城新报》,1898 年 4 月 6 日,第 6 版。

三个月后又有一次捐款活动,此次捐款是为救济汕头的饥荒。谢春生是大埔客家人,大埔县原属潮州府,因此对这次的慈善事业更是感到义不容辞,捐献了 400 元,在 71 位捐款人中,并列第三。考虑到捐款前两名都是以团体或商号的名义捐款,因此如果以个人身份计算,谢春生算是最慷慨的捐款人之一。这次捐款活动的捐款者和金额见表 8.3。

表 8.3　捐赈汕头饥荒捐款表

| 各人金额 | 捐款者(包括个人、商号及社团) |
|---|---|
| 1000 元 | 韩江公司 |
| 500 元 | 新振顺 |
| 400 元 | 谢春生、王永兴、连启兴 |
| 350 元 | 王仁兴 |
| 300 元 | 纪宝森 |
| 200 元 | 万裕兴、王益兴、怡协丰、新合成、福源号、黄同泰 |
| 100 元 | 吴公成 |
| 65 元及以下 | 57 人(名单从略) |

注:除了个人名义捐款外,有些捐款者则以商号或社团名义捐款,统计捐款者数量时皆

以捐款人称之。

资料来源:《兹将本坡诸君捐赈汕荒缘录登如左》,《槟城新报》,1898 年 7 月 19 日,第 6 版。

灾难不只在中国发生,1900 年初印度发生大饥荒,槟城华人虽然与印度人非亲非故,但行善不分种族和国家,这次的募捐活动共有 96 人(含团体)捐出 14000 余元。首任副领事张弼士捐献 1000 元,并列第三。谢春生捐出 500 元,戴欣然也捐了 100 元。实际捐款的情形如表 8.4。

表 8.4  印度大饥荒捐款表

| 各人金额 | 捐款者(包括个人、商号及社团) |
| --- | --- |
| 3000 元 | 颜五美 |
| 1500 元 | 潘兴隆 |
| 1000 元 | 张肇燮(即张弼士)、郑景贵、林宁绰 |
| 500 元 | 谢春生、万宜美 |
| 300 元 | 林鉴堂 |
| 200 元 | 梁乐卿、谢增煜等 4 人 |
| 150 元 | 兴利公司 |
| 100 元 | 戴欣然、胡子春等 35 人 |
| 50 元及以下 | 48 人(名单从略) |

注:除了个人名义捐款外,有些捐款者则以商号或社团名义捐款,统计捐款者数量时皆以捐款人称之。

资料来源:《赈款初纪》,《槟城新报》,1900 年 3 月 31 日,第 6 版。

从以上几次的捐款活动中可以清楚看出,谢春生副领事行善不落人后。他虽然不是当地最有钱的富商,但慈善义举却比许多人更为积极,每次都在捐款芳名榜上名列前茅。其他当时不在任内的领事,如张弼士和戴欣然等人,亦热心捐赈。

除了赈灾的慈善活动外,客籍副领事扮演的第二个角色是作为教育事业的推动者。最明显的一个例子是赞助重建槟城义学。槟城义学是英文学堂,初建于 1816 年,但历经数十年后已有多处毁坏,且学生人数渐多,原有的学堂校舍不敷使用,因此学校决定在 1896 年展开修缮和扩建工作。根据报上刊登的捐款人芳名录,总共有 105 人(含团体)捐出 5 元到 1500 元不等的款额。榜首是客籍的郑景贵,其次是时任驻新加坡代理总领事的张弼士,驻槟城代理副领事谢春生则捐款 1355 元,名列第三。另外,戴欣然也捐出

100 元。详情如表 8.5。

**表 8.5 重建槟城义学捐款名单**

| 各人金额 | 捐款者(包括个人、商号及社团) |
|---|---|
| 1500 元 | 郑景贵 |
| 1400 元 | 张肇燮(张弼士) |
| 1355 元 | 谢春生 |
| 1200 元 | 潘兴隆 |
| 400 元 | 龙山堂 |
| 300 元 | 宝树堂 |
| 250 元 | 谢增煜 |
| 200 元 | 许心美、杨姓公司、谢自友 |
| 160 元 | 集商所 |
| 150 元 | 颍川堂、九龙堂、众齐知人 |
| 125 元 | 以文斋、清芳阁 |
| 120 元 | 萃雅轩、杨章梆、颜五美 |
| 100 元 | 戴欣然、胡子春、敦本堂、文山堂、谢德顺、陈锦庆、存义社、清和社、福德正神、林宁绰、兴利号、杨维岳、林克全、蔡有格、胡清赞、颜五美、宝珠社、梁乐卿、伍百山、潘三、燕闲别墅)等21人 |
| 60 元及以下 | 67人(名单从略) |

注:除了个人名义捐款外,有些捐款者则以商号或社团名义捐款,统计捐款者数量时皆以捐款人称之。

资料来源:《义学重兴》,《槟城新报》,1896 年 3 月 19 日,第 5 版。

谢春生不只大力支持义学校舍重建,而且还独自"慨捐鹤俸二百元以备义学幼童闲时打球添器皿之用"。学校的学童都十分感激,"无不喜跃称谢"[1]。可见谢春生对学校教育的支持与贡献。

除了教育,另一个槟城华人社会所关心的议题是医疗。因此,槟城副领事扮演的第三种角色是医疗机构的赞助者。南华医院是当时槟城最著名的华人医院之一。该医院自 1883 年成立以来,一直为贫病者免费医治,医药

---

[1] 《本埠风光》,《槟城新报》,1896 年 8 月 19 日,第 2 版。

费主要依赖于各个籍贯的华人绅商捐助。可惜南华医院始终面临缺乏安置需要留院治疗的病人的病房这一重要问题。于是当地的绅商齐聚平章公馆商议劝捐以创建病房。

当地报章也协助宣传这项慈善义举:1899 年 10 月 12 日《槟城新报》的一篇首版文章就曾讨论创建华人病房的必要性:"盖尝论之天下之至不堪者,莫有过于贫,又莫有过于病,贫与病合而又无以安之,则待毙而已。言念及此,可胜痛哉。"[1]这项劝捐创建病房活动马上得到三位客籍领袖首先响应:郑景贵乐捐 15000 元,首任副领事张弼士捐 1 万元。而现任谢春生领事官捐出五千元。仅此三位客家人便共捐出 3 万元,占第一梯次劝捐活动所筹得的义款总额 52000 元的一半以上。[2] 此后劝捐活动继续推行,至 1901 年 3 月 1 日止,共有六梯次捐款活动,详见表 8.6。

表 8.6 创建南华医院病房的六梯次劝捐金额表

单位:元

| 梯次 | 金额 |
| --- | --- |
| 第一梯次 | 52000 |
| 第二梯次 | 10000 |
| 第三梯次 | 3720 |
| 第四梯次 | 3130 |
| 第五梯次 | 7200 |
| 第六梯次 | 1230 |
| 合计 | 77780 |

资料来源:《建置华人病房捐缘续启》,《槟城新报》,1901 年 3 月 1 日,第 2 版。

槟城领事官所扮演的第四个角色是社会团体与宗教团体的赞助人。最常为人乐道的便是客籍领事官对极乐寺的贡献,其中又以第二任代理副领事张煜南对极乐寺在 1891 年的扩建的贡献最为典型。(详见本书第 7 章)原来在极乐寺扩建之前,槟城白鹤山的佛门精舍相当简陋。有一天精舍的住持方丈妙莲禅师见张煜南前来,高兴地对他说:"公来,寺之幸福耶! 抑如须达拏布金,使精舍得以有建耶!"张煜南听闻后慷慨地表示支持:"毅然认

---

[1] 《论槟城创建华人病房》,《槟城新报》,1899 年 10 月 12 日,第 1 版。
[2] 《论槟城创建华人病房》,《槟城新报》,1899 年 10 月 12 日,第 1 版。

巨资，谋厥成。"①后来，极乐寺还得到前后三任的领事官（张弼士、谢春生和戴欣然）及其他绅商的赞助，使方丈心愿得以实现。正如该寺的刻碑所载："更得张公振勋、谢公荣光、张公鸿南、郑公嗣文、戴公春荣（即戴欣然）诸慈善暨闽粤绅、商等，好行其德，捐输而襄其事，始渐次扩充，而底以有成也。"②

　　根据刻在极乐寺中五片大石碑上的功德芳名录所载，张弼士、张煜南、谢春生、戴欣然四位副领事及郑景贵和张鸿南两位客籍领袖总共捐献68000元。约占所有列名碑上284名赞助人所捐的总金额210030元的三分之一。主要的捐款人名单和金额如表8.7所示。

表 8.7　极乐寺捐款名单

单位：元

| 捐款人 | 金额 |
| --- | --- |
| 张弼士 | 35,000 |
| 张煜南 | 10,000 |
| 谢春生 | 7,000 |
| 戴欣然 | 3,000 |
| 张鸿南 | 7,000 |
| 郑景贵 | 6,000 |
| 其他 278 位碑上有名者 | 142,030 |
| 892 位碑上无名者 | 8,524 |
| 捐款总额 | 218,554 |

注：捐款超过 100 元者的名字才刻在碑上，捐款少于 100 元者的名字则没有刻在碑上。
资料来源：陈铁凡、傅吾康编：《马来西亚华文铭刻萃编》（第二卷），第 652—658 页。

　　由于张弼士等六位客籍领袖最慷慨捐助扩建极乐寺，因此被委任为极乐寺的六大总理，并受托管理极乐寺产业将近 30 年，直到最后一位仅存的大总理戴欣然于 1919 年逝世后，才依照戴欣然的遗嘱将寺产管理权交由寺僧掌管。③

　　综上所言，以谢春生为例，历任清廷驻槟城领事官都活跃于赈灾慈善、

---

①　《槟城极乐寺碑记》，收录于陈铁凡、傅吾康编《马来西亚华文铭刻萃编》（第二卷），吉隆坡马来亚大学出版部 1985 年版，第 664 页。

②　《槟城极乐寺碑记》，收录于陈铁凡、傅吾康编《马来西亚华文铭刻萃编》（第 2 卷），第 664 页。

③　邝国祥：《槟城散记》，新加坡世界书局 1958 年版，第 15 页。

推动教育、赞助医疗和资助宗教的社会活动。而华人社会及官方又对领事官的活动有多大的关注,是值得关注的一个问题。

### 二、槟城侨领与中英文报章的报道

本节以领事官谢春生和梁碧如任期内,南洋地区报章对其活动的报道来分析民间和殖民地官方对二人的关注程度。之所以在讨论中加入继任领事官梁碧如,是为判断谢春生的案例到底是特殊情况,还是普遍现象。所谓"民间",这里是指当地的华人社会,尤其是口操华语(在当时是指各种方言,如福建话、广东话、客家话等)和依靠中文报章为主要消息来源的华人群众。

槟城最早发刊的中文报纸是《槟城新报》,它可说是了解华社动态的最佳媒体。《槟城新报》创刊于 1895 年,停刊于 1941 年日军南侵前夕,它是这一时期槟城甚至马来亚地区最重要的华文报刊之一。该报时常刊登有关槟城华人社会领袖的新闻,也不乏关于领事官的活动的报道。另外,英文报章则是英语社群(包括殖民地官员、欧亚人①和一些土生华人)为吸收、散播信息的管道,因此英文报章的报道和言论较迎合这类读者群,并且也更贴近英殖民官方的立场。本文采用历史悠久、地区影响力大的英文报刊《海峡时报》(*The Straits Times*)②作为另外一份论析材料,以观察并比较中文报章和英文报章在报道领事官活动时的差别。

表 8.8 整理和统计了《槟城新报》有关谢春生和梁碧如两位领事官任内的相关报道,值得一提的是,在报章或文献中谢春生曾以谢荣光、谢梦池为名、字或号出现。谢春生出生于婆罗洲的坤甸(Pontianak),早年跟随父亲谢双玉干活,成年后到苏门答腊亚齐等地发展,以承包军营伙食为业,后又靠专卖鸦片等项目的饷码牟利,财富和影响力俱增。谢春生曾被荷属印尼殖民地政府委任为"雷珍兰",成为华人领袖,后来更晋升为"甲必丹",故有"谢甲"之称。1890 年前后,谢春生迁居槟城。当时,其已先

---

① 欧亚人(Eurasian)是指殖民地的欧洲人及他们与亚洲人通婚后的后代。

② 《海峡时报》创刊于 1845 年,至今一直发行,是新加坡存在时间最久的英文报章。1995 年出版了该报发行 150 周年纪念特刊,见 Mary Turnbull, *Dateline Singapore:150 years of The Straits Times*. Singapore:Singapore Press Holding, 1995。在新加坡于 1965 年独立前,《海峡时报》发行网遍布新加坡和马来西亚,是这地区最有影响力的英文报纸。

到槟城发展的父亲谢双玉已是槟城的华社领袖。[①] 谢春生相比其父也不遑多让,1895 年年中受委任为中国驻槟城代理副领事。1903 年 3 月,谢春生因病请辞,推荐梁碧如接任。后于 1907 年 7 月至 12 月,再次担任代理副领事一职。[②] 谢春生的继任者是他的女婿梁碧如,字廷芳,又名梁辉、梁璧如,出生于广东梅县。梁碧如年少时过番南来,先以种植咖啡为业,后转而投资锡矿业致富,马来亚的霹雳和槟城地区是其主要的事业基地。1903 年,梁碧如被委任代理副领事一职,后又于 1904 年下旬正式出任槟榔屿副领事,并在 1907 年卸任。

表 8.8　《槟城新报》对两位领事官的报道情况

单位:篇

| 报道事宜 | 文章量 | |
|---|---|---|
| | 谢荣光<br>(1895 年 5 月—1903 年 3 月,1907 年 7 月—12 月) | 梁碧如<br>(1903 年 3 月—1907 年 7 月) |
| 慈善公益 | 16 | 10 |
| (英)庆典 | 11 | 1 |
| 接待(中)亲王使臣 | 4 | 1 |
| 来函照录 | 4 | 3 |
| 领事交接 | 2 | 3 |
| 其他 | 3 | 0 |
| 合计 | 40 | 18 |

资料来源:《槟城新报》,1895—1907 年。

从报道的数量而言,在谢春生长达 8 年 3 个月的任期中,《槟城新报》有 40 则与领事官活动或信息有关的报道,平均每年有 4.8 篇;而在梁碧如 4 年 4 个月的任期中,则有 18 篇相关新闻报道,平均每年有 4.1 篇,有关报道的标题和摘要,见附录一和二。就年平均值而言,两位领事官受到的关注是差不多的。平均每年 4 篇至 5 篇的报道看起来不算多,但这个统计不包括在

---

[①] 根据英殖民地政府公告,谢双玉于 1890 年 3 月被殖民地政府委任为槟城华人参事局首任委员之一,也是代表客帮的两位委员之一(另外一人是谢韶光)。其他委员还有广帮代表 4 人,潮帮代表 3 人,闽帮代表 8 人。参事局主席为殖民地政府的华民护卫司。见"Government Notification—No. 187," *Straits Settlements Government Gazette for the Year 1890*,28 March 1900,p. 621.

[②] 谢春生也在 1906 年 12 月短暂代理副领事一职。

多日之内重复出现的信息,尤其是捐款芳名录或劝捐公告这类报道,往往会出现好几天,甚至十几天。所以,领事官的"曝光率"比统计的表面数字还高很多,尤其是与他们没有担任领事官期间的报道数量作对比。[①]

内容分类方面,蔡佩蓉曾在其专著中讨论晚清驻新加坡领事在新马地区的活动,文中归纳领事的三个主要活动:劝捐鬻爵,办理清廷皇室庆典与官员来访,以及推行华文教育。[②] 可惜作者没有提供具体的统计数据以显示这三方面活动的比例,本节则将对槟城的情况作比较细致的说明和对比。槟城的领事隶属于新加坡总领事,两地的地理位置相邻,华人社会的组成也相当类似。但槟城和新加坡的领事官业务还是有所差别。例如,从报章的报道中可以看出,身为槟城领事官的谢春生和梁碧如并没有进行卖官鬻爵的活动,反而是以慈善公益活动为其职务和事业重心。

根据表8.8,在40则有关谢春生领事官的报道中,慈善公益类有16则,占40%;在18则有关梁碧如领事官的报道中,慈善公益共占据了其中的10则,超过总数的55%。如果再将慈善公益类细分,谢春生领事官任内的慈善事业,主要是赈灾(6则)、教育(5则)、病医安老恤孤(4则);而梁碧如则是以教育(8则)为主,赈灾和病医安老各有一则。有关梁碧如的教育公益的报道明显比较多,主要原因是其就职领事官任内,适逢槟城甚至是全马来亚和新加坡的第一所新式学堂——中华学堂创办开学。梁碧如不只参与题捐筹款兴建,还以领事官的身份被邀请为开幕主宾及在开学典礼上讲话。

新加坡和槟城领事官活动内容有此区别,乃是多种因素的共同结果。其一,新加坡总领事是南洋地区的领事业务的总部,卖官鬻爵事务由其统一办理,故槟城领事官并不参与此项活动。其二,槟城领事的负责地区范围较小(主要包括槟城和马来半岛中北部地区),可以较专注于如教育和医疗福利一类的地方社会事务。赈灾的救济对象主要是祖国难民,需要靠领事官的社会地位和地方人脉来动员募捐。其三,槟城领事官接待中国皇亲和使臣的活动虽然是分内之事,但活动次数也不是很多。谢春生在其领事官任内8年多当中,只有4次接待活动,梁碧如在4年多的任期内,也只有1次

---

① 根据初步统计,《槟城新报》在1895年至1911年间,另外有23篇有关谢春生的信息,是在他并非担任领事官任期内(1903—1907及1908—1911,约7年余)的报道。因此可以了解到,他担任领事官期间在报章的"曝光率"是比较高的。梁碧如方面,在他非担任领事官的11年多期间(1895—1903,1907—1911),《槟城新报》只有5篇有关他的信息的报道,明显比他担任领事官期间的报道少很多。感谢杨沁沁和颜小芳协助整理统计资料。

② 蔡佩蓉:《清季驻新加坡领事之探讨(1877—1911)》,新加坡国立大学中文系与八方文化企业公司2002年版,第79—118页。

接待活动。这主要是因为清朝的皇亲国戚出国的频率不高,外派驻欧使臣的过境也不是常有之事。

谢春生领事官任内活动项目最引人注目之处,应该是其积极参与英殖民政府的多项纪念和庆典筹备活动。槟城领事官是中国的外交官,在一般理解中,他们主要参与中国或清廷相关的庆典事务,例如庆贺清朝皇帝和太后的诞辰日。但实际上,根据统计数据,在谢春生领事官任内,报刊上共计有 11 则关于其参与英皇纪念或庆贺的活动的新闻信息,其中包括 1897 年商议庆贺英女皇维多利亚登极 60 周年纪念、1902 年初参与捐资建设英女皇纪念会堂活动,以及 1902 年 5 月和 6 月间筹备庆贺英皇爱德华七世加冕典礼活动等。

《槟城新报》上的这 11 则新闻,占谢春生领事官任内所有 40 则新闻的四分之一以上,数量可谓不少,甚至比同时期有关谢春生接待中国皇亲国戚的 4 则新闻还多出近三倍。这个现象的产生确有特殊背景,即任内适逢英女皇登极 60 周年纪念、英女皇驾崩,以及新英皇加冕等重要事件,但仍可以看出谢春生的多重身份:除了是中国领事官员外,同时也是槟城当地华人领袖代表。梁碧如任内英国皇室没有重要事件,所以只有一则新闻报道其捐建纪念已故英女皇纪念场所。同一时期,梁碧如也只有一次接待晚清皇戚过境的活动。由此看来,驻槟城的中国领事官因当地华商领袖的身份,必须同等对待中国官方及英殖民地政府相关的活动,甚至有更多机会参与当地殖民地政府相关的庆典活动。

英文的《海峡时报》对谢春生和梁碧如的报道数量和内容都与中文的《槟城新报》有很大的不同。从数量来看,在同样的时间长度内,即他们的领事官任期间,《海峡时报》只有 4 则有关谢春生的报道(《槟城新报》数量的十分之一)及 6 则有关梁碧如的报道(《槟城新报》数量的三分之一),详见表 8.9。

表 8.9 《海峡时报》有关谢荣光与梁碧如的报道题材

| 谢荣光 | | 梁碧如 | |
| --- | --- | --- | --- |
| 题材类别 | 报道数量/则 | 题材类别 | 报道数量/则 |
| 接待(中)亲王 | 1 | 接待(中)大臣 | 1 |
| 领事交接 | 1 | 领事交接 | 2 |
| 社交活动 | 1 | 流行疾病 | 1 |
| 其他(私人事务) | 1 | 其他(私人事务) | 2 |
| 合计 | 4 | 合计 | 6 |

资料来源:《海峡时报》,1895—1907。

以报道内容的分类而言,有关谢春生领事官的 4 篇报道中,报道接待过境的醇亲王、领事交接和社交活动各 1 篇,另有关于谢春生私人的矿业活动的报道 1 篇①。而在有关梁碧如领事官的 6 篇报道中,含接待过境的端方等大臣 1 篇,领事交接 2 篇,流行疾病 1 篇,其他 2 篇则是关于梁碧如的私人矿业和商业活动。不管从报道的数量还是内容而论,《海峡时报》都没有特别重视他们中国领事官的身份,而只是将其当作一个华商领袖来进行社会新闻报道,甚至他们的私人矿业和商业活动也在报道之列,而非像《槟城新报》般特别留意和追踪领事官的公务和社会活动,尤其是他们的慈善公益义举。

根据表 8.8 和表 8.9 的统计,《槟城新报》对谢荣光和梁碧如两位领事官任期内的报道的总数量为 58 则,而《海峡时报》的总数量只有 10 则。有这样大的落差除了是因为报章的出版地点不同,读者群的不同更是关键原因。《槟城新报》是在槟城发行的中文报章,自然对这两位当地的领事官的动向有更多的追踪,也对当地华人社会的活动有更多的报道。《海峡时报》则是在新加坡出版,虽然也发行到槟城和马来亚其他地方,对槟城的领事及当地的华人社会活动的关注会相对少些。可惜我们无法选取槟城的英文日报来作对比,因为槟城的英文日报《亦果西报》(*The Straits Echo*)是在 1903年才创刊的,无法检视谢春生 1895 年上任以来的活动信息。

《槟城新报》与《海峡时报》报道数量和内容存在差异,最主要的原因还是这两份报纸的读者群不同,《槟城新报》的读者主要是当地的中文读者群,《海峡时报》则是英文的读者群。② 正因为要考虑到读者群,《槟城新报》更强调谢春生与梁碧如作为中国领事官与华人社会领袖所参与的事务,因为这些事务都与中国及当地华人社会的公益、福利、生活和民族身份等息息相关。因此谢春生和梁碧如在慈善公益方面的活动被陆续报道,他们的名字也出现在《槟城新报》各种关于赈灾、教育和社会福利事业的公告和捐款芳名录上。

从另外一个角度而言,领事官等华人社会领袖也积极主动争取将题捐

① 这则内容属于私人活动的报道,其实重点是企业家陆佑。他取得彭亨州文冬地区 4000 亩的矿地,并将与领事官张弼士与谢春生合资开矿。谢春生在这则新闻报道中只是被顺带提及。"Pahang Mining, Chinese Consular Partnership," *The Straits Times*, 31 August 1897, p. 3.

② 1888 年阿诺特·里德(Arnot Reid)受聘为《海峡时报》的编辑时,他希望增加发行量。他认为当时新加坡英文读者的数量有很大的成长空间。根据 1891 年的人口调查显示,在新加坡长期居留和短期逗留的欧人超过 4000 人,欧亚裔有 1800 人,还有为数不少的受英文教育的海峡土生华人。见 Mary Turnbull, *Dateline Singapore:150 Years of the Straits Times*, pp. 52-54.

信息由报章公告,以引起社会的关注、吸引到更多人参与捐款。同时,将捐款芳名录刊登在《槟城新报》上,也可以昭信于社会。《海峡时报》则缺乏向中国赈灾或捐助当地华校的相关新闻报道,因为该英文报的读者群主要是担任英殖民地政府官员的英国人、欧亚裔人及土生海峡华人。他们并不关注中国领事官和华社内部的动态,而是对华社领袖的商业活动更感兴趣,因此谢春生和梁碧如的矿业投资和贸易动态等私人业务反而出现在《海峡时报》的版面上,如谢春生在文冬矿区的投资①和梁碧如矿场的产量及其成功竞标鸦片响码②的新闻等。

中文和英文报章除了对题材的选取有所不同之外,报道的角度和深浅度也不一样。以对"英皇登极庆典"之报道为例:1897年是英国维多利亚女皇登极60周年,为了庆贺登极钻禧纪念,槟城官民各界在1897年6月21日和22日举行了两天的欢庆活动。从3月初以来,《海峡时报》有5则与槟城的筹备和庆祝相关的报道,其中3月6日的简短报道,强调政府在主导筹备工作;③3月27日的报道,提到政府拨款4000元来筹办庆典;④4月24日和6月17日的两则报道,都提及槟城的文斋社(Penang Literary Association)正准备筹款并安排燃放烟花;⑤6月25日的事后报道,只提到槟城市议会举行的庆祝仪式。⑥《海峡时报》对槟城的庆典筹备和庆祝活动的报道有两个特点:一是报道都很简短,不像报道新加坡的庆祝活动那么详细,⑦这主要与报章发行的地缘原因有关,《海峡时报》在新加坡发行,对槟城的新闻都会比较简单;二是报道中都没有提到个别华人参与筹备的情况。在上述几则新闻中,只提及由华人富商组织的社团(文斋社)的参与。

同一事件、同一时期内,《槟城新报》也有4篇与庆祝英皇登极庆典有关的报道,包括1897年3月5日的《会议庆贺》、4月20日的《本埠续议庆典》、4月26日的《庆典余趣》和6月24日的《恭读颂文》。这些报道也有两个不

---

① "Pahang Mining, Chinese Consular Partnership," *The Straits Times*, 31 August 1897, p. 3.

② "Untitled," *The Straits Times*, 9 September 1903, p. 4; "Untitled," *The Straits Times*, 15 December 1904, p. 4.

③ "Untitled," *The Straits Times*, 6 March 1897, p. 2.

④ "Government Gazette," *The Straits Times*, 27 March 1897, p. 2.

⑤ "Jubilee Firework," *The Straits Times*, 24 April 1897, p. 3; "The Diamond Jubilee," *The Straits Times*, 17 June 1897, p. 2.

⑥ "Celebrations at Penang," *The Straits Times*, 25 June 1897, p. 3.

⑦ 《海峡时报》6月25日对新加坡的庆祝活动有非常详细的报道,足足占据四分之三的版面,除了报道新加坡的各项庆祝活动外,甚至将主庆典的参与者名单完整列出,总共有超过600名各界代表,其中包括新加坡华人社会的43名代表。见"Untitled," *The Straits Times*, 25 June 1897, p. 3.

同的特点:一是报道详细,二是特别提到了参与活动的主要华人领袖。例如,3月5日的报道就详细描述了华社领袖们如何参与由殖民地官方召集的协商会议,会议详细讨论办理庆祝登极钻禧盛典的各项事宜,并确定了华人社会负责统领的项目和负责人,包括由郑景贵、伍佰山、谢春生、谢德顺与9名西人总理一切庆贺事务,林宁绰和陈锦庆与7位西人办理海上庆贺活动,邱月松和蔡有格与7名西人办理陆上庆贺活动,谢增煜、林红梅与9名西人及1名马来人等负责到街上铺结花彩并放烟火,辜上达、林花簪、邱汉阳与4名西人等办理收支银钱事务。①

1897年4月20日的报道《本埠续议庆典》延续了3月5日报道的风格,详细记录了华人社会领袖协商庆典的募款情况,17位文斋社的华社领袖共捐银1058元。《海峡时报》却只笼统地说明文斋社将会募款。《槟城新报》则详录捐款名单,不只清楚列叙文斋社的主要成员,还反映了他们的财富和社会地位——名列榜首的是捐银250元的谢增煜,其次是捐银200元的谢春生。② 4月24日的《庆典余趣》继续刊载另外一批捐款名单和金额,在这次捐款总金额1117元中,包括了捐款200元的第一任槟城副领事张弼士(时任代理新加坡总领事)。③

1897年6月24日《槟城新报》的《恭读颂文》这则新闻报道,详细记录了庆典当天的重头戏——宣读颂文。大英公馆内,总共进行了5回合的恭读仪式,首先是由殖民地官员恭读,其次是马来人和印度人共同恭读。接下来的3回合是由华人机构和团体代表来恭读,分别为平章会馆、文斋社和清芳阁。平章会馆是由伍百山恭读,另由谢春生及林花簪恭捧;文斋社由谢增煜恭读,也是由谢春生及另外两人(杨秀苗和林克全)一起恭捧;清芳阁是由华民政务司亲自恭读,叶合吉和王振德恭捧,这详细的报道可以印证华社领袖向英殖民地政府表达效忠与友善的努力。值得注意的是,谢春生在这过程中扮演重要角色,他不只是筹备庆典工作委员会的总理之一,也在恭读颂文这个环节中,两度上台担任恭捧颂文者。表面上,此举与其中国领事官的身份有冲突,实际上显示了谢春生的双重身份:一是中国的领事官,二是当地华人社会的领袖。

此情形在19世纪末的槟城这一历史时空下并不足为奇。实际上,其他领事官也有双重或多重身份的类似情况。梁碧如亦一度被委任为英属马来

---

① 有关详细名单,见《会议庆贺》,《槟城新报》,1897年3月5日,第2版。

② 有关详细名单和金额,见《本埠续议庆典》,《槟城新报》,1897年4月20日,第2版。

③ 有关详细名单和金额,见《庆典余趣》,《槟城新报》,1897年4月24日,第9版。

联邦议政局（Council of Federated Malay States）的华籍议员。①英属新加坡更有一个显著的例子，1877 年上任的中国驻新加坡第一任领事官胡亚基（胡璇泽），也同时担任了日本和俄国驻新加坡的领事。

### 三、田野考察谢春生故居的发现

通过上述两节的讨论可以看出，现存的文献和报章资料有助于了解谢春生在领事官任期内的活动和社会角色，但田野考察可以补充文献和档案的不足，甚至可以产生一些新发现。笔者于 2005 年和 2018 年两次到广东梅县松口镇谢春生的故居田野考察，并有机会访问他的后人及阅读谢家编修的《松东镇谢氏族谱犹复公世系》（以下简称《谢氏族谱》），对他的家庭，尤其是妻儿的情况有新的认识。

谢春生的祖居在松口镇铜琶村。铜琶村在中国近代革命史上有其特殊地位，因为孙中山曾经到松口探访，并在铜琶村谢春生的"荣禄第"右侧的两层楼大屋"爱春楼"下榻三晚。事缘 1918 年 5 月下旬孙中山和胡汉民一行人从韩江逆流而上来到大埔县三河坝汇城，会见时任"援闽粤军"总司令的陈炯明，商议军事大计。② 之后孙中山和他的卫队再乘坐小火轮沿梅江直上松口，前去铜琶村探望在家乡养病的革命同志谢逸桥。③

谢逸桥是谢春生二弟谢国生的长子，也就是谢春生的侄儿。谢逸桥和他的三弟谢良牧曾在孙中山进行反清革命时期，积极支持和响应孙中山，在闽粤一带策划多次起义，也曾来到南洋宣传革命和拓展革命联络机关。1910 年 10 月孙中山在槟城主持著名的"庇能会议"，谢逸桥和谢良牧兄弟也是会议参与者，深获孙中山信任。辛亥革命成功后，谢逸桥功成身退，淡出政治。1918 年孙中山这趟三河坝之行，特地前往松口探望谢逸桥，可见孙中山和谢逸桥革命情感之深厚。孙中山在谢家停留期间，为表彰谢氏对革命的贡献，特别为"爱春楼"题联："博爱从吾好，宜春有此家"。之后，又写一联："爱国爱民，玉树芝兰佳子弟；春风春雨，朱楼画栋好家居。"④有了孙中山题联，原本已经是当地著名大屋的"爱春楼"的名气倍增。爱春楼其实是谢春生建盖给二弟谢国生一家人居住的。谢国生没有出洋和经商，只是一介书生，在家乡执教，自己当然没有财富建大屋。铜琶村谢家大屋群的五

①　"The Federal Council," *The Straits Times*, 19 February 1910, p. 7.

②　当时担任援闽粤军总司令部作战科主任的蒋介石也出席这次的会议。

③　房学嘉、李大超：《谢逸桥谢良牧与孙中山领导的民主革命》，暨南大学出版社 1991 年版，第 94 页。

④　房学嘉、李大超：《谢逸桥谢良牧与孙中山领导的民主革命》，第 94—95 页。

六栋大屋,都是谢春生汇钱回家兴建的。

为何谢春生如此慷慨,兴建爱春楼给二弟一家人居住?其原因除了兄弟手足之情外,谢春生特别感激二弟将其三个儿子过继给他。根据《谢氏族谱》记录,谢国生原有八个男丁,其中老五枢元、老六京元和老七颐元三个儿子过继成为谢春生的嗣子。为何谢国生的三个儿子过继给哥哥谢春生呢?原来谢春生原本只有一个亲生儿子和四个女儿,不幸的是,1903年刚从英国进修法律回到槟城的独子因为一宗马车意外而丧命,可谓英年早逝。[①]在田野考察过程中,家族后人口述证实了谢春生的长子(即亲生独子)是车祸意外逝世的。[②]《谢氏族谱》也记录了谢春生长子的族名为启元,又名正勋、竹琴。上述的英文报道的姓名或其他中文姓名,可能都是方言的拼音或其他的别名。

《谢氏族谱》也显示,谢春生不只有三个从二弟家过继来嗣子,还有两个养子,其中之一是排在三个过继嗣子之前的谢联元,另外一位养子是谢望元,为谢春生的幼子。因此,谢春生确定有六房子嗣,厘清了之前的众说纷纭。[③]《谢氏族谱》的相关世系图表如图8.1。

---

① 著名的鼠疫斗士伍连德医生在其回忆录中,也提到他在英国完成医科学业准备回到南洋时,时在英国的谢春生的"独子"到码头送行。Wu Lien-Teh, *Plague Fighter: The Autobiography of a Modern Chinese Physician*, Cambridge: W. Heffer & Sons Ltd., 1959, p. 215。另见,"Untitled," *The Straits Times*, 20 April 1903, p. 4;《伤哉一跌》,《槟城新报》,1903年4月16日,第9版;《本屿近事》,《槟城新报》,1903年6月12日,第2版。中英文资料和报章报道提到死者的姓名有点差异,例如英文资料记录的是 Cheah Tek Kim 或 Cheah Teik King,中文资料则先后记载的是谢德芹和谢竹琴。

② 报告人谢礼澄(谢春生的曾侄孙)。2005年7月17日笔者于梅县松口镇铜琶村考察和访问。

③ 例如:郑永美认为谢春生有一子四女二义子,见《谢荣光》,槟榔屿广东暨汀州会馆编:《槟榔屿广东暨汀州会馆二百周年纪念特刊》,槟榔屿广东暨汀周会馆1998年版,第289—290页;张晓威则只含糊提到谢春生有"子女多人",见张晓威:《近代中国驻外领事与海外华人社会领袖角色的递换》,第177页;1908年出版的一本英文通鉴的作者则认为谢春生有一子四女和三个养子,见 Arnold Wright, ed., *Twentieth Century Impressions of British Malaya: Its History, People, Commerce, Industries, and Resources*, London: Lloyd's Greater Britain Publisher, 1908, p. 770。

```
十                              犹
二                              复
世                              公
                                │

十                              谢
七                              双
世                              玉
                                │
              ┌─────────────────┴─────────────────┐
十          谢 荣梦                              谢 李黄张
八          春 光池 张郑梁                        国 氏氏氏
世          生 　　 氏氏氏                        生
      ┌───┬───┬───┬───┤                    ┌───┬───┬───┬───┤
十   启 正竹枚  联 延伸张  枢 饶  京  颐  望 张   锡 逸  洪  钧 良  辉  斌
九   元 勋琴氏  元 美楷氏  元 氏  元  元  元 氏   元 桥  元  元 牧  元  元
世
```

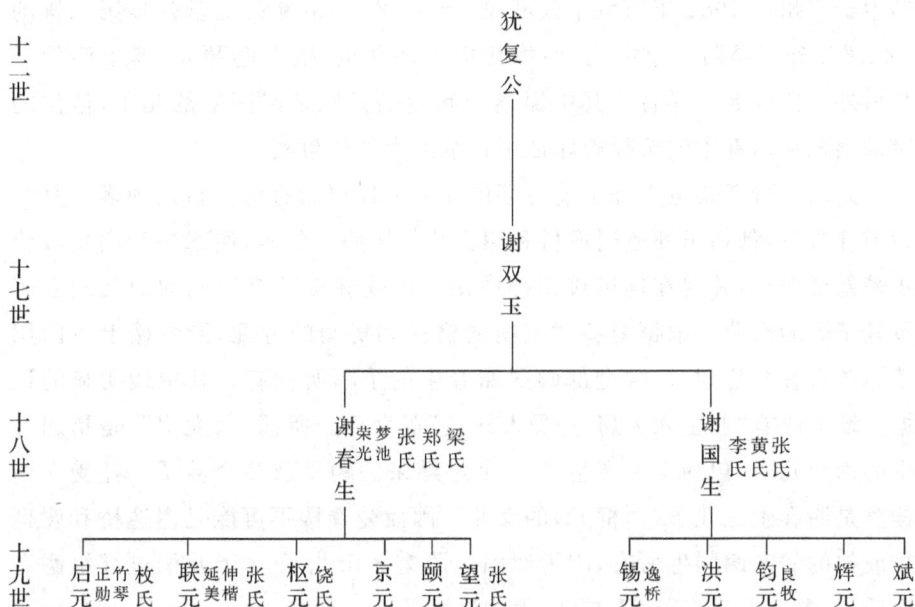

资料来源：笔者根据《松东镇谢氏族谱犹复公世系》整理和制作。

铜琶村谢家大屋群中的主建筑是三堂四横的"荣禄第"，那是谢春生晚年为自己所盖建的围龙屋。荣禄第具体建成于何年尚待查证，但可确定的是在谢春生1895年就任槟城代理副领事之后，因为同年他给槟城客家大老郑景贵祝贺75岁大寿时，他的头衔还是"诰授资政大夫 赏戴花翎 钦加知府衔候选同知署理槟榔屿等处副领事官"①，资政大夫是正二品大官。谢春生盖大屋的时候，已经被赐封为从一品大官的荣禄大夫了。

2005年，笔者在铜琶村进行田野考察时，荣禄第的上堂已经见不到神龛上有祖先牌位或神像，但仍可看到7幅放大的照片分两排张挂在上堂正面的墙壁上，上排的两张照片分别是谢春生和他的夫人梁氏。谢夫人梁氏的照片底下还有一行说明文字："十八世祖妣谢母梁瑞鸣遗像。"按《谢氏族谱》记录，18世谢春生有三位夫人，分别是张氏、郑氏和梁氏。张氏是谢春生在荷属婆罗洲坤甸所娶的原配，第二夫人郑氏身份不详②，第三夫人梁瑞

---

① 笔者2009年5月4日考察槟城"慎之家塾"时抄录。另见陈耀威提供的《恭祝诰授资政大夫慎之世伯观察大人七秩晋五荣寿大庆寿屏》文字稿。

② 根据槟城嘉应会馆的谢梦池长生禄位，其第二位太太为郭氏。因此到底是长生禄位的郭氏还是族谱上的郑氏，有待进一步考证。

鸣生于广州,①1984 年逝世于槟城,享年 97 岁。②荣禄第上堂张挂第二排的
5 张照片分别是嗣子谢枢元、谢枢元夫人饶环英、嗣子谢颐元、养子谢望元
及另外一位姓名不详者。其中谢枢元和谢颐元原是谢国生的儿子,他们的
遗像出现在谢春生的荣禄第印证了过继给大伯的事实。

此次田野考察也考证了爱春楼的业主和住户的身份。目前很多文献谈
到爱春楼时,都指出那是谢逸桥和谢良牧的居所。的确,谢逸桥和谢良牧曾
在爱春楼居住,并曾在这里接待孙中山。但爱春楼还是他们的伯父谢春生
及其子嗣的产业。根据爱春楼屋内的格局和房间的分配,爱春楼上下两层
楼总共有廿余房间,产权全部归属谢春生的子嗣所拥有。其中最明显的证
据是墙上漆有"业主六大房 托受人桂兰"等字样。所谓"六大房",是指谢春
生的六个儿子,包括 1 个亲生子、3 个过继来的嗣子及 2 个养子。托受人谢
桂兰是谢春生三儿子(谢枢元)的女儿。因而爱春楼不可能是谢逸桥和谢良
牧或他的父亲谢国生所有,因为谢国生原有 8 个儿子,3 个儿子过继给谢春
生后,只剩下 5 房,所以不是"六大房"。

再细看房间的分配,虽然大屋年久失修,而且经过十年"文革"的破坏,
仍然可以看到大部分房间外都漆写上业主的姓名,其中大儿子谢启元有 3
间、两儿子谢连元(联元)有 3 间、四儿子谢京元有 4 间、五儿子谢颐元有 2
间,以及幼子谢旺元(望元)有 4 间。其他房间因为被破坏得比较严重,已无
法看清楚相关字迹了,所以无法确定每一房儿子所分配到房间的数量,但所
有能辨别的名称都是谢春生的儿子,所以爱春楼是谢春生留下的产业是毋
庸置疑的。

简言之,本章不只论述了谢春生担任领事官时的四种社会角色,也对比
了南洋地区中文报章和英文报章对中国领事官活动报道的不同倾向,中文
报章比较关心领事官的慈善和社会公益活动,而英文报章更关注领事官作
为华人富商的角色。最后,跨域田野考察也厘清了谢春生的家庭成员结构
和关系,包括他的夫人和儿子的身份。

---

① Queeny Chang, *Memories of a Nonya*. Singapore: Eastern Universities Press, 1981, p. 49.
② 《讣告》,《星槟日报》,1984 年 7 月 17 日,第 28 版。

# 附录一:《槟城新报》有关谢荣光和梁碧如的报道

## 《槟城新报》有关谢荣光①领事官任内(1895—1903,1907)活动的报道

| | | | 慈善公益类报道共计 16 则 | |
|---|---|---|---|---|
| 序号 | 日期 | 标题 | 摘要 | 备注 |
| 1. | 1895/09/26 | 捐修义学 | 改造英文义学。领事府谢君梦池与郑君景贵倡首捐银 500 元。 | 教育 |
| 2. | 1896/03/19 | 义学重兴 | 董事张君肇燮、谢君荣光、梁君乐卿、谢君增煜、林君花镭、谢君德顺诸君子劝捐义学。 | 教育 |
| 3. | 1896/08/19 | 本地风光 | 中国驻槟城副领事官谢司马梦池,慷慨鹤俸 200 元以备义学幼童打球添买器材。 | 教育 |
| 4. | 1897/01/27 | 为民请命 | 印度凶荒。本埠领事官谢司马梦池及梁君乐卿、林花簪等五人为首襄办赈务。 | 赈灾 |
| 5. | 1898/04/06 | 捐赈告白 | 捐赈广东省饥荒银项与绅商芳名:谢荣光捐 200 元。 | 赈灾 |
| 6. | 1898/07/19 | 本坡捐赈汕荒缘款录登 | 本坡诸君捐赈汕荒的情况:谢荣光捐银 400 元。 | 赈灾 |
| 7. | 1899/10/17 | 槟城建置华人病房公启 | 本埠欲建置华人病房以防将来痘症、核症、瘟疫之患,谢荣光喜缘银 5000 大元。 | 医病 |
| 8. | 1899/11/16 | 福缘善庆 | 槟城福人社宣讲圣谕,诸善长捐资芳名列出:谢梦池 10 元。 | |
| 9. | 1900/12/04 | 捐资恤寡 | 乐善诸君捐恤者的名单:谢春生捐银 25 元,以供孀妇养儿。 | 恤孤 |
| 10. | 1900/03/31 | 赈款初纪 | 印度饥荒。各华商捐款芳名:谢春生。 | 赈灾 |
| 11. | 1901/03/01 | 建置华人病房捐缘绩启 | 我埠华人前年所患痘症、建设华人病房以惠众。郑景贵、谢荣光、张振勋等 31 位为办理捐缘等事。 | 医病 |
| 12. | 1902/02/04 | 恤老怜贫 | 本屿一对老夫妇,年老无依。义助诸君芳名:谢春生 25 元。 | 安老 |
| 13. | 1902/05/22 | 乐善好施 | 本埠华人捐助英京医科学堂经费:谢君春生捐银 300 元。 | 教育 |

---

① 谢荣光,字梦池,号春生。"谢荣光""谢梦池"与"谢春生"在《槟城新报》中互用。

续　表

| 慈善公益类报道共计 16 则 | | | | |
|---|---|---|---|---|
| 序号 | 日期 | 标题 | 摘要 | 备注 |
| 14. | 1902/08/11 | 倡捐学堂 | 嘉应谢君梦池久任槟屿捐州属松口一保小学堂。捐巨款以为倡,则绅商继捐。 | 教育 |
| 15. | 1902/11/17 | 第一次捐题赈济粤东灾饥缘款芳名 | 谢荣光捐银 1000 元。 | 赈灾 |
| 16. | 1902/11/24 | 第一次捐题赈济厦门等处灾饥缘芳名 | 中国驻槟城领事府谢梦池都转捐大银 1000 元。 | 赈灾 |

| (英)庆典(捐款等)类报道共计 11 则 | | | | |
|---|---|---|---|---|
| 序号 | 日期 | 标题 | 摘要 | 备注 |
| 1. | 1897/03/05 | 会议庆贺 | 商议办理庆贺英维多利亚女皇登极 60 周年,华民政务司来文协力人员数量少,添加人士梁乐卿、谢春生、林花簪等共六人。 | 庆贺 |
| 2. | 1897/04/20 | 复议庆典 | 商量庆典开销和用计,谢春生捐银 200 元。 | 庆贺 |
| 3. | 1897/06/24 | 恭读颂文 | 本埠各籍绅商同拜访大英公馆,宣读颂文,借此庆祝,谢荣光等人恭读。 | 庆贺 |
| 4. | 1902/01/28 | 议设纪念详记 | 各色商绅参议设英先女帝纪念会堂及设一先女帝打球及玩耍草埔。购地诸事宜,推举诸协理人:华商谢增煜、颜五美……谢春生。 | 纪念 |
| 5. | 1902/05/03 | 平章会议 | 诸协理议捐题款项建英女帝纪念事宜。杨章才推举谢春生、林君克二人为掌管捐题银项,谢自友起而赞之。 | 纪念 |
| 6. | 1902/03/13 | 会议照录 | 建立英先女帝纪念一事宜办捐资并恭奉女帝遗像于平章公馆以垂不朽。举捐资纪念诸协理。所举诸君:谢增煜、谢春生…… | 纪念 |
| 7. | 1902/04/11 | 炮舰来槟 | 英国炮舰荷兰多于初一由叻抵屿。中国驻槟副领事到该炮舰拜谒其统带官后返陆时,舰上鸣炮致送。 | 外交 |
| 8. | 1902/05/07 | 会议庆典 | 会议庆贺英皇爱德华七世加冕事宜。梁乐卿、黄进聪、谢春生及伍时信为劝捐大街、百索街、义兴街等处。 | 加冕 |
| 9. | 1902/05/16 | 盛事预闻 | 恭逢加冕庆典。本屿官商议定各节。管理银项人:华商林君克、辜祯善、领事府谢春生、华商梁乐卿、华商谢增煜。 | 加冕 |

| (英)庆典(捐款等)类报道共计 11 则 | | | | |
|---|---|---|---|---|
| 序号 | 日期 | 标题 | 摘要 | 备注 |
| 10. | 1902/06/20 | 乐题庆典 | 本埠华商与英国官商协办英皇加冕事宜,蒙黄进聪、梁乐卿、谢春生、伍时信诸君向各街商翁劝捐列明:谢荣光捐 150 元,张振勋捐 150 元,梁乐卿捐 100 元…… | 加冕 |
| 11. | 1902/06/21 | 乐题庆典续昨稿 | 本埠华商与英国官商协办英皇加冕事宜,蒙黄进聪、梁乐卿、谢春生、伍时信诸君向各街商翁劝捐列明……(省略商号店名) | 加冕 |

| 接待亲王使臣类报道共计 4 则 | | | | |
|---|---|---|---|---|
| 序号 | 日期 | 标题 | 摘要 | 备注 |
| 1. | 1897/03/30 | 星使抵叻 | 罗稷臣星使乘坐法国邮轮前来,抵达新山码头,新加坡总领事张弼士观察率同翻译官刘葆森、太守随员沈鼎之,本埠副领事谢梦池,包括绅商林文庆等十余人上船迎接。 | |
| 2. | 1902/03/03 | 槟城官话 | 两广委员吴实钦司马由息立岛游于槟榔屿。中国领事谢梦池观察开筵燕闲别墅以宴司马,并邀何惠基明府及闽粤诸大商共绅东道之谊。 | |
| 3. | 1902/04/11 | 钦使过境 | 中国派驻英义比钦差张德彝星使出洋抵屿。中国驻槟领事谢荣光观察偕同梁廷芳司马,张韶光司马下船谒见并请张星使同夫人参赞等登陆至谢领事府邸。 | |
| 4. | 1902/05/06 | 贝勒过槟 | 中国专使到槟。张观察弼士谢领事梦池赴船拜谒。请登岸到领事府少息,到观察府茶点,复到领事府赴宴。 | |

| 来函照录及启事类报道共计 4 则 | | | | |
|---|---|---|---|---|
| 序号 | 日期 | 标题 | 摘要 | 备注 |
| 1. | 1899/11/02 | 来函照登 | 昨天接奉领事府来函,漳泉人民在外域做买卖受欺。闽浙总督部堂奏奉。论旨要求在厦门设立保商总局,外奉送一份请报馆登报。谢荣光启。 | |
| 2. | 1902/01/04 | 两广总督批词照录 | 顷接本坡中国领事署内开□代理本坡中国领事梁(梁碧如)接奉。督宪关心心瘼,登报俾告心怀故国者云云。本馆奉此仰见现领事。谢督转(谢春生)留心民事具有挚诚。 | |

续　表

| 来函照录及启事类报道共计 4 则 | | | | |
|---|---|---|---|---|
| 序号 | 日期 | 标题 | 摘要 | 备注 |
| 3. | 1902/04/10 | 书函照录 | 挨律师指谢君(谢荣光)实许送炮一事。谢君对此有一函刊于西报:我指托友人杨秀苗往见挨律师说明我并无许送大炮之意。挨律师有一函刊于西报。信中指读了谢君刊于报上一函:我记得杨秀苗说不是谢君许送大炮,而是购之举,谢君愿倡捐。 | |
| 4. | 1902/04/11 | 书函照录 | 今杨君致西报之函译录如下:更正挨君之说。我带谢君(谢荣光)见挨律师后据挨君之意以为劝捐之事已有头绪。我建议劝捐,意思是劝捐一事是挨君责任,而非谢君。 | |
| 副领事交接类报道共计 2 则 | | | | |
| 序号 | 日期 | 标题 | 摘要 | 备注 |
| 1. | 1901/12/17 | 近闻汇纪 | 本坡中国领事谢梦池都转于八月间乞假回籍,为其封翁九秩庆祝寿辰。都转之前因办理陕西赈捐,被赏给二品顶戴奉。闻本坡护理中国领事,梁碧如司马现接家电,惊悉其太夫人仙逝,将领事印章交给谢都转接任,于本月中旬奔丧回籍。 | |
| 2. | 1903/02/10 | 领事履新 | 风闻原任本领中国领事谢春生已请致仕,推荐其婿梁辉。 | |
| 其他报道共计 3 则 | | | | |
| 序号 | 日期 | 标题 | 摘要 | 备注 |
| 1. | 1898/01/17 | 承办饷码芳名 | 各华商承办新加坡、马六甲、槟城三处烟酒饷码。槟城有林克全、谢双玉(谢春生父亲)、戴喜云等,槟城共有九人。 | 私人商务 |
| 2. | 1899/12/08 | 吉隆近事 | 吉隆坡西子报内登载,陆弼臣(陆佑)向任吉隆坡议政局员之职位,近以年老事繁,请辞此职务,说甲政谢梦池女婿周文贤,堪当此职位。 | |
| 3. | 1901/12/19 | 会议二记 | 本埠商民因三州府国家疑设执挂沙官一事,定协理 20 人以商办定此事。诸协理集聚会议,有谢增煜、谢春生、颜五美、辜祯善等。谢增煜为主席,辜祯善为司理。 | 当地政务 |

**《槟城新报》有关梁碧如①领事官任内(1903—1907)活动的报道**

| 序号 | 日期 | 标题 | 摘要 | 备注 |
|---|---|---|---|---|
| | | 慈善公益类报道共计 10 则 | | |
| 1. | 1903/07/11 | 第七次捐题赈济广西灾饥缘款芳名 | 谢荣光,梁廷芳各捐银 500 元。 | 赈灾 |
| 2. | 1904/04/25 | 集议兴学 | 议创南华学校(中华学校)。先由闽粤绅商公举总理姓名,总理人张弼士侍郎、胡子春、梁碧如、林花簪、谢梦池…… | 教育 |
| 3. | 1904/04/28 | 学堂捐款芳名初志 | 平章会馆再议中华学校事宜,首先公举张弼士侍郎、林克全翁为管银钱总理,旋公举梁碧如领事、林花簪、胡子春、谢德顺为学堂干事总理。<br>劝捐中华学堂购置堂籍地图并器具:梁碧如领事 5000 元、谢梦池 5000 元。<br>劝捐中华学堂逐年长捐经费:梁碧如领事 500 元、谢梦池 500 元。 | 教育 |
| 4. | 1904/05/16 | 四月初一日槟榔屿中华学校开课领事官梁璧如司马讲义 | 今日槟城中华学堂之设言其大可以救国,言其小可以致富,言乎私可以利己,言公可以达人谅。<br>有此学堂,已通西学者就能中西都通,邃得科目得禄位扬名显亲。 | 教育 |
| 5. | 1904/05/17 | 纪槟榔屿中华学校开学之盛 | 本屿中华学校开办速成夜课。是日下午闽粤两省各大总理到校者数十人,闽粤学生 50 余人。教习诸君登堂举行开学典礼。随由槟城领事官梁公璧如讲贯大义时,观听者数百人。宣讲之余拍掌举手和声鸣盛。 | 教育 |
| 6. | 1904/05/27 | 中华学校近状 | 闻梁领事官璧如拟捐废择地设一学务处,以便各总理之会议。将家传书籍备置其间为教习参观博览。 | 教育 |
| 7. | 1904/06/10 | 志槟榔屿学校 | 梁领事官璧如捐廉开设会议学务处,各大总理昨已面定会期朔望之日来该处会议一次。 | 教育 |
| 8. | 1904/07/06 | 文旌□校 | 赖焕文大使际熙粤昨夜偕领事官梁公碧如命驾中华学校观察教科。 | 教育 |

---

① 梁碧如,亦作璧如,字廷芳,又名梁辉。"梁碧如""梁璧如""梁廷芳"与"梁辉"在《槟城新报》中互用。

续　表

| 慈善公益类报道共计 10 则 | | | | |
|---|---|---|---|---|
| 序号 | 日期 | 标题 | 摘要 | 备注 |
| 9. | 1904/07/09 | 乐善好施 | 本屿绅商为贫病医院施棺芳名录：谢春生 200 元……梁碧如 100 元。 | 病老 |
| 10. | 1904/12/20 | 商部代奏侍郎衔考察外埠商务大臣太仆寺卿张振勋请 | 张振勋与谢荣光等议建中华学堂。试办经费暂由振勋暨同志候选道谢荣光、江西试用知府张鸿南、福建试用同知梁廷芳等先行筹集垫用。 | 教育 |

| （英）庆贺类报道共计 1 则 | | | | |
|---|---|---|---|---|
| 序号 | 日期 | 标题 | 摘要 | 备注 |
| 1. | 1905/05/15 | 华人建设英先女帝纪念打球埔 | 华人捐建女帝纪念列明：胡子春捐银 5000 元，谢春生捐 2000 元，梁辉捐 2000 元，林克全捐 2000 元…… | |

| 接待（中）亲王使臣报道共计 1 则 | | | | |
|---|---|---|---|---|
| 序号 | 日期 | 标题 | 摘要 | 备注 |
| 1. | 1901/10/25 | 迎驾 | 醇亲王由德返国，所乘德国美燕邮轮到屿，中国驻屿领事梁碧如、驻新加坡领事罗（罗忠尧）即偕屿中各绅商等数十人至码头恭候，先由领事恭谒船上，请王驾登岸。登岸先到平章公馆吃茶点，随往领事府复进茶点，然后返船，罗梁领事随护而往。 | |

| 来函照录及启事类报道共计 3 则 | | | | |
|---|---|---|---|---|
| 序号 | 日期 | 标题 | 摘要 | 备注 |
| 1. | 1904/12/16 | 照录两广学务处照会本屿领事官函 | 三月侍郎衔候补一品京堂张振勋暨敝前任布政司衔候选道谢荣光先后到槟敝副领事与之熟筹速成办法…… | |
| 2. | 1904/12/17 | 续录两广学务处照会本屿领事官函 | 兴学育才首在教育普及尤以启发爱国心为第一义。生长外域渐染异俗，若不导以本国之文化，久之性情尚天然各殊。贵副领事有见此，和绅商议设中华学校，踊跃从事认捐开校等工作。<br>代理槟榔屿等照会副领事官　梁（梁碧如） | |
| 3. | 1904/12/31 | 华官文告 | 代理槟榔屿等处领事官花翎福建领袖军民府梁（梁碧如）钦命管理僧录司印正堂觉，移会内槟榔屿鹤山极乐寺住持僧妙莲监院僧。 | |

续　表

| 副领事交接类报道共计 3 则 | | | | |
|---|---|---|---|---|
| 序号 | 日期 | 标题 | 摘要 | 备注 |
| 1. | 1901/12/17 | 近闻汇纪 | 闻本坡护理中国领事，梁碧如司马现接家电，惊悉其太夫人仙逝，司马性孝，哀痛欲绝，将领事印章交给谢都转接任，于本月中旬奔丧回籍。 | |
| 2. | 1902/01/04 | 两广总督批词照录 | 顷接本坡中国领事署内开□代理本坡中国领事梁（梁碧如）接奉。督宪关心民瘼，登报俾告心怀故国者云云。 | |
| 3. | 1903/02/10 | 领事履新 | 风闻原任本领中国领事谢春生已请致仕，推荐其婿梁辉。 | |

# 附录二：《海峡时报》有关谢荣光和梁碧如的报道

## 《海峡时报》(*The Straits Times*)有关谢荣光领事官任内
## (1895—1903, 1907)活动的报道

| 社交活动类报道共计 1 则 | | | | |
|---|---|---|---|---|
| 序号 | 日期 | 标题 | 摘要 | 备注 |
| 1. | 1895/11/30 | The Brother's School | The function at the Brother's School took placed. The Hon'ble Resident Councillor and Capt Ah Kwee（郑景贵）occupied the two seats of honour whilst round them sat Messrs Vermont and Howard，the Rev. H. Rivet，the Chinese Consul（谢荣光）and several other Chinese gentlemen of distinction. | |

| 接待亲王类报道共计 1 则 | | | | |
|---|---|---|---|---|
| 序号 | 日期 | 标题 | 摘要 | 备注 |
| 1. | 1901/08/06 | Untitled | Prince Chun（醇亲王）arrived at Penang on Thursday last. He was welcomed by a gathering of 2000 Chinese. He drove to the Governor's quarters and proceed to the Chinese Consul's（谢荣光）residence where a deputation of Chinese merchants presented an address. | |

续　表

| 领事官职交接类报道共计 1 则 | | | | |
|---|---|---|---|---|
| 序号 | 日期 | 标题 | 摘要 | 备注 |
| 1. | 1901/09/28 | Untitled | Mr. Liang TingFang（梁廷芳）is now the acting Vice Consul for China at Penang during the absence from the Settlement of Mr. Sia YuenKwang（谢荣光）. | |

| 其他类报道共计 1 则 | | | | |
|---|---|---|---|---|
| 序号 | 日期 | 标题 | 摘要 | 备注 |
| 1. | 1897/08/31 | Pahang Mining, Chinese Consular Partnership | Towkay Loke Yew（陆佑）, one of the best enterprising men in Selangor. He has taken venture in hand in Pahang. Secured about 4000 acres of mining land in the Bentong district. Loke Yew will have partners in his venture, the Chinese Consul in Singapore（张弼士）and Vice-Consul in Penang（谢荣光） | 私人事业 |

### 《海峡时报》(*The Straits Times*)有关梁碧如领事官任内 (1903—1907)活动的报道

| 接待(中)大臣类报道共计 1 则 | | | | |
|---|---|---|---|---|
| 序号 | 日期 | 标题 | 摘要 | 备注 |
| 1. | 1906/07/11 | Chinese Commissioners Welcomed at Penang by fellow Countrymen | The Chinese Imperial Commissioners, H. E. Tuan Fang（端方）. Viceroy of Woo Nam and Woo Pak, and H. E. Tai Huang Thz, President of the Board of Revenue, have arrive at Penang on board the German Mail. Their Excellencies were received at the jetty, privately, by the Chinese Consul（梁碧如）, all the leading Chinese residents, and a number of schoolboys. The Commissioners breakfasted at the Consul's residence, drove around the town and district, and then returned on board the German Mail, by which steamer they are proceeding to Singapore. | |

续　表

| 副领事交接类报道共计 2 则 | | | | |
|---|---|---|---|---|
| 序号 | 日期 | 标题 | 摘要 | 备注 |
| 1. | 1901/09/28 | Untitled | Mr. Liang TingFang（梁廷芳）is now the acting Vice Consul for China at Penang during the absence from the Settlement of Mr. Sia YuenKwang（谢荣光）. | |
| 2. | 1903/02/06 | Untitled | Towkay Leong Fee（梁辉）of Ipoh, the owner of the Tambun tin mine, has, it is said, been appointed Chinese Consul at Penang. | |

| 其他类报道共计 3 则 | | | | |
|---|---|---|---|---|
| 序号 | 日期 | 标题 | 摘要 | 备注 |
| 1. | 1905/09/14 | Penang Letter. Rabies | Our rabies epidemic seems to have been completely stamped out now. The owners of plantations are complaining of the crusade, for they say that nearly all their dogs have been shot, and the thieves have been taking full advantages, with the result that fruit stealing. Can you tell us why we have heard no more of the generous offer of Mr. Leong Fee（梁辉）to give a Pasteur Institute for the Straits and States? | |
| 2. | 1903/09/09 | Untitled | The output of Tambun Mine at Ipoh, belonging to Mr. Leong Fee（梁辉）, for the month $20^{th}$ July to $20^{th}$ August, ult, was 6320 piculs of tin ore, which valued as low as say $72 per picul, equals $455040. | 私人事业 |
| 3. | 1904/12/15 | Untitled | Mr Warren D. Barnes, the Secretary for Chinese Affairs, has been at Kuala Lumpur to letting out of the Coast Chandu Farm. Tender, Messrs. Eu TongSen（余东璇）, Foo ChooChoon（胡子春）and Leong Fee（梁辉）. | 私人事业 |

# 第九章　梁碧如：侨领、教育家和慈善家

梁碧如是清廷驻槟城第四任副领事，上章提过，从新加坡总领事黄遵宪推荐张弼士为第一任槟城副领事开始，续任的副领事张煜南和谢春生都是客家人，而且有多重的人际关系，包括方言群、上下属或事业合伙人、姻亲等关系。梁碧如接任副领事一职，也不例外。梁碧如也是嘉应州梅县（今梅州市梅江区）客家人，与谢春生是事业合伙人，他们曾合资创办吡叻咖啡山锡矿公司。此外，梁碧如也是谢春生的女婿。这些关系都是梁碧如登上副领事一职的有利条件。因为梁碧如当时虽然也是富商之一，但论财力和社会声望，都没有比当时其他的福建籍和广府籍的富商显著。尤其是他在出任副领事之前，对槟城华人社会的慈善事业，也没有特别突出的贡献，直到上任以后，由于职责所在，要以身作则，才积极地领导和参与慈善活动。

## 一、梁碧如的生平和就职

南洋人物列传或会馆文献中对梁碧如（1857—1912）的生平事迹只有简介。d 在这些资料中，梁碧如又名梁辉，字廷芳。根据梁家原乡保存的《锦台公老本族谱》的记录，梁碧如原名广辉，为第二十世祖英创公。[①] 梁碧如1876 年由中国南来槟城谋生，半年后移居马来半岛吡叻州的怡保。他曾担任书记，后改行种植咖啡，最终以采矿致富，并以"咖啡山锡矿家"名闻南洋一带。1895 年受英国殖民地政府委任为吡叻州议政局议员。1900 年亲赴欧洲游历，考察矿务，并顺道购置新式采矿机。不久，受委任为中国清朝政府驻槟城第四任副领事，负责照顾槟城侨民。梁碧如于领事任期内向中国政府呈报《振兴矿务刍言》，开篇即强调开矿之重要（"中国救贫之策，无有逾于振兴矿物者"[②]），然后以自己在南洋的开矿经验，详细提出四大建言，以振兴中国的矿务。（《振兴矿务刍言》全文见本章附录二）朝廷深加赏识，下旨将他的呈文刊登于《商务官报》，广为宣传，以供官民参考。除了关心国家

---

[①] 笔者于 2010 年 6 月 29 日在梅州市梁碧如故居"洁养堂"抄录。感谢其长曾孙梁光羲提供的资料。

[②] 《商务官报》，光绪三十二年(1906)5 月 25 日第 9 期，第 32 页。有关梁碧如矿务观的讨论，可参阅邓宇：《十九世纪末二十世纪初马来亚华人锡矿家跨域经营之研究》，新加坡国立大学硕士论文，2018 年，第 56—57 页。

政经大事外,梁碧如也关注教育事业。他曾出资在家乡创办蒙养学校,让儿童免费上学。梁对侨居槟城的教育慈善事业也不遗余力,先后捐助崇华学堂(后改名为时中学校)和中华学校等。① 1912 年 4 月梁碧如逝世于槟城私邸。其子嗣为发扬父志,创办了璧如女校,以追思纪念。②

在他继任为中国驻槟城副领事之后,梁碧如正式从一名富商晋升为槟城华社领袖。但一些材料和论著对他的任期和真正的职衔却有不同的说法。至今专家学者对梁碧如就职的年份有三种看法,即:1901 年、1902 年和 1903 年。对梁碧如的卸任时间则多认为是在 1906 年底或 1907 年。而有关梁碧如的官衔也出现两种不同的称法,即副领事(或简称领事)或代理副领事。

研究新加坡和槟城领事制度的陈约翰认为梁碧如的任期是 1901 至 1907 年。③ 研究槟城人文历史的专家邝国祥认为梁碧如于"光绪二十七年八月,出任槟榔屿领事"④。光绪二十七年即 1901 年。研究南洋史著名学者许云樵认为梁碧如继任领事的时间是 1902 年,至 1907 年辞职返回祖国调查矿务。⑤《清季中外使领年表》则注明梁碧如的任期是 1903 年 1 月到 1906 年 12 月,而职衔是"代副",即代理副领事。⑥

以上的说法都有争议之处。因此本章从槟城当时最主要的华文报纸《槟城新报》⑦的报道来考证梁碧如的任期和职称。以下三则新闻报道可以提供线索:

> 项闻护理本坡中国领事梁君已接到前途来电言,实授本缺领事谢
> 太守荣光定来月初三(即阳历 12 月 13 日)行旌,可返槟城云云。(1901

---

① 郑永美:《先贤董事》,收入槟城客属公会金禧纪念特刊编委会编《槟州客属公会金禧纪念暨时中学校八十校庆特刊》,槟城槟州客属公会 1990 年版,第 197—198 页。

② 梁碧如又称梁璧如,所以校名为璧如女校。

③ John Chan Cheung, "The Establishment of the Chinese Consulates in Singapore and Penang, 1877—1911," *Sernal Sejarah*, vol. 9 (1970—71), p. 40.

④ 邝国祥:《槟城散记》,新加坡世界书局 1958 年版,第 93 页。

⑤ 许云樵:《星马设领始末考》,《南洋文摘》1960 年第 1 卷第 5 期,第 18 页。《槟榔屿客属公会四十周年纪念特刊》中有关梁碧如事略部分,也注明梁是光绪二十七年(1901)八月受委出任槟城领事,见第 736 页。

⑥ 故宫博物院明清档案部和福建师范大学历史系合编:《清季中外使领年表》,中华书局 1985 年版,第 73 页。

⑦ 《槟城新报》创刊于 1895 年,是槟城最早的华文报章,也是 19 和 20 世纪之交槟城最重要的报纸。有关该报的介绍和政论的分析,见王慷鼎:《初创时期的〈槟城新报〉》,《中教学报》1992 年第 18 期,第 54—60 页;及同著者《〈槟城新报〉政论量的分析(1895—1911)》,收录于陈荣照编《新马华族文史论丛》,新加坡新社 1999 年版,第 251—268 页。

年 12 月 9 日,《本坡近事》)

> 本坡中国领事谢梦池(即谢荣光,谢春生)都转,于八月间乞假回籍,特为其封翁九秩开一寿辰舞彩称觞。现都转已于初四日行抵本屿回任视事矣。(1901 年 12 月 17 日,《近闻汇记》)

> 闻护理本坡中国领事梁碧如司马现接家电,惊悉其太夫人仙逝。司马性孝,哀痛欲绝,乃立将所护理领事印交回谢都转接任,即拟本月中旬搭英公司轮船奔丧回籍云。(1901 年 12 月 17 日,《近闻汇记》)

这三则新闻报道证实第三任副领事谢荣光曾于 1901 年 9 月(光绪二十七年八月)回去中国家乡为父亲祝寿,至 1901 年 12 月 14 日(农历十一月初四)才返抵槟城。谢荣光返国其间,副领事一职由梁碧如"护理",即代理也。因此可以断定梁碧如曾经在 1901 年短暂代理副领事一职,为期三个月左右。正巧在谢荣光回到槟城的时候,梁碧如突然接到其母逝世的噩讯,匆忙赶回祖籍奔丧。没有资料说明梁碧如何时返回槟城,但可以确定的是,从 1901 年 12 月以后,谢荣光继续担任副领事一职直至 1903 年 1 月。因为其间有多则有关槟城华人社会的新闻报道,都清楚地指明谢荣光副领事参与其事,其中包括 1902 年 3 月设宴款待到访的两广委员吴质钦司马,同年 5 月协助筹办英皇加冕庆典,以及 1902 年 11 月筹赈厦门等地饥灾等活动。[1] 谢荣光于 1903 年 1 月卸下副领事一职,并推荐曾担任代理副领事的梁碧如继承重任。由此可以确定梁碧如曾先后担任暂代副领事(自 1901 年 9 月至 12 月)和正式任命的代理副领事(自 1903 年 1 月起)。1905 年 1 月,梁碧如真除副领事一职,[2]至 1907 年卸任。

## 二、梁碧如的护侨任务与表现

梁碧如正式接任副领事一职时,受到槟城各界的重视和肯定。当中国政府正式通知英国政府此项任命时,槟城的英国官员"乐为接待"。[3] 而且,

---

① 《槟城官话》,《槟城新报》,1902 年 3 月 3 日,第 2 版;《盛事预闻》,《槟城新报》,5 月 16 日,第 2 版;《兹将第二次捐题赈济厦门等处灾饥缘芳名列左 续捐再录》,《槟城新报》,11 月 24 日,第 6 版。
② 张晓威:《晚清驻槟榔屿副领事之角色分析(1893—1911)》,台北政治大学博士论文,2005 年,第 113 页。
③ 《领事履新》,《槟城新报》,1903 年 2 月 10 日,第 2 版。

当地报章对梁碧如的评语是："南洋巨商，致富有术，才略亦优。今中国正外交需才之时……想梁君必有一番新猷，以慰人望也。"①由此可见华人社会对梁碧如的正面评价和期望。

要评估梁碧如任期内的表现，就要看这位槟城副领事有没有达成指定的外交任务，进而建立个人声望，以及有没有对华人社会作出贡献。前者是官方的职责，后者则是非官方任务。

槟城副领事的第一个官方任务是照顾华商和华民。中国驻英国公使薛福成于 1890 年奏请在槟城等地设置副领事时曾提到，虽然中国领事在南洋无管辖华民之权，但有保护华民之责。② 可惜梁碧如在这方面没有太大的发挥空间，因为槟城与其他南洋商埠不同，华人社会内部的组织力相当强。从 1800 年广福宫创建以来，广福宫的领导层便负起照顾华民和协调华人纠纷的任务。③ 到了 1881 年平章公馆成立后，华人社会的组织更严密，而且也各司所长。1890 年 3 月海峡殖民地政府成立城华人参事局（Chinese Advisory Board），委任广、福、客、潮四帮的富商共 17 人为委员，④代表华社将民意反映给英国殖民地政府，争取福利。同时，华人委员也负责将海峡殖民地政府的政策，传达给全体华人，使华人与英政府有直接沟通的管道。1903 年 6 月槟城华商也相当自发地成立槟城华人商务局，协调和解决华商所面对的问题。⑤ 因此，到了 20 世纪初期，槟城华人无论在宗教信仰上，日常事务上，与英国政府的交涉上，以及在维护自身商业利益上，都能寻求专门的机构的帮助，槟城领事显得英雄无用武之地。

梁碧如的第二个官方任务是接待来访的中国官员和过境的皇亲国戚。在这方面梁碧如表现得非常称职，每次都率同当地富商和侨领，殷勤地招待

① 《领事履新》，《槟城新报》，1903 年 2 月 10 日，第 2 版。

② 薛福成：《使英薛福成奏英属各埠拟添设领事保护华民摺》，收录于王彦威、王亮编《清季外交史料》（第 83 卷），文海出版社 1963 年版（影印本），第 33—36 页。

③ 有关广福宫的创建和其在当地社会的角色，见陈剑虹：《槟榔屿广福宫史话》，收录于广福宫纪念特刊编委会编《槟榔屿广福宫庆祝建庙 188 周年暨观音菩萨出游纪念特刊》，槟城广福宫信理部 1989 年版，第 34—36 页。

④ 17 名委员为广帮的陈丽琴、周兴扬、陆炳时、梅福星，客帮的张韶光、谢双玉，潮帮的许武安、纪来发、陈江福，福帮的李振传、谢增煜、谢有义、邱心美、陈锦庆、陈心和、杨章柳和林花簪。见 Generad Notification No. 187, *Straits Settlements Government Gazette*, 28 March 1890；陈剑虹：《平章会馆的历史发展轮廓，1881—1974》，收录于槟州华人大会堂特刊编辑委员会《槟州华人大会堂庆祝成立一百周年/新厦落成开幕纪念特刊》，槟城华人大会堂 1983 年版，第 138 页。

⑤ 有关槟城华人商会成立的背景和发展，见郑永美：《槟州中华总商会战前史料》，收录于槟州中华总商会钻禧纪念特刊编辑委员会编《槟州中华总商会钻禧纪念特刊》，槟城槟州中华总商会 1978 年版，第 75—87 页。

访客。在梁碧如代理及正式担任副领事期间,先后接待的访客和贵宾包括1901 年过境的醇亲王①,1904 年来视察中华学校的赖焕文太史②,以及1905 年来鼓励华商回国投资的张振勋太守。③ 以下举醇亲王的过境为例。醇亲王于 1901 年 10 月由德国返国途中短暂停留槟城。槟城副领事梁碧如随同专程赶来的新加坡总领事罗忠尧隆重接待。根据当地的《槟城新报》的报道:"中国驻屿(即槟城)领事梁,驻叻(即新加坡)领事罗,即偕同屿中各绅商等数十人躬至码头恭迎。先由两领事恭诣船上请王驾登岸。"④可是醇王因长途跋涉,身体不适,再加上天气欠佳,下着细雨,因此没有上岸。但他仍下令随员登岸,分别在平章公馆和梁领事府接受茶点款待。午后,随员们返回船上。罗忠尧总领事和梁碧如副领事也登船,亲自随护醇亲王一行人南下新加坡。报章还指出,虽然醇亲王本人没有亲自上岸,但槟城市区"各华人商户,无不张灯结彩,并悬挂中英两国旗,沿途锦片缤纷,甚形热闹。足为我中国人心振兴之象也"。⑤ 由此可知醇亲王的过境,是华人社会中的一件大事。而领导华商和华民迎接醇亲王的正是驻当地的中国领事。其实,槟城领事不只是要款待中国官员,英国的贵宾也要接待,例如 1907 年 2 月梁碧如也曾率同当地侨领招待来访的英国皇族康乐公爵(Duke of Connaught)及其夫人和女儿。⑥

　　槟城副领事的第三个官方任务是办理与清廷有关的庆典活动。每当清朝皇帝及太后华诞的时候,梁碧如要负责各种庆祝活动,包括广邀当地富商和侨领到领事府参加庆典和餐会,并借此机会向当地华人灌输爱国精神和效忠清廷的思想。习惯上,庆典会场上会摆设龙扆一座,作为清朝皇权的象征。受邀的华商领袖,按官阶和身份地位的高低列队,行跪叩大礼。然后,由官位最高的一人朗读颂文以表效忠之诚。⑦ 对于这类庆贺活动梁碧如不敢怠慢,每次都办得有声有色。

　　梁碧如的第四个官方任务是劝槟城华人捐款救灾,尤其是中国各地发生了灾难所导致的饥荒时,梁碧如常以身作则,带头乐捐巨款。例如,在

---

① 《本坡华商上 醇亲王南洋风土略述》,《槟城新报》,1901 年 10 月 25 日,第 1—2 版。

② 《文旌莅校》,《槟城新报》,1904 年 7 月 6 日,第 2 版。

③ 《论潮汕铁路闹事日领之要索》,《槟城新报》,1905 年 3 月 9 日,第 1 版。

④ 《迎驾略述》,《槟城新报》,1901 年 10 月 25 日,第 2 版。

⑤ 《迎驾略述》,《槟城新报》,1901 年 10 月 25 日,第 2 版。

⑥ 《欢迎康乐公之纪略》,《槟城新报》,1907 年 2 月 20 日,第 3 版;康乐公爵等人也曾停留新加坡并受到当地华人领袖的欢迎,见 Song Ong Siang, *One Hundred Years' History of the Chinese in Singapore*. Singapore: University of Malaya Press, 1967, pp. 410-412.

⑦ 黄建淳:《晚清新马华侨领袖进阶模式的探讨(二)》,《国史馆馆刊》1993 年第 15 期,第 80 页。

1903 年捐赈广西灾饥的活动中，梁碧如捐款 500 元，名列榜首。① 中国灾区的政府也常派专员来南洋劝请华侨捐款赈灾。而梁碧如则负责接待和协助这些专员，使募款工作得以顺利进行。

综合以上所论，梁碧如在四项官方任务中，除了第一项可发挥空间比较小之外，其他三项都表现得很称职。由于梁碧如在接待到访官员、筹办庆典和筹款捐赈活动中扮演领导的角色，为他在华人社会中建立了个人声望。如果说梁碧如的官方任务为他树立了社会地位，他在非官方活动中所扮演的角色则使他对槟城华人社会发挥更大的影响力，尤其是在华文教育和慈善事业上的贡献。

### 三、梁碧如的教育和慈善事业

梁碧如对于槟城华文教育的最大贡献，在于他大力推动中华学堂的创办。中华学堂成立于 1904 年，是槟城第一所新式的华文学校。在 1904 年以前槟城的华文教育属于传统的私塾或书塾教育，由富裕人家请老师在家中教授自己的孩子，或在宗乡会馆里教导同乡或同宗的子弟。学生所读的是《三字经》《千字文》《孝经》《四书》和信札作文等。老师是用方言来讲课和教学。早在 1888 年开办的南华义学，即属于此类传统学塾。②

中华学堂的一个特点是以华语教学，以取代旧私塾和书塾所采用的方言，如此便能同时接收闽、粤、客、潮、琼等各籍贯的学生子弟，消除华人社会中因方言所带来的隔阂。用华语教学的背景和好处，在该学校的章程中有清楚的说明：

> 槟城闽、粤同居异语。闽则漳、泉殊音；粤则广、潮、客、琼不通，言情之难通，多由此故。且分地分音教之，但请教习须分请漳、泉、广、潮、客、琼六音之人，既不胜其烦，且多费数倍，而学成还国，亦属无用，或见国人无以通语……用官话（华语）为教授，凡入学堂之人，皆可通语而相亲，还国可通行而有用。二十年后全槟少年人人同语，无省府之分，岂不善乎。③

---

① 《兹将第七次捐题赈济广西灾饥缘款 诸善长芳名列左 再题后录》，《槟城新报》，1903 年 7 月 14 日，第 5 版。

② 陈翼经：《槟州百年来的教育》，收录于槟州华人大会堂编委会编《槟州华人大会堂庆祝成立一百周年暨新厦落成开幕纪念特刊》，槟城槟州华人大会堂 1983 年版，第 399—400 页。

③ 《槟城南华学校章程》，《槟城新报》，1904 年 4 月 25 日，第 1 版。

　　虽然预测 20 年后槟城人人通用华语是过于乐观,但以华语教学的确可以节省办学费用和有助于促进当地不同籍贯的华人相互沟通和团结。对那些以后想回中国发展事业,或回去参加考试以求当官的人,趁早学习华语更是必要的。

　　中华学校有别于传统学塾的第二个特点是教学内容更多样化。其中包括"如何修身、如何体操、如何识字、如何造论、如何习国语、如何习西文、如何学算、如何学史、如何进而地理、图书、法律、政治"。[1] 因此,中华学堂的开办,可说是受到当时中国新式学堂的兴起的影响。[2] 学堂的教育目的,不只是希望开启民智,也要激发学生的爱国心。

　　槟城各界对中华学校的创设与促进岛上华人合群和爱国之心,可以从一则论说文章中看出。在《论创设南华学校》一文中,作者提到南华学校(即中华学校)虽是少数几个人倡建,但却是成千上万各行各业华人的心愿,包括农人、工人、小贩;也包括老和少、男和女、贫和富者。学校的创设,可说是"文明之起点"。而且,"将来学成可以强国,可以强种,可以立优胜劣败之场,无复如牛马奴隶"。[3] 由于中华学校负有如此崇高的任务,身为槟城副领事的梁碧如当然义不容辞,积极参与筹办。

　　1904 年 4 月 21 日、23 日和 27 日,槟城闽、粤绅商数十人在平章公馆开会三次,分别商讨筹办中华学堂的各项事宜。在第一次会议中,决定了中华学堂暂借平章公馆上课,等筹足建校经费后才购地建校舍。[4] 第二次会议中则推选 80 位绅商为筹办学校的总理人。梁碧如名列第三位,仅次于曾担任槟城第一任副领事的张弼士和锡矿业富商胡子春,可见梁碧如在筹办过程中扮演着重要的角色。[5]

　　在 4 月 27 日的第三次会议中,更详细地分配 80 位总理人的筹办工作:张弼士和林克全(时任槟城华人商务局主席)两人为管银钱总理;梁碧如、林花簪、胡子春和谢德顺为学校干事总理;其他 74 人则为筹办经费总理。[6]此次会议决定把捐款分为两种:创捐和长捐。创捐是指学校开办时所需的经费,包括购买桌凳、教学用具、书籍、图书器材的费用,以及人事费用和购

① 《槟城南华学校章程》,《槟城新报》,1904 年 4 月 25 日,第 1 版。

② 有关 19 世纪末和 20 世纪初期中国新式学堂的兴起,见桑兵:《晚清学堂学生与社会变迁》,台北稻禾出版社 1991 年版,第 23—42 页。

③ 《论创设南华学校》,《槟城新报》,1904 年 5 月 5 日,第 1 版。

④ 《中华学校》,《槟城新报》,1904 年 5 月 10 日,第 1 版。

⑤ 《集议兴学》,《槟城新报》,1904 年 4 月 25 日。

⑥ 《集议兴学》,《槟城新报》,1904 年 4 月 28 日,第 7 版。

地建校的基金；长捐则是指每年所需要的经常开支费用。① 领导创办的绅商以身作则，当场捐献巨款，其中梁碧如、张弼士、胡子春三人以创捐 5000元和年捐 500 元居首（槟城绅商捐助中华学堂金额表，见第一章表 1.1）。②由捐款数额可知，梁碧如是中华学校创办初期最慷慨的捐款人之一。梁碧如与中华学校的密切关系，更具体表现在他受邀出席学校的开课典庆，并作开学演讲。中华学校于 5 月 15 日正式开课。③ 开学典礼当天，学校总理数十人以及社会各界人士都到场观礼，盛况空前。当地记者称之："诚开埠以来吾华人第一美事也。"④由于梁碧如身兼主要的创办人和驻槟城副领事，因此被尊为典庆上的首要贵宾。在演讲中，他特别强调开办中学堂的利益："言其大可以救国，言其小可以致富，言乎私可以利己，言乎公可以达人。"更具体一点，梁碧如认为办新式学堂对国家的好处包括培养爱国的人才。他举日本为例："闻日本兴学之初，大都以养成国民为主义。"而且，"此学堂之设，既能速成人才，又能输文明与祖国"，对中国的进步肯定有帮助。对个人的好处，包括可以回国考取功名、大富大贵、光宗耀祖。因为槟城副领事有权力推荐海外侨民回国参加考试，及格者则听候封官录用。此外，在中华学校开办前，"此间熟于英文、英例、商法、政治、医学者，颇不乏人，皆以未通华文正音之故，不愿归国。有此学堂，则已通西学者，不数年，必中西兼邃，得科目，得禄位，扬名显亲"。所以，在总结他的演说时，梁碧如诚恳道："敬告学生，奋勉向学，冀成大器以报国家。以进文明，以光前烈，以模后进。"⑤可见梁碧如一边推动槟城的华文教育，一边培养报效祖国的人才。正符合他作为教育家和外交官的双重身份。

中华学校开办以后，梁碧如继续关注学校的发展。由于上课地点暂借用平章会馆，对教学方面相当不方便。梁领事便积极寻找一地点作为学校的行政中心和学务处及老师的交谊中心。此后，各总理可定期（每月初一和十五）在学务处开会。梁碧如也鼓励各总理将家里珍藏的书籍置放在学务处，以便学生和老师参阅。同时，老师可随时到学务处与同事交换教学心

---

① 《槟榔屿中华学校议 续半稿》，《槟城新报》，1904 年 5 月 11 日，第 1 版。

② 《学堂捐款芳名初志》，《槟城新报》，1904 年 4 月 28 日，第 7 版。

③ 最早所开的班是速成夜学班，每天晚上六点半到九点上课，为期三个月，第一期学生有 50 余人。见《纪槟榔屿中华学校开学之盛》，《槟城新报》，1904 年 5 月 17 日。

④ 《纪槟榔屿中华学校开学之盛》，《槟城新报》，1904 年 5 月 17 日。

⑤ 《四月初一槟榔屿中华学校开课领事官梁璧如司马讲义》，《槟城新报》，1904 年 5 月 16 日，第 1 版。

得,改进教法。① 可见,梁碧如不只出钱出力,而且尽力改善学校各方面的设备,使中华学校栽培了不少有识之士,在槟城华文教育史上占了重要的地位。

事实上,梁碧如对教育的贡献并不只限于创建华文学校。1906 年 10 月在一次英文义学堂的捐款活动中,共获得 43 名各种族人士(包括马来人和印度人)及宗祠机构的捐助,总共筹得 5770 元。其中梁碧如慷慨捐出了 500 元,与张弼士、胡子春、林妈栽、邱氏公司和谢氏公司同列榜首。梁碧如等六人和公司,便合捐了 3000 元,占总捐款数一半以上,可说是非常热心的。② 1907 年 7 月,另一所英校——圣芳济书院,也因要扩建校舍而募捐,梁碧如再次慷慨解囊,捐银 1000 元,在善士芳名榜中排名第二位。③

除了创办和重建学校外,梁碧如对贫穷但有志向学的各族子弟也给予帮助。如新马各界绅商为感谢前任七州府(包括英属海峡殖民地三州和马来联邦四州)华民政务司奚尔智逝世前对华民的照顾,特别筹设一个以他命名的奖助学基金,以协助七州府内各学校中的穷学生交学费,梁碧如捐出 200 元,比当时新马一些知名的富商和领袖还慷慨。例如张弼士、吴寿珍、陈若锦和林克全等仅各捐 100 元,黄亚福和佘连城等也只各捐 50 元而已。④

当梁碧如卸下领事一职后,仍继续关心和支持教育事业。1908 年槟城另外一间华文学校——崇华学校(1912 年以后校名改为时中学校)创办时,梁碧如也出钱出力。他捐助 100 元作为开办经费,仅次于各捐 200 元的戴欣然、胡子春、谢荣光和万裕兴号。⑤ 更为人称道的是在 1912 年,由梁碧如、谢荣光和戴欣然三人各捐一万元购置五间店铺,并将它们出租,所得租金充作时中学校的常年经费,从根本上解决了这所学校的财政困境。⑥

梁碧如对教育的热心和贡献,在他逝世后,仍为人所乐道。当梁碧如于

---

① 《中华学校近状》,《槟城新报》,1904 年 5 月 27 日,第 2 版;《志槟榔屿学校》,《槟城新报》,6 月 10 日,第 2 版。

② 《敬启者兹将是届所收重建本埠义学堂捐元列明于左以便众览》,《槟城新报》,1906 年 10 月 22 日,第 4 版。

③ 陆秋泰捐银 5000 元,名列榜首。除了梁碧如外,另有三人同样各捐 1000 元整。他们是颜五美、林克全和陈江福。见《热心助学》,《槟城新报》,1907 年 7 月 26 日,第 3 版。

④ 《遗爱在民》,《槟城新报》,1906 年 11 月 1 日,第 5 版。

⑤ 《捐助崇华学堂间办费芳名列左》,《槟城新报》,1908 年 5 月 13 日,第 3 版。

⑥ 李书城:《槟城时中学校沿革概略》,收录于收入槟城客属公会金禧纪念特刊编委会编《槟城客属公会金禧纪念暨时中学校八十校庆特刊》,第 196 页。

1912 年 4 月逝世时,遗嘱注明拨十万元遗产赞助教育慈善事业。① 他的子嗣依照遗嘱办理,拨付巨款予中华学校和时中学校。同时,为了发扬父志,创办一间以父名为校名的女校,即璧如女校,以弘扬其父生前主张教育不分男女,应一视同仁的开明思想。璧如女校也是槟城最早的女子华文学校之一。②

梁碧如除了积极支教育事业外,也参与其他慈善活动,包括对宗教庙寺、医院和赈灾的筹款活动。早在他担任槟城副领事之前,梁碧如便曾捐款2000 元作为修建极乐寺之用。③ 1902 年 12 月梁碧如响应新加坡总领事凤仪的号召,捐款 500 元协助祖国创办北京医局。④ 梁碧如担任槟城副领事后,对槟城境内的医院也特别照顾,曾捐赠贫病医院 100 元,作为购置棺木的费用,使贫老病死者有棺木得以安葬,入土为安。⑤ 1908 年,梁碧如的故乡广东省嘉应州传来噩讯,谓家乡地区鼠疫流行,入春以来因这种传染病而死亡者已超过 500 人。由于事态严重,急需南洋亲友筹款购买捕鼠器以及预防和治疗的药物等,梁碧如与另外 21 人联名在报纸上公开劝捐,为善不落人后。⑥ 1903 年广西因天灾导致饥荒,槟城华人同情祖国同胞,发动多次的捐赈活动。在其中的一次捐题中,梁碧如捐款 500 元,名列榜首。⑦ 1908年广东八邑水灾为患,生命和财产损失惨重,灾后饥荒严重,槟城各界又一次捐款救济,在其中一次捐款芳名录中,总共有 67 人题捐,梁碧如以捐银100 元,名列榜上第五位。⑧

梁碧如对慈善和公益的热心,常为槟城各界人士所赞颂。槟城商务学

---

① 《梁碧如先生事略》,收录于槟榔屿客属公会四十周年纪念刊编辑委员会编《槟榔屿客属公会四十周年纪念刊》,槟城槟榔屿客属公会 1979 年版,第 736 页。

② 槟城第一间女校是中华女学校,创办于 1908 年 2 月 21 日。根据当地报刊的报道,"本屿中华女学校经于前一月教授学生,礼仪于本月二十日(即 2 月 21 日)十二点钟开幕。是日设大茶会,来宾莅会者数百人"。见《女学堂开校仪式》,《槟城新报》,1908 年 2 月 22 日,第 5 版。因此,郑良树教授认为槟城中华女校于 1916 年创设,应该有误。见郑著:《新马华社早期的女子教育》,《马来西亚华人研究学刊》1997 年第 1 期,第 53 页。

③ 陈铁凡、傅吾康编:《马来西亚华文铭刻萃编》(第二卷),吉隆坡马来亚大学出版部 1985 年版,第 652 页。

④ 《奉劝捐助京师医局启恭录原奏》,《叻报》,1903 年 3 月 7 日,第 3 版。

⑤ 《乐善好施》,《槟城新报》,1904 年 7 月 9 日,第 2 版。

⑥ 《筹办嘉应卫生事宜劝捐启》,《槟城新报》,1908 年 5 月 22 日,第 3 版。

⑦ 《兹将第七次捐题赈济广西灾饥缘款 诸善长芳名列左 再题后录》,《槟城新报》,1903 年 7 月 14日,第 5 版。

⑧ 排在前四名的捐款者都是商号和团体,他们分别是广货行捐 1000 元,广东暨汀州会馆捐 800元,罗茂生捐 200 元,以及广源号捐 120 元。见《广东八邑水灾第二次捐款芳名》,《槟城新报》,1908 年 11 月 3 日,第 5 版。

堂便曾以"梁碧如之热心公益"作为作文题目,让学生比赛写作,其中一名得奖者林润芝便以写实且带感性的手法提到,中国各地常发生自然灾害,"同胞流离失所者,百万有奇矣"。林氏继续写道,中国目前的情景,可说是遍野哀景,遍地哀情,老弱妇孺正在垂死边缘,急需救济。但有许多伪君子伪善者敷衍了事,不肯落力捐输赈济。"今何幸而有前槟榔屿领事官梁君碧如之热心公益者。梁君何人也,是亦旅外之华侨耳。举笔一挥,立捐巨万,其勇于为善之心,盖可见然。"①林氏之所以得奖,其中的一个因素是他将梁碧如的善行直接道出,并获得评审员的认同。

## 四、结语

20 世纪初期槟城的华人社会比 19 世纪更复杂。以康有为为首的保皇派和以孙中山为首的革命派都积极地扩张他们在槟城的影响力。梁碧如不负清朝政府的托付,在他担任槟城副领事的任期内,尽力完成官方的职责,可说是一位称职的外交官。梁碧如周详地接待到访或过境的官员和皇族。在筹办庆典活动时,他也尽力动员侨领和华民参与其盛,同时趁机宣扬爱国主义和效忠清廷的思想。也正因如此,梁碧如推动的赈灾筹款活动得到爱同胞和爱国的槟城华人的热烈支持。而梁碧如更为后人所称道的,是他对槟城华文教育的贡献和对慈善事业的热心。梁碧如为中华学校和崇华学校出钱出力,名留青史。他的遗嘱中注明拨巨款捐助学校,也成为佳话。每当中国各地发生天灾和饥荒,梁碧如往往率先捐赈,为善不落人后。

梁碧如身兼外交官、教育家和慈善家,众望所归,自然成为槟城华人社会的领袖之一。槟城华人社会的领导阶层从 19 世纪初期以来便被福建和广府两帮所垄断,而梁碧如是客家人,却能成功挤入槟城的领导阶层,因此,了解梁碧如的生平事迹以及他对槟城华人社会的贡献,有助于我们了解槟城华人社会的帮权政治,尤其是客籍富商晋升为华人领导阶层的途径。广、福两帮富商靠着早期的雄厚势力,以及长期控制广福宫和平章公馆的优势,保持他们在华社领导层的地位。而客帮富商靠着 19 世纪 80 年代以来迅速膨胀的财势,以及垄断具有官方身份的副领事一职,成为华社领导层的另一股新兴势力,使槟城华社的帮权政治更复杂化,华社的领导层也更多元化。

---

① 《梁君碧如之热心公益》,《槟城新报》,1908 年 7 月 7 日,第 5 版。

# 附录一：槟城中华学堂开学典礼讲稿

梁碧如

今日中国如此危机，非培植人才，断不足以救中国。中国人民除南洋英属得以往来自便外，若美国各埠、若坎乃大、若檀香山、若澳大利亚则已下逐客之令；若古巴、若秘鲁、若夏湾拿各埠则苛例日增；若安南、若噶啰巴、三宝垅、泗里华、日里、阿齐各埠，则必纳身税。以中国土地之大、物产之富、矿地之多、例禁之宽，外国人日夜图谋，趋之如鹜者。中国人反自甘弃置，别父母，离妻子，不远万里，或受雇于洋人，或掷资本于苛例繁兴之地，一若不知自己有无尽之宝藏，莫大之利源者。岂真舍己芸人哉，实以无人才之故。不知如何分验、如何制器、如何销售、不能不弃之如遗，听外人之予取予求，谓与我无相关涉耳。然则欲培植人才，舍设立学堂其曷？

由乎今日槟城中华学堂之设，言其大可以救国，言其小可以致富，言乎私可以利己，言乎公可以达人。谅诸君具有卓识，必已熟筹而洞悉矣。鄙人所最欣幸为诸公预贺者，厥有数端焉。鄙人不敏，忝任槟领。比年以来，叠奉出使英国大臣，遵旨札查，出洋华商子弟在外国学校肄习专门之学者，咨送回华考试，赏以科目，听候录用。此间熟于英文、英例、商法、政治、医学者，颇不乏人，皆以未通华文正音之故，不愿归国。有此学堂则已通西学者，不数年，必中西兼邃，得科目，得禄位，扬名显亲，定操左券矣，可为欣幸者一。

此间华人数十万，举其多数，动曰闽粤。其实籍隶闽省者有福州、漳州、泉州、汀州土音之不同。籍隶粤省者有广州、潮州、惠州、琼州、嘉应州土音之不同。若江西、广西等省人之居其少数者无论矣。本省人与本省人不通语，本府人与本府人不通语，虽比邻莫问姓名。遇事故，多赖传译，是以其情揆，其谊疏，精神隔膜，意气不投，议论难融，交臂相失。虽欲合群，何从而合之。有此学堂，以教官话，则此后无含意求伸之苦，无对面不识之人。相亲相爱，相应相求，龃龉之事可免，畛域之见无分矣，可为欣幸者二。

中国各省自奉旨设立学堂之后，所有教法逐渐改良。伏查钦定学堂章程，每日课授修身经史等学外，必以一时兼习他国文字，询诸曾在学堂肄业之人，则谓凡习外国文者，独以肄习英文为多。惟学堂设在内地，均不免有一齐人傅，众楚人咻之苦耳，是以极少精通西文者。今此间肄习英文已有义学，况置庄岳之间，又得极善教法，但能溥通中学，即可以彼此翻译，他日书成，定多善本。是此学堂之设，既能速成人才，又能输文明与祖国也，可为欣幸者三。

各国商务、矿务、作育人才，虽赖学堂，引其端绪。迨夫身经阅历，叙述所得，往往蔚为著作，以资考求，故其书愈出而愈精，其法愈积而愈善，华人经商开矿恒有独出心裁，可以传为楷范，有裨公益者，只以华文未甚淹通之故，虽父兄之于子弟不能尽接心，传他何论哉！不知者以为秘不欲宣也，窃以为良由笔不能达耳。此学堂立，吾知将来华人必有博采信而有征之言，垂简编以贶后进于无穷者，可为欣幸者四。

鄙人未经学堂陶冶，不知教育之道，闻日本兴学之初，大都以养成国民为主义，今学堂课程皆以修身居首，厥为此也。此属教习义务，想诸教习恭酌尽善，必能恪遵定章，纳学生于典则，不仅以语言文字为起点，以天地、化算、声光、汽电等学为归宿也。敬告诸君，各抒伟论，互为正是，以求至当。敬告教习，化其见成，广求新法，乐育英才。敬告学生，奋勉向学，冀成大器，以报国家，以进文明，以光前烈，以模后进，则学堂有光，总理有光，凡我华人莫不有光矣。鄙人不文，粗陈梗概，尚望各总理，各教习，凡有德行道义者，不惮苦口危言，随时演说，孰几收效尤速也。诸君！诸君！然乎？否乎？

资料来源：《四月初一日槟榔屿中华学校开课领事官梁碧如司马讲义》，《槟城新报》，1904 年 5 月 16 日，第 1 版。

# 附录二：振兴矿物刍言

梁碧如

中国救贫之策，无有逾于振兴矿物者。领事来洋已三十年，营业锡矿，亦有二十余载。亲见白蜡之兴，忝参议政之末，其中振兴矿物之法，颇有足资考证者。谨献刍言，用备采择：

一、开矿之要，修路为先。领事初到白蜡之时，华民仅六人耳，深林密箐，跋涉维艰。土人采锡，率恃人力，负荷辛勤，亦少厚利者。自归英人保护，辟蚕业，治马路，机器重品皆可运往。不数年而华人麇至，今则建埠二十余处，华人几三十万矣。铁路溢利岁逾三百万，锡税之入岁逾四百万，其他税饷又将及四百万焉。推其兴盛之由，非平治道路之功不及此。吾中国矿产，各省富有，若处处需给官资为修道路，一时力量必有不逮。然英人亦有批给官荒数十里，令商人设立公司承办，责成修道路设巡警，而减其锡税，免其他税，酌定年限，以为报酬者。太仆寺卿张振勋、前任领事谢荣光与陆如祐等之文冬公司，给地四千英亩，减税二十二年，修路费三十万元，其一证也。

一、产矿之区，当先分别官荒民业，测绘详图，以便商民请给也。领事初到白蜡之时，无论何处，任人寻觅，请领一照，纳费二元，先得矿者，听其自采。惟是界址不明，争端迭起。自后乃定以鱼鳞图册，上下左右，四至显然。虽系民业，亦必请领开矿执照，乃准开采。矿地纳税，每英亩岁科一元，而销泥之处，用水之法，亦必按章布置。其请给矿地，每照二十五英亩以内，各埠管理矿物之官，可以随时划给，百亩以上者，必详请总参政司核夺，乃得施行。所以资本家无论大小，皆能招人开采，闻风响应，民至如归。吾中国请给矿地，必由省局，小资本家未免裹足。论矿地之深者，固以大资本家为宜，而矿地之浅者，仍以小资本家为合。盖大资本家，每以其不能大施作用，多不措意，其实积少可以成多，必小资本家皆能谋生，而后地方乃易兴盛。白蜡之兴，初未闻有大资本家前来开采者，今日之大资本家，皆昔时之由小致富者也。

一、振兴矿物之道，固以招徕开采工人为急，尤以创立提化公司为要。有大资本者，固足以兼务并营，合开采与提化为一公司。然两事各有规模，筹办殊未易举。其资本不甚充裕者，若无提化公司为之收买矿砂，则既得矿砂之后，仍不能随时周转，所以人多视为畏途也。况各矿之出产，除金银二品，可以中国自销外，余皆需售诸外洋。若无提化大公司为之收逐，则零星售卖，势必节节受制于人。即以南洋矿地论，若坤甸、万里洞等埠归荷人管辖者，章程较密，发售不便，虽矿苗兴旺，人皆弃之如遗。若吉隆坡、白蜡、彭亨、芙蓉等埠归英人保护者，章程较宽，又有提化公司为之收买矿砂。凡小资本者，无论数人或数十人或数百人，皆能招集小伙，合力经营。但期朝得矿砂，暮即可以易银，工资伙食，无虞竭蹶，故人皆乐于趋附。无旷土，无弃矿，其兴勃焉，有来由已。中国产矿之地，似宜准人设立提化公司，以为招徕之本。然此公司若不划定疆域，予以专利，优给年限，诚恐有大资本者，未敢贸贸然轻于尝试也。盖此项公司，虽有益于矿商，而资本非百数十万元不可，其牌号必注册，其出货必用印花，以杜挽夺之弊，其定价必随欧美商会之行情，每日由电报告，以昭大信，而于公家之税饷，严为稽查，分毫不能走漏，且处处需人调查，乃能因时俯仰，占其优胜。窃以为欲与欧美人争利，非先有此大公司不可。此中关键，实提倡矿务之一大端也。

一、探矿之例，宜加优待，俾矿苗易于发现也。英人初到白蜡之时，遍出示谕，令土人寻觅矿苗，先具报者，查验确实，分别旺弱，给以赏格数百元或数十元。以是深山穷谷，莫不洞悉靡遗，请领矿地者，亦遂得以知其指归，争先恐后。吾中国探矿向恃矿师，其实矿师之责任，惟识分化辨别矿质而已，非深藏于山者，一望而能知其深浅旺弱也。英人所用矿师，只令其调查开采之法，有危险否，用水销泥之处，有妨碍他人矿业否，未闻令其探验矿苗也。领事等之打问公司，即白蜡矿师以七千元出售者，数年出锡，亦颇不少，使彼能预知，即七十万元，亦未必肯出售也。然该矿师又未尝因是而减其声价，英人用矿师之法，亦可以喻矣。华人之老于矿务者，备尝其苦，核算精微。每有比矿师尤为练达者，若能听其查探，加以厚赏，中国数千年蕴蓄未洩之精华，或不难一举而尽令发现乎？

以上四端，则皆领事所身体验信而有征者。前读钧部《奏定矿务章程》，严密精详，范围不过，当与在洋熟悉矿务各资本家详细斟酌，商兴祖国矿务。金云当兹矿业幼稚时代，若遽绳以严密章程，愚民何之？势必不肯弃宽大而就严密。倘蒙俯念商情，予以通融办理之法，逮民情归向，然后渐就范围，其于振兴矿务之道，庶几便易。领事细察彼等之所谓通融者，殆即指以上四端而言。为此不揣冒昧，谨采取英人之所以振兴者，借效献曝之诚，不敢目为条陈，盖以存其实耳。

资料来源：梁廷芳：《振兴矿务刍言》，《商务官报》，光绪三十二年（1906）五月二十五日第 9 期，第 32—34 页。

# 第十章　戴欣然与槟城华人社会

一个客家移民——戴欣然的奋斗和慈善事业及其与槟城华人社会的关系将是本章讨论焦点。戴欣然（1849—1919）为广东大埔客家人，家贫，24岁南渡，在槟城和马来半岛各地打工。经过十余年的奋斗，终于闯出一番事业。值得注意的是，戴欣然于1907—1911年间先后被委任为清廷驻槟城副领事和正领事。本章的一个重点是探讨戴欣然在槟城的慈善事业和领事任内的活动，进而讨论槟城华族方言群社会的互动关系。

## 一、从移民到富商和侨领

戴欣然，名春荣，号喜云，原籍广东大埔县茶阳镇安乐村。1849年生于中国家乡，1919年逝于槟城，享年70岁。[1]戴欣然幼时曾上学，也受父亲家教，后家道中落，24岁时（1873年）奉父命过番来到南洋谋生。[2]最初，他在槟城当小贩，艰苦过活。后因生意不佳，转往霹雳州的太平发展。因为戴欣然读书、写字和算术皆没问题，[3]到了太平后，就在一家中药店门前摆了一档算命兼替人写信的摊子。过了一段时间，与药店的老板熟络了，受雇兼任药店的书记。1885年，药店老板因营业失败，生意亏损，准备将药店出让。当年36岁的戴欣然大胆地把药店顶接过来继续经营，并将店名改为"杏春堂"。戴欣然成功地将药店生意转亏为盈，奠定了他的事业基础。此后，他不但在槟城和怡保等地开设了"杏春堂"分店，同时也将经营业务扩大到典当业、矿业和农业等，经过数年的财富累积，戴欣然逐渐成为北马地区的一名富商。

19世纪末至20世纪初，南洋地区的富商向清朝捐官鬻爵的风气极盛，戴欣然也不例外。一般书刊认为早在1890年戴欣然就被清廷册封知府衔。[4]但根据清廷外务部档案，戴欣然的履历如下："广东潮州府大埔县人，

---

[1]　槟城现有戴喜云路（Tye Kee Yoon Road），是当地政府为了纪念他而命名的。

[2]　《荣禄大夫戴君欣然家传》（感谢谢诗坚先生提供资料）。

[3]　赖际熙：《诰授荣禄大夫特旨分省补用道槟榔屿领事官戴君新嘉坡总领事官戴公府君墓表》，收录于林庆彰主编"民国文集丛刊"第1辑《荔垞文存》，文听阁图书公司2008年版，第108—112页。感谢白伟权博士提供此资料的信息。

[4]　一般会馆纪念特刊，辗转抄录的结果，都有此错误。

由监生遵例在江苏赈捐案内报捐知府职衔,于光绪二十年十二月户部核准给照。"①光绪二十年十二月为阳历 1894 年 12 月 27 日至 1895 年 1 月 25 日。因此,戴欣然受册封知府衔非于 1890 年,而是 1894—1895 年间。官方档案中还有戴欣然其他官衔的记载:"光绪二十一年(1895 年)由山东赈捐案内奖给花领(翎),旋捐升道衔。二十九年(1903 年)在福建赈捐案内捐升盐运使衔……三十四年(1908 年)报效改良模范监狱,蒙法部奏以道员分省补用并加二品衔。"②

除了以上虚衔外,戴欣然还有一个实在的官衔——大清帝国驻槟城副领事。1907 年 12 月 10 日,出使英国大臣李经方委任戴欣然为槟城副领事,三天之后正式上任。③槟城副领事(当时习惯称领事,下文也简称领事)隶属于新加坡总领事之下,是北马地区最高的领事官,负责管辖的地区包括槟城、吉打、玻璃市、霹雳和雪兰莪等地。④

1911 年 2 月初,驻新加坡总领事苏锐钊获准请假百日。但由于"该埠华侨商务最繁,英政府设有总督,是以总领事地位甚为重要,必须职望相称之员方能为英政府承认"⑤,于是使英大臣李经方委派槟城副领事戴欣然暂代新加坡总领事一职。戴欣然不只工作能力和表现受到上司的赏识,他的人品操守也受到李经方的肯定,才获委以重任。戴欣然代理驻新加坡总领事的时期是从 1911 年 2 月 25 日至 5 月 31 日。⑥

在戴欣然代理驻新加坡总领事期间,槟城副领事一职也获准升格为正领事,时为 1911 年 3 月 20 日。从外务部呈给皇上的奏折可以了解升格的原因和过程:

> 英属槟城一埠,为南洋繁盛之区。光绪十六年,前出使大臣薛福成与英国外部商允设领。副领事一员,归新加坡总领事兼辖,即以侨居该

---

① "中研院"近代史档案馆藏:《总理各国事务衙门清档:宣统二年李经方使英案目》,档案编号:02—12—14—(3)。
② "中研院"近代史档案馆藏:《总理各国事务衙门清档:宣统二年李经方使英案目》,档案编号:02—12—14—(3)。
③ "中研院"近代史档案馆藏:《总理各国事务衙门清档:宣统二年李经方使英案目》,档案编号:02—12—14—(3)。
④ 在 1932 年 9 月中国驻吉隆坡领事馆设立后,雪兰莪和霹雳州的事务才归驻吉隆坡领事负责。
⑤ "中研院"近代史档案馆藏:《总理各国事务衙门清档:宣统二年李经方使英案目》,档案编号:02—12—14—(3)。
⑥ 中国第一历史档案馆编:《清代中国与东南亚各国关系档案史料汇编》(第 1 册),北京国际文化出版公司 1998 版,第 507,511 页。

埠之殷实华商充当。历经遴选，奏派在案。在昔日，仅设副领事，原以
事属创始，诸务较简之故。今则华侨日众，该埠人口二十五万，内有华
人十六万，几占全部人口十分之六。所有保护事宜，渐形繁重，且各国
在此均有总领事、正领事各官。惟中国仅为副领事。名目于交涉尤多
窒碍。经出使大臣刘玉麟上年道出该埠目击情形，函商臣部，拟请将副
领事一缺升为正领事。臣等详加审度，今昔情势既殊，自应稍崇体制，
拟请将槟城副领事官一缺升为正领事官，以殷实侨商兼充，仍归新加坡
总领事兼辖所有。正领事一缺，即以副领事戴春荣升补。①

　　戴欣然由副领事被提升为正领事，是对他过去三年多来的表现的一种
肯定。几个月后，辛亥革命爆发，大清帝国随即被推翻。戴欣然也顺应时
局，辞官退休。民国成立后，槟城领事一职由戴欣然的次子戴淑原代理。
1917 年戴淑原正式被民国政府委任为正领事，直到 1930 年卸任为止。

　　有钱、有官位、有社会地位，②便具备晋升为华社领袖的基本条件。但
要名副其实地成为公认的华社领袖，还必须另外一个条件，那便是乐善好
施，要从事各种慈善事业，尤其是当时人们特别关注的教育、医疗、宗教信
仰、救灾等活动。下文讨论戴欣然的慈善事业，从中切入申论客家人在槟城
方言群中的地位。至今有关戴欣然的传记不多，所见者都是略传或出现在
纪念特刊"先贤列传"中的简介。③对戴欣然的慈善事业，语多笼统，没有切
实的捐款数据。以下主要参考一些原始资料，从零星的材料中梳理，希望能
让这位白手起家的客家移民在南洋的慈善等事业呈现出更完整的一面。

## 二、戴欣然前期的慈善事业

　　许多有关戴欣然的传记都提到他生性好善，对慈善公益、兴学办校等事

---

① "中研院"近代史档案馆藏：《总理各国事务衙门清档：宣统二年李经方使英案目》，档案编号：
　02—12—14—（3）。

② 所谓"有社会地位"，包括担任会馆或社团的领导职位。但这些会馆和社团的领导人物，一般是
　由富商担任，而且通常会买官鬻爵。

③ Lee Kam Hing and Chow Mun Seong, eds., *Biographical Dictionary of the Chinese in
　Malaysia*. Petaling Jaya: Pelanduk Publications, 1997；邝国祥：《槟城散记》，新加坡星洲世界
　书局有限公司 1958 版；《南洋客属总会第 35 、36 周年纪念刊》，新加坡南洋客属总会 1967 年
　版；黄尧：《星马华人志》，香港明鉴出版社 1967 年版；《霹雳客属公会开幕纪念特刊》，怡保霹雳
　客属公会 1951 年版；《槟州客属公会金禧纪念暨时中中学校八十校庆特刊 》，槟城客属公会 1990
　年版；《南洋名人集传》（第一集），出版社不详，1941 年版；《新加坡茶阳大埔会馆一百四十周年
　纪念特刊，1858—1998》，新加坡茶阳（大埔）会馆 1998 年版；张晓威《晚清驻槟榔屿副领事之角
　色分析（1893—1911）》，台北政治大学博士论文，2005 年。

业皆义不容辞。在梳理戴欣然的各种慈善活动时,可以注意他在一些捐款芳名录中的排序,因为捐款名单中的排序除了可看出捐款数额的多寡外,也可以看出捐款者在当地族群社会中的身份地位。在名单上名列前茅者,通常都会被认为是最慷慨的富商或身份最尊荣者。反过来而言,有尊贵身份地位的富商,为了不辱他们的美名,也会尽可能慷慨捐献,争取名列捐款名单之前端。

根据一般记载,戴欣然还不是很有钱的时候,已有乐于助人之心。在他经营药店后,稍有积蓄时,曾返乡探亲。时值社祭,宗族人忧虑缺乏祖产,戴欣然便购置"祭田数十亩为祖尝"。后来,经过乡间的私塾,看见那些贫穷的孩子"修脯薄,无以延良师,则助之米岁五石"[1]。在他成为富商之后,他对家乡和祖国的贡献更是多方面的。例如,在庚子义和团运动后,清政府屈辱地签下《辛丑条约》,赔款于各国,计四亿五千万两。戴欣然身为有识之士,有感国家的衰败,痛定思痛,认为"非兴学无以求中国"[2]。1901 年,清政府下令各省创立学堂,戴欣然慷慨捐输巨款创立了潮州的茶阳旅潮学校、大埔官校及汶上崇和学校等;再者,戴欣然在北京、汕头及大埔等地倡设医局,施诊赠药。他还资助北京及潮埔医局三万多元,全部购置田产生息,以供应每年医局的经费。另外,在潮州西门修义冢、施棺木;捐建大埔坪砂安溪桥、乐土新桥,并设义渡,以惠行旅。1907 年,大埔饥荒,戴欣然闻讯,立刻捐输米数十万石为平粜。其他各省发生灾荒,他也必定捐巨款以助赈。当清廷考察政治大臣戴鸿慈在途经南洋时,听闻戴欣然慷慨兴学公益之事,相当钦佩他的为人。两人在槟城会面时相当投缘,"议论古今,盱衡时局,竟日不倦"[3]。以上是戴欣然对家乡和祖国的回馈。但他的慈善事业不限于此,更为人所乐道的是他在南洋的慈善事业。[4]

在南洋的慈善事业可分为两期:担任领事前和担任领事后的慈善事业。担任领事以后,戴欣然可说是槟城华人社会中的最高官员。在各次的捐款活动中,他都要扮演领头的作用,所以慷慨捐善款不足为奇。戴欣然在担任领事之前的善行,也应该特别注意,因为可以看出他真正的善举。

---

[1] 许云樵:《戴春荣传》,收录于《南洋客属总会第 35、36 周年纪念刊》,第 A77—A78 页。

[2] 《霹雳客属公会开幕纪念特刊》,第 516—517 页。

[3] 许云樵:《戴春荣传》,第 A77—A78 页。

[4] 所有简传都有提及戴欣然在南洋的慈善活动,例如教育方面,在新加坡和槟城等地,捐助学校十余间。戴欣然在其他公益事业上的捐助,也一掷千金,毫不吝惜。戴欣然在晚年将一部分产业转设为专作教育慈善事业之用的基金,名为"中益堂",永供施与。槟城南华医院和玻璃池油疗养院等,都得到"中益堂"捐献常费,二十年如一日。

在戴欣然的各项捐款活动中，最引人注目的一次是捐助极乐寺的扩建。槟城极乐寺初建于 1891 年。四年后开始进行大规模扩建。根据极乐寺碑铭记载，戴欣然和另外五位客家领袖（张振勋、张煜南、谢春生、张鸿南、郑嗣文）对极乐寺扩建的贡献最大，因此被委任为极乐寺大总理。（详情见本书第 7 章）他们六人总共捐献 68000 元，约占所有列名碑上 284 名善士所捐出的总金额的三分之一。① 戴欣然对极乐寺的捐款数目是三千元。在众多的善士中，与另外 3 人并列第八。三千元在当时是一笔可观的数目。由于受委任为大总理，张弼士等六人相继受托管理极乐寺产业二十余年，直到最后一位仅存的大总理戴欣然于 1912 年逝世后，才根据戴欣然的遗嘱，将寺产管理权交由寺僧接管。

除此之外，戴欣然也参与其他各种性质的捐款活动，包括以下的几次善举。1896 年槟城义学堂进行校舍重建，在筹款活动中，计有 105 个人和团体总共捐献 12000 千元。戴欣然捐献 100 元，与其他 11 人排名并列 9 位。② 其他主要捐款人和捐款数额依序为：郑景贵（客）捐 1500 元，张弼士（客）捐 1400 元，谢春生（客）捐 1355 元，潘兴隆（闽）捐 1200 元，谢增煜（闽）捐 250 元，许心美（闽）和谢自友（闽）各捐 200 元，杨章椰（闽）捐 120 元。③

1896 年捐赈广西六郡大饥荒，在一次捐款芳名录中，计有 37 人和团体捐献 2924 元。戴欣然以捐款 100 元并列第 5 位。主要捐款人和捐款数额依序为：张弼士（客）捐 500 元，谢春生（客）捐 300 元，谢增煜（闽）捐 200 元，蔡有格（闽）捐 120 元。其他两位捐款 100 元者为郑嗣文（客）和林宁绰（闽）。④

1900 年印度发生大饥荒，共有 96 人（含团体）捐出总数 14360 元，戴欣然以捐款 100 元并列第 12 位。主要捐款人（不包括团体）和捐款数额依序为：颜五美（闽）捐 3000 元，潘兴隆（闽）捐 1500 元，张弼士（客）、郑景贵（客）和林宁绰（闽）三人各捐 1000 元，谢春生（客）和万宜美各捐 500 元，林鉴堂捐 300 元，梁乐卿（粤）、谢增煜（闽）和林凤樨三人各捐 200 元。⑤

① 除了这 284 名捐款人之外，另有 892 名善士总共捐献 8524 元，但由于他们个别的捐款额都少于一百元，平均每人捐款不到十元，因此他们的姓名没有铭刻于碑上。
② 捐款额的排名不包括以会馆等团体名义进行捐献的捐献者。
③ 《义学重兴》，《槟城新报》，1896 年 3 月 19 日，第 5 版。其他各捐 100 元的 11 人为胡子春（客）、梁乐卿（粤）、伍白山（粤）、谢顺德（闽）、陈锦庆（闽）、杨维岳（闽）、林克全（闽）、蔡有格（闽）、胡清赞（闽）、颜五美（闽）和林宁绰（闽）。
④ 《赈捐芳名》，《槟城新报》，1896 年 5 月 28 日，第 5 版。
⑤ 《赈款初纪》，《槟城新报》，1900 年 3 月 31 日，第 6 版。

1906 年 11 月至 1907 年 6 月,《槟城新报》收到 48 名善心人士的捐款,共计 5614.87 元,其中戴欣然个人捐款 1000 元,占总捐款数近五分之一。在所有捐款人当中排名第二。这个公告没有说明捐款的目的,因此其赈济的对象不得而知。主要捐款人(不包括团体)和捐款数额如表 10.1。

表 10.1 《槟城新报》公告的捐款芳名录

| 序号 | 姓名(方言群) | 每人金额/元 |
|---|---|---|
| 1 | 吴德志(客) | 1100 |
| 2 | 戴欣然(客) | 1000 |
| 3 | 林可荣 | 200 |
| 4 | 邱衡本 | 200 |
| 5 | 伍连德(粤)、刘文钦、伍社旺、邱福祥、赵庆云、林文琴等 6 人 | 100 |

注:捐款少于 100 元者从略。

资料来源:《收诸善翁来缘金项》,《槟城新报》,1907 年 8 月 15 日,第 5 版。

戴欣然对英文教育的捐献也颇慷慨。1907 年 7 月槟城圣芳济书院增建教室时,戴欣然捐款五百元,排名并列第六位。主要捐款人(不包括团体)和捐款数额如表 10.2。

表 10.2 圣芳济书院捐款芳名录

| 序号 | 姓名(方言群) | 每人金额/元 |
|---|---|---|
| 1 | 陆秋泰(粤) | 5000 |
| 2 | 梁辉(梁碧如,客)、颜五美(闽)、林克全(闽)、陈江福(潮) | 1000 |
| 3 | 戴喜云(戴欣然,客)、杨维岳、伍北海、邱昭忠(闽)、何长远、林鸠栽、梁乐卿(粤)、罗荣光 | 500 |

注:捐款少于 500 元者从略。

资料来源:《热心助学》,《槟城新报》,1907 年 7 月 26 日,第 3 版。

## 三、戴欣然后期的慈善事业

1907 年 12 月戴欣然出任驻槟城副领事后,更积极领导和参与华社的各项活动,其中包括一些与客家人相关的事业和活动。1908 年 4 月 4 日,客家人所创办的崇华学堂正式开办,假借平章公馆举行开学仪式。① 崇华学堂是饶芙裳和戴欣然长子戴芷汀共同创办。1907 年冬,饶芙裳因避革命嫌疑,南渡槟城,与戴芷汀相会于极乐寺,煮茗议论时局,感叹国势危艰,非作育英才无以救国,于是有创设客属学堂之议。② 崇华学堂开办当天,担任校董的戴欣然受邀参加开幕典礼。出席者还有驻新加坡总领事左秉隆。左总领事刚好到槟城视察,受戴欣然之邀,担任开幕式主席。③ 当天仪式相当隆重,首先是创办人之一饶芙裳“率同各堂员学生肃班谒圣,礼毕,学员率学生排列,按琴唱颂圣歌、唱爱国歌、少年歌。毕,由戴芷汀大守、主席、校长、各堂员来宾,依次演说”。其中黄桂珊的祝词说明创办的原委和目的:“系我客民,中原望族,海外侨居,不忘祖国,设学尊孔。以宏教育,环视生徒,彬彬郁郁,文明日进,中外是福。”④一间学堂的开办,当然需要不少经费。戴欣然捐助崇华学堂开办费二百元,与客籍富商张弼士、胡子春、谢梦池等人同列榜首。崇华学堂于 1912 年将校名改为时中学校,继续在槟城的华文教育史上扮演一个不可忽略的角色。⑤

此外,槟城有一所同学善堂,该善堂“创设两等学校及各局善事历有年所矣。尔来经济困难,筹款维艰”。1908 年中善堂总理吴德志和林文赖邀集协理黄冠玉、林高尚、王昭卿暨善堂教员骆泽荃、杨渭春等人展开一次劝捐运动。首先回应的是张弼士和戴欣然,分别捐献 2000 元和 300 元。该善堂特别刊登广告致谢和表扬,题为“义举中之柱石”,并谓“其心休休焉,其如有容焉,惟该大臣(按:张弼士)有之。若戴领事者见善,则有求必应,亦社会中不可多得也”。⑥

槟城还有一慈善机构,名为大日本汎爱扶植会,其正式名称应该是“大阪汎爱扶植会”,明治二十九年(1896)创立于日本大阪,宗旨是救济孤儿和支持教育等慈善事业。明治三十六年(1906)正式在日本内务省注册为财团

① 《开学纪事》,《槟城新报》,1908 年 4 月 8 日,第 3 版。
② 《槟州客属公会金禧纪念暨时中学校八十校庆特刊》,第 202 页。饶芙裳(1856—1940),名集蓉,广东嘉应州松口堡(今梅州市梅县区松口镇)人。他是晚清举人,从事文化教育工作,也参与政治社会活动。他还是个文人,擅长诗歌和书法创作。有关他的简历和诗文,见饶芙裳著,刘奕宏、郭锐校辑:《饶芙裳诗文集》,羊城晚报出版社 2018 年版。
③ 《槟州客属公会金禧纪念暨时中学校八十校庆特刊》,第 202 页。
④ 《开学纪事》,《槟城新报》,1908 年 4 月 8 日,第 3 版。
⑤ 例如,1921 年时中学校因抗议政府颁布学校注册法令,停课三个多月。《槟州客属公会金禧纪念暨时中学校八十校庆特刊》,第 196 页。
⑥ 《义举中之柱石》,《槟城新报》,1908 年 6 月 4 日,第 3 版。

法人。① 该扶植会在 1908 年 5 月曾发起一次筹款活动,戴欣然捐助 30 元,捐款金额与另外 18 人并列第二位,但在捐款芳名录中排在榜首,甚至排在捐款金额最高的胡子春(100 元)之前,可见领事一职之崇高地位。②主要捐款人和捐款数额如表 10.3。

表 10.3　大阪汎爱扶植会捐款芳名录③

| 序号 | 姓名(方言群) | 每人金额/元 |
|---|---|---|
| 1 | 槟榔屿领事戴春荣(客) | 30 |
| 2 | 胡子春(客) | 100 |
| 3 | 邱兆熊、颜五美(闽)、王汉宗(闽)、许如琢、林仕志、吴世荣(闽)、谢金玉、伍百海、柯孟淇(闽)、谢自友(闽)、何长远、林耀煌(闽)、谢五胡、邱有美(闽)、庄永亨、邱天保(闽)、谢有义(闽)、谢梦池(客)等 18 人 | 30 |
| 4 | 罗荣光 | 20 |
| 5 | 颜东阳、王礼园、邱福松、邱有用、马元廷、杨天锡、邱清灿、林花簪、源瑞利公司、林文赖、吴金爵、杨长寿、辜立亭、杨玉吉、林可荣、蔡德基等 16 人 | 10 |

资料来源:《大日本汎爱扶植会捐款广告》,《槟城新报》,1908 年 5 月 8 日。

　　1911 年 12 月,《槟城新报》公告系列有关潮州水灾的慈善捐款芳名录中,戴欣然以捐款四千元排行榜首。④ 这是戴欣然自 1895 年捐献三千元扩建极乐寺以来,捐款额最高的一次。主要捐款人和捐款数额如表 10.4。

表 10.4　1911 年 12 月《槟城新报》公告的捐款芳名录

| 序号 | 姓名(方言群) | 每人金额/元 |
|---|---|---|
| 1 | 戴欣然(客) | 4000 |
| 2 | 谢春生(客) | 3000 |
| 3 | 邱昭忠(闽)、柯水成等两人 | 1000 |

---

① 有关该会的介绍,见高见健一编:《大阪汎爱扶植会》,大阪汎爱扶植会 1909 年版,第 1—18 页。
② 《大日本汎爱扶植会捐款广告》,《槟城新报》,1908 年 5 月 8 日,第 3 版。
③ 其他捐款者还有:罗荣光捐银 20 元。颜东阳,以上诸翁各捐银 10 元。见《大日本汎爱扶植会捐款广告》,《槟城新报》,1908 年 5 月 8 日,第 3 版。
④ 《慈善救济之捐款》,《槟城新报》,1911 年 12 月 18 日。此外,12 月 19 日、22 日、25 日、28 日和 30 日陆续还有捐款芳名录刊登上报。

| 序号 | 姓名(方言群) | 每人金额/元 |
|---|---|---|
| 4 | 叶祖意(闽) | 500 |
| 5 | 黄务美 | 200 |

注:捐款 200 元以下者名单从略。

资料来源:《慈善救济之捐款》,《槟城新报》,1911 年 12 月 18 日。

## 四、戴欣然与槟城社会

戴欣然长期从事各种慈善事业,对槟城社会和各地灾民做出贡献。除此之外,还有三件事值得提出来讨论。其一是有关戴欣然与殖民地政府的关系。戴欣然身为英属殖民地的一个中国官员,无法避免会关注与殖民地政府相关的事务或事件。1910 年 5 月 6 日英皇驾崩,安奉大典定于 5 月 20 日举行。槟城华商在 5 月 16 日聚集于平章公馆,研商相应行动。此会议由梁乐卿(粤)倡议。林花簪(闽)为主席。戴欣然等十余位代表各个方言群的华社领袖出席。最后决定配合殖民地政府的哀悼办法,于出殡当日,"商店、戏院俱停市一天。各学堂亦停课一天。各公馆暂止游戏一天"[①]。而且,当地华人主要寺庙也举行诵经哀悼仪式。其中广福宫僧人在平章公馆设坛诵念藏经,极乐寺和城隍庙也诵经超度。华人社会按中国民俗举行超度仪式,这种做法似乎有点一厢情愿,但也可以看出华人领袖对殖民地政府事务的关注。戴欣然受邀参与,再次证明他在华人社会的领袖地位。

其二是有关兴建孔庙之事。1911 年 8 月 2 日,槟城各界绅商齐集平章公馆,主要讨论两个相关的议题。一是在槟城设立一间孔庙,作为教化华人子弟、传授孔圣道理之场所。二是解决中华学校的经费短缺问题。会议由闽籍的林花簪担任主席,但主角人物是客籍的张弼士。[②]张弼士在会中提道:"列翁有意设立孔庙,是应办之善举。且俾少年等得知孔圣道理,尤我等应当之义务……若欲设孔庙,以予之见,将现今学校前面,暂作孔庙,后面作学校。"张弼士建议将孔庙建在中华学校前面的原因,一则节省筹建费用,二则也方便开班讲授孔圣道理。原来当年(1904 年)中华学校的创办也是张弼士登高一呼,率同几位客家富商首先捐款,其中包括谢春生、张耀轩、梁碧

---

① 《会议志哀》,《槟城新报》,1910 年 5 月 17 日,第 2 版。
② 《纪会议孔庙学堂事》,《槟城新报》,1911 年 8 月 3 日,第 2 版。

如、胡子春等人。经过几年的办学,中华学堂的教育工作虽然已经步入正轨,但经费严重短缺。张弼士在会上指出,中华学校至今不敷款数约八万余元,是由他自己筹垫。主席林花簪也理解张弼士的发言,因此附和道:"若照张大人之意,孔庙及学校合办,一可省费,二可兼办。"与会者最后决定,孔庙及学堂合办,并希望能筹得二三十万元生息,以应付每年的运作经费。会中也公举捐题协理员 22 人,负责筹款工作。孔庙及学堂筹款协理员名单如下:①

| | | |
|---|---|---|
| 1. 张弼士(客) | 2. 邱昭忠(闽) | 3. 梁乐卿(粤) |
| 4. 柯孟淇(闽) | 5. 谢德顺(闽) | 6. 颜五美(闽) |
| 7. 林花簪(闽) | 8. 林耀煌(闽) | 9. 杨碧达(闽) |
| 10. 许如琢(闽) | 11. 杨章安(闽) | 12. 罗荣光(闽) |
| 13. 谢连元(客) | 14. 林成辉(闽) | 15. 罗培芝 |
| 16. 邱金经(闽) | 17. 辜立亭(闽) | 18. 陈川泉 |
| 19. 戴喜云(客) | 20. 吴德志(客) | 21. 邱汉阳(闽) |
| 22. 郑大平(客) | | |

值得注意的是,戴欣然并没有参加这次会议,但仍被提名为协理员之一,名列第十九位,可见其重要性和影响力。协理员的其中一个任务是要发挥他们在华人社会中的网络关系,以期取得良好的筹款成绩。

在同一个会议上也选出两名书记员,担任执行秘书的工作。他们是王汉宗和张舜卿。其中王汉宗在会上提出一些具体的办法来筹款以及建议义款的分配使用:"宜将设立孔庙,及整顿学校情形,刊入报中,俾众周知,然后捐题,不论多寡,先拨三万元生息,为宣讲孔圣道理之用,余归入整顿学校之公款。"②会议结束前也宣读一封由广福居某某公社寄来的信函,这封令人振奋的来函提到,为了赞助设立孔庙,该社社友愿出台演唱,并将所收之义款,归入建设孔庙之用。这一义举得到与会人士的赞扬。③颜清湟教授也提到,槟城的筹设孔庙运动,是 20 世纪初新马地区孔教复兴运动中比较有组织性和群众号召力的一次。逐家募捐的方式和剧团的演出,都扩大了对群

---

① 《纪会议孔庙学堂事》,《槟城新报》,1911 年 8 月 3 日,第 2—3 版。
② 《纪会议孔庙学堂事》,《槟城新报》,1911 年 8 月 3 日,第 2—3 版。
③ 《纪会议孔庙学堂事》,《槟城新报》,1911 年 8 月 3 日,第 2—3 版。

众的号召力。①结果，1911 年底一座孔庙就顺利地在槟城建立起来。

第三件值得讨论的事情是戴欣然与槟城的反清运动的关系。戴欣然身为清朝驻槟城领事，当然有执行清政府的命令的责任。1908 年初，使英大臣李经方发给戴欣然一份"密探孙康"的公文。清朝结束前几年，孙中山好几次来槟城演讲募款，鼓吹革命；而康有为也在槟城进行保皇运动。戴欣然在接到公文后，做了如下答复：

> 领事窃查孙康两逆，每在外洋各处，敛财肥己，扰乱内地，数载以来，逆迹已彰，久为华侨所共知，槟屿华商，类多殷实，且皆在内地各有身家性命，人情所重，其不肯轻率附逆党，盖亦甚明。频年内地灾区，商家即捐巨款，踊跃为善，如恐不及。而又历任领事，皆商承乏，向与华侨商董联络一气，推诚相与，日夕晤面，遇事就商，无所隔阂，大义所在，咸皆晓然于利害是非，趋避福祸，他埠或有资助，本埠则无其有，少数下流社会，穷无所归，借附党末，以糊其口，每为市井之人所不齿。②

戴欣然并不认为孙中山和康有为等人对槟城华人社会，尤其是华社领导层有重大的影响。有论者认为他是在暗地里袒护孙中山和康有为等人。③实际上，戴欣然所言也不是完全没有道理。他久居槟城，了解槟城大部分华人的心态。至少在 1908 年初，槟城革命党的实力还不是很强盛，主要的富商，尤其在平章会馆等社团担任领导职务者，与革命党保持一定的距离。只有少数富商，如黄金庆、吴世荣等人积极参与。其他富商则碍于自身利益及家乡家人的安危，采取与清朝政府保持良好关系的态度。所以戴欣然并没有低估孙、康在槟城的实力，也不是故意在袒护孙、康等人。

由于南洋地区粤闽两省的移民占绝大多数，闽粤总督也常径自发送电函，指示南洋地区的领事办事。例如，1911 年辛亥革命前夕，中国各地已出现不稳定现象，清廷和两广总督分别电函新加坡总领事，要求转告各地领事（包括所属的槟城领事），辟谣正听，并安抚海外华侨民心，以免被革命党人利用。戴欣然也透过报章宣传清政府政令。9 月下旬，《槟城新报》一则文告曰：

---

① 颜清湟：《1899—1911 年新加坡和马来亚的孔教复兴运动》，收录于《海外华人史研究》，新加坡亚洲研究学会 1992 年版，第 258 页。
② 黄尧：《星马华人志》，第 70 页。
③ 例如，黄尧认为该答复体现了戴欣然的"爱才之心、庇护之德"。黄尧：《星马华人志》，第 71 页。

项接本埠戴领事送到一函,转据新加坡苏总领事函问,昨今两日,
先后接奉两广督暨外部电文各一道,照录于下:两广督来电漾目,川督
奏,匪散乱定,报载多谣言,请分谕英荷属各埠会馆岐艳;又外部来电,
川省因路事争执,匪徒乘机图逞,致有攻扑督署、聚众围城、并毁电杆、
截文报、烧杀抢劫等事。经川督饬拨兵队,将匪击退,被胁愚民,均开导
宽免。现省城铺面已开,地方渐就平静,所有路股,迭奉谕旨,不令民间
丝毫损失,并严饬川督分别良莠,不得株连无辜。仰见朝廷体恤民艰,
无微不至 ,应晓谕各埠侨商,勿听浮言为要。①

从这件事可以看出,戴欣然忠于职责,将清朝的政令忠实地传达给槟城
的华民。辛亥革命成功,清王朝结束统治,戴欣然也随之辞退领事一职。可
见他对清朝的效忠程度。

## 五、结论

自从槟城于 1786 年开埠,当地华人的人口长期以来以福建人(尤其是
漳州人)为最多,广东人(尤其是广府人)居次。到了 19 世纪末和 20 世纪
初,客家人仍只占华人人口的十分之一,属于相对的少数社群。槟城华人主
要的宗教和社团组织——广福宫和平章会馆,也是被闽南人和广府人所把
持。客家人只能通过垄断清廷驻槟城领事这个公职来彰显他们在槟城华人
社会的影响力。本章对戴欣然事业和慈善活动的讨论,进一步加深上述“第
三势力”理论的基础。戴欣然以驻槟城副领事的身份,受到清廷的器重,不
但要扮演联系清政府和槟城华人的桥梁角色,也要在反清浪潮高涨的清朝
末年扮演海外政治监察员和灭火员的角色,协助扑灭革命运动和保皇运动
的火焰。

辛亥革命史告诉我们,槟城在 1908 年至 1911 年之间,已经取代新加坡
成为南洋地区的革命运动总部。槟城阅书报社(槟城革命运动的活动中心)
于 1908 年 12 月 6 日宣布成立,1909 年 1 月 31 日正式开幕,标示着槟城革
命运动的成熟。② 1910 年 11 月 13 日在槟城举行的“槟城会议”(史称“彼能
会议”),策划了次年的黄花岗之役,更使槟城在辛亥革命史中留下意义重大

---

① 《本埠戴领事关于川警之文告》,《槟城新报》,1911 年 9 月 27 日,第 3 版。
② 《槟城阅书报社廿四周年纪念特刊》,槟城阅书报社 1931 年版,第 8 页。

的一页。这两件事情都是在戴欣然领事任内发生。但这并不能表示戴欣然工作不力,而是因为时势所趋。其实,戴欣然成功地影响了槟城的主要富商和社团领袖的政治意向,因此他们也都没有积极参与革命运动。支持孙中山革命的书报社领导人,包括书报社的 25 位发起人和 9 位赞成人,除吴世荣和黄金庆是小富商之外,其他只能算是中产阶级的人士。①这些人没有在槟城主要的会馆、社团和商会里担任领导地位。在历次的慈善捐款运动中,也少见这批人名列前茅,甚至没有名列其中。一个比较合理的猜测是他们的财富并没有达到可随意捐献巨款的程度。

　　本章的另一个发现是,文中所列的几个捐款芳名表,作为学术的讨论可以有几种意义。一是可以看出客家社群的捐款数额,远远超过他们在槟城华人人口中所占的百分之十的比率。在多次的跨方言群的捐款活动中,客家富商往往名列前茅,捐款数额也超越闽籍和粤籍富商。客籍富商在慈善事业的慷慨表现,也有助于提升客家人在槟城华人社会的地位。第二层意义是,跨方言群的捐款活动可以看出槟城华族各方言社群的领导层在许多公益事业中可以互相合作,共襄义举,不会因为某个筹款活动是由某个方言群劝捐,其他方言群的领袖便拒绝配合。

　　客家富商在历次的捐款活动中表现突出,慷慨解囊。但这不意味着本章的中心人物戴欣然是其中最突出者。戴欣然在客家富商中不是最富有者,如果是的话,他肯定不是最慷慨者。因为在上文所提到的大部分的捐款活动中,他属于位居前几名者,但不是居首位(除了表 10.4 的捐款芳名录是排行榜首)。所以本章并没有高估他的财力,或将他的慈善事业及对华人社会的贡献神话化。而是根据资料,讨论他的慈善事业和领事任内的一些活动。可以肯定的是,他先后担任驻槟城副领事、领事及代理驻新加坡总领事的职务,为他在当地的社会地位和影响力增添了不少筹码。有识之士论析19 世纪末和 20 世纪初槟城客家人的实力及其与其他方言社群的互动关系时,不可忽略客家人垄断驻槟城副领事一职的关键性。

---

① 　槟城阅书报社的 25 位发起人和 9 位赞成人的名单,见《槟城阅书报社廿四周年纪念特刊》,第 7—8 页。

# 附录一：戴春荣先生六十双寿序

戴鸿慈

予自往岁，即闻吾宗有忻园公，能孑身涉海外致巨富，出其所有，里党戚属咸被沾溉，雅重其人，恨未一见。意岛国俗犷野，受廛儈舍，多吾国齐民之不自聊者，操赢制余，日以角逐，即稍能自异。殆亦疏节阔目，放佚自喜，其居使之然欤？及公之哲嗣芷汀、淑原先后筮仕至京师，执贽来见，咸恭默惇谨、彬雅有度，与论学术，具有原本，云皆受自庭训，始知公能读书，尤粹于宋儒性理之学，近人则朱大兴、曾湘乡诸集，皆所服习。即持筹握算，犹日手一编，心有所得，辄能撷摘要领，为义方之教。昔管子谓"商之子恒为商"，此语胶执，诚不足以囿公，公过人远甚。予畴昔揣量公之意，至是大异，而雅重公之心则日益加切焉。岁乙巳，予持节聘各国，晤公于槟榔屿。时稠人中惟公契慕至久，谈宴尤洽，间与议论古今，盱衡时局，竟日不倦。言必根据学术，故每措一词，咸能言人所未言，而适言人所欲言，皆非空疏者所能道及。迨与论致富之道，则更与人殊异。自述生平经营商业，不喜居奇、不乐兼并，惟笃守儒，先诚、实二语，贯以初终。商场起落倏忽百变，用能数十年，处境坦夷、不遇倾踬，悉由斯道。予味其言，益觇所蕴。往者见公之愿，既为不虚，而雅重公之心，更无穷极矣。今年为公与其德配陈夫人六十双寿，其长君芷汀寓书乞言以助称觞。予维公大名鼎鼎、在人耳目，内而家庭孝友，外而交际取与，大而仗义急公，小而谨身节欲，久已誉满中外、声溢朝野；陈夫人同心俪德，时复将顺其美，举能赞助公之厚德，克成公之全福。昔辛庄（按：庄辛）论君子之富，谓亲戚爱之，众人善之，咸欲其寿。君子之富也，公实居之，予更何言！而予之所以知公与重公者，则更自有进。方今俗尚竞争，浸成风会，商战之说，东渐西被，如河海奔腾，莫可遏止。阛阓之内，嚣然不靖，先王礼让之化，遂荡佚而无复存焉。公独能以儒术为商学，不从世风而靡，循途守辙，自抵富涯，而激流煽焰者，无所借口。先儒有言："人能表异于一世，其成立乃能涵盖一世。"今之所谓良贾，吾见之矣，大都豪夺巧取，抟击驰骤。求能出类拔萃、表异一世，则非公莫属。天生异秉，必能使享泽绵远、历世长久，借以障末俗之横流，挽歧趋之轶轨，断断然也。闻之善颂者，不苟谀，不溢美。徐干曰："夫寿有三，有王泽之寿、声闻之寿、行仁之寿。"公其备此三者，以厌宗族交游之愿望，是则予之所，以为颂也已。是为序。

资料来源：《南洋华侨杂志》，1917 年第 1 卷第 3 期，第 1—2 页。

# 附录二:戴公府君墓表

赖际熙

公讳春荣,号忻然。其先闽人宋季由闽徙粤,居循州之兴宁县。至明永乐间,有福正公,以诸生游学大埔。因家于安乐土汶上乡,遂为汶上始祖,八传孙晃,为崇祯时诸生,通经术,高行谊。顺治初,吴顺恪六奇开阃饶平,重其品学,以礼延聘,教其二子,皆有成立。晃有四子,叔子学濬,学濬次子仕桓,仕桓子上闻,即公高祖也。曾祖应中,祖阡辉,父教裕,世以清德朴学见称乡国,以公贵,皆赠封荣禄大夫。公少有异禀,六岁就外传塾师授以经,辄能明其大义。九岁居母丧,执礼如成人。依父膝下,不敢偶离。父时课以文艺,学益大进,出就有司试,数奇无所遇。年益长,家益窘,值海禁大开,父乃命适异邦营生业,遵海至巫来由之太平埠。初为人佣簿记,佣值微薄则尽寄归以养父。逾数年,始得一归省,未久,复南游,自营商业,积资稍裕,乃迎父至埠就养,旋复侍奉归乡。见祖尝兴学塾多缺乏,乃体父夙志,出橐装以赡之。时家尚未饶,则先公后私,非所蕲也。居数月,父以年老惮远涉,遂留子培基在家侍奉,己则复返南洋。自是操赢制余,日兴月盛,遂握富源,愿力既宏,营祭田赡族、兴学校,捐资愈益丰伟。寻奔父丧归里,哀毁骨立。恒语人以父病不获侍汤药,没不获视含敛,为终天憾事。盖其仁孝出于天性,推之以为敬宗收族,又推之以为忠君爱国,而不自恤其私,素所涵蓄者然也。公身虽经商,而心尤嗜学,百务繁会,犹日手一编。而朱大兴、曾湘乡诸文集,尤所讲求,以为经世之用。庚子,联军陷京师,朝廷输巨款以言和。国益贫弱,公恒拊髀扼腕,志纾国难,念汉卜式输家财助国家急难,不过借输将以邀取荣利,非从根本以培养国家元气,不足法也。逾年,闻朝旨命海内外创设学堂,乃振袂而起曰,兴贤才,敬教劝学,此真培养国家元气之根本也。遂一意兴学,以次建立潮城大埔及南洋星嘉坡、槟榔屿诸学堂达十余校。靡金钱十六万有奇,又助汕头大埔各医局二万余金,此专属诸兴学者,既如此伟大。此外所助一切公益义举,更不可殚述。居南方久,德望夙为华民信仰,任为槟榔屿领事官。南海戴文诚鸿慈,奉命聘各国考察政治,道南洋,知公贤,表荐于朝,得旨以道员用,加二品衔。寻复以其忧国如家,才可大用,函促入都,以候恩简,以老不果行。辛亥年,驻英公使刘玉麟复任公为星加坡总领事官。是年冬,遭国变,因谢事,杜门不复出。逾八年,卒于槟榔屿,得寿七十有一,权葬于槟榔屿某山,其诸子以公在日,眷怀乡里,依恋先茔,以甲戌年某月某日，移榇归葬于原籍旧寨黄泥渠，坤山艮向，兼未丑之原。娶陈氏，诰封夫人，生子二，长培基，以诸生官福建知县，权知州，迁知府，历任宁洋县知县，龙岩州知州，泉州府知府，皆著循声。次培元，法部员外郎，槟榔屿领事官。侧室某氏，生子某。某氏生子某，女二，长适某，次适某。孙□人，孙女□人，曾孙□人，曾孙女□人，增城赖际熙敬拜手为文而表其墓。

　　资料来源：赖际熙：《诰授荣禄大夫特旨分省补用道槟榔屿领事官星嘉坡总领事官戴公府君墓表》，收录于林庆彰主编"民国文集丛刊"第1编《荔垞文存》，文听阁图书公司2008年版，第108—112页。

# 第十一章　民初客籍侨领与槟城华人社会：
## 戴淑源与黄延凯

　　学术界对民国成立以后槟城的领事尚缺乏研究。有鉴于此,本章主要讨论民国时期两位客家籍中国驻槟城领事与当地社会文化的互动关系。民国首任领事戴淑原(戴培元,广东大埔县人)的任期是从 1912 年至 1930 年,第二位客家籍领事黄延凯(广东梅县人)的任期则是从 1933 年至 1940 年。换句话说,从民国建立到太平洋战争爆发前夕的大部分时间,客家人继续晚清时期的垄断,担任槟城华人社会中最重要的一个领袖职位。① 这段时间是中国政治和社会的动荡期,也经历抗日救亡运动的时期。客家领事主要处理了槟城华人社会所关心的什么问题呢? 他们又如何动员槟城华人参与抗日救亡运动? 前后任客籍领事在相同的空间,但不同的时间和社会情境下,处理当地社会和文化问题的重点又有何差异及为何有此差异呢?

## 一、戴淑原与槟城的华文教育

　　戴淑原(1887—1944)是槟城富商和侨领戴欣然的次子。年幼时接受中西方教育。1906 年,因其才能被推荐协助清廷办理赈务,并受封四品法部员外郎衔。后来,他因对朝政有所不满,而且父亲年事渐高,于是辞官南来槟城侍候父母,并担任驻槟城领事馆翻译员。民国成立后,因父亲戴欣然辞职,戴淑原代理槟城正领事。1917 年,外交部让他真除,正式担任槟城正领事。戴淑原在任期内,宛如其父,疏财仗义,对公益慈善事业不遗余力,尤其是付出相当大的精力发展当地的华文教育。②

　　戴淑原热心推动华文教育,有主客观两方面的因素。主观因素方面,父亲戴欣然对侨民教育的支持,是戴淑原继续极力推进华文教育的一个重要

---

① 其间非客家籍领事有杨念祖(江苏上海人,任期 1930—1931 年)、谢湘(广东东莞人,任期 1931—1933 年)、吕子勤(湖北汉阳人,代领事任期 1931 年、1933 年)、叶德明(江苏江浦人,任期 1940—1941 年)。他们的任期都相对比较短。

② 戴淑原曾任槟城大埔同乡会会长、客属公会主席、时中小学董事、钟灵中学名誉总理等。1940 年被英殖民地政府委任为太平局绅。日军占领马来亚期间(1944 年),无疾而终于槟城的亚逸淡,享年 57 岁。

因素。戴淑原不只继其父担任槟城领事,也继承其父的慈善和教育事业,所以史载戴淑原"好义类其父"。①此外,戴淑原的长兄戴芷汀,也是以热心教育和其他慈善事业留名。

客观因素方面,是因为发展侨教是领事的职务范围,戴淑原责无旁贷。从 1914 年初起,中国政府明文规定领事要办理华侨学务。当时公布了《领事经理华侨学务规程》,第一条提道:"居留各国华侨办理学校,由驻在该埠之总领事或领事或副领事考察,报告教育总长。"第二条更具体地列出领事兼管的事项,包括:(一)确保各华侨学校都遵循祖国教育部的法令;(二)对于华侨学务上之纷争、调停或处理之;(三)遇必要之时,得向各学校表示意见、指导改良;(四)处理华侨学生回国就学事宜;(五)考核学校教员事宜;(六)褒奖各学校教职员事宜。第三条再补充领事应考查之事项:学校的设立、变更及废止;学校的教授暨管理;学校经济状况;学校卫生状况;学生就学、毕业及升学等。②换句话说,领事要指导和监理的事务范围相当全面,俨然成为学校的总裁。

戴淑原任内充分执行祖国政府赋予他的职责。他执行的途径有几种:第一,接受委任为学校的总理或华侨教育会的会长等职,名正言顺地指导学校的事务。例如,他曾担任中华学校和时中学校的总理。第二,定期到各校去巡查,也在官员来槟城访问的时候,安排他们参观学校,了解学校的上课和教授情形。第三,应邀出席各校的庆典活动时,向师生训话,勉励认真学习和灌输爱国意识。

戴淑原到底做了哪些与教育有关的具体事情呢?以下举出两个事例来论述。第一件事情是戴淑原领导槟城华侨教育会的活动。槟城华侨教育会成立于 1913 年。由于民国成立后,英属新马的华校仍然各自为政,甚少联系,不便祖国政府指导。有鉴于此,中国驻新加坡总领事胡惟贤推动成立南洋英属华侨学务总会,并正式在 1913 年 3 月 2 日于新加坡成立。③槟城的华侨教育会,可以说是它的一个属会,但槟城的教育会有自主的管理和运作系统。我们可以从槟城华侨教育会于 1913 年 6 月 1 日的会议记录了解教育会的工作和权限。教育会职员会议在当天上午十时开议,共有 18 位学界领袖出席会议,主席为戴淑原。在为时一个小时的会议中,总共讨论五项议案。第一是讨论调查槟城各华校的计划。与会者之一的钟则师询问调查之

① 温廷敬编:《大埔县志》(第 21 卷),台北市大埔同乡会 1971 年影印版,第 26 页。

② 《领事通告》,《槟城新报》,1914 年 1 月 8 日,第 3 版。

③ 叶钟玲:《南洋华侨中学的创设:概念的产生、演进与实现》,《亚洲文化》1992 年第 16 期,第 127 页。

目的,戴淑原回答说"以指示劝导改良祛弊为目的"①。第二是讨论暑假放假的时间。经过一番讨论后,主席戴淑原裁定暑假以三个星期为期,并遵照国内教育部规定,从 8 月 1 日开始放假。第三是讨论采用两学期制还是三学期制,最后大家同意依照中国教育部的法令,统一采用三学期制。第四是讨论召开各校教员研究会,以增进交流和提升教学素质,并议定每月第一个星期日上午,召开教师研究会。第五是决定增补两位教育会职员。②从上述记录可知,华侨教育会是槟城华校的一个联合组织和指导机构。它在改善学校管理上的弊病、统一各校的制度、提高教学素质和遵循祖国教育部法令等方面扮演主导的角色。而戴淑原就是这个华侨教育会的会长。1913 年底,他一度以健康为由,请辞会长一职,但由于众望所归,而且,戴淑原身兼槟城领事,若"另举别人,则此后凡与中央教育部遇有交涉事,未免有不便之处"③,因此,戴淑原一致获得教育会同仁慰留。可见不只是戴淑原个人的声望,他所担任的领事一职,在华人社会中享有崇高的地位,尤其是在处理与祖国相关的事务方面。

　　除了教育界之外,槟城华人社会舆论界对戴淑原的期望也很高。当时槟城华校不少,除了各自为政之外,教员的素质也良莠不齐。一些学校的董事对学校管理上的弊病也视若无睹。因此,舆论高度评价戴淑原领事介入学校的改革和管理。1914 年初的一篇评论文章就如此期许:"夫我华侨学校之经理人,前此固专在学董也。去年杪教育部新订领事经理华侨学校规程,是领事与办学之学董现在已处于直接密切之地位……本屿领事生长于居留地,素被各学校推举为总理,复于中西文字均有根底,即各科学亦有研究,于各学校应兴应革之利弊,当早在其洞见之中。则部订规程第二条兼管事项,有表示意见,指导改良,与考核小学校教员事宜,遵规程而实施之,必能悉中窍要也。"④

　　有关戴淑原领事任内的第二件值得讨论的事情是他不遗余力地筹办槟城第一所华文中学。槟城筹办中学相关的最早的文献之一可能是 1914 年戴淑原和熊长卿联名呈请中央教育部,要求按年拨款资助办理中学经费的呈文。熊长卿奉粤政府南来视学,当时戴淑原已有意在槟城中华学校附设中学,以让高小学生毕业后,能在当地继续升学,接受华文中学教育。虽然

①　《教育会议案》,《槟城新报》,1913 年 6 月 4 日,第 3 版。
②　《教育会议案》,《槟城新报》,1913 年 6 月 4 日,第 3 版。
③　《教育会集议纪事》,《槟城新报》,1913 年 12 月 29 日,第 3 版。
④　《今岁本屿学校之改良进步》,《槟城新报》,1914 年 2 月 14 日,第 2 版。

槟城华侨不乏热心人士资助办学费用,但办教育要有长期规划,如果政府同意按年拨款资助,"使基金雄厚而臻稳固,则中学不独可以成立,而他时本屿学务之进行,当必蒸蒸日上者也"①。熊长卿表示赞成,并同意联名呈文政府。文中提道:

> 窃维国本固赖人才,人才由于教育。中学以上之教育,尤为海外华侨当今急务。兹南洋英属群岛,华侨尚无中学以上学校,方莠言庞杂之秋,每每先入为主,正气不足邪即侵之。为将来治乱计,至应从速着手也……闽粤人侨居此者百余万人,由中国来、初入境者,自以新加坡为登岸首埠,而槟榔屿实华人萃聚之区。高、初两等小学,几已无埠无之,惟无中学可升,故中途多失学,或转入西文学校。委员长卿,奉粤民政长令前来调查学务,与领事培元晤商,均以速为本埠设立中学为宜……惟常年费不敷尚巨,若得国家酌量常年补助,或饬闽粤两省就近常年补助,不拘多少,实足生华侨兴感之心。②

戴淑原和熊长卿的建议似乎得到良好的回应。不久,有传闻中央教育部总长汤化龙鼓励侨民办学,凡侨民创办中学者,每年由教育部补助经费三千元。③可惜槟城华文中学筹办之事,一再拖延。戴淑原在 1916 年 3 月间,再次致公函给中华学校的信理员、总理和协理,敦促道:"此事去年夏间,曾与诸君在小娘嬛俱乐部会议进行。嗣以欧战方殷,商场凋敝,且距始学期近,诸事草创,未能一蹴而几。迁延至今,事情几乎中辍,鄙人心焉忧之。兹调查各小学本年毕业者,颇不乏人。中学之设,此其时矣。否则莘莘学子毕业之后,升学无门,向隅遽赋。纵有栋梁良材,未经斧琢,则不学无术,等睹木屑竹头耳,良可惜也。诸君热心教育……群策群力,急起直追。中学之成,指日可待。鄙人不胜盼望之至。"④

虽然戴淑原再三催促,中华学校附设中学的计划最后还是胎死腹中。但戴淑原筹办中学的行动没有停止。1918 年中戴淑原函请平章会馆倡办中学。⑤平章会馆毕竟是槟城最重要的华人机构,比较积极地采取行动筹办

---

① 《熊视学戴领事之关心学务》,《槟城新报》,1914 年 6 月 5 日,第 3 版。
② 《熊视学戴领事之关心学务》,《槟城新报》,1914 年 6 月 5 日,第 3 版。
③ 《中央政府之关心侨学》,《槟城新报》,1914 年 7 月 24 日,第 3 版。
④ 《戴领事致中华学校书照录》,《槟城新报》,1916 年 3 月 23 日,第 3 版。
⑤ 《附录戴领事提议筹办槟城中学意见书》,《槟城新报》,1918 年 5 月 6 日,第 6 版。

中学。首先选出六人代表谒见戴淑原，请教如何着手进行筹办等细节。后成立槟城中学筹办处及选出筹办职员。7月中旬的一次筹办会议中，会议主席谢自有发言："此中学发起，系由戴领事培元，函请平章会馆倡办，应举戴领事为临时总理。"①与会者一致同意。会中并选出财政和查账等职员，以及12名募款劝捐人。

戴淑原亲自主持了1918年7月28日举行的另一次筹办会议，会议上作了四项具体决议：第一是中学地点暂借平章会馆；第二是劝请各公司店号捐款，并增加募款劝捐人数，除了原有的12人外，再添增各街劝捐员；第三是在槟城当地的劝捐活动开始后，才寄送劝捐簿到外埠去募捐；第四是向殖民地政府官员查询发售彩票募款的可行性。②另外，筹备处正式设立，"假平章会馆楼上为筹办处，所有经费蒙戴领事担任先为支理。至雇用文案及什役各一人，归领事主裁。而薪俸则由阳历八月一日算起。而中学筹办处，亦于是日为成立纪念日。至筹办处章程，蒙胡君任支妥定简章，当众宣读，佥已认可，照章办理"③。至此，筹办工作有条理地进行，筹办费用也着落，除了戴淑原同意预垫筹办相关的费用外，戴淑原的父亲戴欣然也慷慨率先捐献一万元，为募款活动起了个好头。④

积极筹款的同时，延聘校长和师资的工作也在进行。戴淑原委请教育部选派人员出任。1919年2月中旬，教育部派充槟城中学校长许克诚和教员一人，随同再度南来的黄炎培抵达槟城。⑤槟城华侨中学在一个月后召开第一次的职员会，由中学总理戴淑原亲自主持。中学职员正式就职，显示中学校务开始运作。⑥

虽然有关槟城华侨中学正式上课时间及中学的管理和运作的情形尚需进一步挖掘资料来厘清，但上述证据足以证明它是槟城所成立的第一所华文中学。目前一般人普遍认为1923年成立的钟灵中学是槟城第一所华文中学。但就在钟灵中学筹办的时刻，报章曾出现一篇有关筹办钟灵中学的文章，文章开端介绍槟城中学的背景，透露槟城华侨中学的停办事实。"槟

---

① 《筹办中学会议进行》，《槟城新报》，1918年7月15日，第6版。
② 《筹办中学之会议》，《槟城新报》，1918年7月30日，第6版。
③ 《筹办中学之会议》，《槟城新报》，1918年7月30日，第6版。
④ 《筹办中学会议进行》，《槟城新报》，1918年7月15日，第6版。
⑤ 《中学之校长已至》，《槟城新报》，1919年2月14日，第7版。
⑥ 《中华学校职员一览表》，《槟城新报》，1919年2月14日，第7版。新加坡第一所华文中学——南洋华侨中学也是在1919年正式成立。参见叶钟玲：《南洋华侨中学的创设》，第133页。

城华侨中学,自停办以来,匆匆二三年矣。"①既然是"停办",即表示曾经开
办。而且,这篇文章刊载于 1923 年 1 月。如果按时间推算,若以中学停办
了三年为准,槟城华侨中学约在 1920 年 1 月停办。从 1919 年初开办到
1920 年初停办,槟城华侨中学的寿命虽然很短,但它的历史意义重大,它表
示戴淑原努力不懈地倡办中学,并没有徒劳无功。

## 二、黄延凯与槟城华人的爱国意识

黄延凯为广东嘉应州梅县客家人,生于 1902 年。1921 年黄延凯毕业
于岭南大学附属中学,后于上海圣约翰大学进修新闻与政治学。根据黄延
凯后来在槟城就任正领事时的自述,他于"1924 年在广州岭南大学毕业,时
年方 22。继到北平进北京大学,研究政治经济学,二年后回广州就中山大
学教授,任期二年"。② 此后,黄延凯担任过的职务还包括广东省党总部执
行委员会宣传部秘书与国民党党报《民国日报》兼职社论作者、广州市国民
党总部执行委员会总书记,1929—1931 年间担任香港《华南日报》主编,
1930 年也曾就任中国国民党中央执行委员会第二次全体会议海外部秘书,
1931—1933 年间先后担任上海《华中日报》编辑及《华南评论周报》总编辑
等职。从其履历可知黄延凯不只学识丰富,在 1933 年受委任为驻槟城领事
前,党政和文宣的工作资历相当全面。虽然外交部选派黄延凯出任驻槟城
领事的原因尚待查证,但从当时的时势情况而言,有一定党政经验和文宣工
作能力的驻外领事人才,的确有利于国民政府推动海外华侨的爱国和抗日
救亡运动。

另外一点值得注意的是,黄延凯的祖父是黄遵宪(公度)。黄遵宪不仅
是清末有名的诗人,也长期负责外交和侨务工作,先后在日本、美国旧金山
和新加坡等地的领事馆担任要职。1891—1894 年间担任驻新加坡总领事
期间,黄遵宪成功获得中央政府同意,创设驻槟城领事馆,并推荐客籍富商
张弼士担任驻槟城副领事。由于这个特殊的关系,当黄延凯到槟城上任的
时候,受到当地侨民热烈欢迎。

黄延凯在 1933 年 11 月 28 日抵达槟城,当地最主要的报章《槟城新报》
以两大版的篇幅报道抵槟详情。各团体代表及个人欢迎者二百余人,并备
有汽车四十余部,在当晚 6 时 30 分前齐集槟城码头。当黄延凯的渡轮靠岸

---

① 《对于槟城筹办中学之质疑》,《槟城新报》,1923 年 1 月 8 日,第 6 版。
② 《黄领事昨晚抵槟盛况》,《槟城新报》,1933 年 11 月 29 日,第 18—19 版。

时,欢迎者"各执国党旗,招摇欢呼"。① 黄延凯等人上岸时,"欢迎者分开两边,欢呼中吕(按:吕子勤,卸任领事)黄二领事已自码头一路点头过去,欢迎者随之。继在火车站外由本报及光华报记者以电光摄影。毕,乃乘汽车离车站。领队第一部汽车坐有欢迎会主席刘玉水、财政王景成、总务梅英荣、(领事馆)主事杨芷乡等;第二部汽车坐有总务谢丕意、钟灵中学校长陈充恩及槟城、光华、南洋商报记者;第三部乃为吕黄二领事及阮主事及其夫人。继后者为各团体代表自备汽车,共约四十余部。分插党国旗帜,十分热闹"。②

为了让黄延凯一睹槟城市区面貌,也让当地华人感受欢迎的气氛,欢迎车队特别在市区各主要街道绕行一周,才抵达欢迎会场——槟城阅书报社。欢迎茶会简单隆重,主客双方分别致词及向与会人士敬茶后,黄延凯等人被接送前往谢连元别墅,因为嘉应州客家同乡也为他们安排一个欢迎茶会。在谢连元别墅中有两件事情值得提及。第一件事是黄延凯见到了他的前辈——戴淑原前领事。这可能是这两位客家领事第一次会面。或许也是这次的机缘和投缘,让他们在不久的将来成了岳父和女婿的关系。1934年6月黄延凯和戴淑原的女儿戴新华在槟城订婚。③ 次年3月在新加坡正式结婚,由当时的驻新加坡总领事刁作谦主持证婚。④ 第二件事情是黄延凯在槟城第一次接受记者的访问,其中被问到他对海外华人的看法。黄延凯回答说:"余初出洋,不太明了海外情形。但在过去事实上,总可以觉察一二。认定华侨处境之痛苦,爱国之热诚,非其他国内一般人所能攀其肩背者。"而记者最后对黄延凯的印象是"举措儒雅,和蔼可亲,国语颇为纯正。除英语外,尚通法语,为外交界少有人才"。⑤ 黄延凯虽然没有外交经验,但他第一次和槟城的新闻界的互动是成功的。

槟城华侨正式的欢迎黄领事大会是在11月30日下午一时在平章会馆举行。⑥ 这个大会由槟城阅书报社召集,共有63个团体和300余人出席。槟城华社除了主要的社团(如槟城阅书报社和丽泽社)、宗亲会馆(如江夏堂黄

---

① 《黄领事昨晚抵槟盛况》,《槟城新报》,1933年11月29日,第18—19版。
② 《黄领事昨晚抵槟盛况》,《槟城新报》,1933年11月29日,第18—19版。
③ 《黄领事订婚佳讯》,《槟城新报》,1934年6月25日,第17版。
④ 《我国驻槟城黄领事昨日与前任戴领事女公子在本坡总领事馆结婚》,《南洋商报》,1935年3月7日,第8版。这也是历任客家籍槟城领事中第二对岳父和女婿关系者。第一对是第三任领事官谢春生和第四任领事官梁碧如。
⑤ 《黄领事昨晚抵槟盛况 阅书报社内开临时茶会》,《槟城新报》,1933年11月29日,第18—19版。
⑥ 欢迎黄延凯的大会与欢送吕子勤的大会一并举行,所以正式的名称为"槟城华侨各团体欢送欢迎吕黄二领事大会"。

公司和汾阳堂郭氏公司)、同业公会(如槟城加非公会和槟城树胶贸易公所)、报社(如槟城新报和光华报)和学校(如钟灵中学和时中学校)等机构参与外,各方言群的乡亲会馆也都出席,包括韩江会馆、晋江会馆、福州会馆、兴化会馆、龙岩会馆、惠侨联合会、福建会馆、宁阳会馆和广东暨汀州会馆等。这无疑是槟城华人社会跨族群的集会。① 从欢迎会的热情程度来看,黄延凯领事生涯有了很好的开端。

黄延凯的六年半的任期当中,主要处理的业务是什么呢?或者说他与前一任的客籍领事戴淑原所关心的事情又有何明显的区别呢?这个问题可以从外在的大环境来观察,尤其是祖国所面临的内政和外交处境。黄延凯任期(1933 年底至 1940 年中)的中国政局与戴淑原的任期(1911—1930)的中国局势有很大的区别,其中最大的差别是黄延凯面临的是 1931 年"918事件"之后的中国。日本先是占领中国的东三省,然后成立"满洲国",1937年发动"七七卢沟桥事件",全面入侵中国。中国在这段时期发动抗日救亡运动,不只国内同胞参与,海外华侨也出钱出力,继续发挥辛亥革命以来的爱国精神。黄延凯也是在这种情势下,特别注重催化槟城华人的爱国救亡意识。黄延凯的另外一个任务就是要稳住槟城华人对国民政府和中国国民党的信心和支持力量。在实际行动中,宣传抗日救亡运动和灌输爱国爱党精神是可以互相配合的,就如同一体的两面。

黄延凯除了例常的领事业务,如传达和公告祖国政府相关政令和法令、接待来访或过境的中国官员及协助筹款赈灾外,最常参与的活动就是由领事馆每年定期举办的双十国庆等活动及出席由各主要社团或学校举办的各种周年纪念日的庆典活动。黄延凯充分利用受邀致词的机会,进行他的政治宣导任务。例如,1935 年 3 月在纪念孙中山逝世十周年的仪式上,黄延凯发表演词,呼吁大家要"精诚团结",以面对中国面临的内忧外患局势。② 在当时槟城华人社会中,最关心祖国事务的社团是槟城阅书报社。槟城阅书报社是由孙中山于 1908 年创办。③ 成立以来,它是孙中山和国民党最忠诚的支持者,甚至在 1920 年代国民党被禁止在英属马来亚公开活动后,阅

---

① 《迎送新旧领事 平章会馆昨日盛况 吕说共同合作拥护刁总领 黄说渊列位兄弟以兄弟为兄弟》,《槟城新报》,1933 年 12 月 1 日,第 18 版。参与的社团不纯粹是华侨为主的团体,也包括土生华人为主的社团如辅友社等。

② 《孙中山先生逝世十周年纪念 领事馆及阅书报社均有集合 黄领事何如群相继发表演词》,《槟城新报》,1935 年 3 月 13 日,第 22 版。

③ 有关槟城阅书报社的创办史,参阅杨汉翔:《中华民国开国前后之本社革命史》,《槟城阅书报社廿四周年纪念刊》,槟城阅书报社 1932 年版。

书报社成为国民党在槟城的"地下党部"。因此许多与中国革命历史相关的纪念日活动，往往由槟城阅书报社出面举办，其中包括每年定期举行的七十二烈士殉国纪念日、总理诞辰纪念日等。这些典礼活动的首席贵宾都是黄延凯领事。以下列举两个场合中黄延凯的训词重点，可以看出他对槟城华人社会的爱国思想教育。

1935 年 3 月底在槟城阅书报社举行的七十二烈士殉国纪念日上，黄延凯首先讲述 24 年前"我们民族史上最沉痛、最悲壮，但又是最光荣之一日"。然后论述他的重点，"我们若要真正追怀先烈，不但是要崇拜他们牺牲奋斗的精神，而且是要把他们这种精神灌注入我们的脑海里，并且要将这种精神实现出来，从事实际的工作。……然后国家民族始能于内忧外患相煎迫中，获得生存之路。然后才能追踪先烈，努力奋斗，以救中国"。① 这席话完全契合鼓励华侨爱国爱党的目的。

但黄延凯的谈话也不是每次都是口号式的激励和喊话，在适当的时刻他也会要求华侨作具体的配合行动。在另外一个场合，即在"七七事变"日本全面入侵中国后的第一个孙中山逝世（第 13 周年）纪念会上，他就相当客观地分析国内外形势和表达对槟城华人的期望：

> 兄弟借此机会，此向诸位说几句很不客气、很老实的话。我们中国人是最容易冲动的。这种冲动不是过分的乐观，便是过分的悲观。每看到祖国军事部分地失利，或最近国际情势的转变，如最近德国承认伪满、国际上不能切实合作抵制劣货、国联之无能为力，以及将来之英意合作谈判等，便要摇头叹息。其实国际形势的转变，外交上的得失，并不是什么主观上的得失，而是客观上的变化。我们固不要过分地夸大，也不必过分悲观。国内外一切的变动，自有他的原因。我们要平心静气，研究其原因，找寻解除的方法……在今日，惟有上下一心，拥护政府抗战，才是争取民族解放之一出路。槟城的侨胞们，在抗战以后，无论是精神的、物质的，都有相当的贡献。希望能将这种继续下去。近来公债推销，各界认购者，债款多未完全交清。又长期月捐，按槟城华侨商店，不下二千家，而实行月捐者却只有二百余家。这种现象，较之星嘉坡，差之甚远。这点意见，便是兄弟所要说的老实话。②

---

① 《领事馆纪念黄花岗 黄领事演述烈士事略》，《槟城新报》，1935 年 3 月 30 日，第 26 版。
② 《槟城阅书报社昨举行总理逝世第 13 周年纪念会》，《槟城新报》，1938 年 3 月 13 日，第 2 版。

在其他场合如槟城阅书报社的历次周年纪念会上,黄延凯基本上向当地华人传达类似的信息和灌输相同的爱国爱党意识。虽然出席的人主要是有关团体的成员,但领事的谈话内容都会刊载在当地报章上,有效地传达给槟城华人社会。

### 三、两个时代的客家籍槟城侨领

戴淑原和黄延凯的出身背景有类似之处,除了同样是客家人外,他们学贯中西的教育背景和显赫的家族背景也相似。戴淑原的父亲是南洋富商及热心慈善和公益的领事。黄延凯的祖父是著名的诗人和经验丰富的外交官。戴淑原和黄延凯先后出任槟城领事,他们忠诚地完成了一般驻外官员例常的任务。对祖国方面,他们传达祖国的政令、接待访客、鼓励华侨协助祖国经济建设,以及协助筹款赈灾等。这些经常性的业务,由于篇幅有限,在上文中略而不谈。对当地华人社会方面,他们尽力保护侨民,以及以领事之尊,领导和整合各方言族群。所以他们不只是槟城客家人的领事,而是槟城全体华人的领事。

但由于戴淑原和黄延凯所处的时代不同,或者说1930年之前和1930年代的中国内外局势有明显的不同,他们特别关心的事物自然也不一样,对槟城华人社会的影响层面当然有所差别。综合而言,戴淑原将许多精力和时间花在华侨教育事业方面,主要原因有:第一,戴淑原受父亲戴欣然影响,重视教育公益事业的影响,当他继父亲担任槟城领事后,也继承父亲的志业,极力发展华校和华教;第二,戴淑原任职期间,正值祖国政府有意有效管理海外华侨学校的时刻,同时南洋地区也迫切需要开办中学,因此他必须花不少时间和精力处理相关的教育问题;第三,戴淑原了解华侨社会虽然方言帮性浓厚,但兴办教育是各方言族群都关心和愿意合作的少数事务之一。身为少数族群的客家人,如果能积极推展华校和华教,有助于巩固槟城领事在各方言族群社会中的领导地位;第四,戴淑原及其家族长期居留在槟城,他对与本土密切相关的教育问题更关切,尤其是他的任期历经清末民初交替之期、袁世凯执政之时,北洋政府时期和国民政府初期。中国内部政治动荡和政权迭变的无常,使戴淑原领事将工作焦点和更多的关怀投入在本土的教育问题上。

黄延凯的领事任期是在另外一个完全不同时代。他任内主要的工作是动员华侨的爱国意识和推动抗日救亡运动。综合原因有:第一,国难当头,祖国政府再次需要海外华侨出钱出力,支持政府抗日。要动员槟城华侨,首先要展开思想教育；第二，黄延凯是从中国委派来的驻槟城领事，他对与祖国相关的事务比较关心，对属于当地事务的问题则摆在其次；第三，黄延凯个人的党政背景浓厚。他南来之前担任过广州地区国民党的重要干部，在国民党主导的国民政府时期南来槟城服务，他忠实地执行中央政府和国民党对海外华侨的宣导政策，将海外华侨列入祖国抗日救亡运动中重要的一环。

　　戴淑原和黄延凯担任槟城领事期间，对华人社会作了很多方面的工作。有关详情，需要另文讨论。但如果要点出这两位领事在任期间对槟城华人社会和文化最重要的影响，答案莫过于戴淑原在兴办教育方面的贡献以及黄延凯在提倡爱国爱党和动员抗日救亡运动方面的努力。

# 第十二章　槟城侨领谢湘及其免职风波

　　民国时期中国政府委任的槟城①领事先后有戴淑原、杨念祖、谢湘、黄延凯、叶德明和李能梗。② 他们任职短则不满一载，长则主事数年。纵观清朝及民国驻槟领事史，独有谢湘一位是因故被免职调回。谢湘之免职一事在驻槟领事史上既特别又偶然，好比一面多棱镜，可折射出当时槟城华人社会的洋洋诸观。本章主要根据槟城出版的《光华日报》，辅以《槟城新报》上的报道和评论，为谢湘及其任内作为勾勒出接近历史真相的轮廓；进而由他的免职风波来了解当时的槟城华人社会，及其与国民政府的关系。

## 一、谢湘的生平履历

　　现存有关谢湘生平的资料较为匮乏，除谢湘新任槟城领事时《光华日报》和《槟城新报》所刊的介绍报道，以及谢湘本人所著《墨子学说研究》以外，有关他的事迹的记载不多见。③因此仅能根据上述零星资料梳理其生平履历如下：谢湘（1893—?），广东东莞人，又名谢今生，字晓帆，号片影，道号典梅。④ 从胡逸民在 1966 年为谢湘《墨子学说研究》作序言看来，谢湘天资聪颖，少年得志。他在清光绪二十八年至二十九年间（1902—1903）科举中考得粤省邑庠生，之后毕业于岑西林创办之两广方言高等专门学校（两广方言学堂）德文甲班。辛亥革命时他曾担任北伐学生参议之职，1912 年南北议和后即奉政府派遣留学德国两年。谢湘从德归国后，曾担任广东河源税务专员、新会地审厅法官、合浦县代理县长。1915 年谢湘北上入北京大学学习德、日法律，次年在北洋政府于北京举行的第一届文官高等考试中考获外交官资格，随后被分发入外交部，其间他仍继续在北大的学业。1919 年，

---

① 槟城又称为槟榔屿。正文中尽量统一称为槟城，但引文及参考资料则保留原来的称法。

② 许云樵：《星马设领始末考》，《南洋文摘》1960 年第 5 期，第 18 页。

③ 《我国驻槟榔屿领事，新委现任菲律宾副领事谢湘充任》，《光华日报》，1931 年 6 月 16 日，第 6 版；《外交部委谢湘为驻屿正领事》，《槟城新报》，1931 年 6 月 16 日，第 24 版；《各团体代表二百余人，伫候铁线码头欢迎我国新委屿领事》，《光华日报》，1931 年 7 月 22 日，第 6 版；谢湘：《墨子学说研究》，香港上海印书馆 1967 年版。

④ 关于谢湘的出生年，是笔者根据《光华日报》1931 年 7 月 22 日第 6 版的报道推算而来。该报道称谢湘当时"年三十八岁"，故笔者得其出生年份为 1893 年。

谢湘作为优等生毕业于北大,不久被外交部派署驻日本横滨总领馆主事。在日期间,他曾入日本明治大学研习国际法。谢湘于 1923 年被调回中国,在外交部任事直至 1925 年被派往驻菲律宾总领事馆担任随习领事。1929 年,他升任驻菲律宾副领事,三年期间他曾三次代理总领职务,执行保护华侨的工作,如为华侨向菲政府要求解除各种苛待律政,要求惩办不法侦探、卫生局员、税务查账员非法骚扰华商事件。1931 年 6 月 11 日谢湘接外交部电令调任民国驻槟城领事,并于同年 7 月 22 日到任。谢湘主持槟城领事馆政务直至 1933 年 1 月 5 日被免职查办。此后谢湘的去向和活动不甚清楚。根据胡逸民所记,谢湘"历任东南亚日本领事、总领事二十余年",①若此言属实,则可推断谢湘在离开槟城之后还曾被派去他处从事领事工作,但具体被派往何处尚待考证。谢湘于 1957 年由南洋返香港定居,研究墨子学说,被称为"墨家白眉巨子",在香港九龙大角咀创立墨道堂,并曾在香港电台播讲有关墨子研究、中国历史人物等专题,晚年居于香港沙田,卒年不详。②

从上述资料看来,谢湘自少年起就接受良好的教育,且在任驻槟领事之前,就已积累了丰富的领事业务工作经验,比起前几任当地富商出身的驻槟城领事,谢湘可算是驻槟领事中不多见的专业外交人才。那么这样一位有学识、有经验的领事,在他担任槟城领事的任期内到底表现如何呢?

## 二、谢湘侨领的业绩

近代中国驻外领事有"联络邦交,保护商民之责",即领馆除了处理外交事务以外,要负责保护华侨、管理侨务。③ 蔡佩蓉在其著作中曾对晚清领馆的华侨政策作出如下总结:"一是以保护及管理华民为主;二是劝诱华人对中国国内捐官和投资;三是凝聚华人对清皇室的崇敬;四是发展海外华人教育;五则是筹建海外总商会,促使华社统一。"④时至民国,中国驻槟城领事的侨务工作与前朝相比其实并无太大改变,无非也是保护和管理华侨,组织劝导华侨捐款救灾,促进商务交流,提倡国货,发展海外华人教育,履行国府所交办的任务、筹办相关庆典、加强国府对华侨的号召力。因此,下文也将

---

① 胡逸民:《墨子学说研究序》,《墨子学说研究》,香港上海印书馆 1967 年版,第 1 页。
② 谢湘:《墨子学说研究》,第 130—131 页。
③ 张晓威:《中国近代领事制度的建立:以清末在新嘉坡设置领事为探讨中心(1877—1891)》,收录于《两岸三地历史学研究生论文集》,台北政治大学历史系,香港珠海大学亚洲研究中心 2001 年版,第 317—337 页。
④ 蔡佩蓉:《清季驻新加坡领事之探讨(1877—1911)》,新加坡国立大学中文系和八方文化企业公司 2002 年版,第 189 页。

从以上几个方面来评论谢湘的任内作为。

### （一）保护侨民

一方面，领事任务的重中之重就是保护侨民。这方面的工作做得如何，也直接影响到侨民对于领事的支持。由于一些主客观原因，谢湘在该方面的表现略显平庸，在处理救济失业华工一事上更是引起了部分侨民的不满。1929 年爆发的世界经济大萧条严重影响了马来亚殖民地的经济情况，锡价、胶价均一路走低。树胶作为马来亚的经济支柱产品，其价格高低关系市况盛衰，而胶价在 1931 年到 1932 年间一跌再跌，致使马来亚各地工商业大萧条，大批华工也因此失业。谢湘到任一月之际，《光华日报》即刊登一篇题为《关于赈济祖国水灾与救济本地失业华工一事为谢领事和侨胞进一言》的社论，该作者直言希望谢湘能召集侨众，组织成立救济失业华工的研究委员会，调查情况，资助返乡华工。① 然而，谢湘除了在到任之初曾促成当地华侨组织救济会，资遣失业华工回国，之后并未再积极组织其他相关救济活动。1932 年 5 月 26 日，经济萧条继续在马来亚蔓延，槟城两百余失业华工派出代表六十人，前往民国驻槟领馆求见谢湘，期盼可以得到资助并安然返乡。② 然而，领馆未能给他们以满意的答复，使得槟城部分华侨对谢湘心生不满。但笔者认为，谢湘在此事件上的不作为也是有因可循的：晚清时期的驻槟城领事大多为当地客籍富商，领馆经费主要依靠领事个人筹措而非朝廷拨给。③ 时至民国，驻槟领事的身份背景及领馆的经费来源与前朝略有不同。由上述谢湘生平可见，他本身并非经商富人。此外，谢湘就任的1931 年和 1932 年正是中国内忧外患所夹击的两年，全国性大水灾、连年内战及应付日本侵略使得民国政府捉襟见肘，政府在拨发驻外领馆经费上亦显支绌。④ 因此，作为一介靠国家俸禄生活的政府官员，谢湘的个人财力远不及昔日的领事，从而在带头出资遣送失业华工回国上也会因个人财力的有限而显得力不从心。

另一方面，比起当地其他华社的领导机构，谢湘领事在保护侨民方面的表现显得颇为无力。例如，1932 年 3 月 5 日，槟城侨众因庆祝国民政府十九

---

① 《社论：关于赈济祖国水灾与救济本地失业华工二事为谢领事和侨胞进一言》，《光华日报》，1931 年 8 月 22 日，第 2 版。

② 《不景气日趋恶化：本屿尚发现二百人失业华工，昨派代表求见我驻槟领事，但未得要领》，《光华日报》，1932 年 5 月 27 日，第 7 版。

③ 王琛发：《槟城华人社会的客家人领事》，收录于《槟城客家两百年》，槟城客属公会 1998 年版，第 116 页。

④ 《中央尚不忘怀，穷困不堪之海外领事馆》，《光华日报》，1932 年 6 月 7 日，第 23 版。

路军在上海战胜日军,而与当地警察发生冲突,数名华侨被捕。[①] 事发之时,谢湘因公前往吉隆坡,没能当场调解矛盾,虽事后发通告安抚民众,但案件开审时,也不是由谢湘本人,而是由以林清渊为代表的华侨领袖与有关当局斡旋,并寻求为被捕的华侨进行辩护。华侨领袖的出色工作以及谢湘的不在场、不作为,使部分华侨对谢湘表示不满,认为他未尽到保护侨民之责。他们或责难谢湘没有莅庭旁听,或抱怨谢湘没有照会当地政府要求无罪释放被捕华侨等等。[②]

当然,谢湘在保护侨民方面也不是一无是处。如1932年3月,吉礁华侨林裹墨、林润泽等四人被当地政府拘捕并被驱逐出境,幸得谢湘多方交涉,四人才得保释,自由出境。谢湘也因此接到民国外交部训令表扬,称其"颇能尽心任事,克尽厥职"。[③] 同年4月,吉打王祖仁、汪椿鉴也因被控违反出境律而被捕入狱,同样是由谢湘出面与吉礁政府交涉,二人最终得以无罪释放。事后王、汪二君还在《光华日报》刊登颂词表达对谢湘的感谢。[④] 再如,1932年11月24日,槟城大雨,亚逸淡及浮罗山背二蓄水池破裂,大批华侨受灾,谢湘即于当月29日亲往灾区视察、抚慰华侨灾民。[⑤] 视察中谢湘了解到华侨陈虎耳因灾家破人亡,当即为他撰写介绍信,呼吁热心侨民给予帮助,并成功为该侨民筹得五百余元。[⑥]

### (二)管理侨众

在管理侨众方面,谢湘的表现称职,尤其是他卓有成效地推行了民国外交部所颁布的海外华侨登记政策。20世纪30年代,国民政府先后出台了一些关于华侨问题的管理政策并让其海外机构执行,其中包括华侨登记规则、华侨人口统计等。是故,到任之初,谢湘即在记者招待会上向媒体表示,需要调查槟城华侨人数,当地农、矿、工、商和实业的状况,华侨学校和社会

---

① 《巫警与侨众一场冲突之详情,"官绅"解劝工商界复业,风潮已告平息》,《光华日报》,1932年3月7日,第6版。

② 《谢领事对于五日事件之意见》,《光华日报》,1932年3月30日,第8版。

③ 《驻槟榔屿领事馆消息种种》,《光华日报》,1932年5月16日,第6版。

④ 《恭颂谢领事德政,民国二十一年五月二十七日 ——王祖仁,汪椿鉴》,《光华日报》,1932年5月31日,第19版。

⑤ 《浮罗山背大水为灾后 昨谢领事亲往灾区视察 该处华侨开会招待并引导视察》,《槟城新报》,1932年11月30日,第18版。

⑥ 《陈虎耳大雨被难后身后萧条 谢领事介绍向侨众求助 生活有靠》,《槟城新报》,1932年12月16日,第18版。

组织情况,用以编制一本完备的报告递交政府,"作保护华侨之设计"。① 任职的一年半中,谢湘不仅多次在各处演讲中发表关于学校注册、华侨注册的演说,同时还几次下发领馆通告,②阐明华侨登记规则,③督促侨民去领馆登记。他的动员也取得了一定成效,虽然具体人数目前无法考证,但可知的是至1931年11月底,已有相当一部分侨民完成登记事宜。④ 另外,谢湘还提议组织侨务讨论委员会,希望通过该会了解华侨社会的各项问题,以便更好地开展领事工作。⑤ 可惜该侨务讨论委员会仅召开过几次筹备会议,⑥就于1931年11月21日宣告因困难重重而被迫中止筹备。⑦ 尽管如此,谢湘想进一步做好侨务工作的愿望由此可窥一斑。

### (三)劝导华侨捐款救灾

1931和1932年是中国多灾多难的两年,罕见的全国性大水灾及日本对中国东北和上海的侵略战争使中国境内无数难民流离失所。作为槟城领事,谢湘的另一重要任务就是组织当地华侨赈济中国灾黎。尽管谢湘在带头捐款方面较清末民初的领事逊色许多,但他在号召槟城各界华侨捐款救灾的劝捐工作还是可圈可点的。首先,谢湘本人恪遵政府指令,自己"减薪三月"以赈灾民。⑧ 其次,在参加各种华人社团集会时,谢湘屡屡发表关于救济难民的演说,致力于唤起侨众的民族意识,倡导华侨响应赈捐号召。此外,谢湘还通过发布领馆通告,向全体槟城华侨发出赈灾的呼声。如1931年8月25日,谢湘吁请槟城中华总商会和平章会馆等机构召集华侨筹款。⑨在他的努力之下,广大槟城华人社会各个阶层积极响应号召,募捐工作得以顺利展开。据《光华日报》的报道所言,至1932年10月,槟城阅书报社筹赈

---

① 《谢领事昨日在其私宅,招待各报记者,领事姗姗来迟,来宾久等,席间由领事报告馆务及侨务》,《光华日报》,1931年8月22日,第6版。

② 《驻槟榔屿领事馆通告》,《光华日报》,1931年11月18日,第3版。

③ 《驻槟领馆通知》,《光华日报》,1932年1月21日,第6版。

④ 《助灾者与捐款详报》,《光华日报》,1931年11月24日,第3版。

⑤ 《领馆通告》,《光华日报》,1931年9月25日,第2版。

⑥ 《驻槟榔屿领事馆通告》,《光华日报》,1931年9月28日,第2版;《驻槟领事馆通告》,《光华日报》,1931年9月30日,第2版。

⑦ 至于该会议所遇的"困难"到底为何,无法从报刊上简短的领馆通告中得知。但是《光华日报》1931年10月1日的《邱明昶辞去侨务讨论会常委之职》则颇耐人寻味。作为当时槟城华侨社会中举足轻重的丘明昶,在侨务讨论会筹备之初就退出该会常委,该事件是否间接反映了部分华侨领袖与领事的不合,致使召开侨务讨论会"困难重重",值得进一步研究。

⑧ 《谢领事对于赈灾谈话》,《光华日报》,1931年9月18日,第6版。

⑨ 《领馆通告:筹赈水灾之呼声》,《光华日报》,1931年8月25日,第6版。

祖国难民委员会先后代汇捐款共计国币三十六万元。① 因此,谢湘在劝募赈捐这一方面的工作是称职的。

### (四)促进商务交流与提倡国货

推广国货是民国海外机构的重点工作之一。谢湘在任期中积极促进当地侨商与中国工商界联络,努力为国货推广海外销路。他莅职之初,就在中华总商会举行的茶会上发表演说,强调购买国货与振兴中国的重要关系,②此后也常常在各处演说中号召华侨备用国货,并积极主动联系国内工商界,协助侨商举办国货展。例如,1932 年 6 月,驻槟领馆商准槟城殷商连裕祥在其游艺场内展览各国货品,并发出通告督促槟城经营国货的华商挑选"精良国货样品"前去参展。③ 同年 8 月,为唤起华侨对国货的认识、增加国货在海外推销的机会,谢湘决定将领馆迁往红毛路(Northham Road),在新馆内增设国货陈列及国货介绍两部分,并致函民国实业部部长陈公博,请其命令上海中华总商会和各工厂将新国货寄来驻槟领馆。④ 另外,马来半岛内地的霹雳中华总商会也在谢湘的协助下,于 1932 年 9 月 10 日成功地举办了一届规模浩大的国货展览会。⑤

### (五)发展海外华侨教育

推进华侨教育是领事的另一职责。谢湘担任驻槟领事期间,当地华校面临种种严峻的问题。一方面,受到经济不景气的影响,华校办学经费日渐紧张。另一方面,华校所用教材屡被当地政府列为禁用教材。在出资赞助华校方面,谢湘的贡献比起晚清驻槟领事又显逊色。本书前几章已经讨论过,张弼士、谢春生、梁碧如和戴欣然等领事都曾经捐巨资帮助华校办学。⑥如上所述,谢湘在个人财力上远不及清末民初的几位前任领事,因此他没能大力捐款帮忙解决华校经济困境。但谢湘还是努力寻求方法来试图解决华校所面临的危机。1932 年 6 月 26 日,谢湘在领事馆召集槟属华校教育会议,讨论解决华校面临的经费及教材问题,席间还宣读其所撰的"整理华侨

①　《槟城阅书报社筹赈祖国难民委员会调查委员会报告书》,《光华日报》,1932 年 10 月 13 日,第 5 版。
②　《中华总商会昨天在会所三楼举行茶会欢迎谢领事》,《光华日报》,1931 年 8 月 14 日,第 6 版。
③　《驻槟榔屿领事馆通告》,《光华日报》,1932 年 6 月 13 日,第 6 版。
④　《驻槟榔屿领事馆消息种种》,《光华日报》,1932 年 8 月 1 日,第 6 版。
⑤　《霹雳中华总商会二十五周年纪念,国货展览会开幕大典。会场伟大好一座国货宫殿。参观者一万余人》,《光华日报》,1932 年 9 月 10 日,第 5 版。
⑥　黄贤强:《客籍领事梁碧如与槟城华人社会的帮权政治》,收录于徐正光编《第四届国际客家学研讨会论文集:历史与社会经济》,台北"中研院"民族学研究所 2000 年版,第 417 页。

教育三年计划草案",表达其实行华侨教育改革的愿望。① 该整理华侨教育计划之后得到国民政府侨务委员会的嘉许。② 同时,谢湘还曾两次亲自前往新加坡与马来亚副教育司、华民政务司及副华民政务司磋商教科书被查问题,终使部分被查教科书得以解禁。③ 此外,为了在侨民中宣传中华文化、促进教育,谢湘还特意在新迁领馆内设置一图书馆,鼓励华侨来馆学习。④

### (六)完成政府委派的其他工作

与前朝领事任务相似,谢湘也需要执行被授予的外交任务,负责组织与领导有关的纪念活动,接待过境或来访的官员,加强南洋华侨对祖国的向心力和凝聚力。据考,谢湘于任期内出访暹罗,为中国与暹罗的建交打下了基础。1932 年谢湘曾与暹罗政府协商,并取得一定的成果,即暹罗政府允许中国在曼谷设立一名商务专员,随后民国任命暹罗中华总商会主席陈守明为商务专员。⑤ 此外,谢湘也能遵照政府通告,组织相应纪念活动,接待来往官员。例如,1931 年 10 月 10 日是民国国庆二十年纪念日,但时逢"九一八事变"爆发不满一月之际,全中国沉浸在悲恸之中,民国政府下令国庆当日虽照常举办纪念典礼,但不举办娱乐宴会,谢湘亦按照中央规定,在领馆举办国庆纪念典礼、招待来访外宾,同时停止该日其他的娱乐宴会。⑥ 往来槟城的国府官员,谢湘也都予以接待,如过境的前中国驻印度总领事卢春芳、民国政府派尼泊尔专使张铭等。⑦

### (七)领事与侨众的交流

1931 年 7 月 26 日谢湘在履任大会上曾公开表示自己愿打破"官、民界限"观念,努力与华侨合作,并说"鄙人平日的思想,最富平民化,自信是毫无

---

① 《驻槟领事馆召集之槟属华校教育会议昨日举行,宣读整理华侨教育及三年计划草案,举出十一校负责带查修改(一)》,《光华日报》,1932 年 6 月 27 日,第 6 版。该草案提议以"循序渐进"的方式,分三年,对槟城华侨教育的诸多方面进行改革。例如,它提倡当地华校相互团结,努力实现资源共享,学校统一选择教材,督促华校向驻槟领馆登记,等等。
② 《驻槟领馆消息种种》,《光华日报》,1932 年 8 月 26 日,第 8 版。
③ 《驻槟领事馆消息种种》,《光华日报》,1932 年 6 月 25 日,第 7 版。
④ 《驻槟领事馆情报》,《光华日报》,1932 年 10 月 26 日,第 7 版。
⑤ 邹启宇:《中泰关系史简述》,《东南亚》1985 年第 2 期,第 2—10 页。
⑥ 《领馆通告》,《光华日报》,1931 年 10 月 9 日,第 3 版。
⑦ 《驻印总领事,卢春芳昨过槟,调任汉城总领事》《光华日报》,1931 年 8 月 10 日,第 6 版;《昨日华侨各团体举行盛大欢迎会欢迎张专使暨柏权门机师,谢湘致开会辞》,《光华日报》,1932 年 4 月 28 日,第 6 版。

官僚气味和贵族色彩"。① 综观谢湘任期的作为,笔者认为,谢湘虽然没有做到与侨众"打成一片",但还是努力尝试拉近与侨民的距离。任职期间,谢湘设法从各方面了解槟城华人社会,曾去参观槟城监狱、保良局、木寇山麻风院,②此外还走访槟城领馆管辖范围内的其他地方,调查当地华侨实情。为了拉近官民距离,谢湘下令延长领馆办公时间,在领馆内多设一间接待侨胞的休息室,还应允钟灵中学毕业生前来领馆"随意参观"。③ 谢湘通过槟城媒体,及时地与华侨互通声息。例如他到任之初,即在其私宅召开记者招待会,向槟城媒体报告馆务、侨务,并希望可以征集舆论,请侨胞予以指导。④ 此外,如上文所提,1932 年 3 月巫警与华侨冲突事件爆发后,部分侨民对谢湘心生不满,谢湘得知后亦在报纸上发表解释希望与侨众沟通、取得他们谅解。⑤

综上所述,谢湘在担任中华民国驻槟城领事期间,基本能担负起领事的职责,履行外交部赋予的任务。虽然他没能像几位晚清领事一样,用个人的财力接济受经济萧条影响的槟城华侨或资助华侨教育事业,但他仍可算是一位称职的领事。在任期间,他也曾获得外交部嘉许两次,⑥也获得侨务委员会嘉许一次。⑦ 然而,这样一位算得上称职的领事,却在主持领馆工作未满一年半之际被外交部下令革职查办,耐人寻味。

### 三、谢湘之免职风波

1932 年底,外交部特派视察员朱鹤翔司长协同周伯符科长南来视察,于 12 月 20 日抵达槟城。他们停留槟城期间,先后出席中国驻槟领馆、槟城中华总商会、槟城阅书报社等当地华社为他们举办的欢迎会。12 月 23 日朱鹤翔短暂离开槟城前去暹罗视察,1933 年 1 月 5 日由暹返槟,1 月 6 日即

---

① 《本屿华侨社团昨日在平章会馆举行欢迎谢湘领事履任大会 领事表示努力并愿与华侨合作》,《光华日报》,1931 年 7 月 27 日,第 6 版。
② 《谢领事参观监狱各机关》,《光华日报》,1931 年 10 月 20 日,第 2 版。
③ 《驻槟领事馆通告》,《光华日报》,1931 年 9 月 30 日,第 2 版;《钟灵本届毕业生业已完考,十二日参观领事馆》,《光华日报》,1931 年 12 月 14 日,第 2 版。
④ 《谢领事昨日在其私宅,招待各报记者,领事姗姗来迟,来宾久等,席间由领事报告馆务及侨务》,《光华日报》,1931 年 8 月 22 日,第 6 版。
⑤ 《谢湘领事对五日事件之意见》,《光华日报》,1932 年 3 月 30 日,第 8 版。
⑥ 《驻槟领馆消息种种》,《光华日报》,1932 年 2 月 27 日,第 8 版;《驻槟领馆消息种种》,《光华日报》,1932 年 5 月 16 日,第 6 版。
⑦ 《驻槟领馆消息种种》,《光华日报》,1932 年 8 月 26 日,第 8 版。

向各界公布外交部1932年12月26日所发免去谢湘领事职务的密令。① 从朱鹤翔抵达槟城到民国外交部发令将谢湘免职查办,历时不到六天,此次外交部行事之迅速不免让人出乎意料。但仔细翻阅当时的报刊报道,便可发现谢湘被免职一事其实并非平地惊雷。

上文曾提到,谢湘在保护侨民方面并没有处理好1932年3月的巫警与华侨冲突以及1932年5月失业华工向领馆请求资助返乡两大事件,从而导致部分侨众对谢湘抱有怨言。从1932年6月起,《光华日报》上或暗或明地批评谢湘的短评和报道渐渐增多起来。这些批评主要集中在以下几个方面。第一是指责谢湘不会英文与福建话;②第二是批评谢湘在出席霹雳中华总商会国货展览会开幕大典时身着"洋服"。③ 第三是批评谢湘在经济萧条的大环境下,执意将驻槟领馆迁至新址,并呼吁侨众赠送办公用品、资助领馆添置收音机等。④ 1932年12月22日,丘明昶、刘惟明等几位槟城华人社会的领袖人物,在槟城阅书报社欢迎朱鹤翔司长大会上,严词抨击谢湘,指责其"不廉洁""不能与华侨合作",并在演说中提到曾听闻"外交部接到华侨告发领事的文件很多"。⑤ 由此可知,朱鹤翔此次奉令南来考察,除政府委派的外交事务以外,关于谢湘免职一事应该是有事前准备的,所以外交部可以在如此短的时间内下令撤免谢湘。

谢湘被免职的通告于1933年1月6日见报以后,轰动了整个槟城侨界,而且反应不一。据《槟城新报》社长林清江刊登的启事所云,"一时之间,舆论是非,莫衷一是,无数稿件寄往报社"。⑥ 有槟城华侨代表多次请求谒见朱鹤翔司长,探询谢湘免职理由及侨务情形,可惜均未获面见。与此同时,民国驻槟领馆管辖范围内的各个地区,几乎都有华侨团体致电民国政府挽留谢湘。1933年1月9日,槟城广东暨汀州会馆、漳州会馆、琼州会馆、惠

---

① 《昨日领馆办理交代情形》,《槟城新报》,1933年1月7日,第18版。

② 《"读谢领事招待各界茶会演说词后"——天公》,《光华日报》,1932年6月20日,第2版;《外交官不可不精通外国文——地道》,《光华日报》,1932年6月21日,第2版。

③ 《谢领事为国展会行揭幕礼,华侨经济危机中应摆脱没落,霹雳中华总商会急谋筹展,推广国货南销,本报确定推销国货为华侨出路》,《光华日报》,1932年9月10日,第6版。

④ 《谢领事年来政绩的检举,最近二大新献的实施妙法,播音机、电影机、誊写机,经费向七公所二会馆设法。限定两种,甲一百元,乙五十元,二者任择其一》,《光华日报》,1932年9月14日,第5版。

⑤ 《阅书报社昨开大会欢迎朱鹤翔司长,到会者济济一堂,侨众对现任领事表示不满,朱司长允许切实调查呈报外部》,《光华日报》,1932年12月23日,第5版;笔者曾查阅中国第二历史档案馆关于南洋新马地区的档案资料,可惜并未获得相关史料予以佐证。

⑥ 《槟城新报社长林清江启事》,《槟城新报》,1933年1月12日,第18版。

州会馆、中山会馆、东安会馆、从清会馆、顺德会馆、宝德社、广业公所、谢氏福侯公公司、青华俱乐部、打金行等的 31 个华侨团体联名致电国民政府外交部,希望外交部可以收回成命。① 同年 1 月 10 日,吉礁华侨致电南京政府、外交部和侨务部挽留谢湘。此外双溪大年和吉礁数华侨团体也写信给朱鹤翔,对谢湘任内作为大为褒扬,并希望朱氏可以将谢湘免职原因告之于众。② 随后,霹雳中华总商会及怡保 17 行团亦致电外交部,以冀挽留谢湘,函中称"谢湘领事革职查办,事属冤屈"。③ 1 月 13 日太平智文广货俱乐部亦发文质问朱挽留谢。④ 当事人谢湘也撰写"致侨胞的一封公开信",为自己辩护。⑤

　　面对来自各方的诘问,朱鹤翔于 1933 年 1 月 18 日乘坐轮船赴巨港之前,匆匆发表对谢湘的详细指摘,罗列其罪状十条:

　　　　一、谢湘调任来槟时,曾在上海私印一种证书,行骗旅槟华侨;

　　　　二、谢湘宣称自己要著书三册,以领事名义向各华侨团体分送"捐册",请华侨出资捐助,并制定捐款条例;

　　　　三、谢湘借视察侨务之名前往曼谷,实则是为自己著书筹款,并成功筹得六千余铢;

　　　　四、谢湘向暹罗各华校发送"捐册",亦筹得巨款;

　　　　五、谢湘伪造外交部橡皮铃章;

　　　　六、谢湘自印一种单页"国籍登记请求书",并将登记费中饱私囊;

　　　　七、谢湘私自浮收护照费;

　　　　八、谢湘没有按照外交部规定将所收护照费、登记费、印花费解交外交部;

　　　　九、谢湘向侨民募捐添置收音机,并将捐款纳入私囊;

　　　　十、谢湘获悉朱某将南来视察,即私自拟稿,请侨民在视察员面前

① 《槟城华侨各团体公启》,《槟城新报》,1933 年 1 月 10 日,第 18 版。
② 吉礁华侨团体有福建会馆、中华阅书报社、南华学校、鲁班行、琼州会馆、同侨俱乐部、中华学校、金兰社、广东暨汀州会馆、中华体育会、三山公所、打金行。双溪大年华侨团体有琼州会馆、新民学校、华商公所、移风剧社、建造行、新民校友会。《吉礁华侨各团体质问朱鹤翔司长公启》《寄朱鹤翔司长》,《槟城新报》,1933 年 1 月 14 日,第 14 版。
③ 《霹雳中华总商会及怡保十七行团 电外交部慰留谢湘 另有呈文由邮送达》,《槟城新报》,1933 年 1 月 28 日,第 6 版。
④ 《太平智文俱乐部质问朱司长及挽留谢湘》,《槟城新报》,1933 年 1 月 16 日,第 18 版。
⑤ 《谢前领事致侨胞的一封公开信》,《槟城新报》,1933 年 1 月 13 日,第 18 版。

"代为褒扬",并称"所拟之原稿已被查获"。①

朱鹤翔的这番言论又引起槟城侨众的纷纷议论。1933 年 2 月 19 日,槟城 30 余个华人团体在广东暨汀州会馆召开会议,委任王家纪为主席,驳斥朱鹤翔对谢湘的指责,并发文于《槟城新报》为谢湘辩护。②

根据现有资料,笔者尚无法进一步考辨这十条罪状中的第一条、第三条、第四条、第五条、第六条及第十条的可信度,仅能针对其他几条简作阐述。笔者以为,朱鹤翔所列谢湘的罪状中的第二条大致属实:1932 年 6 月,谢湘发出通告称"为使侨胞明了外交部及领馆工作情形起见,特编印《我国之外交机关》《谢领事莅槟记》《驻槟领事馆年刊》三书分送侨胞",并且明言希望侨胞可以予以"协助"。③ 之后,谢湘去他处视察发表演说之时也会提及编印上述书籍之事,如 1932 年 7 月去安顺视察之时。④ 但谢湘到底在各处筹得资助印书款额多少,除朱鹤翔之词外,尚无处考证。此外,第七、第八条中提及的谢湘在任内"浮收护照费"和未将所收护照费、登记费等上缴外交部也是确有其事的。根据朱鹤翔 1933 年 1 月 9 日发出的通告看来,当时民国政府规定的外交部驻外领馆收取的护照费最高不过折合叻币二元,⑤然而谢湘则规定收取护照费每本叻币四元。⑥ 针对这一问题,谢湘在"致侨胞的一封公开信"中曾作出解释,他称从杨念祖担任领事以来,护照费一直是六元,到自己上任,为方便折合、减轻侨胞负担,将曾经登记的侨胞的护照费降为四元云云。另外谢湘还解释了不上交领馆经收款项的原因,他提到,因为"领馆款项支绌",所以领馆所收费用皆用作馆费,"即便如此领馆还积欠薪水等共计两万元"。⑦ 至于朱鹤翔指摘之第九条,恐怕也难以成立,负责筹设驻槟领馆收音机的王家纪、何如群两人,曾针对该条向《槟城新报》记

---

① 据朱鹤翔所言,其经过"各方面详细调查",共获得谢湘"弊证二十条",但因船将要开,仅有时间发表前十条。见《朱鹤翔已于前日秘密抵星,游罢柔佛后即乘轮船赴巨港,对谢湘领事曾发表详细指摘》,《光华日报》,1933 年 2 月 18 日,第 17 版。

② 《本屿卅余团体驳覆朱鹤翔氏之谈话》,《槟城新报》,1933 年 2 月 20 日,第 18 版。

③ 《领事馆编印年刊》,《光华日报》,1932 年 6 月 15 日,第 7 版。

④ 《谢领事到安顺的情形》,《光华日报》,1932 年 7 月 20 日,第 7 版。

⑤ 《朱司长通告》,《光华日报》,1933 年 1 月 9 日,第 5 版。

⑥ 《领馆筹设收音机之经过 朱鹤翔所指摘者全无事实根据》,《槟城新报》,1933 年 2 月 18 日,第 18 版。

⑦ 《领馆筹设收音机之经过 朱鹤翔所指摘者全无事实根据》,《槟城新报》,1933 年 2 月 18 日,第 18 版。

者证实谢湘并没有将捐款纳入私囊,事实上所筹捐款已退还给募捐者。①

综合以上叙述可知,谢湘被免职事件是槟城华人社会中一件颇有争议的事情。同时,槟城及周边地区华人团体对谢湘的挽留也从一个侧面反映了谢湘在任内所取得的个人声望。笔者认为,谢湘身为领事,向侨众筹款资助其编撰书籍之举的确不妥,浮收护照办理费也有违民国政府规定。但是在其浮收护照费且不上缴政府一事,尚有两点需要注意。

第一,谢湘任期内民国驻海外领馆的经费究竟是否困难。《光华日报》1932年6月7日刊登的一则报道或许可以真实地反映这个问题。该报道称:

> 据上海消息,中央因连年用兵,政费支绌,故对海外领事馆之经费,往往数年不给分文,致海外领事馆全恃护照费遏日,经费困难已达于极点。为领事者,一方面既欲顾全国家体面,一方面实有无米难炊之感。外交部……近来想得一方法,即凡自国外运往中国之货,所有出口商家,必须向当地中国领事馆,请求一证明单,纳费若干。……若此中国领事馆可多一收入,经济当不发生困难矣。外交部此种提议,已经中央行政院会议通过,定于本年八月一日实行。②

可见,当时民国驻外领馆普遍缺乏经费,驻槟领馆亦不能免。谢湘将所收取的办护照等收入留作领馆经费而不上缴外交部虽然不符合法规,但是在当时领馆缺乏经费、工作困难的情况下该举或情有可原。

第二,谢湘是不是南洋地区浮收护照费用的唯一一位领事,以至需要被革职查办呢?据悉,当时民国驻新加坡领馆收取护照费六元,而驻槟领馆只收取五元。③ 谢湘被免职不久以后,民国驻棉领事馆即重新规定护照费用④,"南洋各领馆一洗以前旧面貌"。⑤ 可见,当时不按照国府规定收费的中国驻外领事并非独有谢湘一人。而较之别处领馆,谢湘所规定的办护照

---

① 《领馆筹设收音机之经过 朱鹤翔所指摘者全无事实根据》,《槟城新报》,1933年2月18日,第18版。

② 《中央尚不忘怀,穷困不堪之海外领事馆》,《光华日报》,1932年6月7日,第23版。

③ 《怡保十七行团电外部慰留谢湘后 并呈外部将朱鹤翔撤职查办 列举朱鹤翔六不当》,《槟城新报》,1933年2月11日,第21版。

④ 《我驻棉领馆重新规定护照收费》,《光华日报》,1933年1月31日,第19版。

⑤ 《评朱"不姑息,不徇情","观夫近日南洋各领馆,一洗以前旧面目"》,《光华日报》,1933年2月7日,第5版。

费用也不算高。因此，谢湘被如此匆匆免职查办，其中确有些冤屈。

## 四、“免职棱镜”下的折射

谢湘之被免职，虽是偶发历史事件，但它亦如一面多棱镜，可以呈现当时槟城华人社会的多种面貌。下文将讨论谢湘事件所引发的一些社会现象和反映出的一些问题，并由此推测其被免职的深层原因。

### （一）媒体的不同声音

谢湘到任驻槟领事之初，当地两家主要的华文报纸，《光华日报》与《槟城新报》，都曾积极地报道有关谢湘其人及其驻槟领馆的消息，并将报道置于本地新闻的头版。但是到谢湘被免职之时，两家报社则明显持有不同的态度。① 一方面，如前文所述，《光华日报》自 1932 年 6 月开始就屡屡刊登批评、讽刺谢湘的短评和报道。1932 年 7 月以后，该报对于有关谢湘或领馆的消息常常不予报道，②即便报道出来也多刊登在“本埠新闻”比较不重要的第二或第三版。1933 年 1 月 5 日，谢湘被免职以后，《光华日报》上有关华侨团体挽留谢湘的新闻仅是只鳞片爪，甚至连谢湘向侨胞解释的公开信也未见该报刊登。其所刊的相关报道多为颂扬朱鹤翔秉公执法、“炷奸铸魅”的文章。③ 另一方面，自谢湘上任到离职，《槟城新报》则几乎没有刊登过关于谢湘的负面新闻。与《光华日报》不同，《槟城新报》在谢湘被撤职后，曾多次刊登槟城及周边华侨团体致电民国外交部挽留谢湘的新闻。该报在 1933 年 1 月 12 日首登谢湘致侨胞的公开信以后，又于 1 月 14 日、16 日、17 日、18 日连续刊登该信，并附登双溪大年和吉礁华侨团体致朱鹤翔司长的信。除此之外，1933 年 2 月 14 日，《槟城新报》还转载《益群报》上一篇题为“驻槟领事谢湘被撤职平议”为谢湘鸣不平的文章。

为什么两家报社会有如此不同的态度呢？其原因有二：第一，《光华日报》是孙中山先生于 1910 年在槟城创办的革命性报纸，它的政治立场明显倾向中国国民党，其报刊言论自然也要恪遵国民党当局的精神。因此当国府侨务特派员朱鹤翔来屿视察，《光华日报》的报道必然与其言谈保持一致。

---

① 笔者在整理资料过程中发现《益群报》也与《光华日报》在谢湘问题上有不同的立场，但是因为《益群报》是在吉隆坡发行的报纸，而本文篇幅有限且讨论重点是槟城华人社会，所以在此就不再赘述了。

② 如 1932 年 7 月 20 日《槟城新报》报道了谢湘与吉隆坡记者的谈话，1932 年 11 月 30 日《槟城新报》报道了谢湘视察浮罗山背大灾的灾情等事件，都没有出现在《光华日报》上。

③ 如《法治精神》，《光华日报》，1933 年 1 月 8 日，第 3 版；《评朱“不姑息，不徇情”，“观夫近日南洋各领馆，一洗以前旧面目”》，《光华日报》，1933 年 2 月 7 日，第 5 版。

林花簪于 1896 年创办的《槟城新报》则不同。该报不像《光华日报》有极其鲜明的政治立场,因此,它能以相对较为中立的态度去看待谢湘被撤职这一事件,从而也能较为真实地反映历史的真相。第二,我们需要对在谢湘担任驻槟领事期间《光华日报》的领导层情况予以额外注意。根据《光华日报八十五周年纪念特刊》记录,1931 至 1933 年间《光华日报》的核心领导人物为许生理、王景成和刘惟明。① 而此三人恰恰是槟城华人社会中举足轻重的闽籍侨绅。因此,在他们领导、控制下的《光华日报》,言论与报道或多或少都会倾向于闽帮人士,而出身粤籍的谢湘,行事一旦稍有不妥,就成了他们抨击的对象。因此,闽、粤这两大帮群在槟城华人社会中的竞争和矛盾,也是理解谢湘被免职的一个重要考虑因素。

### (二)帮权争斗下的牺牲——谢湘被免职的原因

谢湘被撤职一事,从槟城华人社会的族群关系角度而言,彰显了槟华社会中福建帮群与广东帮群的矛盾。槟城自开埠以来,当地华人人口就一直以福建人最多,广东人其次。据人口统计资料显示,1931 年槟城华人社会中有福建籍华侨 79546 人,广东籍华侨 40041 人。② 作为槟城最有势力的两大籍贯帮群,他们在各个领域中相互竞争,双方长期以来心存芥蒂。而近代中国驻槟领事,素由客家人担任。这是因为客家华侨领袖作为槟城华人社会的第三帮群,可以较好地在福建、广东帮权斗争中找到平衡点,从而不偏不倚地进行领事工作、维系槟城华人社会的和谐。谢湘莅任之初,为了在两大帮群间平衡好关系,特地在演说中强调自己的源流虽然是广东,但父亲"曾任福建漳州镇网兵之职",自己的生长,"时适在任所出,一半广东,一半福建"③。可惜谢湘的苦心并没有让福建帮群的华侨满意。1932 年 9 月 4 日,《光华日报》刊登一篇小谈,题为《福建人不喜欢粤人当领事乎?》,④便可以反映出闽籍人士对谢湘存有不满这一社会现象。谢湘被撤职的原因也可从中窥得一斑。再细看谢湘被革职前后主要反对他的人,如丘明昶、黄凤翔、刘惟明、王振相,亦都是福建籍人士。而谢湘被免职后,为其鸣冤的华社领袖及社团也主要以广东人和粤帮华社为主,例如广东琼州文昌人士王家纪,以及广东暨汀州会馆、惠州会馆、中山会馆等团体。

---

① 《光华日报八十五周年纪念特刊》,光华日报有限公司 1996 年版。

② Vlieland,C. A. *British Malaya*:*A Report on the 1931 Census and on Certain Problems of Vital Statistic*. London:Crown Agents for the Colonies,1932,pp. 180-182.

③ 《谢领事宗亲前天在谢氏公司开盛大欢迎会》,《光华日报》,1931 年 8 月 3 日,第 6 版。

④ 《福建人不喜欢粤人当领事乎? ——不偏》,《光华日报》,1932 年 9 月 4 日,第 3 版。

　　这一现象还是颇值得玩味。孙中山有名言"华侨是革命之母",他认为海外华侨是中国革命与经济发展的一股重要力量,而海外华侨的财力更是一笔革命的宝藏。王赓武也曾经说过,中国希望能将海外华人看成中国人大家庭的成员,因为他们的忠诚与爱国主义在有切实需要时是可以指望的,20世纪二三十年代,中国政府已经学会利用民族主义情绪,"激发南洋华人去想象一个中国人的国家"和试图"去争取他们把财富投资到中国去"①。因此,民国驻南洋领事已被当作民国政府维系南洋华人"想象共同体"的中介人,能否平衡当地各个帮权间的关系、有效地引导当地华人团体为民国财政发展作贡献,成为决定领事留任与罢黜的重要因素。当华人社会的一方帮权集团对领事心生不满时,领事必然不能有效地争取到该帮群的支持、让其支持国内政府或把财富投资到中国去,而民国政府也必然要考虑将领事撤换了。1932年10月至12月,《光华日报》上很少再刊登有关槟城华侨筹赈中国难民的消息,一则是与当时市场萧条、华侨经济困难有关,二则也从一个侧面反映了谢湘在引导当地华侨经济援助中国上的号召力的衰退。所以被免职的谢湘极有可能是槟城华人社会帮权争斗下的一个牺牲品。

## 五、结论

　　自清政府在槟城设立副领事以降,中国领事与当地华人社会就有着密不可分的互动关系。本章发现,从1931年7月到1932年12月底,谢湘在担任中国驻槟城领事期间,表现虽然不能算是尽善尽美,但仍然可算是称职。在保护侨民方面,虽然谢湘没有处理好诸如资助失业华工返回祖国、为在华侨与巫警冲突一案中被捕华侨申冤等事,但是他仍然尽其所能地关心和保护槟城华侨。在管理侨众方面,他颇有成效地推行了民国外交部所颁布的海外华侨登记政策,督促了当地华侨及华侨社团、学校去领馆登记,从而把海外侨民的信息与资料汇报给民国政府。在劝导华侨捐款救灾方面,谢湘奔走于各个场合号召槟城华侨为中国灾事捐款,在他的号召推动下,赈灾工作得以顺利展开。在促进商务交流与提倡国货方面,他主动联系槟城与中国的工商界,协助当地侨商举办国货展,从而为国货在槟城华人社会打开了市场。在发展海外华侨教育方面,他虽然没有足够的财力出资帮助当地华校走出经济困境,但是也从其他非物质方面推动华侨教育,如提倡华侨教育改革、在领馆设置图书馆等。谢湘在任期间恪尽职守地按照民国政府

---

① 　王赓武著,张亦善译:《南洋华人简史》,水牛图书出版事业有限公司1969年版,第129—163页。

要求,与邻国暹罗商谈、举办相关纪念活动,接待往来官员。同时,他也亲自走访槟城华人社会的各个阶层,了解华侨实情,并积极地与当地华侨沟通、交流。因此,尽管他于 1932 年 12 月底被外交部免职,谢湘还是因为在华侨社会中已经树立了一定的个人声望,得到了一部分华侨的爱戴,到他被罢免的消息见报以后,有众多的华侨社团站出来为他申冤请命。诚然,我们也不能忽视谢湘在槟城领事任内的作为有些不尽如人意的地方,例如,违反民国政府规定浮收办理护照费用及鼓吹侨民资助其著书立说等。

　　从谢湘免职一事,我们也可以看出槟城华文报章的不同政治背景和言论立场。作为一个有争议的历史问题,谢湘之被免职不单单与其任内的政绩有关,在深层次上还与槟城华人社会中的不同方言群间的复杂权力关系有关,从而凸显了福建方言群与广东方言群在主导当时槟城华人社会中所起的重要作用。

# 第十三章 刁作谦在新加坡的侨领
# 职务及风评

职业外交官刁作谦在担任中国驻新加坡总领事期间（1933 年 11 月至 1936 年 8 月）的事业和活动为本章的讨论重点。文章第一部分先简介刁作谦的生平和任命，第二部分讨论刁总领事在新马地区的活动和职责，第三部分则观察新加坡华人社会对他的反应和评价。有关刁作谦的研究非常贫乏，近年虽然有一篇有关他的传记资料，[①]但有关刁作谦在新加坡担任总领事期间的研究仍然从缺，所以本章将以新加坡当地和当时的新闻报道为主要材料，尝试勾画出有关他在新加坡的史事。

## 一、客家侨领刁作谦

刁作谦（1880—1974），字成章，号斐立，广东省兴宁县客家人。[②] 10 岁时随父母去了檀香山，毕业于当地中学，1897 年回国在上海圣约翰大学就读。1902 年再次出国，赴英国剑桥大学深造，1905 年取得文学学士学位，两年后获得文学硕士学位。刁作谦同时在英国法律学院修业，并考取英国高等法院大律师执照。[③] 他学成回到中国后，长期在中国外交部担任公职。他曾多次代表中国与外国进行涉及维护中国主权的外交谈判。他的外交经历包括担任过驻外参赞、驻英国使馆一等秘书、驻古巴和巴拿马公使等。刁作谦在调任新加坡总领事之前也曾任英文的《北京日报》主笔，并主办英文的《北平时事日报》，以便将中国的立场带进国际舆论。

由于刁作谦有丰富的外交经历，有与外国人谈判的经验，资历相当完整，所以当新加坡华人社会知道中国政府即将调派刁作谦南来时，莫不翘首

---

① 刘奕宏：《刁作谦：一肚洋墨水满腔家国情》，收录于张德祥、王赢杰编《百年文脉：寻访梅州籍大学校长》，广东高等教育出版社 2015 年版，第 33—42 页。另外，感谢刘奕宏提供《刁作谦博士荣哀录》（香港港九各界追悼刁太史作谦博士筹备会 1977 年版）的部分资料。

② 《刁太史作谦博士传略》，收录于《刁作谦博士荣哀录》，香港港九各界追悼刁太史作谦博士筹备会 1977 年版，第 3 页。有关刁作谦的祭文，见本章附录。

③ 林志皋：《刁作谦太史》，收录于《星洲应和会馆 141 周年纪念特刊》，新加坡应和会馆 1965 年版，无页码。

期盼。当地的报章也充分报道他的调任消息,并且对国民政府调派刁作谦的决策大加褒扬。在刁作谦到达新加坡就任之前,甚至是当国民政府外交部委任刁作谦为驻新总领事的消息一传出,新加坡的两大华文报纸就开始陆续刊登关于刁作谦的报道,其中《南洋商报》和《星洲日报》各有两篇报道。

《南洋商报》在 1933 年 9 月 30 日捷足先登,刊出了以《我外交部已有委任刁作谦博士为驻星总领事消息》①为题的报道,并简述了刁作谦的教育背景和职务经历,甚至把他个人对体育的热忱都报道在内。10 月 1 日和 2 日,《星洲日报》相继刊登了《刁作谦任命已正式发表》②和《驻星总领之调换外交部明令已到,刁作谦仍保留公使资格》③。10 月 20 日,《南洋商报》报道《驻星总领馆刁作谦博士南来消息,本坡总领事馆尚未接得确讯,唐榴则将回叻携太太往印度》④。刁作谦人还未到,不到一个月内就有如此频繁的报道,这在一定程度上反映了当地华人对新任总领事的期盼。

刁作谦抵星前夕,《南洋商报》刊登了一篇社论,题为《写于刁总领抵叻前》,谓:

> 总领事馆责任繁重,必须具有领袖之人才当之,方足以肆应繁剧……而能在此经济凋敝、江河日下之侨界中振兴百废,以缔造侨民幸福也。故此总领事一席之人选,至低限度亦当具有刁博士之相当学识,相当资历,方足以指挥各属领,而为其心悦诚服也……比较浑厚迂庸之唐公子(注:即将卸任之唐榴总领事),自不能安其位于此人事错综繁杂之南洋总枢纽之新加坡,而调任于侨民无多,政事清简之吉尔吉打去矣。能如此轻重权衡,自见中央对于侨务之整顿……国度愈弱,愈当赖有健全之外官以排除万难。盖曾见有智识广之外交官,遇有交涉事故,恒能于无意谈笑间使对方之国折服,可见弱国比之强邦,更当如何倚重外交也。是弱国无外交云云,盖自馁之词耳。今何幸吾政府能放锐眼光,看到海外,更何幸得刁作谦其人者,来领星洲,敢谓刁作谦履新之后,当必有以造福吾侨也。⑤

---

① 《我外交部已有委任刁作谦博士为驻星总领事消息》,《南洋商报》,1933 年 9 月 30 日,第 6 版。
② 《刁作谦任命已正式发表》,《星洲日报》,1933 年 10 月 1 日,第 6 版。
③ 《驻星总领之调换外交部明令已到,刁作谦仍保留公使资格》,《星洲日报》,1933 年 10 月 2 日,第 7 版。
④ 《驻星总领馆刁作谦博士南来消息,本坡总领事馆尚未接得确讯,唐榴则将回叻携太太往印度》,《南洋商报》,1933 年 10 月 20 日,第 6 版。
⑤ 《写于刁总领抵叻前》,《南洋商报》,1933 年 11 月 18 日,第 2 版。

这篇社论反映出三件事：一、新加坡总领事馆馆务繁忙、人事错综，不易管理领导，当地华人希望国民政府选派一名称职的官员来担任总领事，才能从容应付外交；二、前任总领事唐榴①不称职，令当地华人一度对国民政府滥竽充数选派官员的做法怨声载道；三、新任总领事刁作谦的教育出身和职务经历，让当地华人对他能胜任该职充满希望。他们的想法大概就是刁作谦把总领事的工作做好了，当地华人也就有好日子过了，因而在看到希望的同时对国民政府的这一决策大加褒扬。

刁作谦对自己调任驻新加坡总领事的任务和工作的态度，可从他在1934 年的一场演讲来了解。在一个欢迎他就任的集会上，他说道："近年来海外华侨的经济衰落，可谓已到极点，濒于破产的地步。所以华侨返国以后，仍是难得工做，失业潮的澎湃，确可以使人不敢假想。我国政府，看到了这种可悲的情形，因此有变更领事的职权，而调我驻马（注：当时驻新加坡总领事管辖整个马来亚地区，包括新加坡）的事，主要的任务就是要调查中马的商务状况，而筹谋使彼此的商务上的极量进展。"②他又补充道，"侨居海外的华侨，常要遭受当地政府的取缔，或是放逐。这种情形，在国内方面不明底蕴的，以为是当地政府有意辱待吾侨。我来马后，现在已将这事切实去详细调查。我很希望中英的邦交，会日趋于调剂，与时益为亲善。所以这次我来亚（按：应为马）的职务，不是专在帮签发护照等项的工作，其中实在是负有外交的使命。倘使侨民有什么不直的事情，尽可莅馆呈报，我自会按察情形去办理"，并且刁作谦点明国民政府"热切需要的都是能帮助社会以及国家的优秀分子和集团，而且应该有团结力"。③ 简而言之，在这样的背景下，刁作谦此行负有极重的任务，他既要考察新马侨务，又要调查新马商务；既要对外做好外交工作，保护侨民，又要对内团结侨社，管理侨民。

## 二、刁作谦在新马地区的活动和职务

驻新加坡总领事的职责繁杂，除了例常的外交事务外，侨务工作也同等重要。由中国政府侨务委员会委托驻新总领馆的常规事务有：监管侨民、考察侨情、登记华侨技工、登记侨民人数、管理华侨会馆、鼓励华侨投资中国的工农矿业和铁路、为华侨提供财务援助、发派特派员和检察员、设立华侨教

---

① 唐榴为民国第一任国务总理唐绍仪的公子。
② 《槟城四十三团体联合欢迎刁总领》，《星洲日报》，1934 年 1 月 5 日。
③ 《槟城四十三团体联合欢迎刁总领》，《星洲日报》，1934 年 1 月 5 日。

育规范、引导侨民登记、制定华校课程和时间表、推广国语、编辑华校教材和培训华校教师等。①本节的讨论,以《星洲日报》和《南洋商报》的报道为主要材料,检视刁作谦任内在新马总领事辖区内一带的活动和职务,其中包括领事馆事务、社交迎送、热心教育、照顾下层华民等四个方面。

### (一)领事馆事务

1933 年至 1936 年间《星洲日报》至少有 17 篇与刁作谦有关的领事馆事务的相关活动报道,同一个时段《南洋商报》则至少有 14 篇。② 这些活动可分为对内事务和对外事务,其中"内"指的是华社,而"外"则是外国政府、外国公司等。

关于刁作谦处理对内事务的报道有:出席吉隆坡领事馆开幕礼,赴怡保及槟城等地视察侨务,对记者发表谈话(领馆受侨务委员会之托将助陈嘉庚公司复业;各地华侨教育界应打破家族思想;自建领馆势在必行,惟须等候时机),办理证婚事务,开会纪念孙中山逝世十周年,解决华侨登记问题等。③ 这些报道除了显示驻新总领事的事务繁杂外,亦可见国民政府侨务政策之侧重点:(1)加强对新马侨民的管理,如巡视和督导辖下各地的使馆,又如因吉隆坡侨民渐多,故特增设驻吉隆坡领事馆;(2)通过纪念孙中山逝世十周年等活动来加强华侨对祖国的认同和效忠;(3)督管华侨教育并希望透过教育来团结华侨;(4)调查新马侨务和辅导华侨商务,尤其是在世界经济大萧条时,通过帮助华商公司复业等来助新马侨民渡过难关。

刁作谦处理对外的事务和事件则包括:会晤殖民地政府辅政司商谈各领事馆权限问题、交涉并抗议警察逮捕李副领事、到法庭提供中国国情作证、成功交涉采用孙总理遗照为商标一案、拍送唁电哀悼英皇驾崩、协助进行改良移民厅监察所等。④ 从这些活动可以看到刁作谦作为驻新总领事不只是被动地处理事务,还得主动出击。当时驻新加坡总领事馆和马来亚各地领事馆之间的权限不明,所以初上任的刁作谦就主动找殖民地辅政司商谈中国领事馆权限问题,以免让殖民地政府误会。而李副领事遭捕一事来得意外,虽属被动,但是刁作谦能够当即作出判断,冷静地处理,给殖民地警

---

① 侨务委员会:《侨务二十五年》,台北海外出版社 1957 年版,第 11—12 页。
② 根据查阅两大报纸三年间的微缩胶卷的初步统计数字。
③ 报道载于 1933 年至 1936 年的《星洲日报》和《南洋商报》,在"领馆事务"栏目。
④ 报道载于 1933 年至 1936 年的《星洲日报》和《南洋商报》,在"领馆事务"栏目。

方施加政治压力,成功捍卫中国的尊严。① 但是,刁作谦也有力不从心的地方。例如,他无法说服国民政府增聘人员为总领事馆服务,以至刁作谦虽有心协助进行改良移民厅检察所,却无法挪出人手监察进程。②

在众多对外事务中,刁作谦处理西商利用孙中山遗照作为商标一案相当成功。此案经由《南洋商报》记者投诉西商径自使用孙中山遗照。刁作谦获悉后,前往该公司亲晤其经理进行交涉,不仅使对方致歉和保证不复再用,而且对方也同意取消向伦敦工厂订货,可谓完满解决,既维护了孙中山肖像权和中国人的尊严,又令外人知道中国人也是讲法的。由于该公司是西商开办且不在中国管辖之下,中国人之言西商未必听从,但最后西商却同意退让和致歉。③ 从此事可见刁作谦善于与西人打交道,一方面他通晓英文,和西人交谈能通彼此心意,而另一方面又知晓西人相信法治,所以援引法律能够事半功倍。

总而言之,刁作谦对内的侨务工作必须跟从国民政府侨务政策大方向,而对外的外交工作则需要很灵活的头脑和很好的口才,这些看来正是刁作谦的强项。

### (二)社交迎送

有关刁作谦任内"社交迎送"方面的报道,《星洲日报》和《南洋商报》分别约有 17 则和 12 则。本章所谓的"社交迎送",主要是指在刁作谦初到某地时受到的欢迎,以及离开新加坡前受到的欢送。在这些场合里,刁作谦发表了多次重要演说,从中可见其为人,而当地华人领袖也往往趁此机会表达他们的心声。

在 1933 年 11 月客属总会联合各社团的欢迎会上,刁作谦"提倡华侨团结、破除畛域观念",强调自己"原籍虽然是客籍,但是我不能单为一乡而办事,而是为全体华侨求进步,是为大家谋幸福"。在客家人的会馆发表不单为一乡办事的演说,足可见刁作谦虽是客家人,却不会偏袒于客家人的决心。相反,他要求侨民和各社团要团结起来,从中窥见国民政府当时的侨务政策大方向是团结侨社。另外也能从大会代表梁受谦的欢迎词中看出这也

---

① 《遭警察拘留》,《南洋商报》,1934 年 3 月 19 日,第 5 版;《领事馆之抗议书已送出》,《南洋商报》,1934 年 3 月 20 日,第 5 版;《今日当可圆满解决》,《南洋商报》,1934 年 3 月 22 日,第 5 版;《警察总监经具函道歉》,《南洋商报》,1934 年 3 月 23 日,第 5 版。
② 《改良移民厅检查所之请求,刁总领决协助进行,惟对派员逐次查视事恐难办到》,《星洲日报》,1936 年 7 月 30 日,第 7 版。
③ 《刁公使交涉完满》,《星洲日报》,1935 年 1 月 25 日;《孙中山像不可为商标用》,《南洋商报》,1935 年 1 月 25 日,第 7 版。

是当地华人的愿望之一。梁受谦提道："我们……深盼领馆商会以及其他各社团,大家推诚合作,团结一致,共谋侨务的发展。"①

在 1933 年 12 月马来亚嘉应会馆的欢迎会上,刁作谦用客家话致词,述及"此次得与吉隆坡之兄弟叔侄聚首,甚为喜慰"。②从某种程度上来说,刁作谦在此确实是利用了客籍身份来和当地华人拉近关系。无可否认,刁作谦肯定对客家人有认同感。观其发言提及他三十年来公务所到之处,"遇同乡最多者,为巴拿马之南部古龙地方",③可见他曾经特别注意到客家人的情况。然而尽管他珍惜同乡情谊,在公务上却并没有特别偏袒客家人。

刁作谦在 1934 年 1 月视察马来亚各地领馆馆务,调查各地侨务时,槟城四十三团体联合欢迎他,主席致词时表示,"吾侨亦热望刁总领事,能领导全马来亚之侨民,使彼等之精诚团结,共谋侨务上之长足进展"。刁作谦随后发言表示,"凡事只有团结,必无不成之理,而事的进行,更要注重实际去做"。最后当地华人代表陈充恩回应"刁总领事关心民疾,驻星未久,即亲身外出各埠,视察侨情,实为可敬,侨民得有似此办事认真及才干之总领事,确属侨民之福利,今后应一致热烈拥护,而与侨民大有关系之教育问题,失业问题,亦望刁总领事尽其才力,以善后之,救济之"。④从这则报道也清晰可见华社团结不仅是国民政府的愿望,也是当地华人夙愿之一。而且,国民政府的侨务政策侧重教育和失业问题也符合当地社会的实际状况需要。此外,亦从槟城华人领袖之回应可见他们对刁作谦初任总领事就亲自到各埠视察侨情这一举动多有褒扬。

同年 2 月,刁作谦来到马来亚柔佛,受到当地侨众盛大欢迎。席间华人领袖黄羲初提出:"马来亚外人,如有纪念热闹宴会等,挂万国旗时,常不见有中国旗在,这样对国际上,殊不平等,敢望刁公使,设法与当地政府交涉。"对此刁作谦回答"外人不挂中国国旗,有时实难免无意中有失误也",并举例解释。刁作谦此番对答既调和当地华人对待外国人的偏激情绪,又有助于缓和华人和外国人之间的紧张关系。随后著名律师卓锦汉对刁公使提出一个问题和建议,他提到马来亚常见华人闹私见,如能像日本领事般出面调停,情况必定能有所改善。刁作谦听后表示愿意效力,以谋华侨之福利。⑤

---

① 《昨联合欢迎刁总领事》,《星洲日报》,1933 年 11 月 27 日,第 7 版。
② 《嘉应会馆欢迎刁总领事》,《星洲日报》,1933 年 12 月 23 日,晚版。
③ 《嘉应会馆欢迎刁总领事》,《星洲日报》,1933 年 12 月 23 日,晚版。
④ 《槟城四十三团体联合欢迎刁总领》,《星洲日报》,1934 年 1 月 5 日。
⑤ 《柔佛侨众昨日欢迎刁总领》,《星洲日报》,1934 年 2 月 5 日,第 6 版。

由此可见他对能带给华侨福利的建议和请求都从善如流。

当刁作谦在 1936 年 8 月卸任,准备离开新加坡时,在一个场合致词中提到他任内的三点遗憾:"一、关于最近侨委会调令此间侨民登记一事,中华总商会曾一度要求领馆派员代办,本人对此办法,亦甚同情,惟以目下馆员太少,加之经费有限,已请外部设法帮助,然而迟迟至今,仍未如愿者,实有其事实之苦衷在,此应向侨胞抱歉者一;二、本人居星多载,马来半岛,俱曾历游,惟于丁加奴、彭亨、吉打诸属,则未履及,是以对上述各埠之侨民实况,知而不详,殊引为憾,诸埠侨胞,希望本人前往巡查之意,已非一日,卒以馆务繁冗,馆员无多,宕延至今,迄未成行,言之尤堪惆怅,然本人今日与诸君言别,诚非所料,惟有对此表示歉忱而已。又者,本人此次去粤,原应偕诸同事同行,但为侨民便利计,亦惟有独自赴任。"[1]刁作谦临走前的三点遗憾都与馆员少、经费不足且馆务又繁冗这些问题有关。但对于这些问题,除非得到本国政府的协助,刁作谦并无法靠自己的力量解决。

## (三)热心教育

刁作谦任内积极参与发展教育和支持体育的活动。《星洲日报》约有高达 37 则有关这方面的报道,《南洋商报》也约有 27 则。前文已提到建设华侨教育事业是当时国民政府对海外华人社会的建设项目之一,也是团结侨社的手段之一。对这一任务,刁作谦除了切实做好设立华校联考,考察课本课程,设立华侨教育研究会等工作之外,也常在公开场合向侨众表达建设华侨教育的想法。[2] 刁作谦个人认为教育是很重要的,因为"教育如能普及,国民自能渐臻上进也"。[3] 他如此看重教育,与国民政府利用华侨教育来团结侨社不谋而合,这倒方便了他在履行职务的同时实践个人政见。

刁作谦自幼在西方教育系统下成长,西式教育又极为重视幼儿教育和体育。此两部分的教育在传统中国教育体系中缺乏。因此刁作谦在新马一带推广华侨文育活动时尤其注意这两个方面的教育。

幼儿教育方面,1934 年 5 月刁作谦在星华儿童博览会上表示,该会是最有价值的组织,因为小孩在幼儿期的可塑性最大,"为父母者,宜予以活动之机会,使其天性得以向外发展,而养成其成一活泼伶俐之儿童。但司其职者,又须明了训导之方法,无论于玩耍抑于憩息,均以加以启示,而授以良善

---

① 《刁公使今日返粤》,《星洲日报》,1936 年 8 月 18 日,第 7 版。
② 多篇报道载于《星洲日报》和《南洋商报》,"热心文育"栏目。
③ 《柔佛侨众昨日欢迎刁总领》,《星洲日报》,1934 年 2 月 5 日,第 6 版。

之方法,庶免有阻碍其康健"。他"从历史上加以观察,中国家庭对于儿童均视为小事,凡儿童之一举一动,均加以严酷之监视与限制,非独不准其运动,连奔跑亦不可。盖当时为父母者,是希望其小孩能养成一文质彬彬之少年老成者,故于动作方面,得特别加以拘束,使其养成以沉静驯服之人"。但他认为"处今日20世纪时代,世界潮流已由混沌变为一活动之宇宙,此种君子之风度,已不适合于今日之环境"。①

体育方面,刁作谦到任后不久即主张中国教育应用西法,即课室与运动场一样重要,力行"健康之精神寓于健康之体魄"之真义。②他在当地社会推崇体育,既接受精武会荣誉会长称号,又常出席各类体育运会致开幕和闭幕典礼训词,如在1933年12月星洲健儿北上参加马华运会前夕训话,强调遵守纪律对国家安宁、世界和平之重要。③ 在国际业余运动大会的授旗典礼上,他也对遵守运动道德的体育精神大为赞许。④而且,早在刁作谦抵新之前,《南洋商报》已对刁作谦的个人兴趣有所报道:"对于体育颇为热心。在英时,曾为伦敦基督大学网球队长,足球队员。归国后,又获北平万国网球锦标赛冠军。在天津时亦曾获得华北网球单打冠军。对于青年会之活动,亦极努力",他自己也曾表示"在英国读书时,自己喜欢玩足球"等体育活动。⑤因此他常身体力行自己的主张,此类报道《星洲日报》有三篇,其中两篇是刁作谦参加网球比赛得奖之报道,另一篇则报道刁作谦之子赢得华婴健康比赛会总锦标,足见"虎父无犬子"。

### (四)照顾下层华民

尽管刁作谦身为总领事,日理万机,但凡是和侨民相关的事务他都尽可能付出心力去处理。他曾积极为那些处在社会最底层的当地人民争取权益。有关这类的新闻报道也不少,《星洲日报》约有16篇,《南洋商报》也约有6篇。相关内容包括:发护照给侨胞、帮助处理陈嘉庚公司拖欠员工工资、为连遭警察为难的赌间口小贩向市政当局请命、允为小巴士车主向工部局征询意见、电函侨委会酌筹赈助河水山被难灾民、晤日总领事讨论马来亚龙运矿场华工保障问题、为加兰区贫民向当局索取赔偿并与工部局长交换

---

① 《昨由刁总领事宣布开幕》,《星洲日报》,1934年5月26日,第6版。
② 《主张中国教育应采用西法》,《星洲日报》,1934年2月8日,第6版。
③ 《星洲健儿昨晚已誓师北上》,《星洲日报》,1933年12月22日。
④ 《昨今两日举行预赛》,《星洲日报》,1936年7月6日,第6版。
⑤ 《我外交部有已委任刁作谦博士为驻星总领事消息》,《南洋商报》,1933年9月30日,第6版。

意见等。① 凡侨民有要求保护或向殖民政府当局争取权益,刁作谦都会尽力去办。他和当地政府交涉不卑不亢,通常疏通都极为有效率。

在众多个案中,《星洲日报》曾多次报道赌间口小贩被警察再三为难之事和刁作谦如何处理。② 事情源于 1930 年代东南亚受世界经济低潮影响,大批华人失业。为了养家糊口,他们不得不从事小贩业。由于小贩人数增多,影响街道卫生和阻碍交通,引起卫生部和警察的注意,并采取行动逮捕小贩。许多小贩受到打击,或丢失货物,或丢失整个摊子,生活失去了出路。无奈之下,他们向总领事馆交请愿书,希望领馆能转给当地有关官员。刁作谦了解情况后,除了帮小贩们呈上请愿书外,他也建议小贩们卫生方面要改进。他与当局疏通后,市政府将两新路中之旷地批允开辟成街市,让华人小贩们有地方继续营业,小贩们终于有了谋生之处。

1935 年刁作谦还发挥他的影响力,使新加坡市政府通过复议,为所有在新加坡居住超过三十年而年纪又在五十岁以上的老弱者争取到入住养老院的福利。③ 刁作谦平日领事事务繁忙,还能关心社会底层的华人民众,为他们请命,谋求福利,运用外交手段保护他们,尽到了做总领事保护侨民的责任。

另外值得注意的是,刁作谦曾协助处理陈嘉庚公司拖欠员工工资一事。事情起于陈嘉庚公司申请破产之前拖欠公司员工工资,破产之后清盘人来清点公司资产,但是还不够偿还公司的债主。公司员工因此担心公司资产清盘之后会拿不回被拖欠的工资,而当时东南亚的经济环境受世界经济低潮影响变得相当恶劣,这些员工都等着这些工资养家糊口,迫于无奈向总领事请求帮助。刁作谦了解情况之后,义不容辞地与清盘人开始漫长的谈判,最终令这些员工可以先拿回他们被拖欠的工资。④ 国民政府虽想帮助陈嘉庚公司复业,在这一计划不可能实现的情况下,刁作谦还是想办法来帮助受陈嘉庚公司破产影响的华侨,替他们与清盘人谈判,成功争取权益。

刁作谦不但心系整个华人社会,也对各个社会阶层的人民有所关怀。他曾应拒毒会戒烟医院、华人工会、中华总商会、《星洲日报》社和马潮联会等邀请出席各类活动,发表多项讲话,大意有劝君戒烟、团结侨众、捐机报国

---

① 多篇报道载于《星洲日报》和《南洋商报》,"为民请命"栏目。
② 《星洲日报》1934 年 5 月 17、26 日、6 月 12 日、7 月 31 日、8 月 15、20 日、9 月 6、13、21 日、10 月 6 日。
③ 《星市府通过复议》,《南洋商报》,1935 年 3 月 31 日,第 6 版。
④ 《星洲日报》,1934 年 3 月 15、21 日。

等。① 他也曾对华人的婢女制度发表意见。他认为婢女制度虽然是奴隶制度的一种,但在华人社会根深蒂固,因此他虽然赞成取消,但是提醒需要注意到婢女生活出路的问题。② 可见即使是社会底层的婢女,刁作谦也不吝关怀。

## 三、新加坡华人对刁作谦的反应和评价

刁作谦担任驻新加坡总领事近三年,尽力做好分内的职务,为他在当地赢得政绩和树立了良好形象,因此得到当地华人的称颂。若从报章的报道来分析,刁作谦给当地华人社会留下的影响主要有两方面:第一是团结华侨。刁作谦在离新赴粤时致词还不忘褒扬华侨的合作精神,可见他非常在意华人的团结精神。③第二是加强文教体育事业。在他任内,华人教育界已设立华校联考,对华校课本和课程也逐步有了妥善安排。报章也配合他的呼吁,重视文体教育活动的报道,因此《南洋商报》在 1936 年开始辟设"教育与体育"专栏,充分报道相关活动。

新加坡华人对刁作谦任内表现的反应,可以从当地华人和团体依依不舍地欢送刁作谦离职看出端倪。各华人团体如中华总商会和当地华人领袖如胡文虎等去电中国外交部表示希望挽留刁作谦,可见刁作谦在当地极得人心。④ 在新加坡,华社各界共有七十余团体联合设宴欢送刁作谦。从欢送大会上主席林庆年的致词可知当日欢送会之盛大:"吾人咸知刁公使……调升两广外交特派员……此间侨众……情殊依依,皆不愿意刁氏调离。同时侨团亦纷纷致电国府,请于挽留,于此可见刁氏感人之深……本商会……邀请侨团,共举盛会,藉申欢送,乃两日之间,报名参加之侨团竟至七十余家。今日函请参加者,仍甚踊跃。至刁氏在星任事……政绩如何,无用兄弟多言。吾人观乎今日侨团参加之热烈情况,已足由此取证刁氏数年来办理侨务之努力。"⑤这与前任唐榴总领事被派来新加坡时的反对声浪,以及后来唐榴调离时整个华社毫无挽留,⑥甚至有一篇社论拍手称快的情景比较,

---

① 见多篇报道载于《星洲日报》和《南洋商报》,"关怀侨社"栏目。
② 《刁总领事昨发表意见》,《星洲日报》,1936 年 5 月 7 日,第 6 版。
③ 《刁公使今日返粤》,《星洲日报》,1936 年 8 月 18 日,第 7 版。
④ 见多篇报道载于 1936 年 8 月的《星洲日报》和《南洋商报》"社交迎送(挽留)"栏目。
⑤ 《刁公使今日返粤》,《星洲日报》,1936 年 8 月 18 日,第 7 版。
⑥ 关于更多唐榴作为两任驻新总领事竟然不受新马华人欢迎的详细资料请参考《星洲日报》1932 年 10 月 1 日的报道及 Joseph Chong Chue Hoe, *Chinese Consul-Generals' Activities in Singapore*, 1930—1941. Singapore: Nanyang University, 1979, p. 34.

就知道当地华人对刁作谦的满意和爱戴。刁作谦作为一个尽忠职守驻新总领事,对外为中国赢得不少尊重,对内也将各项侨务工作尽可能做得尽善尽美。但是中国政府既要刁作谦多做事,又不提供足够的人力和财力支援,使刁作谦感到无奈。相信当地华人也看到了刁作谦"巧妇难为无米之炊"的困境,并没有对刁作谦表示不满。

刁作谦是个能说客家话的客籍总领事,由于客家话也是新马各地流行的方言之一,他相当容易融入当地华侨社会。但是作为一个总领事,他能以大局为重,没有偏袒客家人,①而是认为各华侨团体间的团结很重要,在各地的演说中再三强调必须消除畛域观念,并且通过设立华校联考、校际运动会等来促进华侨的团结。另一方面,能操流利英语的刁作谦在和当地的殖民地官员交涉时能直接表达看法和观点,使事情能更顺利解决。而且,刁作谦在外交界有将近三十年的经验,待人处事不卑不亢,素有大将风范,在处理各种纠纷时都尽其所能维护华民的利益和国家的尊严。例如,上文提到他处理赌间口小贩之事和他在李副领事遭到当地警察逮捕时发出的义正词严的抗议。

由于刁作谦曾在欧美国家受教育,使他对中西教育相当了解。他吸取西方教育方式中好的一面,把体育摆在和德育、智育同等重要的地位。他除了在多次演讲中提及体育的好处、体育的精神和体育对于国民之重要性,也身体力行,自己常锻炼身体和参加比赛。他接受南京教育部的委托,结合自己的见解,投入很大的精力去从事华侨教育事业,亲自组织了华侨教育委员会,并且热心文艺事业,时常出席各种文艺界活动。

从刁作谦在新马的活动,我们可以看到刁作谦作为一个总领事,充分贯彻国民政府的侨务政策。但国民政府方面,虽然体恤华侨,欲帮助华侨渡过20世纪30年代初的经济大萧条,可是在行动上没有全力支持总领事。例如,虽然任用有才干的刁作谦,却没有调派相应人手和资金来建设领馆及协助侨社,结果导致刁作谦在很多方面力不从心,无法更好地施展和作为。因此,即使刁作谦作为一个总领事尽忠职守,赢得当地华人的拥护爱戴和当地殖民政府的尊重,但是仍然无法全面地解决当地华人的经济和社会问题。

---

① 唯一报道能看到刁作谦为客家人所做的事是《星洲日报》1936 年 7 月 23 日(晚版)第 7 版的《兴宁民众医院托刁总领之募捐已结束》和《南洋商报》1936 年 8 月 11 日第 7 版的《我驻星总领事馆经募捐助兴宁民众医院款项》,募得款项汇回兴宁,又特将捐得义款和各捐款者姓名公布报端,以鼓励热心公益者。但笔者解读这两篇报道,觉此举动纯粹热心公益,恰巧兴宁医院委托而已,看不出偏袒客家人、专为客家人谋福利之嫌疑。

## 附录：祭文

港九各界团体首长暨追悼会筹备委员

呜呼太史，各界尊崇，品性贤孝，为国公忠，天资颖敏，学贯西中，壮游英国，名高誉隆，荣膺学监，夙夜在公，蒯公激赏，擢荐登庸，回试进士，一举成功，再参殿试，捷报南宫，名题翰院，誉满朝中。民国肇造，洋务是谋，宠锡简命，参赞鸿猷，调升外部，交邻睦修，西藏划界，筹笔边楼，保疆保土，奠定边陬，迹遍藏印，功著巴丘，巴黎和会，洞烛倭图，竣拒签约，得保胶州，金瓯无缺，国免蒙羞，华府会议，公着先鞭，列强藐视，公制机先，折冲鳟俎，取消特权，达到目的，举国欣然，非公大智，岂其能焉。继升公使，秉节古巴，古国对我，禁网如麻，同胞受苦，叹息咨嗟，公陈利害，责其误差，彼亦能改，取消排华。旋移旌节，驻巴拿马，巴国元首，欢迓迳车，馆其别墅，优礼有加，飞觞醉月，开筵坐花，解除禁令，惠及万家，镌碑勒石，纪念侨社。任满回国，调星加坡，星洲重镇，华籍人多，新旧侨胞，发生擦摩，公感以德，使其协和。星洲英警，素来凌我，对侨虐待，特别刻苛，每因小事，鞭挞斥呵，公履斯在，解除折磨，侨民戴德，百万讴歌。后署两广，专责外交，黄公省长，主粤旌旄，外吏应贺，摄篆之朝，乃因旧例，外吏自高，公娴礼节，折彼嚣冼，相率来谒，莫敢泰娇，龙城拆屋，公力保侨，九龙遗老，犹颂勋劳。抗日初起，筹款南洋，公旌所至，侨众解囊，募款千万，接济军粮，翰财救国，伟绩煌煌，抗战胜利，日本投降，公膺重奇，持节京杭，枢庭训令，宽大相将，公承指示，策划周详，受降大典，公悉主张，春申江畔，汉帜飘飏，受降台上，我武维扬，冈村宁次，肉袒牵羊，公之对外，于邦有光……矢以忠贞，为官廉洁，两袖风清，党国元老，乐道安贫，重振木铎，作育群英，八秩高寿，仍在诲人，循循善诱，矍铄精神，热心公益，领导社盟。千岁宴里，耆老推尊，百龄开一，寿颂冈陵，琼林重宴，誉满寰瀛，翰林前辈，硕果仅存，神山伴侣，明月前身，忽蒙主召，贺返玉京，高风亮节，千载垂型，懿行硕德，永式后人。同人等谨以牲醴，致奠英灵，公灵有感，来格来歆，伏维尚飨！

资料来源：《港九各界团体首长暨追悼会筹备委员祭文》，收录于《刁太史作谦博士荣哀录》，港九各界追悼刁太史作谦筹备会 1977 年版（非卖品）。感谢刘奕宏提供资料。

第三部分　东南亚华人社会

# 第十四章　华教、孔教与客家绅商：
# 槟城与新加坡两地新式学校的创建

英国人在 1786 年取得槟城的控制权后，便从中国等地引进移民前来开垦。槟城的华人人口在 1901 年和 1911 年分别为 97,000 余人和 110,200 余人。[①]其中以福建（闽南）人和广府人占最多数。客家人则约占百分之十。早期的客家移民主要从事劳力工作。但在 1880 年代开始，先后有一批在荷属东印度群岛发迹的客籍富商移入槟城发展，如张弼士、张煜南、张鸿南和谢春生等人。再加上另外一批在马来半岛霹雳州以锡矿业致富的客籍商人，如郑景贵、郑太平、胡国廉、梁碧如和戴欣然等，也先后将他们的事业扩展到槟城，使槟城客家人的实力大增，足以与闽粤两族群形成槟城华人社会的三大势力。客家人在槟城的影响力增加，也与客家绅商对慈善和教育事业的积极贡献有关。槟城客家绅商对教育事业的热心和贡献，在 19 世纪下半叶以来有不少事例。例如，1896 年槟城义学（英文学校）重建校舍的筹款运动中，客家富商郑景贵、张弼士和谢春生三人的善款金额名列 105 位捐款人名单的前三名。[②]

由于受到 20 世纪初中国新学堂兴起的影响，槟城和新加坡客家绅商对新式华文教育的贡献特别明显。有几所华校在这两地先后成立，在槟城方面，包括 1904 年成立的中华学堂（1912 年改名孔圣庙中华学校）和 1908 年开办的崇华学堂（1912 年改名为时中学校）。这两所学校的开办，与客家人有直接的关系。前者是客家人主催而开办的，后者则是客家人直接筹办和管理的。新加坡方面，嘉应客家人于 1905 年创办应新学校，一年后大埔客家人则创办启发学堂。

本章首先讨论客家人在两所槟城华校的创办过程中所扮演的角色，进而论析这两所学校与儒学教育及 1911 年孔庙筹建活动的关系。其次讨论

---

①　Victor Purcell, *The Chinese in Southeast Asia*. 2nd ed. London: Oxford University Press, 1965, p. 232. 槟城又称为槟榔屿，其人口统计数目通常包括槟岛对岸的威斯利省（Province of Wellesley）。因为威斯利省在 1790 年被英殖民地政府归入槟城行政区。

②　见本书第 8 章的讨论。

的问题是,新加坡两所客家人所创办的学校的情况又是如何,他们和槟城的中华学堂和崇华学堂又有何异同。

## 一、槟城中华学堂的创办

槟城中华学堂的创办可说是客家人对教育贡献的一个标志。中华学堂在新马华文教育史上有其特殊的地位,因为 1904 年开办的中华学堂被认为是新马地区最早的新式学校,它的特点是采用华语(官话)授课。[1]以华语教学,是要取代过去的私塾和书塾教育所采用的方言教学模式。此外,华语教学能同时接受闽、粤、客、潮、琼等各籍贯的学生子弟,消除华人社会中因方言所带来的隔阂。用华语教学的背景和好处,在该学校的章程中有清楚的说明:

> 槟城闽、粤同居异语。闽则漳、泉殊音;粤则广、潮、客、琼不通,言情之难通,多由此故。且分地分音教之,但请教习须分请漳、泉、广、潮、客、琼六音之人,既不胜其繁,且多费数倍,而学成还国,亦属无用,或见国人无以通语……用官话为教授,凡入学堂之人,皆可通语而相亲,还国可通行而有用。[2]

以华语教学的确可以节省办学费用和有助于促进当地不同籍贯的华人相互沟通和团结。对那些以后想回中国发展事业,或回去参加考试以求当官的人,学习华语更是必要的。

由于中华学堂定位为槟城全体华人的学校,槟城各主要方言群的领袖都参与筹办。1904 年 4 月 21 日、23 日和 27 日,槟城闽、粤绅商数十人在平章公馆(今槟州中华大会堂的前身)先后开会三次,分别商讨筹办中华学堂的各项事宜。在第一次会议中,决定了中华学堂暂借平章公馆上课,等筹足建校经费后,才购地建校舍。[3] 第二次会议中则推选 80 位绅商为筹办学校的总理。客籍领袖张弼士、胡国廉和梁碧如等名列榜首前三位。[4] 在 4 月 27 日的第三次会议中,更详细分配 80 位总理的筹办工作:客籍的张弼士和闽籍的林克全(时任槟城华人商务局主席)两人为管银钱总理;客籍的梁碧如和胡国廉,以及闽籍的林花簪和谢德顺为学校干事总理;其他 74 人则为

① 郑良树:《马来西亚华文教育发展史》(第 1 册),马来西亚华校教师会总会 1998 年版,第 97 页。
② 《槟城南华学校章程》,《槟城新报》,1904 年 4 月 25 日,第 1 版。
③ 《槟城中华学校开办速成章程公启》,《槟城新报》,1904 年 5 月 10 日,第 9 版。
④ 《集议兴学》,《槟城新报》,1904 年 4 月 25 日,第 2 版。

筹办经费总理。①此次会议并决定捐款分为两种：创捐和长捐。创捐是指学校开办时所需的经费，包括购买桌凳、教学用具、书籍、图书器材，以及人事费用和购地建校的基金；长捐则是指每年所需要的经常开支费用。②主要领导创办学校的客家绅商以身作则，当场捐献巨款，金额如表 14.1。

表 14.1　槟城客家绅商捐助中华学堂金额表

| 捐款人 | 创捐金额/元 | 长捐或年捐金额/元 |
|---|---|---|
| 张弼士 | 5000 | 500 |
| 梁碧如 | 5000 | 500 |
| 胡国廉 | 5000 | 500 |
| 张鸿南 | 5000 | 500 |
| 谢春生 | 5000 | 500 |

资料来源：《学堂捐款芳名初志》，《槟城新报》，1904 年 4 月 28 日，第 7 版。

在论述客家人与中华学堂的关系时，有两点需要特点注意。其一，严格而论，中华学堂并非客家人所开办的学校。它是当地各方言群的领袖所共同努力开办的。中华学校的校史上注明客籍领袖张弼士和梁碧如为学校的倡办人。③其实，除了张和梁两人外，还有其他客家领袖和富商出钱出力参与筹办中华学堂，包括胡国廉、谢春生、张鸿南等。此外，参与筹办的其他非客籍富商和领袖主要包括闽籍的林克全、谢德顺、林花簪等。④

其二，虽然中华学堂不完全是由客家人所创办的学校，但客家人的确在学校的筹办时期和开办初年贡献最大，所以客家人是扮演主催和主办人的角色。以财务方面而言，客家领袖的捐款占所有捐款的最大部分。在 1904 和 1905 年间，张弼士、梁碧如、谢春生、张鸿南和胡国廉等五位客家人各捐款 5,500 元，合计 27,500 元，占学校最初五年的捐款总数的 86% 以上；以学校的行政管理方面而言，客家人也参与领导。例如，表 14.2 有关中华学校的领导成员中，客籍的胡国廉担任正监督（即今之董事长）。

---

① 《学堂捐款芳名初志》，《槟城新报》，1904 年 4 月 28 日，第 7 版。
② 《槟榔屿中华学校议续昨稿》，《槟城新报》，1904 年 5 月 11 日，第 1 版。
③ 中华创校 111 周年纪念特刊编委会：《槟城孔圣庙中华国民型中小学创校 111 周年校庆特刊》，雪兰莪新纪元学院教育系 2015 年版，第 33 页。
④ 黄建淳：《槟榔屿中华学校(1904—1911)——兼述与清末政局的关系》，收录于朱浤源编《东南亚华人教育论集》，屏东师范学院 1995 年版，第 462 页。

表 14.2  1906 年公布的中华学堂领导成员表

| 正监督 | 胡国廉（客） |
|---|---|
| 副监督 | 林花簪 |
| 总理 | 梁碧如（客）、梁家耀、张绍光（客）、谢其正、温震东、林克全 |
| 协理 | 连济川、黄廷章、林光远、伍社旺、吴德志（客）、黄金庆 |

资料来源：《京外学务报告》，《学部官报》，第 9 期，光绪三十二年（1906）十一月初一日（台北故宫博物院 1980 年影印本）。

中华学堂于 1904 年 5 月 15 日正式开课。①开学典礼当天，学校总理数十人以及社会各界人士都到场观礼，盛况空前。当地记者称之："诚开埠以来吾华人第一美事也。"②由于梁碧如身兼清国驻槟城副领事和学校的创办人之一，因此受邀为开学典庆上的首要贵宾。在演讲中，他特别强调开办中华学堂的利益："言其大可以救国，言其小可以致富，言乎私可以利己，言乎公可以达人。"更具体一点，梁认为办新式学堂对国家的好处包括培养爱国的人才。而且，"此学堂之设，既能速成人才，又能输文明与祖国"，对中国的进步肯定有帮助。对个人的好处，包括可以回国考取功名、大富大贵、光宗耀祖。因为槟城副领事有权力推荐海外侨民回国参加考试，及格者则听候封官录用。可惜在中华学校开办以前，"此间熟于英文、英例、商法、政治、医学者，颇不乏人，皆以未通华文正音之故，不愿归国。有此学堂则已通西学者，不数年，必中西兼邃，得科目，得禄位，扬名显亲"。所以，在总结他的演说时，梁碧如"敬告学生，奋勉向学，冀成大器以报国家。以进文明，以光前烈，以模后进"③。

中华学校被认为是新式学堂，不只是因为以华语来讲学，也因为它的课程设计包括新的科目，例如外国语（英文）、历史、地理、算术，物理、体操等。但根据《中华学校改良简章十六条》所示，基本的科目如修身、读经讲经和国文等，仍然是学生的必修课。④办学的宗旨更是以孝、悌、忠、信、礼、义、廉、

---

① 最早所开的班是速成夜学班，每天晚上六点半到九点上课，为期三个月，第一期学生有 50 余人。见《纪槟榔屿中华学校开学之盛》，《槟城新报》，1904 年 5 月 17 日，第 2 版。

② 《纪槟榔屿中华学校开学之盛》，《槟城新报》，1904 年 5 月 17 日，第 2 版。

③ 《四月初一日槟榔屿中华学校开课领事官梁碧如司马讲义》，《槟城新报》，1904 年 5 月 16 日，第 1 版。有关梁碧如的演讲全文，附录于黄贤强：《客籍领事梁碧如与槟城华人社会的帮权政治》，收录于徐正光编《第四届国际客家学研讨会论文集：历史与社会经济》，台北"中研院"民族学研究所 2000 年版，第 425—426 页。

④ 陈育崧：《马来亚华文教育发轫史》，收录于《椰阴馆文存》（第二卷），新加坡南洋学会 1983 年版，第 242—245 页。

耻等八字为根据。①开办初期的师资,几乎都是从中国延揽聘请,包括总教习进士黄敏孚(广东顺德人)和礼部主事李体干(广西桂林人),以及另外 12 名教员。②因此,从课程安排和办学宗旨,到师资的背景等,都可以看出中华学校和儒学教育的密切关系。

中华学堂在开办后的最初几年,校务进展相当顺利。学生人数一度高达 240 人。③但在 1908 年至 1911 年之间,进入困境期。中华学校面临捐款收入停摆,而开支却继续支出。因此,出现收支失调的情况,如表 14.3。

表 14.3　中华学堂财政收支表(1904—1911)

单位:元

| 年份 | 收支项目 | 收入 | 支出 |
|---|---|---|---|
| 1904 | 梁碧如捐款 | 5500.00 | |
| | 谢梦池捐款 | 5500.00 | |
| | 张耀轩捐款 | 5500.00 | |
| | 张弼士捐款 | 5500.00 | |
| | 利息 | 450.00 | |
| | 全年各项开支 | | 5645.03 |
| 1905 | 胡国廉捐款 | 5500.00 | |
| | 利息 | 1441.60 | |
| | 全年各项开支 | | 3357.30 |
| 1906 | 学字 28 号 | 400.00 | |
| | 良檀甲 | 1000.00 | |
| | 全年各项开支 | | 13253.67 |
| 1907 | 龙山堂 | 75.00 | |
| | 林三甲缘部 | 48.00 | |
| | 林清溪缘部 | 488.00 | |
| | 张靖丞缘部 | 100.00 | |
| | 汪钦差捐款 | 300.00 | |
| | 全年各项开支 | | 6622.45 |

① 陈育崧:《马来亚华文教育发轫史》,第 242—245 页。
② 黄建淳:《槟榔屿中华学校(1904—1911)——兼述与清末政局的关系》,第 468 页。
③ 黄建淳:《槟榔屿中华学校(1904—1911)——兼述与清末政局的关系》,第 468—469 页。

续　表

| 年份 | 收支项目 | 收入 | 支出 |
|---|---|---|---|
| 1908 | 辖典目砖 | 67.10 | |
| | 夜学生 | 18.00 | |
| | 全年各项开支 | | 3132.15 |
| 1909 | 全年各项开支 | | 3645.17 |
| 1910 | 全年各项开支 | | 2924.44 |
| 1911 | 全年各项开支 | | 1532.76 |
| 1904—1911 | 总计 | 31887.70 | 40112.97 |

资料来源:《纪会议孔庙学堂事》,《槟城新报》,1911 年 8 月 3 日,第 2　3 版。此表之统计数据整理自张弼士在 8 月 2 日会议上的报告,但该报告中的总收入误计算为 31817.70 元。

为何在 1908 至 1911 年之间中华学校没有获得任何捐款收入? 目前还没有肯定的答案。凑巧的是,客家人在 1908 年开办崇华学校。是否因为客家领袖将精力和财力放在创办和经营崇华学校,直接或间接造成中华学堂受到忽略? 这个问题值得作进一步的研究。

## 二、槟城崇华学堂的创办

中华学堂开办四年后(1908 年),客家人创办了崇华学堂。根据该校校刊记载,崇华学堂是戴芷汀和饶芙裳共同倡议筹办的,戴芷汀是槟城副领事戴欣然之长子,饶芙裳则是清朝举人。1907 年冬,饶芙裳因避革命嫌疑,从中国南渡槟城。某日,戴芷汀和饶芙裳在槟城名胜极乐寺相见。在煮茗议论时局,感叹国势危艰之时,戴饶两人都认为非作育英才无以救国,于是有创设客属学堂之议。①这个提议获得客籍富商胡国廉的大力支持,并召集客籍父老在海珠屿大伯公庙研议。大伯公庙管理人同意将每年收入的半数拨出作为学校的经常费。② 与会者也推举张弼士领衔捐集经费。筹办学堂的工作积极展开。1908 年 4 月 4 日崇华学堂举行隆重的开学仪式。根据报载:

① 何建珊:《时中创办及建筑校舍历年经过概况》,收录于《时中学校四十六周年纪念特刊》,转载自《槟州客属公会金禧纪念暨时中学校八十校庆特刊》,槟州客属公会 1990 年版,第 202 页。时中学校的前身即是崇华学堂。崇华学堂在 1912 年正式更改校名为时中学校。
② 李书城:《槟城时中学校沿革概略》,原刊载于《光华日报二十周年纪念刊》,转载自《槟州客属公会金禧纪念暨时中学校八十校庆特刊》,第 196 页。李书城曾担任时中学校校长(1929—1931)。

客族崇华学堂,暂假平章公馆开办。本初四日为开学之期,十点钟鸣,新加坡左领事、学董戴领事春荣、校长饶孝廉集蓉,率同各堂员学生肃班谒圣。礼毕,学员率学生排列,按琴唱颂圣歌,继唱爱国歌、少年歌。毕,由戴芷汀大守主席、校长、各堂员、来宾,以[依]次演说。黄君桂珊献祝词曰:"系我客民,中原望族。海外侨居,不忘祖国。设学尊孔,以宏教育。环视生徒,彬彬郁郁。文明日进,中外是福。"是时,到堂视者数百人,拍掌之声,震动耳鼓。至二句钟鸣,茶会毕,始散。开学盛事,有足纪者。①

从这则新闻报道中,可以观察到以下几点:第一,这段报道开宗明义地说明这是一所客家族群所主办的学校;第二,崇华学堂还没有自己的校舍,是暂借平章会馆来上课,开幕仪式也是在这个槟城最重要的华人会堂进行;第三,开幕贵宾云集,包括清国驻新加坡总领事左秉隆和驻槟城副领事戴春荣(即戴欣然);②第四,崇华学堂注重尊孔教育,从开幕仪式中的向孔圣敬礼和唱圣歌,以及献词中强调尊孔教育便可见真章。

一间学堂的开办,当然需要不少经费,除了一般的行政费用外,还要支付老师的讲学费以及图书和器材的费用,更别说将来要买土地建校舍的费用。即使有大伯公庙答应每年拨出一半的收入作为经费,仍不足以应付日常开支。在第一批的捐款活动中,共募得善款 1356 元。捐助开办费芳名录如表 14.4。

表 14.4　捐助崇华学堂善款芳名录

| 捐款者(包括个人及商号团体) | 各人捐款额/元 | 人数/人 | 总金额/元 |
| --- | --- | --- | --- |
| 戴欣然、万裕兴(张弼士的商号)、胡国廉、谢春生 | 200 | 4 | 800 |
| 听莺堂、梁碧如、宋福养 | 100 | 3 | 300 |
| 仁爱堂、浩士公司、大和号、华春荣、裕生春、恒益盛、锦祥栈、延春堂、福禄寿、万裕盛、益成隆、张舜卿、钟乐臣、古烺如、李纯玉 | 10 | 15 | 150 |

① 《开学纪事》,《槟城新报》,1908 年 4 月 8 日,第 3 版。
② 左秉隆总领事时在槟城视察侨务,受戴欣然之邀,担任开幕式主宾。戴欣然则除了身兼副领事和学堂董事外,也是学堂创办人之一戴芷汀的父亲。

续 表

| 捐款者（包括个人及商号团体） | 各人捐款额/元 | 人数/人 | 总金额/元 |
|---|---|---|---|
| 嘉和号、公信昌、新福兴、复兴号、陈梅初、何建珊、叶喜标 | 5 | 7 | 35 |
| 福隆号 | 4 | 1 | 4 |
| 大祥当、江雨三 | 3 | 2 | 6 |
| 仁亲堂、宝荣昌、广兴号、万生号、生太号、宝生号、大兴号、广大安、源发号、协成号、大成号、广和栈、万兴和、林世安、锦春号、喜盛号、协利号、恒昌号、振德兴、罗和裕、罗香甫、陈龙盛、万安和、同发号、胡长兴、广泰兴 | 2 | 26 | 52 |
| 福兴号、广合昌、捷劳号、何子元、万安祥、同安堂、广万胜、合兴号、邱岳屏 | 1 | 9 | 9 |
| 总计金额 | | | 1356 |

资料来源：《捐助崇华学堂善款芳名列左》，《槟城新报》，1908 年 5 月 13 日，第 3 版。

　　在这个捐款芳名录中，大部分的主要捐款人都是客家人，其中包括名列榜首的四个捐款者（捐款额为 200 元），分别为戴欣然、万裕兴（张弼士的商号）、胡国廉和谢春生，以及名列其次（捐款额为 100 元）的梁碧如等都是当地的客家领袖。由于捐款总数不算多，崇华学堂最初几年是在艰辛中经营。学堂初期借用平章会馆为校舍，开学之初有学生 30 余人。[1] 平章会馆在第二年（1909）开始向崇华学堂收取借用场地的租金，使学堂财务更加困难。1912 年学堂的财务状况才有转机，当初大力支持兴办崇华学堂的其中三位客家领袖谢春生、梁碧如和戴欣然，各捐一万元购置五间店铺，并将它们出租，所得租金充作学校的常年经费，才解决了这所学校的财政困境。[2]

　　崇华学堂在 1912 年改校名为时中学校，包括校史在内的文献资料找不到更改校名的确实原因。相关记录只约略提到"中华民国成立，校长饶芙裳，任广东教育司，颁给校印，更名时中"[3]。原来第一任校长饶芙裳在民国成立后，应邀回国服务。[4]但这段文字无法说明到底是饶芙裳主动建议更改校名，还是在学校改名后，饶芙裳才颁给校印确认。另外，曾任时中学校校

---

① 《时中校史》，收录于槟城客属公会金禧纪念特刊编委会编《槟城客属公会金禧纪念暨时中学校八十校庆特刊》，槟城槟州客属公会 1990 年版，第 192 页。但李书城者认为"草创之初，来学者有九十余人"。见李书城：《槟城时中学校沿革概略》，第 196 页。

② 李书城：《槟城时中学校沿革概略》，第 196 页。

③ 何建珊：《时中创办及建筑校舍历年经过概况》，第 202 页。

④ 饶芙裳 1915 年再次南来，次年再次应邀回国担任国会议员。

长的邝国祥曾追忆时中学校之"时中"二字的意义："据时中校友某公，对学生演说时的解释：'时中校名是第一任校长饶芙裳先生所命名者。命名之初，饶校长曾对学生们解说时中二字的由来及其意义：时为时代之时，即合乎时宜的意思。不偏之谓中，不太前，也不太后，得乎其中的意思。'"①邝国祥认为，虽然饶芙裳没有直接提到"时中"两字出自孔子，但以饶校长之渊博学问，新校名必出于儒学经典。时中学校的校名取自《礼记·中庸篇》："君子之中庸也，君子而时中。"②如果邝国祥的间接证据可靠，可证实校名是饶芙裳所更改及校名的释义。但仍然没有解决校名为何要更改的问题。这个问题可能要留待新资料的发现后才能解答。

### 三、槟城华文教育与孔教的关系

颜清湟认为新马的孔教复兴运动开始于 1899，因为那一年原是基督教徒的林文庆（被认为是新马孔教复兴运动最重要的推动者）改信孔教。③同年，新加坡的《天南日报》等华文报章刊载了许多尊孔的文章，而且，同年 9 月吉隆坡热闹的尊孔集会也引起当地社会很大的回响。④但这并不表示儒学教育在 1899 年才开始。其实，从有私塾开始就有儒学教育，因为传统的私塾或书塾，由富裕人家请老师在家中教授自己的孩子，或在宗乡会馆里教导同乡或同宗的子弟。学生所读的正是儒学的《三字经》《千字文》《孝经》和"四书"等。老师用方言来讲课和教学，但从课程的设计到课程的内容，都与孔儒学说有关。梁元生的著作中提到，早在 19 世纪中期的新加坡，儒家思想已透过书塾和学会传播教育，如 1849 年成立的"崇文阁"，1854 年的"萃英书院"和 1880 年的"会贤社"等。⑤在槟城，1888 年开办的南华义学也是宣导儒家思想的学塾，从"南华义学规条十五条"中的其中三条便可看出：

> • 义学之师，非只教书，并教礼仪、揖让、拜跪、动静、应对，要循规矩……

---

① 邝国祥：《从崇华学堂到时中学校》，收录于槟城客属公会金禧纪念特刊编委会编《槟城客属公会金禧纪念暨时中学校八十校庆特刊》，第 195 页。

② 邝国祥：《从崇华学堂到时中学校》，第 195 页。

③ 颜清湟：《1899—1911 年新加坡和马来亚的孔教复兴运动》，收录于《海外华人史研究》，新加坡亚洲研究学会 1992 年版，第 260 页。

④ 颜清湟：《1899—1911 年新加坡和马来亚的孔教复兴运动》，第 245—282 页。颜清湟也认为孔教运动的兴起与康有为和梁启超的改革运动有密切的关系。

⑤ 梁元生：《宣尼浮海到南洲：儒家思想与早期新加坡华人社会史料汇编》，香港中文大学 1995 年版，第 23—82 页。

• 来义学读书者,大半非为科名起见,如资质平常者,先读孝经,次读四书……

• 每逢朔望日,业师须将圣谕十六条款,并忠君、孝亲、敬长诸事,明白宣讲,令其身体力行。①

尽管南华义学是以方言来教学,但也算是广义的华文学校。槟城的华文教育与儒学教育的进一步关系,在上文提到的客家人所办的中华学堂和崇华学堂已有论述。但要凸显华文教育与儒学运动或孔教运动的密切关系的例子则是1911年的筹建孔庙活动。

1911年8月2日,槟城各界绅商齐集平章公馆。出席者包括张弼士、林花簪、颜五美、林耀煌、陈月槎、张舜卿、谢训卿、杨章安、陈山泉、罗培芝、谢殿秋、丘昭忠、杨碧达、林成辉、谢德顺、丘金经、梅建中、谢静希、朱凤心、柯孟淇、罗荣光、梁乐卿、饶芙裳、饶实甫、林成德、王汉宗、许如琢、曾瑞芳、陈德祥、骆泽荃、陈敷友和徐时忠等32人。②与会者主要是讨论两个相关的议题。一是在槟城设立一间孔庙,作为教化华人子弟、传授孔圣道理之场所。二是解决中华学校的经费短缺问题。会议由闽籍的林花簪担任主席,但主要的发言人是客籍的张弼士。张弼士先后在会上提出说明和建议:

前中华学校之设,是由谢春生翁、张耀轩翁、梁碧如翁、胡子春翁及予等,首先提倡,各捐五千五百元,而开销甚巨。现今尚不数约八万余元,是由予自己筹垫。列翁有意设立孔庙,是应办之善举。且俾少年等得知孔圣道理,尤我等应当之义务……若欲设孔庙,以予之见,将现今学校前面,暂作孔庙。后面作学校,未知众意如何……若孔庙及学堂合办。望列翁及各公司,要踊跃捐题至二十万元生息,方足每年经费。若列翁之意,欲先借学堂,暂作孔庙,予亦应允……如果诸君能捐题十余万元至二十万元,以备整顿学校,予除已筹垫之八万余元不计外,予愿再添至十万元之谱,以便将来学校,交与众人接办。但孔庙既暂借学校,宣扬孔圣道理,不能兼演党派。③

---

① 陈翼经:《槟州百年来的教育》,收录于《槟州华人大会堂庆祝成立一百周年暨新厦落成开幕纪念特刊》,槟州华人大会堂1983年版,第399—400页。
② 《纪会议孔庙学堂事》,《槟城新报》,1911年8月3日,第2版。
③ 《纪会议孔庙学堂事:中华学校建筑费之进支款》,《槟城新报》,1911年8月3日,第3版。

　　从这段会议记录可以知道是张弼士最先主张将孔庙和中华学堂合办，主要的原因是能节省筹建孔庙费用。上文提到当年（1904 年）中华学校的创办也是张弼士登高一呼，率同几位客家富商首先捐款。经过几年的办学，中华学堂的教育工作虽然已经步入正轨，但经费严重短缺。张弼士在会上指出，中华学校至今不敷款数约 8 万余元（财政收支表见表 14.3），是由他自己筹垫。如大家接受他的意见并为中华学校及孔庙筹得约 20 万元，他个人愿意再捐献十万元，共襄盛举。

　　主席林花簪理解张弼士的意思，因此附和道："若照张大人之意，孔庙及学校合办，一可省费，二可兼办。"①与会者最后决定，孔庙及学堂合办，并希望能筹得二三十万元生息，以应付每年的运作经费。会中也公举捐题协理员 22 人，负责筹款工作。这 22 位协理员的最主要任务是要发挥他们在各自方言群和社团中的人脉关系，以取得良好的筹款成绩。筹款协理员名单为：张弼士（客）、邱昭忠（闽）、梁乐卿（粤）、柯孟淇（闽）、谢德顺（闽）、颜五美（闽）、林花簪（闽）、林耀煌（闽）、杨碧达（闽）、许如琢（闽）、杨章安（闽）、罗荣光（粤）、谢连元（客）、林成辉（闽）、罗培芝、邱金经、辜立亭（闽）、陈川泉、戴喜云（客）、吴德志（客）、邱汉阳（闽）和郑大平（客）。②

　　从 8 月 2 日的会议也可了解，孔庙建在中华学校前或与学校合办主要有两个考虑的因素。其一，是为方便教授孔学。因为孔庙建成后，准备开班讲授孔儒道理和知识，也就是说会附设孔学宣道所。为孔学宣道所开课的老师，有从中国特聘的儒学专家，也有中华学校的老师兼任。孔学宣道所上课的教室，也可以借用中华学校的教室。其二，是为节省开支。如果孔庙的孔学宣道所能借用中华学堂的老师、教室、设备等，可以节省不少行政和庶务开支。

　　张弼士建议将孔庙和中华学校合办还有两个意义。第一，与孔庙合办后的中华学堂将"交与众人接办"；第二，暂借中华学校教室上课的孔学宣道所，是宣扬孔圣道理的场所，"不能兼演党派"。换言之，张弼士为合并后的孔庙和中华学校订下管理办法：其一，由槟城华人社会来接管，而非由他自己或客家人来主导；其二，张弼士也注意到当时政治动荡的局势，唯恐孔庙被革命派等政治人物利用，因此要确保孔庙活动的单纯性质。

　　其实，1910 年以后中华学校的经费的确出现严重问题，几至停办。后

---

① 《纪会议孔庙学堂事：中华学校建筑费之进支款》，《槟城新报》，1911 年 8 月 3 日，第 3 版。
② 《纪会议孔庙学堂事：学校支款》，《槟城新报》，1911 年 8 月 3 日，第 3 版。

除了一些校友四处奔走募款外,主要是以孔庙的财政资源来支援中华学校。1912年,孔庙拨款17000余元充中华学校经费,学校因此正式与孔庙(即今之孔教会)合办,并改名为"孔圣庙中华学校",以确认孔庙与中华学校密不可分的关系。改名后学校召集大会选举董事,组成该校第一届董事会。并择定同年3月19日(农历二月初一日)举行复办开学典礼,此日亦为孔圣庙中华学校的校庆纪念日。①

### 四、客家人与槟城华校的关系

上述讨论可以确定客家人与槟城两所华校——中华学校和崇华学堂的密切关系。客家人在这两所学校所扮演的角色有点不同。1904年成立的中华学校在形式上是槟城各华裔族群共同创办的学校,但客家人是主催和主导开办者。客家人出钱最多,出力也最大。由于中华学校是新马地区第一所新式中文学校,因此奠定了客家人在新马华文教育史上的特殊地位。不过,由于中华学校不是客家人专属的学校,而是开放给所有的华裔子弟就读,其中到底有多少学生是客家人,或是福建(闽南)人或是广府人等,则缺乏资料查证。

1908年成立的崇华学堂则是客家人创办,它是让客家子弟就读的客语学校。这种单一族群开办的单一方言学校是早期华人社会中比较常见的一种办学模式。但值得关注的问题是,为何客家人主办了中华学校,又在四年后开办崇华学堂,是因为以华语教学的中华学校不符合客家子弟的学习习惯,还是因为在形式上由各族群共同开办的中华学校在教学和经营管理上不能满足客家领袖的期望。其实,中华学堂原定是设计为中学堂或中等学校,而崇华学堂则是小学堂或初级学校。这两所学校在学程上是有连续性的,而非冲突或互相排斥的。但1908年当客家富商集中财力和资源开办崇华学堂时,是否会造成他们忽略对中华学校的继续支助,而导致中华学校陷入财政困境,则有待进一步研究。

从课程的安排和教学语言的应用而言,中华学校是所谓的新式学校而崇华学堂则是比较传统的学校。这两所学校的一个共同点就是重视儒学思想的教育。但我们不可轻易地认为这两所学校注重儒学教育是因为当时正在盛行儒学运动或孔教运动。其实,儒家思想教育和儒学经典一直是传统

---

① 中华创校111周年纪念特刊编委会:《槟城孔圣庙中华国民型中小学创校111周年校庆特刊》,雪兰莪新纪元学院教育系2015年版,第28页。

私塾和书塾的教育主轴，也是新马地区中文（包括方言）教育的传统。因此19世纪末至20世纪初在新马发展的儒学运动或孔教复兴运动到底对这两所学校的成立有多少影响，尤其是对这两所学校的课程的设计与安排到底起了什么作用，都是值得进一步考证和分析的。

如果暂不讨论孔教复兴运动对学校课程的安排有多大的影响，我们可以发现孔教复兴运动和新马地区华文教育的整体发展是有相互影响的关系。一方面，客家人所主办的中华学校和创办的崇华学堂，的确有助于儒学教育和孔教的传播；另一方面，1912年槟城中华学校改名为孔圣庙中华学校，则是20世纪初孔教复兴运动影响华校的一个最好例子。由于孔庙的财源比较雄厚，可以救济当时已奄奄一息的中华学校。孔庙答应给予经费补助，中华学校的管理层于是同意与孔庙合办，并正式更改校名。

孔庙和中华学校的合作因缘，主要是张弼士的牵线。如果不是1911年8月初的那次会议上，张弼士主张将准备兴建的孔庙建在中华学校前方，以及利用中华学校的校舍作为孔学宣道所的教室，孔庙和中华学校就不会在第二年结下如此密切的关系。因此，在讨论新马地区的孔教复兴运动之时，一方面，不应只集中在闽籍的林文庆和丘菽园等少数人的贡献上，客籍的张弼士对槟城的孔教运动和华教发展也有一定的贡献。另一方面，也要注意张弼士贡献的阶段性。当张弼士本人在1911年8月宣布与孔庙合办后的中华学校将交由华社众人来管理后，张弼士的阶段性任务和贡献也告一个段落。1912年以后槟城的孔教运动，并非由客家人来领导。从推动为学校和孔庙筹款的廿二位筹款协理员名单中，客家人并非占多数就可看出事实。

中华学校和崇华学堂在1912年都不约而同地更改校名。前者与孔庙合办后改名为"孔圣庙中华学校"，后者则更改校名为"时中学校"。有关这两所学校更改校名后的发展，包括客家人在这两所学校所扮演的角色是否有所调整等这些问题尚待日后研究。但可以肯定的是，这两所超过百年的学校在今天仍继续存在。孔圣庙中华学校已经转型和扩大为"孔圣庙中华小学A校和B校"以及"槟城孔圣庙中华国民型华文中学"，槟榔屿孔教会的会址仍设在中华小学，校内也保留了当年的《孔圣庙中华学校助捐基本金诸慈善长芳名勒碑纪念》和创办人张弼士的塑像。① 时中学校现则称为"时中国民型小学"，仍竖立在槟城闹区的爱情巷，继续传承文化教育，也为历史作证。

---

① 2019年7月11日笔者考察孔圣庙中华小学时抄录。

## 五、新加坡应新学校和启发学校：客家会馆、庙祠与学堂教育

新加坡有两所客家人所创办的学校，他们的创办情况又是如何呢？他们和槟城的中华学堂和崇华学堂有何异同呢？有关客家人与新加坡华文教育的关系，已经有文章讨论，在此不必赘述。[①] 但为了方便本文的讨论，有必要简述新加坡客家人创办应新和启发的过程和意义。

新加坡和槟城一样，主要是由移民组成的社会，但华人和当地总人口的比例有所不同。在20世纪初的时候，新加坡的华民占总人口的明显多数，约占70%。而同时期的槟城华人则约只占总人口的半数。更值得注意的是，槟城客家人虽然只占华民人口的十分之一，但实力不在闽帮和粤帮[②]之下。新加坡客家人占华民人口的比例更小一些，约占百分之六或七，实力也如人口比例，相对弱势。其中的原因，是新加坡的客家人当中，没有出现像槟城般由张弼士所领导的客家富商集团。新加坡的客家人主要是由一些传统行业（如中药业和典当业等）的经营者和各类劳工所组成。整体实力远落后于闽帮、潮帮和粤帮之下。再加上新加坡的客帮之内，还可再分为嘉应集团和丰永大（即丰顺、永定和大埔）集团。新加坡客家族群中，嘉应人最早成立会馆。嘉应五属人所组成的应和会馆成立于1822年。但到了19世纪下半叶，从人数和财力而言，大埔人及其组织的茶阳（大埔）会馆（成立于1857年）已凌驾于其他客属族群。当20世纪初创办新式学堂的风气盛行时，嘉应人创办的应新学校（1905年创办）和大埔人创办的启发学堂（1906年创办）成为新加坡第一批成立的新式学堂。[③]新式学堂源自中国，教学内容有别于过去的私塾。教学科目包括修身、算术、历史、地理、科学、美术、音乐、体育等科目。民国建立前尚重视儒家典籍的研习，以加强忠君的思想，民国建立后则强调民族主义与爱国情操的培养。

---

① 李志贤、林季华、李欣芸：《新加坡客家与华文教育》，收录于黄贤强编《新加坡客家》，桂林广西师范大学出版社2007年版，第155—178页。

② 广义的广帮包括广府、潮州和客家等，但此处不含客家。

③ 新加坡第一批成立的新学堂还包括粤人办的养正学堂（1907）、潮人办的端蒙学堂（1907）、闽人道南学堂（1907）及琼人办德育英学堂（1910）。有关应新学堂的校史，见杨映波：《本校史略》，《星洲应新学校特刊》，新加坡应新小学1938年版；有关启发学堂的开办，见《新加坡大埔倡设学堂布告》，《叻报》，1906年7月30日，第8版。另见《校史》，《新加坡启发学校校刊》，新加坡启发学校1953年版。

### (一)会馆、庙祠与应新学校的创办

应和会馆由嘉应五属先辈创立，会馆购置源顺街 98 号(即今日直落亚逸街 Telok Ayer Street)，成为嘉应同乡的联络中心。中国清朝末叶，有识之士深感国势不振，主张以兴学图强。嘉应属客籍人士黄沄辉、钟小亭、陈梦桃、梁星海、陈荣光、夏采亭、田省齐和汤湘霖等人深感教育之重要性，而殖民政府并不注重华文教育，乃发起开办学校。1905 年，适逢海唇大伯公庙分发得息余利，嘉属分得 2,060 元，遂决定将此款项放息，作为开办学校的常年经费，而发起人也认捐千元作为开办学校的费用，应新学堂因此诞生。由此可知，应新学堂的创办人是会馆领导，经费来源除了个人的认捐外，主要就是大伯公庙的利息。

创校之初是租赁位于陆佑街(中华总商会对面)的两幢楼房作为校址，首任校长为董事汤湘霖，副校长为汤日垣，授课教员有汤日垣、何品修、黄宝楠三位。应新学堂于 1905 年在小坡(新加坡河以北)开课之后，由于学生大多数住在大坡(新加坡河以南)，交通不方便。于是，在学生家长的要求下，董事部同意将学校迁到位于大坡的应和会馆上课，因此，会馆和学校同在一个屋檐下。① 应新在创校之初，人数有 50 多人，后增至 100 多人。随着学生人数逐年增加，董事会便决定进行筹款以建筑校舍。1920 年中积极进行募款活动，而关心教育人士亦热烈响应。②不过，随着世界经济的不景气，会馆与华商都面对财务困难，建校计划便被搁置了。随着学生人数的增加，班级亦增多，1922 年，会馆全座辟为学校上课之用。

有关应新学校的财务情况，根据 1919 年从中国南来考察教育的侯鸿鉴的记载："经费应和会馆月贴一百五十元。基本金二十五元。学费月收百元。不敷由校董各输月捐年捐以补充之。统计全年支款须五千元。"③又根据 1930 年代应新学校的章程，当时学校的运作经费，是由应和会馆、校董、同邑侨民、福德祠等共同资助。学校经费来源包括以下几项：

(1) 津贴：学校每月经常费由应和会馆酌拨款项津贴。

(2) 店租：学校店业每月所得租金。

(3) 学费：学校每月所征收之学生费。

(4) 年月捐：学校校董及同侨商店等所认捐之年月捐。

---

① 源顺街九十八号为今日应和会馆所在地。
② 《应新学校建筑校舍第四次认捐芳名录》，《叻报》，1920 年 7 月 19 日，第 3 版。
③ 侯鸿鉴：《南洋旅行记》，厦门锡成公司 1920 年版，第 14 页。

(5) 福德祠分款:源顺街福德祠分拨应和馆之款。

(6) 特别捐款:会馆遇经常费缺乏,或遇特别情形须用巨款时,由校董会议决举行。①

应新学校从创办时到1930年代,持续和会馆及庙祠紧密联系。在1930年代学校的经费除了产业租金和学费及个别的认捐外,固定的经费来源是会馆的拨款,而会馆的教育经费则又是来自福德祠。

还有一点值得注意的是,创办应新学校的会馆领导大多属中小富商。他们的财富,在客家族群中,或至少在嘉应各属族人中,尚属佼佼者,所以他们有办法兴办族群意识浓厚的客属学校。②但在整个新加坡华人社会中,这批嘉应属的富商与闽籍、潮籍和粤籍的大富商相比,财富和在华社的声望,尚差一大段距离。③ 不像槟城的客籍富商张弼士等人,不只富甲一方,还身兼领事官职,才能超越族群,领导兴办跨族群的中华学堂。

**(二)茶阳会馆与启发学校的创办**

在应新学校创建后的次年,新加坡出现第二所客家人开办的新式学堂,即1906年成立的启发学堂。大埔人创办启发学堂有一番波折。原来大埔、丰顺与永定三邑客家人有长期的合作关系。早在1880年代三邑领袖成立丰永大公司,并联合购地开辟墓园和建立三邑祠。当三邑酝酿办校之初,大埔人建议三邑将大伯公庙存款拨出以开设学堂,为三邑子弟作育英才之用。但是丰顺与永定二邑人对拨公款办教育一事意见分歧,大埔人因而自行创办启发学堂(新嘉坡大埔倡设学堂布告1906)。1906年,埔籍侨领刘春荣、张让溪、刘问之、张让皋、陈龙曾、蓝森堂、蓝赉臣、杨江中、张星台、罗连安、何吉升等正式发起捐资筹办邑学。得到清朝驻槟城领事戴欣然父子也大力支持,其中戴欣然长子戴芷汀,捐启发学堂创办费1100元。戴欣然后于1910年前来新加坡,复捐5000元为学堂经费(《后进铭恩》,1910年)。

学校名曰"启发学堂",意为"启注中邦文化,发挥教育精神"。校址在陆佑街(Loke Yew Street),聘李辰五为校长,推刘春荣为首届总理,招收学生60余名,于1906年11月1日举行开学典礼,嗣后继任总理者为张让溪、杨

---

① 根据校董会章程第七条,见《星洲应新学校特刊》,新加坡应新小学1938年版。

② 应新学校为嘉应五属同侨倡办,本着"有教无类"的教育精神,对于非嘉应子弟,一视同仁。但根据1938年注册学生的统计,其中七成以上的学生来自原籍梅县和大埔两大客家地区。有关详细统计资料见《星洲应新学校特刊》,第81页;另见李志贤、林季华、李欣芸:《新加坡客家与华文教育》,第153—178页。

③ 可从中华总商会的董事名单中见端倪。

江中，而校长则有张德卿、杨瑞庭等。在筹备过程中，邑人公决，学校一切所需，由董事向各行店捐题。每年经费，向同邑店号签题一次，若尚不敷开支，则由茶阳会馆津贴（《新嘉坡大埔倡设学堂布告》，1906 年）。

　　1911 年，总理蓝镜清与诸董事开会决定将北京街茶阳会馆加以修整，增建三楼，将启发学校迁入会馆授课。当时校长为蓝星海，学生约有一百余名。1917 年，总理何仲英、财务蓝森堂接任后，与诸董事亟谋发展校务，乃设分校于马来街（Malay Street）廿一号。后来购禧街（Hill Street）三十一号楼屋一座改建为校舍（中华总商会隔邻），向戴欣然、张弼士（按：已逝世）、何秋谷、蓝镜清、刘登鼎、萧瑞麟、蓝禹甸、张舜卿、林世魁、李祥阶、周兰阶、周廉波诸位募集巨款从事营缮。1918 年 12 月会馆增建楼落成，启发学校迁入会馆上课，当时学生已达三百余名。

　　启发学校创办初期，只是单纯为大埔邑人提供就学的机会，后来招生的对象扩大，不分方言族群，但学生主要还是大埔籍客家人。曾在学校开办初期在启发上过学的一位校友回忆道："六岁进陆佑街启发学堂就读。此校为完全小学，科目有国文、算术、修身、历史、地理、唱歌、体操等。因该校为广东茶阳会馆大埔县人士所办，故授课皆用客话，教员多大埔籍，亦有部分为梅县籍，学生约有二百人，校长教员共六七人。……当时仍在清朝时代，教员学生多数梳辫。"[①]但至少在 1919 年时，学校已经改由华语授课。侯鸿鉴于 1919 年 9 月 20 日到启发学校考察时提到当时学校的状况："此校开办十四年。校长陈寿民是广西南宁人，到校仅两月，教员九人……学生有二十二人。教员教授一律改用普通话。此由陈校长到校后改定者是最为校之优点矣。"[②]

　　茶阳会馆用三分之二的收益作为教育资金。茶阳会馆和校方关系密切，在校务上相互配合。由于学费收入不够开支，需要靠同乡的月捐等才能弥补学校的各项开支，征求乐捐和刊登筹款募捐的布告在《叻报》定期出现（《新嘉坡大埔倡设学堂布告》，1906 年）。置屋地以校产养校也是长期解决学校收入的一个办法。例如，1922 年 10 月 2 日，启发学校义演五幕剧《钱与命》共筹得三万余元，购买万拿街和毛士街的两间店铺出租。月租约 340 元充作启发学校的经费，奠下学校的财务基础。

　　从启发学校的创办及其初期发展可以了解这所学堂是客家意识浓厚的

---

①　黎宽裕于 1903 年在新加坡出生。他先后在启发学堂和应新学校读书，1911 年入英校就读。黎宽裕：《浮生追忆——一个新加坡人之自述》，新加坡中华书局 1929 年版，第 1 页。

②　侯鸿鉴：《南洋旅行记》，第 11 页。

学府。它是由客家人所办,也为客家子弟所办。更具体地说,它是由茶阳(大埔)会馆所办,为大埔子弟作育英才。它可说是客家大族群中的一个小群体的办学活动。在这方面它与嘉应侨民兴办应新学堂所类似。但两校的创办过程中有两点差异。其一是大埔人原本也希望得到相关的庙祠资助启发学堂的开办,但由于丰永大三邑无法取得共识,大埔会馆依靠自己的力量单独创办,使启发学堂与庙祠无直接关系。其二是启发学校的开办,得到槟城大埔同乡富豪戴欣然父子的慷慨资助。这更彰显客属同乡族群意识的浓厚,戴氏父子跨境拔刀相助,也再次验证新马华人历史上的密切关系。

综合本节所述,新加坡华文教育在 1900 年代以前是私塾教育,由各方言群各自开办,教育各自方言群的子弟。教学内容都以传统儒家典籍为主。20 世纪之交,清政府、维新派以及革命派三股政治力量竞逐,皆以推广新式学堂为政治宣传及图强救国的途径,新马华文教育步上现代化的阶段,新马华人的政治意识也逐渐深化。随着华语教学的推动,以及 1919 年五四运动后白话文的普及,新式学校得以打破方言群的隔阂。客属应新与启发两所学校的创办,正是上述新加坡华文教育演变过程中的产物。两校皆成立于1900 年代,华文教育开始现代化的阶段。虽然设立之初,仍以客语教学,且以招收客属学生为主,但随后皆改为国语授课,招生也不以客籍子弟为限。方言群兴学的形式依旧存在,然上课科目和教材趋向统一,课程和课本多具浓厚的中国色彩,而师资来源主要也是来自中国。但学校的兴办和发展的经费则不是由殖民地政府或中国政府负担,而是仰赖自己方言群的捐款,尤其是从自己帮群的会馆和庙宇等机构筹募善款。

## 六、结论:新马客家人办学的几种形式

20 世纪初叶,由于受到中国新式教育和新学堂发展的影响,英属新马两地的华人社群也开始创办新式学堂。新式学堂有别于私塾教育,学习内容不再局限于四书五经,更增加数学、自然科学、史地等科目。而且,新马的华社长期以来存在不同的方言群,各方言群有各自的会馆和活动。教育也是如此,各方言群有自己的方言学校。由于新式学堂通常是在一个公共的场所上课,在学校教室还没建成前,学堂的教室往往是借用会馆的空间。

槟榔屿中华学堂的开办,有几项指标性的意义。第一,它是新马最早的一所新式学堂;第二,它以华语来教学;第三,它是各方言群合办的学校;第四,它由中国官员指导开办,目的是为国育才。前两项比较引人注意,后两项则比较容易受人忽略。尤其是研究客家族群者,为突现客家人的贡献,易

于过度强调中华学校的客家因素，如创办人和主要的捐款人都是客家人，因而忽略了中华学堂的本质，即一所各方言群合办的学堂。无可否认，张弼士在开办中华学堂的过程中扮演了关键性角色，但他当时不是以客家族群的代表自居，而是以清朝官员的身份推动筹办事宜。他关心的不是这个学校能为客家族群带来何种效益，而是它能为国家栽培多少可用之人才，这也是中华学堂要以华语为教学语言的重要原因。如果说张弼士的客家身份有充分的发挥，那是在于他具有客家"大佬"的身份而影响和号召其他客家绅商，共同出资支持中华学堂的开办。

张弼士等客家绅商操控了中华学堂的发展的说法，不只是现今一些客家研究者的观点，也可能是百年前不少槟城闽帮和粤帮领袖的观念。如果这点成立的话，或许能解释为何 1908 年以后中华学堂开始陷入财源短缺的危机。因为 1908 年客家绅商开办了一家客家学堂——崇华学堂，客家富商也当然义不容辞地优先资助本方言的学堂，不免会减少对中华学堂的资助。而闽、粤两帮富商如果主观上认定中华学堂是客家人掌控的学校，1908 年以后加码注资疏解中华学堂的财务困境的可能性就很低，尤其是闽帮和粤帮也有他们自己族群所办的方言学堂。难怪张弼士在 1911 年利用槟城各界筹建孔庙的时机，将中华学堂和孔庙结合起来，一则可以用"以庙养校"的形式使中华学校得以维持生存，二则也可以真正做到将中华学校"交与众人接办"，而非只是客家人的责任。

在讨论中华学校创办的议题上还有一个问题需要注意，有学者已经正确地指出，以中华学堂为始的新马华校与清末中国政局有不可分割的关系。[①] 所谓清末政局，主要是指中国在甲午战争失败后，维新派和革命派先后采取不同的行动和方式试图改变中国的政局。当主张武力革命的兴中会在 1895 年广州起义失败，以康有为为首的 1898 年戊戌变法也功败垂成，革命派和维新派的领导人物相继被迫出走海外，他们就透过各种途径，影响海外华人支持他们的政治理想，以便汇集财力和人才，重整旗鼓，并以海外作为基地，改变中国政局。他们在海外华人社会中组织社团、办报和开设学校。因此，海外地区，包括东南亚一带，由保皇派或革命派创办的学校陆续出现。但 1904 年中华学堂筹办时，不应该过于夸大革命派和维新派的竞争关系或认为这两派对中华学堂有任何直接的影响。因为槟榔屿的革命派还未成形，革命组织中国同盟会槟城分会成立于 1906 年。孙中山在 1905 年

---

① 黄建淳：《槟榔屿中华学校（1904—1911）——兼述与清末政局的关系》，第 453—475 页。

时第一次到槟榔屿活动,才有机会和后来大力支持他的黄金庆和吴世荣等人会面,为革命活动布局。康有为在槟城活动比较早,1900 年已经首次来槟,其间也与一些富商和华社领袖有所接触。但是在 1904 年的槟城,支持保皇派的人士还非常有限,绝大多数的华民,尤其是华人社会的领袖和富商都是亲清朝政府的,许多华商和侨领都向清廷买官鬻爵,其中包括所有中华学堂的领导成员。[①] 中华学校的筹办人张弼士身兼地方首富、客家领袖和清朝官员,他创办中华学堂的主要目的是为朝廷和国家培养人才,为培养国家意识而非族群意识。无论如何,回顾 1904 年中华学堂筹办的历程,可以说中华学堂的开办是新马客家人,尤其是槟榔屿客家人办学的第一种形式,即以财富和官职的优势,领导各帮合办学堂。

1908 年崇华学校的开办,是新马客家人办学的第二种形式,即合客家各属之力,创办一所客家色彩浓厚的新式学堂。崇华学校的主要资助人包括大埔县的戴欣然、张弼士和谢春生,梅县的饶芙裳和梁碧如,以及福建永定县的胡国廉。最早一次商议筹办崇华学堂的会议地点是槟城海珠屿大伯公庙。这个大伯公庙向来是槟榔屿客家人的宗教圣地和集议场所。这也印证了崇华学堂的开办是客家各属共同的大事。而且,大伯公庙管理人也同意将每年收入的半数拨出作为学校的经常费。

新加坡客家人的办学形式则是第三类型,即由县级或州级层次的会馆来分别筹办。1905 年开办的应新学校是由嘉应州五属(主要还是梅县为主)的会馆主办。1906 年成立的启发学校则是由大埔县的客家人创办。这可能是因为新加坡的客家人数比槟城的客家人数多,新加坡州或县级的会馆有好几个都很活跃,有能力和基本的财力分别开办客家学校。而且,统合客家各属的南洋客属总会要迟至 1929 年才成立。再加上在 1920 年代胡文虎在新加坡发挥他的影响力之前,新加坡客家领袖群中,没有像槟城那样出现如张弼士和戴欣然等身份崇高的客家领袖,可以登高一呼带领客家各属一起行动办学。

尽管新加坡的应新学堂和启发学堂的开办属于同一类型,但其中也有不同点。应新学校得到源顺街福德祠定期拨款资助经费,而启发学校则没有庙祠的专款补助。另外,启发学校的成立,得到槟城戴欣然的慷慨资助,但应新学堂则没有来自槟城同乡的巨额赞助。

以上是从筹办过程和开办情况来将新马两地的客家人筹办的学校作分

---

① 黄建淳:《槟榔屿中华学校(1904—1911)——兼述与清末政局的关系》,第 467 页。

类。如果从学校开办的动机和目的而论，又可分为两类。一类是由客家人主导、各方言群合办的学堂，目的是"为国育才"，所以国家意识浓厚，中华学堂即为其例。另外一类是客家人所创办的学校，目的是教育同乡子弟，所以族群意识浓厚，崇华学堂、应新学堂和启发学堂皆是。

# 第十五章　移民、检疫、殖民社会：
# 中国侨领、英国殖民政府与新加坡华人

　　淇樟山是新加坡华人对圣约翰岛（St. John's Island）的一个俗称。早期中国移民也将淇樟山（或棋樟山）称为"龟屿"。① 这个小岛位于新加坡本岛南方约五英里②处。许多老一辈的新加坡人对淇樟山不会感到陌生，因为从 19 世纪后期到 1970 年代中期，淇樟山与中国移民③的命运息息相关。他们即使不曾亲身到过淇樟山，也曾听过有关淇樟山检疫所的传闻。从 1874 年开始，淇樟山成为英国殖民地政府传染病检验站的所在地，准备入境或过境新加坡的移民或旅客，如果患上或被怀疑患上传染病，都会被送到淇樟山作健康检验。④ 检验后证实健康没有问题者，才可以顺利登陆新加坡本岛。患有传染病者，则会被扣留在山上接受治疗及观察，为期数天至数周不等。病情严重者可能会被遣送回国，也有些人病逝于岛上。由此可知，淇樟山与中国移民史有密切的关系。但是有关淇樟山历史的论著却从缺。讨论新加坡华人史的著作，也往往对华人在淇樟山的经历着墨不多。⑤ 本章的目的，便是将有关史料整理和分析，重新建构这个几乎被遗忘的移民史篇章，尤其重点讨论这些华人移民在淇樟山岛上的生活和遭遇，以及中国驻新加坡总领事和新加坡华人社会对他们的遭遇的反应。

## 一、淇樟山检疫所中国移民的遭遇及侨领的反应

　　淇樟山检疫所何时与华人扯上关系以及中国移民在山上的待遇又是如何呢？一般会以大清帝国（简称清国）驻英国公使汪大燮于光绪三十二年

---

① 其实"龟屿"是"淇樟山"旁边的另一个小岛，但民间记忆中都将这两个小岛混淆，也将淇樟山称为龟屿。另外，也有文献记录将"淇樟山"也写成"棋樟山"或"淇漳山"。

② 1 英里等于 1609.344 米。

③ 此处的"移民"是指广义的移民，包括那些原本只准备短期间逗留，结果却长期在当地工作或居留的人。在早期的文献中，也称为"迁民"或"新客"。

④ Lee Yong Kiat, *The Medical History of Early Singapore*. Tokyo: Southeast Asian Medical Information Center, 1978, pp. 299－300.

⑤ 例如崔贵强的《新加坡华人——从开埠到建国》，新加坡宗乡会馆联合总会 1994 年版，对淇樟山的叙述只有一小段（第 28 页）。

（1906）的报告为据：

> 光绪廿年英官设验疫例，所有轮船到埠，停泊口外，以俟医师到船查验。凡华人无论男女，叱令一律裸体。验毕，驱至淇樟山，苛虐万状，限期满日，始许登岸。[1]

这份报告对了解当时新加坡的验疫制度和淇樟山检疫所的功能有所帮助。报告中也透露了一些不合理的检验方法，尤其是裸体检验的方式，以及华人在淇樟山上受到的苛待。必须注意的是，这份报告虽然提到新加坡的验疫章程是在 1894 年公布实施的，但并不表示淇樟山检疫所是在当年才成立的。其实，根据英国殖民地政府的官方文献，淇樟山检疫所在 1874 年就已经设立了。[2]

新加坡早期最主要的华文报章《叻报》于 1892 年 12 月 27 日刊载了一篇有关淇樟山检疫所的报道：

> 近来叻地（按：新加坡）诸君子会议整顿龟屿附近淇樟山病房一事，颇为踊跃。盖此地为病船禁港之所，凡至其地方居住者，要皆新抵叻中之客，且多是患病之人。故不得不善为办理，以妥其住居，调其饮食也。初七早，星期有暇，是以叻地诸君子雇有小轮船一艘，言往该屿巡阅。庶藉知其得失，以便酌量妥办是役也……即抵淇漳山下，舍舟而陆巡视，各处房舍尚属完善。盖多去年新建者。惟据诸绅商之意，则以为屋宇一项尚可，无庸另构，但于居此诸人之伙食、医药以及工人料理各节，似尚宜于筹划。现闻诸君之意，拟设法雇用华人佣役于此，善为照料，更筹办一切伙食、医药等物。[3]

这则报道清楚地说明淇樟山检疫所的一些病房是在前一年（1891）就建好的。由于在岛上接受验疫和防治的病人很多来自中国，也引起了新加坡华人社会对淇樟山上华人的待遇的关注。虽然这则报道并没有告诉我们是

---

[1] "中研院"近代史研究所档案馆藏：《外务部清档·出使设领档·汪大燮使英》，宗号：02-12-13-（1）。

[2] "Correspondence Relative to the Necessity for the Eraction of a Lazaretto at St. John's Island", *Papers and Reports Laid before the Legislative Council of the Straits Settlements* (1867—1955), 7 September 1874.

[3] 《淇漳小记》，《叻报》（新加坡），1892 年 12 月 27 日，第 2 版。

哪几位绅商雇了小船到淇樟山视察,但有理由相信"叻地诸君子"是当地的华人社会领袖,否则他们未必去得了淇樟山这个检疫重地。这批华人绅商显然得到检疫所官方的接待,因为他们可以相当详细地巡视检疫所。

这则报道也可以让我们对 19 世纪末淇樟山检疫所的其他两方面有所了解:其一,淇樟山检疫所是专为准备入境新加坡之旅客所设的检疫站。如果抵新的轮船上有病人,尤其是当时盛行的天花和霍乱等传染病的病人,所有船客就必须被安排到淇樟山接受验疫。可惜这篇报道并没有清楚告诉我们:如果入港的船只上没有任何病人,是否要到淇樟山接受验疫? 其二,淇樟山上的房舍和环境尚可,但伙食、医疗和工人料理尚待改进。其中在岛上工作的非华族佣役,与华人语言不通,难免会发生误会或纠纷。因此,这些绅商建议当局雇用华族佣役来执行任务。

19 世纪末报章上有关淇樟山检疫所的报道不多,可见淇樟山检疫所还不是华人社会中一个重要的讨论话题。但是到了 20 世纪初年淇樟山开始成为华人社会注意的焦点。其中一个因素是从中国南来的移民人数增多,被送到淇樟山的新客的人数也相对提高,禁留在岛上的船客经常达到数千人之多。[①]如果以每年的统计数目来计算,从 1901 年至 1939 年间,总计有超过一百万位欲入境新加坡的船客被送到淇樟山接受检疫(见表 15.1),[②]其中 1929 年有 84,282 人被送往淇樟山,成为人数最多的一年。[③]

表 15.1 抵达新加坡海港的船只和船客及被送往淇樟山的船客数据

| 年份 | 受检查的船员和船客/人 | 被送往淇樟山的船客/人 | 抵达新加坡的船只/艘 |
|------|------|------|------|
| 1901 | 338,940 | 19,681 | 1098 |
| 1902 | 307,900 | 17,668 | 901 |
| 1903 | 321,365 | 21,253 | 809 |
| 1904 | 279,297 | 17,852 | 712 |
| 1905 | 323,431 | 12,109 | 1279 |
| 1906 | 493,021 | 30,076 | 1625 |
| 1907 | 377,326 | 26,408 | 1226 |

① 《革薄从忠》,《叻报》,1906 年 2 月 5 日,第 10 版。
② *Straits Settlements Annual Departmental Reports*,*1901—1939*;这些船客不限于从中国来的移民,但是以中国南来的人为绝大多数。
③ *Straits Settlements Annual Departmental Reports*,1929。

续　表

| 年份 | 受检查的船员和船客/人 | 被送往淇樟山的船客/人 | 抵达新加坡的船只/艘 |
|---|---|---|---|
| 1908 | 303,484 | 29,356 | 1506 |
| 1909 | 291,625 | 15,072 | 1251 |
| 1910 | 467,868 | 35,062 | 1920 |
| 1911 | 538,291 | 53,961 | 2100 |
| 1912 | 539,677 | 56,726 | 1927 |
| 1913 | 506,925 | 56,838 | 1818 |
| 1914 | 402,583 | 18,193 | 1803 |
| 1915 | 200,978 | 3,335 | 821 |
| 1916 | 426,584 | 9,738 | 1617 |
| 1917 | 277,442 | 78,881 | 694 |
| 1918 | 284,198 | 24,182 | 1709 |
| 1919 | 411,921 | 28,318 | 2130 |
| 1920 | 507,176 | 31,991 | 2023 |
| 1921 | 511,747 | 8,950 | 1851 |
| 1922 | 369,072 | 15,343 | 1552 |
| 1923 | 359,583 | 7,374 | 1360 |
| 1924 | 408,419 | 39,053 | 1433 |
| 1925 | 366,671 | 46,063 | 1018 |
| 1926 | 550,443 | 78,963 | 1650 |
| 1927 | 643,066 | 20,169 | 1568 |
| 1928 | 501,009 | 13,993 | 1342 |
| 1929 | 526,048 | 84,282 | 1578 |
| 1930 | 431,017 | 43,659 | 1186 |
| 1931 | 205,542 | 2,733 | 697 |
| 1932 | 238,075 | 19,947 | 1183 |
| 1933 | 142,765 | 21,733 | 965 |
| 1934 | 258,416 | 14,280 | 783 |
| 1935 | 274,767 | 20,309 | 756 |
| 1936 | 280,071 | 4,637 | 885 |

续　表

| 年份 | 受检查的船员和船客/人 | 被送往淇樟山的船客/人 | 抵达新加坡的船只/艘 |
|---|---|---|---|
| 1937 | 418,161 | 17,140 | 814 |
| 1938 | 284,765 | 0 | 824 |
| 1939 | 199,394 | 18,743 | 940 |
| 总数 | 14,569,063 | 1,064,071 | 51,354 |

资料来源：*Straits Settlements Annual Departmental Reports*，1901—1939.

由于被送到岛上接受检疫的人数众多，造成淇樟山检疫所管理上出现问题而导致一些丑闻或不愉快的事情发生。20世纪初淇樟山检疫所发生的问题，有一些是因为19世纪末遗留下来的问题没有得到根本的解决，或华社提出的建议没有被采纳实行，其中之一是雇用华籍差役取代非华籍差役的建议。在20世纪初年，淇樟山检疫所的差役很多仍然是孟加里人[①]。一些性骚扰事件的发生更增加了华人对孟加里差役的不满和恐惧。1906年初一名孟加里差役因企图强奸两名留在检疫所的华妇，被控图奸罪。经过初审，被告罪名成立，被判监禁四个月。但被告后来提出上诉，并成功地获判无罪释放。[②]这个案例引起华社相当的关注。最后的判决结果让华人社会除了为这两名华妇叫屈外，也开始审视问题的根源。他们认为淇樟山检疫所的用人和管理制度的确有待改进。以孟加里差役来管理华籍移民，由于语言的不通，再加上种族的隔阂，难免容易产生误会。上述的图奸指控，很可能就是因为误解而造成的。

除了差役外，有些华妇也受到医师的性骚扰。1908年淇樟山发生一件相当引人注意的强奸案。一名印度籍医师涉嫌强奸一名刚到淇樟山的华人妇女曾阿招。报章对这个案件的案情和审讯过程作了详细的报道。在法庭上，曾妇供称于7月15日带着女儿（阿带）由香港上船来新加坡寻子（黄阿财）。曾氏母女的船于7月25日抵达新加坡。当医师依惯例上船检查船客时，发现曾妇的女儿有眼疾。结果母女俩同被滞留淇樟山作进一步检验和观察。曾氏母女首先被带到一屋，有医护人员以棉花和毛巾为女搽脸。当天下午，另有三人来为阿带敷药，其中一人是被告。这是原告和被告第一次

---

① 二战前新加坡和马来亚地区的华人将当地的孟加拉人和印度人泛称为"孟加里"。今天已经分别独立的孟加拉国和印度在独立前曾长期为英国殖民地。

② 《尚何言哉》，《叻报》，1906年6月2日，第8版。

见面。第二天早上,"三人复来,不解何言,以手示意令予仰卧,被告手脱予衣……他去予裤,一指深入予之阴户。旋又洗手自去。"主控律师问曾妇当时有何反应。曾妇回答说,他以为这是惯例,不敢反抗。三天之后(即 7 月 29 日),被告叫人将原告母女两人迁居到附近的一间房子。8 月 1 日晚,"有人叩门入内,是该被告独来。令予闭门,予以为医来验身耳。彼令予卧,手按于上半身,予呼救命。然未力拒,仍以为例所应然。及被强奸毕,予推彼起,彼亦自去"①。几天后,曾妇获准与女儿离开淇樟山。到了新加坡本岛后,曾妇向亲友谈起自己的遭遇,才知该医师所为非惯例。在亲友的劝说和协助下,曾妇挺身出来控告该医师。从这个案子可以看出曾妇初到淇樟山这个陌生的环境,语言不通,又不懂法律条规和验疫程序,也不敢得罪医师和官员,结果受到欺辱。

这些骚扰女性的案子,证实了一些知识分子的观察。1903 年欧榘甲受邀来新加坡办报,出任《总汇报》的主笔。他曾经提出自己对淇樟山的看法。他认为"英政府以防疫为名,(规定)凡由港(即香港)来坡(即新加坡)之船,大舱华客男女数百,皆须裸体验疫"。而且,他进一步指出,"淇漳山防疫所,强奸虐待之事,层见叠出"②。要解决或避免华人被虐待或被欺辱,欧榘甲建议以报章的舆论来批判淇樟山这种不合理的验疫方式和管理制度。他当主笔时便以身作则,利用《总汇报》揭露淇樟山上的虐华事件,引起当地华人社会的注意,也促成清国驻新加坡总领事向殖民地政府当局交涉。

1906 年总领事孙士鼎为淇樟山之事挺身而出与英政府交涉,是淇漳山华人所受待遇的一个转折点。根据欧榘甲的说法,英国废除裸体检验华人的验疫方式是孙士鼎向新加坡总督直接交涉的结果。③官方档案也印证了这个说法。根据孙士鼎的报告,有关"轮船入口验疫,尽递华人衣裤,及禁疫所苛辱华人各情,领事于光绪三十二年四月二十九日照会新嘉坡总督,请其改革"。约一个月后,"新嘉坡总督命,凡有疫之埠来船,大舱搭客均不用赤

① 《淇漳山要案初讯》,《叻报》,1908 年 9 月 15,第 3 版;《淇漳山要案详桌》,《叻报》,1908 年 9 月 16 日,第 3 版;《详桌续闻》,《叻报》,1908 年 9 月 17 日,第 3 版。
② 1909 年欧榘甲(即欧云高)因故与康有为的爱将徐勤打笔战而提及淇樟山之事。参见欧云高等:《驳徐勤等布告书》,美国加州大学(柏克莱校区)族裔研究图书馆(Ethnic Studies Library)藏 1909 年版,第 4 页。
③ 欧云高等:《驳徐勤等布告书》,第 4 页。

身验体"①。

一方面是由于清国驻新加坡总领事的关心,另一方面是因为民间报章舆论的呼吁,再者,也因为南来的华人越来越多,造成有关淇樟山上虐待华人之传闻也相对增多。殖民地政府为了表示有诚意解决问题,于是选派有代表性的华籍绅商充任稽查员,协助疏解华社的困惑及淇樟山上华人的困境。这些稽查员的任务是"凡有搭客留禁,即可约会医官,同该山稽查一切。以后坡中人士如再闻有虐待搭客等事,可亲往各该华绅处询访,便悉其详"②。换句话说,稽查员是淇樟山检疫所与新加坡华籍居民的一个中间人。新加坡华人可以透过稽查员来了解在淇樟山上的亲戚朋友的状况。政府当局也可以利用稽查员作为证人,以证明在淇樟山上并没有虐待华人之事。被选派为稽查员的八名华人代表分别是闽籍的林秉祥和刘金榜、潮籍的黄金炎和林宠相、广籍的邱雁宾和梁敏修、客籍的锺葵添,以及琼籍的符登贵。③

经过淇樟山当局逐渐改善岛上的设施,以及提供稽查员的服务,淇樟山上华人的待遇似乎有点改善。例如,根据《叻报》报道,"该山近经政府拨出公帑二十五万余元,修建舍宇及办器物,以期进港各客船居处饮食均各适宜,且免传染病之虑。其方便旅客之意,可谓周密"④。虽然岛上硬件设施的改善在持续进行,但验疫方式的改善却是断续性的。例如裸体验疫的方式在1906年废除后,几年后又死灰复燃。新加坡中华商务总会于1910年7月初十秋季大会时,又针对淇漳山验疫时男女均须裸体受验之事,议决禀请新加坡总督改善,不久便获得批准。⑤

当清国最后一任总领事苏锐钊于1910年10月到任后,他也听到传言说淇漳山上被羁留的华人的待遇异常悲苦,于是偕同医官亲身前往岛中查看。结果发现淇樟山检疫所早已不如传言中恐怖,"见其房舍之整洁,空气之清爽,以及一切起居饮食尚不至如外闻之所传"⑥。至少不像1900年时,

---

① "中研院"近代史档案馆藏:《外务部清档·医药卫生·新嘉坡验疫准免赤身》,宗号:02-31-1-(5);《外务部档案》(新加坡总领事孙士鼎为轮船入口验疫英苛薆华人前经外务部照会坡督已有改革事致外务部的申报),光绪卅二年闰四月三十日,收入于《清代中国与东南亚各国关系档案史料汇编》,第320页。

② 《革薄从忠》,《叻报》,1906年2月5日,第10版。

③ 《革薄从忠》,《叻报》,1906年2月5日,第10版。

④ 《革薄从忠》,《叻报》,1906年2月5日,第10版。

⑤ 《新加坡中华总商会大厦落成纪念刊》,新加坡总商会1964年版,第59页。

⑥ 蔡佩蓉:《清季驻新嘉坡领事之探讨(1877—1911)》,新加坡国大中文系、八方文化2002年版,第151页。

有报道指出被关在淇樟山之华人曾感叹："生不到淇漳山，死不到地狱。"①
从 1910 年底苏锐钊到淇樟山巡视之后的十余年间，淇樟山似乎比较平静。
因为很少看到报章上有关于淇樟山的负面报道。

## 二、20 世纪二三十年代淇樟山上的华人

到了 1920 年代中期，淇樟山的问题又成为新加坡华人社会的热门话
题，主要的原因是南来的华人越来越多，这与"推——拉"理论持续发酵有
关。推力方面，中国各地，尤其是南方的军事和政局混乱不安，人口移出者
众；拉力方面，此时马来半岛的橡胶和锡米的价格高涨，带动橡胶业和锡矿
业的繁荣景气，吸引许多中国劳工南来谋生。因此，被送到淇樟山的南来船
客人数也随着增加。据报道，1926 年的首三个半月，"载运中国苦力南来之
轮船，每星期中约有四艘。但其中染疫者，平均达二艘之多。有一次因船中
有人染疫之故，须将全船搭客载往淇樟山检疫所检疫者，其人数至达六千名
之众。又有一次，则达二千名之众，实为前此所罕见。查其疫症，多属天花。
故以本年三个半月中计之，南来华人之在淇樟山检疫所者，约在四万人以
上，实超过去年全年中验疫者之总数"②。《叻报》所报道 1925 年被送往淇
樟山的人数（约四万名），与殖民地官方的统计数字相当吻合。（见表 15.1）

除了天花外，另外一个流行的传染病是霍乱。1926 年 9 月间，殖民地
政府"因厦门、汕头、海口等处，皆有霍乱等疫症发生，故特宣布其为有疫或
疑疫之港埠。凡由上述各埠来叻之轮船，皆须前往淇樟山上严行验疫，以杜
传染"③。因此，淇樟山上之检疫所，极为拥挤。岛上接受验疫之华人搭客，
一度达 4500 余人之众。当时有一艘新到之轮船达维根号，因淇樟山检疫所
无法收容更多的搭客，船上之 750 人只好被迫暂留船中，等候上岸。④另有
一次，一艘轮船（祥美号）于 1927 年 11 月由中国航抵新加坡，被发现船上曾
发生霍乱症数起，并有三人病死。于是 1400 名大舱的搭客全部被拘留于淇
樟山检疫所接受检验。而且，该船只也被用硫黄仔细地熏过，以消除

---

① 《募建淇漳山防疫被留善堂小引》，《叻报》，1900 年 5 月 24 日，第 7 版。
② 《今年三个月，淇樟山验疫人数之巨》，《叻报》，1926 年 4 月 21 日，第 2 版。
③ 《最近淇樟山上验疫之拥挤》，《叻报》，1926 年 9 月 21 日，第 2 版。
④ 《最近淇樟山上验疫之拥挤》，《叻报》，1926 年 9 月 21 日，第 2 版。

疫菌。①

　　到底是不是所有搭客都要接受验疫？实际的情况是，如果恰逢传染病流行时期，所有旅客都要接受验疫。例如，1926 年 4 月，"双美轮船由厦门抵本港时，中有头等舱女客二名，染有天花疫症，被当局查悉，即令该轮船前往淇樟山检验，须留禁五日之久"②。船中各等舱的搭客，都必须在山上种痘一次，若无天花症发现，始准登岸。否则，须再留山上两星期进行观察和治疗。另外，在 1932 年初，"香港天花流行，海峡殖民地当局即宣布该处为疫埠。凡香港南渡轮船，概须拨入对海淇樟山，以臭水洗身，消疫之后，方得来叻"。一月中旬"轮船大廉巴号，于前日下午五时轮抵叻海，载有统舱搭客七百余人之众……男女客悉数以驳船运往登山，施行洗涤身体与分别种痘后，为时已入黑，不便登岸，只得在山上歇宿一宵，次晨始行抵叻"。③

　　在没有传染病流行的时候，只有统舱的男客要检验。头等和二等舱房位之男客，及所有女客则不必接受检验。但在一些时候，统舱或大舱的搭客也可不必接受检验。根据 1930 年 3 月 27 日的一则报道，"自（数月前）香港天花流行后，海峡殖民地总督即宣布该处为疫埠。并由卫生局施行防疫条例。凡香港南渡轮船，概须驶入禁海，以便医官登轮查验。其大舱搭客尤须送入对海淇樟山防疫所，循例洒洗，以杜传染……此例执行以来，历尽多月。现港方痘症已告消灭，自无蔓延之虑。故卫生局乃实行松禁。昨日，荷船芝保大利号抵叻，船上大舱搭客便不需到淇樟山验疫"④。

　　除了文献资料外，从当事人的口述历史也可以帮助我们来了解及印证华人在淇樟山上的生活和遭遇。⑤这些口述者大部分是在 20 世纪 20 年代前后南来新加坡。当他们提到淇樟山时，都有一个共同的记忆，那就是遭到消毒药水洗涤的对待。

---

① 《祥美轮船发现瘟疫》，《叻报》，1927 年 11 月 17 日，第 3 版。淇樟山验疫所的服务对象不只限于新客。其实，还包括新加坡本岛患有传染病的病人。例如，在 1927 年底，新加坡本岛的一个精神病疗养院发现有病人感染霍乱症。政府卫生当局担心院中其他病者亦受传染，所以将约 330 名精神病患者全部送往淇樟山进行隔离治疗。可见淇樟山也是传染病隔离中心和防治中心。《癫人移往淇樟山验疫》，《叻报》，1927 年 12 月 28 日，第 3 版。
② 《今年三个月，淇樟山验疫人数之巨》，《叻报》，1926 年 4 月 21 日，第 2 版。
③ 《由港载来之统舱客入棋樟山》，《叻报》，1932 年 1 月 18 日。
④ 《天花消灭后之港客南来》，《叻报》，1930 年 3 月 27 日，第 6 版。
⑤ 新加坡国家档案馆自 1980 年代以来进行了一系列的口述历史计划，受访问者包括不少华人企业家、商人、方言群代表、抗战时期及日军占领时期的华人代表。他们很多都是在 20 世纪初期从中国南来。但其中只有少部分的人提及淇樟山的事情。

　　新加坡华商黄奕欢(1908—1985)①年幼时过番来新加坡。他追述道:
"船到了新加坡泊在红灯海岸,第一步就是卫生部(人员)下来调查,看船上
有没有人生病,给他们发觉若有人生病就不可以登陆,就要被载去龟屿,我
们现在将龟屿称作淇樟山,载去那个地方消毒,起码要 3 天。"黄奕欢那艘船
不巧有一两个人生病,所以"所有的男人、女人、成人、小孩,赶下去舯舡(按:
小型驳船),载去淇樟山。我听成人说,他说载去消毒,全部赶到那个地方,
好像是羊寮,关羊的寮跟关猪关牛的寮一样,到那地方去熏硫黄,用臭水冲
凉,连你本身带来的三两条粗布衫也要去用硫黄熏。三天后这只船的人没
有人生病了,才将他们载回去新加坡"。②这段经历让黄奕欢对英国殖民地
政府很不满。数十年后他回忆往事,仍愤愤不平地说道:"那时候他(英国
人)管理新加坡,名目上他说他是讲究卫生,实际上是在糟蹋我们中国人,尤
其是糟蹋华人。因为那时候中国没有外交,也没有政治,可以说是处于无政
府的状态,海外的华人(被)当作是海外的孤儿,寄人篱下,没有父母可
申诉。"③
　　另外一位口述历史受访者黄二甲(1903—1989)④也与黄奕欢有类似的
回忆。黄二甲记得 1925 年第二次过番抵达新加坡时的情景。⑤他那艘船载
有超过一千名旅客。由于统舱内空气不好,使得一些乘客生病。上船检查
的政府人员发现后,便说船上有传染病而不准大家上岸,"要你去龟屿山,也
就是现在的淇樟山那边,去那边'禁龟屿'(被隔离检疫)。禁到再检验没有
毒气了……没有危险了,那些人就给你上(新加坡主岛)来"。黄二甲一方面
认为殖民地政府对于验疫很认真,另一方面也批评消毒的做法有点过分。
黄二甲补充说,到了淇樟山后,每一个人都"要冲那种有药水的水,药水消
毒,消毒水,每个人都要冲那些水,你若不要浸,他叫人向你泼水,推你下去

---

① 黄奕欢(Ng Aik Huan),祖籍福建南安,出生于中国。父亲为新加坡小商人,1923 年来新加坡
　　习商,初经营泰京果行,后从事金融保险业。为华社领袖,抗日期间,担任南洋华侨筹赈会委员。
② 《黄奕欢口述历史》,新加坡国家档案馆:《口述历史计划:日治时期的新加坡》,索号:000035。
③ 《黄奕欢口述历史》;黄奕欢还对其他事情不满,他回忆道,移民厅人员在检验新客的时候,"小
　　孩和女人在一边,成年的男子在另外一边。移民厅的那个英国人拿一条藤条数一、二、三、四、
　　五,算到第十个就鞭打一下。若是小孩子全身要脱光,表演脱衣舞,将衣服托在头顶,一一个一
　　个在那个移民厅的官员走过。"但是这部分的回忆不是他本身亲身的经历,很可能是以讹传讹,
　　应该存疑。
④ 黄二甲(Ng Lee Kar),祖籍福建安溪,出生于中国。他南来新加坡后,曾经营杂货店,后创设岭
　　源金庄。他也是孺廊学校创办人之一及新加坡安溪会馆名誉主席。
⑤ 黄二甲于 1920 年第一次来新加坡时,并没有被送上淇樟山。1925 年第二次过番时,则被禁于
　　淇樟山一个月。

浸,算是消毒"。①由于黄二甲也被怀疑染病,结果被禁在淇樟山上观察和治疗一个月后才获准登陆新加坡本岛。

从大部分口述历史中可以发现,被禁在淇樟山上的时间,从一天、两天到一个月不等。其中又以两天或三天为最普遍。他们印象最深刻的事往往是被迫消毒这件事。就连不需要被洒水消毒的刘抗(1911—2004)②,也清楚记得有消毒这回事。他回忆道:"新加坡当时,凡是从中国来的船只……都得到一个岛屿。福建话叫'禁锢处'。到了那边去消毒一下才可以正式上岸。"刘抗为何不需要被消毒呢?一则因为他当时年纪尚小,更重要的是,他买的是有房间的上等船票,各方面的设备都与统舱的通铺有天壤之别。刘抗回忆道:"(房间)好像是比较考究的。那么我也头一次看到西式的餐厅,那洁白的台布,餐巾摆得很整洁,很干净,有一个很深刻的印象。"③

## 三、中国侨领、殖民地巡视委员与华人的"三角关系"

20世纪20年代中期最值得注意的事是中国驻新加坡总领事和殖民地政府委任的华人社会代表先后对淇樟山入境移民的关心,并分别提出改善淇漳山的建议。中国驻新加坡许公遂代总领事在1926年9月至12月间,三度到淇樟山视察检疫所。新加坡殖民政府官方所委任的巡视淇樟山委员(简称巡视委员)曾纪宸等人也于1927年初先后两次到淇樟山作实地考察。殖民地政府委任的巡视委员都是华人社会领袖。1927年初,巡视委员会的成员包括:曾纪宸(1883—?),生于新加坡,历任广东会馆主席和广惠肇留医院董事主席等;汤湘霖,祖籍广东梅县,经营洋服业,他也是应新学堂创办人之一,曾任多届新加坡中华商务总会董事;邱雁宾(1863—1923),祖籍广东南顺,出生于新加坡,早年跟随父亲经商,后投入保险业和银行业,他也是养正学校的创办人之一和广惠肇留医院董事;王邦杰(1856—1930),祖籍广东潮安,出生于中国,1871年南来谋生,后经商致富,新加坡中华商务总会董事及端蒙学校创办人之一。这四位华人社会领袖都曾被殖民地政府委任为太平局绅和华人参事局委员。

中国和新加坡殖民地政府几乎同时对淇樟山的华人表示特别关心,从表面来看,表示这两个政府关怀华人在淇樟山所受到的待遇。但如果作深一层的分析,也可以看出两方面的政府正在暗地里进行政治角力,来增加自

---

① 《黄二甲口述历史》,新加坡国家档案馆:《口述历史计划:华人方言群》,索号:000165。

② 刘抗(Liu Kang),六岁来新加坡。后成为新加坡著名的南洋画派的先驱画家。

③ 《刘抗口述历史》,新加坡国家档案馆:《口述历史计划:视觉艺术》,索号:000171。

已对当地华侨或华人的影响力。暂且不论两方面竞争的结果，先分别讨论许代总领事和曾纪宸巡视委员在考察淇樟山后对有关当局的改善建议。

许代总领事第一次到淇樟山视察，是在 1926 年 9 月底。根据报载："我国驻坡代总领事许公遂君，夙抱改良淇樟山防疫所之伟愿，以期造福于我华侨。曾于去年九月杪，亲往淇樟山防疫所调查一切。"① 这次调查的最重要发现，是查证了有华人抵达淇樟山后病死或因其他原因逝世的的事实。这些客死异乡的华人都没有被好好善后，甚至连他们的亲属都没有被告知。因此，代总领事于 1926 年 10 月，照会殖民地政府辅政司，转请淇樟山防疫所负责人"将死者之姓名、籍贯、年岁、病因、死期等，向领事报告，并将死者之行李、遗资等物，交回领馆，以便转给死者之家属领取"②。殖民地政府辅政司迟至次年 1 月中旬才复函同意办理。1 月底，殖民地政府卫生局果然将第一份死亡报告表送交总领事馆。③

1926 年 11 月 10 日，许代总领事再度前往淇樟山上作实地之考察。视察后条陈辅政司，要求当局对多方面作出改善。④ 辅政司于 12 月 22 日答复说，有关改良建议正在考虑处理中。⑤ 其实，还没有等到辅政司的这个答复，许代总领事已于前一天（12 月 21 日）第三度为淇樟山事致函辅政司，表达他于日前第三次视察淇樟山后的看法及十点建议：⑥

最近赴淇樟山检疫所考察之结果，深表满意。惟欲下列各项或该管理人所不及注意者，因其不及注意之故，与中国侨民关系最巨。故特分别列举，希予改良者如下：

（1）舢舡（接驳船）之改良：凡载客来往该所之舢舡，应有合宜之遮盖。冀以减少烈日暴雨致病之危险。

（2）宿舍之容积：现查每宿舍长约一百英尺⑦，阔约二十一英尺。

① 《辅政司已答复代总领事许遂君之第一函》，《叻报》，1927 年 1 月 15 日，第 3 版。
② 《辅政司已答复代总领事许遂君之第一函》，《叻报》，1927 年 1 月 15 日，第 3 版。
③ 《一份淇樟山华侨死亡之报告》，《叻报》，1927 年 1 月 29 日，第 3 版。
④ 总领事要求改善要点包括：(1)改善载运搭客往来新加坡本岛与淇樟山之驳船；(2)改善床位之安排；(3)建议男女的房舍要分开；(4)增加洗澡与洗衣用之水量；(5)改善食物之分配方式；(6)提供死亡者棺木；(7)委任淇樟山视察委员。参见《许总领事关心民瘼》，《叻报》，1926 年 12 月 31 日，第 6 版。
⑤ 《许总领事关心民瘼》，《叻报》，1926 年 12 月 31 日，第 6 版。
⑥ 《许兼代总领事致当地辅政司照会》，《叻报》，1927 年 3 月 28 日第 3 版，29 日第 3 版，31 日第 3 版及 4 月 1 日第 3 版。
⑦ 1 英尺等于 30.48 厘米。

普通每舍住宿二百人,于不得已时,有至四百人者。因此势必令一部分之搭客,露宿舍外。依本领事之意,每人最少有二英尺阔,六英尺长之方位。如此,则每宿舍只应容纳一百人矣。

(3)宿舍之数目:查现时该所宿舍,大者十六所,小者六所,于疠疫盛行之时,每处不足。若上项提议认为合宜,则亟应增建宿舍。

(4)男女之区别:据该所章程,已有男女区别之一条,惟未实行。夫男女有别,为吾国人认为礼教上最大之一点,是以男女应须分别宿舍。除其中有愿同亲属同居男宿舍者,则概不可许男子入居女舍。

(5)水量之未足:现查每宿舍附设四小箱,储蓄雨水,以为搭客沐浴浣衣之用,殊嫌不足用。依本领事之意,应另设井水或海水之自来水器,以供沐浴及浣衣之用。

(6)灯火之改良:查现在之灯火,不甚合宜。应改设电灯,冀免火险。

(7)粮食之分派:查现时分派粮食,是由每舍公选一人,领出粮食。然后分派搭客,亟感不便。莫如仍按照该所章程,将熟食分发各搭客,冀免得食不均之弊。

(8)死亡之棺殓:以后遇有不幸,在该所死亡之侨民,请殓以棺木。

(9)死亡之报告:关于死亡之报告,请查阅本领事于一九二六年十月二十六日第一二四号致贵政府公文。

(10)稽查员之增加:该所稽查委员,亟宜增加,并须勤于稽查。


许总领事也知道要同时改善这些问题,淇漳山管理当局恐怕预算有困难。因此总领事在函末特别说明,新加坡境内华侨中有不少人愿为此筹措经费。所以,只要政府当局愿意改善,经费应该不是问题。①

殖民地政府的辅政司于1927年3月26日答复许代总领事,谓"贵总领事1926年12月21日来文开改善淇漳山检疫所情况一节,所陈意见,业经细加考虑,其中应行改善之点,定当设法改善,并经计划增加该所委员人数,俾得稽查比前更勤"②。政府当局虽然接受一些他们认为"应行改善"的地方,但没有清楚说明哪些或哪几点建议是他们接受的,似乎有点缺乏诚意。而且,也没有表示要不要接受华人社会在经费上的援助,更增加了人们对政

---

① 《许兼代总领事致当地辅政司照会》,《叻报》,1927年4月1日,第3版。
② 《请求当地政府改良淇漳山防疫所之详情》,《叻报》,1927年4月1日,第3版。

府诚意的怀疑。当然，其中一个解释是，殖民地政府不想让总领事完成美事，不想让总领事沾光。因为当时，政府委派的巡视委员也对淇樟山作出了一些类似的改善建议。

许总领事于 1926 年 9 月和 12 月两次到淇樟山视察，得到当地华文报章充分的报道和肯定，[1]并引起华人社会很大的关注。这也直接导致殖民地政府委派的华人社会领袖挺身而出，为淇樟山上的华人请命。淇樟山检疫所巡视委员会成员之一的曾纪宸于 1927 年 1 月 24 日，偕殖民地政府华人政务司戈得曼及总翻译员孙崇瑜，前往淇樟山视察。曾纪宸等人受到淇樟山检疫所医官谷伯医师的接待，并参观了拘留所各处。曾纪宸的观察包括以下各方面：[2]

（1）接驳船运方面：将新客从大轮船接驳到岛上所使用的舯舡船上并无葵篷遮盖。故搭客无论男女老少，当载运之际，都会为烈日所暴晒。有时乘搭加上等候的时间长达两三小时之久。曾纪宸特别提到，其实在十年前已经有人建议改善舯舡船，可惜有关当局始终没有落实。另外，与舯舡船有关的一点是，舯舡船的船身高达六七英尺，而没有梯级以资上落。每当靠岸时，妇女及手携或手抱小儿者，均须跳下或攀爬而上，其上落可谓艰难之极。

（2）公共设备方面：登岸码头和拘留所之间的通道没有路灯设置。如果有新客晚上下船登岸，沿途黑暗，十分危险。据悉，曾发生来客夜间登岸后，因路黑而堕海之事。

（3）拘留所内的设备方面：拘留所内有一篷厂，即妇女更衣沐浴之处。该厂长约 40 英尺，阔约六英尺，门口设有衣柜，内储纱笼十数件，为备妇女浴后别无衣服更换者所设。厂内的浴池，长约六英尺，阔三英尺半，深约三英尺。内储药水，每次容 30 人，轮流入内沐浴，余皆在外候之。据人言，该池只要有水，无论多少，妇女俱在此水池沐浴，并无更换云。又厂外另有一沐池，则属男界沐浴之用。但该男界沐池并没有遮盖，男人沐浴时，一则遭受强风与烈日之苦，二者遭受露体羞耻之辱。

（4）房舍方面：拘留所共建有 16 座房舍。曾纪宸只视察了其中三座。每座长约 100 英尺，宽约 21 英尺。但每座只有一个火水灯，光线严重不足。另外，据谷伯医师报告，每座宿舍最多可容纳 350 人。但过去几年来曾经有

---

① 从报章文章的标题，可以看出对总领事行动的肯定，例如，1926 年 12 月 31 日《叻报》第 6 版上的标题为《许总领事关心民瘼》。

② 《请求当地政府改良淇樟山防疫所之详情》，《叻报》，1927 年 3 月 24 日第 3 版，3 月 25 日第 3 版，3 月 26 日第 3 版，3 月 28 日第 3 版。

三几次每座容纳高达三四千人之多。每座宿舍之屋顶,是以白铁为瓦盖,虽然洁净,但很炎热。下雨时则有滴水之现象。拘留所的床是以木铺作睡板,排列在房间的两侧,中间为人行通道。每睡板长约六七英尺,离地高约三英尺半。但由于上盖以白铁为屋瓦,炎热无比,致令居留者多宁愿睡于木板之下的地面上。① 房舍方面最大的问题是睡房内男女混居。曾纪宸的看法是,只有夫妇、母子、姐弟和兄妹适合同室合居。其余单独之妇女,应另安排与男性分居。

(5)饮食方面:拘留所有一食物室,但食物多属罐头品。每一宿舍各有一人专司派米之职。其所派之米,是用一白铁罐,按人量给。并备有煲瓦及木柴,分派给人炊煮。食水则靠每房舍所中唯一自来水管。但开放水时间有限,每日三次:上午7点至8点,正午12点至下午1点,下午4点至5点。山上另有两个水井,但井水只作为洗浴之用。

(6)卫生设备方面:每拘留所现只有一浴房及一厕所。每个厕所内再分为数格,每格皆用桶储粪,而不是水厕,不合卫生。另外,拘留所也有一熏硫黄室,该室每次约可容30人入内,以药熏之,以清疫气。整体而言,全岛甚洁净,符合卫生。但曾纪宸也注意到,他这次巡视时只有少数人拘留在岛上。所以不知如果岛上拘留者人数多的时候的情况是如何。

(7)死者后事处理方面:根据谷伯医师估计,每年在拘留所内逝世者,约有40名。② 死者的遗体埋葬在对面的小岛上。当局没有提供棺木给死者,如果要棺木,须特别提出请求。

曾君纪宸将巡视和调查之心得,向淇樟山巡视委员会作一详细之报告。该委员会根据曾君报告开会讨论,将应改良之要点,整理后送交殖民地政府

---

① 随同曾纪宸巡视的岛上医生谓,当局已经准备在地上另设木板,离地约6英寸(1英寸等于2.54厘米)高,如此或免居留者再睡于地上。

② 这是官方的估计数字。但是在传染病流行期,死亡率远远超过这个数字。例如,1927年其中六个月的死亡人数,就已超过40余人。

总医师,请其转达政府。① 政府很快于 1927 年 2 月 12 日答复曾纪宸等人的建议,殖民地政府总医师复函中提道:"据所提议淇樟山防疫所各种改善办法,悉符鄙意。经将大函,转呈当道政府。"②这个答复与对许总领事的答复有很大的差别。它不但明确,而且答复的时间也很快。

得知近日岛上拘留人数比较多,为了检验淇樟山的改良效果,曾纪宸于是偕同另一巡视委员王邦杰,于 3 月 8 日再次前往淇樟山防疫所作实地调查。③这次调查的一个成果,是观察了每一个拘留房舍的情况。④而且,曾王两人在巡查时,也有机会询问滞留在该处的华人。"据各人对于食水及食米,均表示满意……且各房并非拥挤,个人亦觉安适,且每房现已加设灯火矣。虽有少数人睡于地上,但闻政府已令加设地板不久可行矣。至于药水浸浴,现已不用水池,在房之一部分留居者经过由首至足用药水洗澡后,即至房之别一部分……予等对于政府允改良下列各事,当认为满意。"⑤换句话说,在曾纪宸第一次巡视淇樟山时发现的许多缺点,已经得到显著的改善。只有两方面美中不足。其一是煮食之地太窄小,常因同一时间煮食者人数过多,造成不便。而且,也没有篷盖,有时还要冒雨煮食。其二是洗涤用的水井只有两口,稍显不足。

从比较总领事与巡视委员的改善建议,以及政府对两方面的建议的反应,可以看出殖民地政府、中国驻新加坡领事以及当地华人社会的三角关系。殖民地政府和驻新加坡领事都想发挥他们的影响力,巩固华人对他们

---

① 《叻报》,1927 年 3 月 24 日。委员会议决定改良之点如下:(1)由码头以达各拘留所,须于码头及沿路,都设灯火……再于硫黄室及各拘留所内,亦须添设灯火一盏;(2)凡与拘留所期内,有不幸身故者,如查悉其人同行亲友之照料,及无银项与存者,政府应给与棺木,妥为安葬;(3)每一拘留所应各添设一自来水管,以免开放水管之短促时间内,人多拥挤,或肇事等弊,若拘留人数过多,亦须添开放水时间;(4)凡于拘留所内,男女应分别安置。如属母子、夫妇、姐弟、兄妹,自应准予同居。倘妇女中有不愿与男界混居者,当另安置于妇女拘留所中;(5)凡浴池内洗浴之药水,须规定历若干人洗浴过,便须将水与药水一并更换,毋使过于污垢,不适卫生;(6)宜将现有之粪桶厕所,改建水厕,以免臭气熏人,致碍卫生;(7)宜规定每人粮食之派给额,并妥订完善周到之派给办法;(8)凡舯舡船由轮船载客至防疫所码头,或防疫所码头载客来本坡,须雇用有葵篷遮盖之舯舡,并须预备木梯二三乘,以便来客援梯上落,而免扒上或跳落,生出危险;(9)宜多设水井,以方便不愿在海边洗浴及不愿与男界混杂洗浴之妇女及小孩,得自向井汲水洗浴;(10)每一拘留所内睡床,宜改为上下两层,如轮船之房位。容居人数,不予多过 150 人。毋使因人多拥挤,肇生事端。《请求当地政府改良淇樟山防疫所知详情》,《叻报》,1927 年 3 月 28 日至 30 日。
② 《请求当地政府改良淇樟山防疫所之详情》,《叻报》,1927 年 4 月 1 日,第 3 版。
③ 《请求当地政府改良淇樟山防疫所之详情》,《叻报》,1927 年 3 月 24 日,第 3 版。
④ 《请求当地政府改良淇樟山防疫所之详情》,《叻报》,1927 年 4 月 2 日,第 3 版。
⑤ 《请求当地政府改良淇樟山防疫所之详情》,《叻报》,1927 年 4 月 2 日,第 3 版。

的认同。中国驻新加坡领事想透过对淇樟山检疫所华人的关心，来争取他们在华人社会的领导地位。殖民地政府则是透过检疫所巡视委员对淇樟山华人的关心，来表示殖民地政府的爱民行动。

殖民地政府显然有所偏心，对自己任命的巡视委员的建议，很快地给予答复。而对于中国领事的照会，则采取拖延策略。例如，总领事 1926 年 12 月 21 日的照会，要等到 1927 年 3 月 26 日，即 3 个多月后，才得到政府的回复。而巡视委员于 1927 年 1 月 24 日考察后所呈的建议函，则在 1927 年 2 月 12 日，即短短的两三个星期内得到政府答复。新加坡华文报章对巡视委员的请愿详情的报道，也比对总领事的照会详情的报道来得早。因此，巡视委员抢得先机，使改善淇樟山的功劳归于官委的巡视委员。

## 四、结论

从以上论述，我们可以对殖民地政府的验疫政策，以及对淇樟山上华人的生活和待遇有一些了解。同时对中国总领事、殖民地政府和当地华人的三角关系也有深一层的理解。

殖民地政府对入境人口的验疫制度，相当早就开始施行。1874 年已在淇樟山设立验疫站。如果不是传染病流行期，只有在抵境的船上有搭客患上传染病时，才会要求搭客到淇樟山检疫所检验和观察。但在传染病流行期，如天花或霍乱病在搭客的出口港埠流行时，所有抵达的船只及搭客才会一律被要求到淇樟山接受消毒和检查。在 19 世纪末至 20 世纪上半叶，由于到新加坡来的船客主要是中国人，因此淇樟山的被拘留者，大部分都是华人。

淇樟山检疫所的消毒工作，在初期比较没有考虑到搭客的感受，甚至在一些时期，还要求搭客裸体接受检查和消毒，因此引起新客很大的不满。再加上检疫所的房舍的设备和管理也有欠完善，引发新马华人社会的强烈关注。在这个过程中，华文报章舆论扮演很重要的角色。有关淇樟山华人受到苛待的报道，更是引起了华人社团和领袖的注意。再加上中国驻新加坡总领事的介入，发函照会殖民地政府，要求改善淇樟山检疫所的各项设备和管理方法，使淇樟山上华人的待遇有所改善。殖民地政府为了不让总领事过分影响当地华人，便透过官委的淇樟山检疫所巡视委员来争取华人的认同。一场三角关系的政治角力，便默默地展开。最后的结果，似乎是殖民地政府占上风。因为官委巡视委员比较迟提出的建议，反而得到政府比较早的回应。然而最大的受益者是被拘留在淇樟山的中国移民，原因是当淇樟山检疫所的设备和管理得到改善时，检疫所华人的待遇也随之受到改善。

# 第十六章　从帮群共治到帮群隐治：
# 新加坡同济医院的跨方言群结构及演变

## 一、引言：跨方言群的同济医院

　　新加坡同济医院为新加坡最早的一家华人慈善医院，它的前身"同济医社"也是新加坡最早的跨帮群共治的华人机构之一。参与共治的帮群包括新加坡华族的五大方言群，分别是广府帮（粤帮）、福建帮（闽帮）、潮汕帮（潮帮）、客家帮（客帮）和海南帮（琼帮）。这五大帮群或次族群的人口，涵盖了新加坡绝大部分的华人人口。

　　从 19 世纪下半叶同济医社（1892 年起正式称为同济医院）的草创初年，同济医社就为新加坡贫病的华人提供中医施医赠药服务，同时，对于中国发生的天灾人祸也进行慈善募捐赈灾活动。这种对本地华人施医赠药和对祖国慈善赈灾活动，一直持续到 1965 年新加坡的建国。[①] 独立后的新加坡积极展开各项国族建构工程，同济医院也在这个时代潮流下展开"本土化"的进程，施医赠药的对象不再限于华人族群，而是不分种族和宗教，为全体新加坡居民提供免费医疗服务；慈善赈灾的对象也主要转向本国为主。因此，新加坡同济医院发展史的研究，也是新加坡华人变迁史和新加坡社会和政治发展史的重要组成部分，深具历史意义。本章的论析聚焦于二战前同济医院的变迁，尤其是其领导层的帮群结构特点和演变。

　　至今有关同济医院的著作，主要是介绍性的文章、考证短文和历史文献的论述。[②] 其内容集中在考证同济医院的成立年份[③]、叙述同济医院发展轨

---

[①] 对中国的慈善赈灾活动，在 1942—1945 年日本占领新加坡期间及 1949 年新中国成立初期受到政局影响而中断。

[②] 比较有代表性的文献包括收录在《同济医院一百二十周年历史专集》（新加坡同济医院 1989 年版）内的多篇文章，以及杜南发主编的《同济医院 150 周年文集》（新加坡同济医院 2017 年版）的文章。

[③] 庄钦永《同济医院创办年代考》一文，列举同济医院创院年份的五种说法，即 1861 年、1867 年、1866 年、1884 年及 1885 年，其中苏孝先在《同济医院沿革史略》中所提的创办于 1867 年，以及陈育崧在《同济医院创办史》中所提的创办于 1885 年这两种说法最受重视，而庄钦永赞同陈育崧说法。上述文章均载于《同济医院一百二十周年历史专集》。

迹和人事物点滴等①。近年的一篇学位论文《新加坡同济医院研究》，算是对同济医院进行了系统论述。②作者主要还是围绕东南亚华人身份认同的转变——由"华侨"到"华人"这个比较熟悉的主题来申论。该论文有关新加坡独立前的部分以 1930 年为分水岭，讨论同济医院由"五帮共治"到"去帮化"运作的轨迹，可惜没有深入挖掘和整理领导层的方言群背景来具体论证，因此造成过于简化这个转变过程，结论也因此过于武断。

本章的研究问题包括：二战前的同济医院是否经历了由"五帮共治"到"去帮化"的过程，又是否经历了更复杂的发展过程？同济医院在 1930 年之后是否名副其实地成为没有帮群色彩的全体华人共治共享的机构，"去帮化"进程是否只是一种表象，而实际上帮群的色彩仍然"隐现"于同济医院的领导层中？这些问题和答案，对我们理解同济医院，甚至独立前的新加坡华人社群，乃至整个新加坡社会都有所帮助。

参考材料方面，除了过去的研究论著外，也参考了包括同济医院多部不同年份的院庆纪念特辑③、人物列传资料④，以及当时的报章文献⑤。时间范围方面，从 1867 年广帮开办同济医社开始，到 1930 年的分界点，再到 1941 年二战前夕为止。以 1930 年作为同济医院的分水岭，是因为当年同济医院修改章程，废除分帮配额选举制度，并将领导层由"总理团"改为"董事团"。具体的一些统计数据资料也以 1930 年前后来区分，第一部分的材料包含 1884—1889 年倡建总理名录、1905 年总理名录、1915—1929 年总理名录，共计 222 人/商号（这个数据不包括不同年份重复出现者）。第二部分的材料包含 1930—1941 年完整的董事团名录，总数为 252 人/单位，其中查实方言群背景信息的有 220 人/单位，占这个时期董事总数的 87.3%。

## 二、从"广帮创办"到"帮群共治"（1867—1930）

新加坡独立前的华人社会是以中国移民为主所组成的帮群社会。"帮

---

① 陈育崧：《同济医院创办史》，收录于同济医院一百二十周年历史专集出版委员会编《同济医院一百二十周年历史专集》，新加坡同济医院 1989 年版；柯木林：《民办医药团体：同济医院》，收录于《石叻史记》，新加坡青年书局 2007 年版。

② 李朋飞：《新加坡同济医院研究》，华侨大学硕士学位论文，2013 年。

③ 例如，同济医院百年特刊编辑委员会编：《同济医院一百周年纪念特刊》，新加坡同济医院 1968 年版；同济医院一百二十周年历史专集出版委员会编：《同济医院一百二十周年历史专集》，新加坡同济医院 1989 年版。

④ 例如，柯木林编：《新华历史人物列传》，新加坡教育出版私营有限公司 1995 年版；南洋民史纂修馆编辑部编：《南洋名人集传》，槟城 1992 年版（出版社不详）。

⑤ 主要是《叻报》和《南洋商报》的报道文章和通告。

群共治"是帮群社会中各帮群互动和合作的一种形态，特别是对特定机构实行多帮共治的管理方式。在新加坡华族史上，同济医院是第一个建立起闽、潮、广、客、琼五大帮群共同管理制度的华人机构组织。① 虽然如此，但同济医社创办初期，广府人扮演最重要的角色却是不容忽视的事实。问题是，同济医社是如何从广帮的创建进入"帮群共治"的运作结构的？

### （一）广府人创办同济医社（1867—1884）

同济医院的帮派属性问题，与同济医社的创立时间问题有密切的关系。过去已有不少文章考证同济医社成立的年份，在此不再赘述。目前同济医院院方的沿革史，是将创办年代追溯自 1867 年。

有一个共识是，1884 年之前对同济医社贡献最多的是广府人士。有几方面资料可以佐证这个说法。首先，陈振亚在其为同济医院所编的历史文献专集中撰文指出，有六项关于同济医院的历史事实，其中之一就包括："1884 年以前的创始者是广府各善士。"②陈振亚主要是参考 1950 年代参与编撰同济医院沿革史的一位参与者（即洪锦棠）的一篇文稿，确定广府"七家头"创办同济之说。③所谓七家头，即当时坐落在直落亚逸的中街（马结街）的广帮七大粮油杂货商号：朱广兰、朱有兰、广恒、同德、罗奇生、罗致生和朱富兰。④ 根据洪锦棠的文稿：

> 本院由七家头创办之后，维持十余载，后因人口激增，疾病者亦随之日增，规模不得不扩充，七家头乃邀请坡中热心家协助，其中受邀请者有颜永成、梁炯堂、沈景胡、饶子焕等。⑤

换言之，同济医社的领导阶层在 19 世纪的创办初期为广府商人，后因医务扩大，才引进颜永成等闽籍富商共襄善举。

其次，一张 19 世纪末的建筑蓝图也能证明同济的创始者主要是广府人士。庄钦永发现新加坡档案馆所藏的 1891 年同济医社建筑蓝图，将同济医

---

① 李朋飞：《新加坡同济医院研究》，第 19 页。
② 陈振亚：《追寻史料·查证史实》，收录于同济医院一百二十周年历史专集出版委员会编《同济医院一百二十周年历史专集》，第 298 页。
③ 陈振亚：《追寻史料·查证史实》，第 297 页。
④ 区如柏：《称霸中街的七家头》，收录于同济医院一百二十周年历史专集出版委员会编《同济医院一百二十周年历史专集》，第 348 页。
⑤ 陈振亚：《同济医院创办经过概要》，收录于同济医院一百二十周年历史专集出版委员会编《同济医院一百二十周年历史专集》，第 73 页。

社注明为 Cantonese Free Dispensary(广府人的免费医社)。差不多同时期的一份申请将同济医社地契变更为永久地契的公函中也说明:"同济医社之建,原为我华人贫病者施医药起见,创始者为我本坡广府各善士。"①

　　再次,笔者在梳理史料中发现,1884 年至 1889 年总计 49 位倡建总理中,已知方言群背景的 42 位总理中有 22 位为广府人,所占比率为 52.3%,位居五大方言群之首,如表 16.1。

表 16.1　1884 年至 1889 年 49 位倡建总理的方言群背景

| 方言群 | 倡建总理<br>(含个人及商号团体) | 数量/个<br>(含人数<br>及商号数) | 占比/% | 备注 |
|---|---|---|---|---|
| 广府<br>(广) | 朱松轩、何道生、胡南生、朱箕孟、罗兆龄、朱松轩、曾益、罗兆龄、梅阿三、朱箕尧、蒋容申、梁润之、黄阿石、朱有兰、振德兴、以义号、联发号、文行堂、同寿堂、瑞昌盛、吉祥泰、广祥生 | 22 | 44.90 | "广"通常包含"广府"和"肇庆府",因此又称"广肇"。这 22 人或商号中,有 5 个人或商号在原资料中笼统归入"广惠肇嘉琼"。笔者暂且将其归入"广"。 |
| 福建<br>(闽) | 邱笃信(邱正忠)、陈笃清、李国祯、吴进卿、颜永成、邱松华、李清渊、陈礽崇、丰兴公司、钟瑞发 | 10 | 20.41 | |
| 潮州<br>(潮) | 刘阿日、佘连城、王邦杰、陈惹愚、吴竹村、义安号、永元号 | 7 | 14.29 | |
| 海南<br>(琼) | 何敦瑚、黄有渊、锦成号 | 3 | 6.12 | |
| 客家<br>(客) | 汤湘霖 | 1 | 2.04 | |
| 不详 | 梁炯堂、春利号、陈大年、吴业盛、林从善、黄坤丰 | 6 | 12.24 | 其方言群背景有待进一步查证。 |
| 总计 | | 49 | 100 | |

资料来源:崔永健根据多方材料进行初步统计,笔者进一步补充和制作。

　　1884 年至 1889 年间同济医社已经逐渐引进其他方言群的善士加入领

---

① 庄钦永:《一封公函,两项未被发觉的史实》,收录于同济医院一百二十周年历史专集出版委员会编《同济医院一百二十周年历史专集》,第 340 页。

导层，但广府人近二十年的初创时期的领导痕迹，仍然凸显在 1880 年代后期的领导层方言群统计数据中。同济医社的领导层此时已经不是广帮独撑的局面，而是过渡到多帮群共治的时期。

### （二）从"三帮群共治"到"闽粤省籍共治"（1884—1930）

1884 年同济医社租用怒干拿路（North Canal Road，俗称单边街）31 号为社址以后，逐渐扩大医社组织，邀揽各帮善士参加，增强医社董事阵容，其中福、潮善士慷慨巨款资助，购置土地，计划建筑新馆。当时的主要负责人包括梁炯堂、颜永成（福建海澄人）、何道生（广东顺德人）、沈景胡、饶子焕等，已经不限于广帮人士。[①]

同济医社在 1890 年已经是一个跨方言群的组织，主要原因是兴建新馆的过程中，广府帮善士的捐款入不敷出，而福建帮的颜永成（福建海澄人）、邱笃信（福建海澄人）、李清渊（福建永春人）以及潮帮的椒蜜公局等善士，适时慷慨捐巨款，使建筑工程顺利完成。1902 年该院总理有一副对联记载跨帮合作和同庆的景象："四海钦同胞，愿举世食得饮和，共登仁寿；一堂欣济众，俾斯人给求养欲，普庆升平。"[②]

从同济医社分帮列明的 1891—1892 年捐款芳名单中，可以印证其筹款运动得到了各大方言群的支持，并由此看出此时福建人已是捐款金额最高的帮群，其次是潮州帮，再次是广客两帮，如表 16.2。

表 16.2　同济医社 1891—1892 年捐款分帮统计

| 帮群 | 捐款人数/人 | 捐款人占比/% | 捐款金额/元 | 金额占比/% |
|---|---|---|---|---|
| 福建帮 | 271 | 36.18 | 23198 | 43.62 |
| 潮州帮 | 302 | 40.32 | 16277 | 30.61 |
| 广客两帮 | 128 | 17.09 | 12783 | 24.04 |
| 琼州帮 | 48 | 6.41 | 924 | 1.74 |
| 总计 | 749 | 100 | 53182 | 100 |

资料来源：李勇：《新加坡"福建人"研究（1819—1942）》，厦门大学博士学位论文，2011 年，转引自李朋飞《新加坡同济医院研究》，第 20 页。季怡雯协助制表，笔者增补。

但同济医院从"广帮创办"到"闽粤省籍共治"或所谓的"五帮共治"之

---

① 陈振亚：《追寻史料·查证史实》，第 299 页；陈振亚：《同济医社时期》，收录于同济医院一百二十周年历史专集出版委员会编《同济医院一百二十周年历史专集》，第 67 页。

② 庄钦永：《一封公函，两项未被发觉的史实》，第 340 页。

间,还经历过一段"三帮群共治"时期。所谓的三帮群,除了正在崛起的福帮和潮帮外,财势逐渐落在福、潮之后的广帮,结合本来就是少数群体的客帮和琼帮,整合为"广惠肇嘉琼"群帮,形成足以与福、潮并立的局面。至此,同济医院的管理层进入一段"三帮群共治"阶段。

广州府人士和惠州府(客家)、肇庆府、嘉应州府(客家)及琼州府(海南)人士的"结盟"有一定的历史和逻辑关系。新加坡的广州府和肇庆府及惠州府移民一向有很好的合作关系,早在 1870 年三属人士就共同成立"广惠肇碧山亭",合作管理三属人士的墓地。而嘉应州及琼州移民的加入,除了原乡的地缘关系外,"联络弱势族群对抗强势族群"的生存道理也有一定的催化作用。

"三帮群共治"具体如何运作呢? 通过 1893 年 5 月《叻报》的一则有关同济医院的报道可以了解他们的运作情况:

> 本院集议公举癸巳年大总理八位,计开广惠肇嘉琼大总理四位:广恒号、丽章号、顺和泰、瑞昌盛,旧总理协办三位:罗致生、振德兴、联发号;福建大总理二人:吴新科翁、钟瑞发翁,旧总理协办二位:颜永成翁、邱松华翁;潮州大总理二位:荣丰号、丰和号,旧总理协办二位:万成号、薛永元。[1]

广府帮联合其他小帮群的策略显然奏效。至少在 1893 年,广府帮领导的"广惠肇嘉琼"群帮,在同济医院的八席大总理名额中掌握了四席。另外四席则由正在崛起的福帮和潮帮平分。

进入 19 世纪末,"三帮群共治"的模式更清楚了。1899 年 10 月同济医院公布新一届值日督理名单,91 名值日督理就是由三大帮群平均分配,分别是福建帮 30 人/商号、潮州帮 30 人/商号、广惠肇嘉琼帮 31 人/商号。[2]值日督理是除了大总理和协理之外,第三个重要的管理阶层。他们的职责就是按日轮流到医院监督院务工作。

1902 年当同济医院大总理的名额从 8 名增加到 12 名的时候,应该是"三帮群共治"进入"闽粤省籍共治"的时期。这个时期的特点是,同济医院的大总理名额分配,不再是以方言群来整合,而是以地域来划分。12 位大

---

总理中，福建省（闽）和广东省（粤）籍的善士各占 6 名。这里的"粤"，不是狭义的"广府"和"广肇"人士，而是更广义的包含所有广东省境内的方言群，包括广肇（广州和肇庆）、客家（惠州和嘉应州）、海南（琼州）以及潮州。换言之，原有的"广惠肇嘉琼"群帮和潮州帮合并为广义的粤帮，因为他们的原乡都隶属广东省。而家乡原来就在福建省的闽帮继续成为另一方代表。这个局面也显示进入 20 世纪之后，财大气粗的闽帮势力持续扩大，从原来只占三分之一或四分之一大总理席次的局面扩大到占有二分之一的席次。相对的，原籍同属广东省的潮帮和其他广客琼帮，就必须妥协分配剩下的一半席位了。

　　完整的同济医社总理制原始文献已无可考，只能根据残缺的文件整理出总理制的纲要和重要信息，包括：（1）在实行总理制的时期之内，医院设立一个总理团主持院务，每届年终，便召集总理团会议，推举新加坡有声望的商号，闽、粤籍各 6 个单位，共 12 个单位，组成总理团；（2）总理团中设正主席、副主席、财政员、管地契员、管药印员各一位，查账员两位，都由全体总理互选，不分省籍。这些职员都是由总理兼任，他们任职的期限也是一年；（3）又设协理 12 位和值日督理 60 位。关于协理的权限，目前无资料可考。值日督理，则须按日有两名轮流到医院，监督院务。[1]这份材料指出的一个重要信息是，这个时期的总理团由闽、粤各 6 个单位，共 12 个单位组成，印证了"闽粤共治"的事实。

　　"闽粤省籍共治"时期，虽然规定闽籍和粤籍共有 6 个人/商号为大总理，但没有更细化的规定，而是由原籍闽省和粤省人士内部各自协调分配。例如闽籍总理方面长期以来都是由财力雄厚和移民人口较多的厦门、泉州和漳州，即所谓的闽南地区的福建人所把持，其次才是永春、福清、福州的福建人。

　　粤籍总理方面，目前也没发现有明文规定 6 个席位中应该分别有多少潮州、广府、客家和琼州人的名额。因此，同样需要粤籍各帮群间自行协调，通常也是根据这些帮群在新加坡的人数和财势来考虑。例如，《叻报》1913年的一篇报道，揭露了同济医院粤帮总理分配的不成文做法："查该院总理，计共十二人。闽粤两省，各居其半。而粤省总理，又分广潮客琼四起。广潮两帮，则各二人，琼客则各一人，向均如是。"[2]换言之，粤籍中又分两大（广、

---

[1]　同济医院百年特刊编辑委员会编：《同济医院一百周年纪念特刊》，第 3 页；有关总理、协理、值日督理人数，因年代不同而有所调整而不同。

[2]　《论说：因观同济医院考取书记事为我同胞痛哭》，《叻报》，1913 年 3 月 27 日，第 1 版。

潮)和两小(客、琼)帮群。席位的分配也通常按照"二二一一"的模式。但这个模式有时也会有例外,例如 1929 年的粤籍总理中就包括亚东公司(东主张进之)和大中局商号(东主刘焕光),他们都是大埔客家的代表。

## 三、从修改章程到帮群隐治(1930—1941)

1928 年是同济医院管理制度受到挑战的一个关键年份。当年一月何德如在报章投书《本坡同济医院从速改组》,是同济医院于 1930 年正式由"总理团"过渡到"董事团"制度的导火线。

### (一)改组的呼吁和修改章程的落实

何德如当时希望同济医院从速改组的不是"总理团"制度的改变,而是另外两个他认为更为迫切的问题:一是同济医院选举领导层过程不够透明的问题;二是同济医院尚无产业受托人的问题。

何德如说明第一个问题的由来:"该院开办以来,向有本坡三数十商号与个人主持院务,但其职员团体之组织若何,与办事之规章若何,均非外人所得而知,且亦非外人所得与闻。据传闻所得,该院每次公举职员,由当时主持院务之商号与个人,在其团体中指名委任,是可知该院之办事,未有完善的规章。"①换言之,同济医院的领导层的改选程序似乎有黑箱作业之嫌,因为同济医院没有完善的规章和透明的程序。

何德如认为第二个存在的问题更严重,他指出:"(同济医院)虽有产业二三十万元,而并无正式委任之受托人,为该院受托执管。因此该院所有之产业,俱用私人名义置买……以表面观之,此等产业尽属私人,而非公产,加以历时愈久,则出名置产之私人,去世者必愈多。由此该院之产业,多属死人之名下,将来一旦有事,必至无可收拾。"②以今天社团管理的角度来看,何德如的看法是有道理和有先见之明的。他也澄清自己的动机:"吾对于该院之改组,与订立完善的规章……无非欲改革华侨公立机关之组织,保护华侨公共所有之产业,并非好事作难。"③

何德如的投书引起很大的回响,首先是同济医院认真看待何君提出的问题,并召开会议,决议召集华人代表,共商大计。社会舆论对何德如的投书也呼应,如 1928 年 3 月 2 日的一篇报道所言:"十余年来,最为吾同侨关

---

① 《本坡同济医院宜从速改组(一)》,《南洋商报》,1928 年 1 月 30 日,第 2 版。
② 《本坡同济医院宜从速改组(一)》,《南洋商报》,1928 年 1 月 30 日,第 2 版。
③ 《本坡同济医院宜从速改组(二)》,《南洋商报》,1928 年 1 月 31 日,第 2 版。

怀綦切之同济医院事,未曾召集大会公(按:共)同议决,今于昨天开董事会议,议决欲致函及登报请吾闽粤两省父老,各派代表二十四人,连值年总协理二十二人,计七十人开一大会议。"①该文作者还语重心长地提醒华侨,认为这次的大会对华侨利害关系密切,希望大家可以先将意见投书报章或函寄给有关团体,以便参考。而且也提醒各帮对举派的代表,要"慎重选择贤能,使担责任,作根本之解决"。②

后因有些帮群对同济医院分配闽粤出席人数有意见,同济医院最后调整出席大会人数为 72 人,即闽粤两帮各推选 36 人。粤帮的 36 个代表名额,由广惠肇三属推选 12 名,潮帮推选另外 12 名,琼帮和客帮各推举 6 名代表。3 月 21 日广惠肇三属同侨大会率先推举出黄兆珪等 12 名出席同济大会的代表。③ 4 月初,福建会馆公布他们分配闽帮 36 位代表的办法,即福州、永春、晋江、南安、惠安、安溪、金门七会馆各举 4 人,兴化、福清各举 2 人,最后 4 个名额则由福建会馆直接举派。④

就在新加坡华人社会各帮群积极准备举派代表出席同济大会之际,在中国发生济南惨案,即 1928 年 5 月 3 日日军残暴杀害正在与日本代表交涉的中方代表蔡公时及其随从 17 位外交人员,引起激烈公愤。除了在中国各地掀起反日运动外,南洋各地也闻之响应。新加坡的陈嘉庚以怡和轩的名义发出传单,公布日本的暴行,并筹组"山东惨祸筹赈会"。短时间内得到各界的支持,共有一百多个机构捐款响应。同济医院的医师也开会讨论,决定将收入的百分之十捐出,支持山东惨祸筹赈会。⑤ 可能就是因为山东惨案这个重大的事件,华人社会各个帮群都集中精力响应"山东惨祸筹赈会"的活动,而耽搁了同济医院的大会。到 1930 年为止,没有发现曾积极筹备的同济医院大会的后续活动。

1930 年初,同济医院再次启动院务改革。当年 2 月 24 日,同济医院董事会开会决定修改章程,举陈煦士、蔡多华、何思观、洪朝焕四人为章程审查委员,并特别邀请两年前公开呼吁改革的何德如参与其事。⑥经过两个多月的草拟,同年 5 月 12 日召开大会,宣布修改章程草案,并逐条提出讨论,其

① 《同济医院将召集大会议》,《南洋商报》,1928 年 3 月 2 日,第 5 版。
② 《同济医院将召集大会议》,《南洋商报》,1928 年 3 月 2 日,第 5 版。
③ 《广惠肇方便留医院昨开三属同侨大会之详情》,《南洋商报》,1928 年 3 月 21 日,第 3 版。
④ 《出席同济医院大会之福建代表》,《南洋商报》,1928 年 4 月 2 日,第 4 版。
⑤ 《侨胞救济山东惨祸之踊跃七志》,《南洋商报》,1928 年 5 月 19 日,第 4 版。
⑥ 苏孝先:《同济医院沿革史略》,收录于同济医院一百二十周年历史专集出版委员会编《同济医院一百二十周年历史专集》,第 313 页。

中第 4 条和第 12 条加以修改后,获得全数通过。①修正后章程第四条的关键内容为:

> 本院职员之中,有受托人四名,兼任董事团之董事职务。该董事团之中,共有董事廿名,由本院同人之周年大会选举。凡属华人,无分畛域。四名则由该任董事临时委任(合共二十四名董事),组成该董事团。②

另外章程第 11 条也有关键内容:"凡个人或商店捐助二十五元者,即为本院终身的同人,每年捐助最少五元或廿五元以下者,即为本院逐年的同人……"③如果再配合章程第 12 条中规定的"每一同人,无论是个人或店,只有一权",改革后的同济医院的选举制度就俨然成型,即凡属华人,不分地域帮群,只要是会员(同人),选举时一人一票。这也是许多论者认为同济医院领导层"去帮化"的根据和开始。

1930 年 5 月修改章程大会的主席陈煦士致词时提到,因为同济医院数十年创办时的章程,"与今日潮流未合",所以才不得不修订章程。④换言之,同济医院董事会的选举,不再是分帮配额选举,而是由同济医院的"同人"来选举。1930 年通过新章程后,同济医院正式由总理团时期进入董事团时期。⑤除了由"同人"一人一票选举产生的董事 20 名外,另有加委董事 4 名,合共 24 名。重要的是,在选举的 20 位董事中,包括 4 名产业受托人,完成了当初何德如公开呼吁改革的一个最重要的目的,即设立受托人制度来管理同济医院的产业。

### (二)"去帮化"或"帮群隐治"

回顾历史,同济医院的领导层从总理团制改为董事团制,是不是就表示分帮制的真正废除和"去帮化"的成功?或同济医院的领导层已经没有帮群的色彩了?首先,根据同济医院内部人员的说法,可看出端倪。在 1940 年代中开始担任董事的苏孝先曾追述道:"昔时,吾侨帮派观念浓厚,对于本院

---

① 《同济医院开改章会续志》,《叻报》,1930 年 5 月 13 日,第 5 版;苏孝先则认为该次大会于 5 月 11 日举行。见苏孝先《同济医院沿革史略》,第 313 页。
② 《同济医院章程(三)》,《南洋商报》,1930 年 5 月 26 日,第 7 版。
③ 《同济医院章程(三)》,《南洋商报》,1930 年 5 月 26 日,第 7 版。
④ 《同济医院开改章会续志》,《叻报》,1930 年 5 月 13 日,第 5 版。
⑤ 此后,同济医院的章程还经过一些微调,1933 年 6 月 9 日经过新加坡殖民地高等法院批准立案,同年 8 月 20 日董事会主席侯西反宣布注册妥当。苏孝先:《同济医院沿革史略》,第 313 页。

修改章程,欲合为善不分畛域之主旨,废除董事团分帮界线,颇难顺利进行。"①其次,根据笔者对 1930 年至 1941 年董事团董事名单的分析,可以看出他们的方言群背景的概况,如表 16.3。

表 16.3　1930—1941 年同济医院董事团董事帮群背景统计表

单位:名

| 年 份 | 闽 帮 | 广 帮 | 潮 帮 | 客 帮 | 琼 帮 | 不 详 | 共 计 |
|---|---|---|---|---|---|---|---|
| 1930 | 8 | 6 | 1 | 3 | 0 | 6 | 24 |
| 1931 | 8 | 7 | 2 | 3 | 0 | 4 | 24 |
| 1932 | 5 | 13 | 2 | 2 | 0 | 2 | 24 |
| 1933 | 8 | 8 | 2 | 2 | 0 | 4 | 24 |
| 1934 | 7 | 11 | 0 | 1 | 0 | 5 | 24 |
| 1935 | 9 | 8 | 2 | 3 | 0 | 2 | 24 |
| 1936 | 10 | 10 | 1 | 2 | 0 | 1 | 24 |
| 1937 | 9 | 10 | 1 | 2 | 0 | 1 | 24 |
| 1938 | 6 | 10 | 1 | 1 | 0 | 2 | 20 |
| 1939 | 7 | 9 | 0 | 1 | 0 | 3 | 20 |
| 1941 | 8 | 9 | 0 | 1 | 0 | 2 | 20 |
| 合 计 | 85 | 101 | 12 | 22 | 0 | 32 | 252 |

注:1940 年没有改选,原因不详;1938—1941 年,没有选举信托人,所以董事团只有20 名董事。

资料来源:笔者根据同济医院特刊和当时的报章等零星资料整理出他们的方言群背景。

根据表 16.3,可以作以下分析。第一,同济医院在 1930 年修订章程,虽然不再分帮配额选举(即 12 席总理中,闽帮 6 席,广帮和潮帮各 2 席,客帮和琼帮各 1 席),但从 1930 年董事团第 1 届到 1941 年董事团第 11 届的董事组成结构来看,仍然有浓厚的帮群色彩,而且是由两大帮群所垄断,即广帮和闽帮。在总共 11 届 252 名董事中,已查清董事帮群背景者有 220 名(即 87.3%)。而在这 220 名董事中,广帮占 101 名(即 45.9%),而闽帮 85名(即 38.6%),两帮共计 186 名(即 84.1%)。这个现象说明了广帮恢复了同济医院创办初期(即 1884 年前)的影响力。而闽帮仍持续保持一定的影

___
① 苏孝先:《同济医院沿革史略》,第 313 页。

响力,但已经不再像总理团时期,把持总理人数的一半席位,而是降低到五分之二弱。第二,同济医院从总理团过渡到董事团时期,帮群力量消退最明显的是潮帮。在总理团时期与广帮并居第二位的潮帮,到了董事团时期,以董事数目而言,已经退居第四位,甚至排在客帮之后。董事的数目也只占所有查清董事数目的 5.4%。这或许是极力主张修改章程的潮帮人士何德如所始料始料未及的。第三,总理团时期位居末位的客帮和琼帮,也有不一样的发展趋势。客帮在董事团时期的势力上升,超越潮帮成为第三大帮群。但客帮的董事数目还是远远落在前两大帮之后。原本在总理团时期通常有一席保障名额的琼帮在董事团时期就失去了它的保障席位。在已经查清的 220 名董事中没有发现琼帮的董事,虽然在尚待查清的 32 名董事中有可能有琼帮董事,但人数估计也不多。

综合而言,表 16.3 可看出董事团时期的董事帮群背景以及其与总理团时期的差异。但为何有这种变化需留待另外文章进一步探索。但有一点可以说明的是,这种演变不纯粹是"去帮化"自然地演变,而可能是"潜伏"运作的结果。举其一为例,广帮势力强力回弹,除了因为创办同济医院的广帮对医院有特殊的情感外,广帮的选举策略也是一个值得考虑的因素。根据笔者观察,在 1938 年之前九届的董事选举中,广帮的一个特色是除了个人和商号获选外,还有广属会馆当选。1932 年至 1934 年(即第 3 届至第 5 届)的选举中,有六个广肇属会馆(番禺、宁阳、冈州、南顺、三水①、香山)当选董事。其他六届选举中,也有三到四个,或至少两个广属会馆当选。反观其他帮群,就只有闽帮在 1933 年至 1935 年的三届选举中有一个闽属会馆(漳州十属)当选。再来就只有客属的永定会馆于 1935 年当选了。广帮在个人、店号和会馆三管齐下的操作下,果然比其他帮群争取到更多的董事席位。

## 四、结论

以上的讨论回应了绪言中提出两个问题。第一个问题是二战前的同济医院是否经历由"五帮共治"到"去帮化"的进程。从本章第二节的论析可以了解到,同济医院的发展历程要更复杂和曲折。同济医院的前身——同济医社由广帮善士创办,虽然要迟至 1880 年代同济医社才有殖民地政府的官方注册文件,但 1867 年以来同济医社的善行,存在于散落的民间文献和百姓的集体记忆中却是不争的事实。1880 年代中期以后的同济医院全面进

---

① 1933 年和 1934 年这两届选举,则由肇庆会馆取代三水会馆。

入帮群共治的时代，但并非笼统的"五帮共治"可以一语涵盖。在总理团时期，同济医院先后经历"三帮群共治"和"闽粤省籍共治"阶段。在不同的阶段，五帮都不是平行共进，而是有不同的排列组合，甚至有松散的联盟关系。同样，五帮的权力关系也并不是平等一致的，而是反映了那个时代新加坡华人帮群的社会结构、移民人口及其财富，也折射出每个帮群对社会公益事业的参与度和参与能力。

"去帮化"的问题则紧扣绪言中提出的第二个问题，即同济医院在1930年之后是否名副其实地成为没有帮群色彩的全体华人共治共享的机构。从本章第三节的论析，可以确定"去帮化"只是一种表象，而实际上帮群的色彩仍然"隐现"于同济医院的领导层中。在当今的新加坡社会，谈论华人的方言群或帮群社会或许不合时宜，但历史的讨论必须回归历史的时空和场景。二战前的同济医院曾经领导时代的潮流，率先行动，跨越帮群，改变分帮配额制度。事实证明，同济医院从总理团过渡到董事团制度，原本也不是否定帮群共治的现象，而是希望新的选举制度，摆脱个别帮群的黑箱作业和内举同济医院领导班子的陋习。当时的共识是，希望这个华人慈善医院成为真正所有华民共有、共享和共治的医院。

废除分帮配额的选举制度，并没有让同济医院"去帮化"，更没有改变战前华人社会的帮群结构。帮群的影子，仍然隐现在董事团的领导层。归纳而言，1884年至1929年的同济医院的管理模式，是公开（但不一定是民主）的帮群共治；而1930年至二战前夕，则是潜伏（但可透过民主的操作）的帮群隐治。

# 第十七章　棉兰华人族群、庙宇、会馆与领导人物

棉兰是印尼北苏门答腊省首府,位于苏门答腊岛东北部,濒临马六甲海峡,旧称"日里"。目前棉兰人口约有 250 万人,是印尼第三大城市,也是苏岛人口最多的城市。其中华裔人口约 50 万,占 20% 左右,为印尼华裔人口比率最高的城市。近年虽然有些文章或资料集介绍棉兰华人的概况,但有关棉兰华人的移民开埠史、信仰组织、社团与会馆、经济生活、族群关系等问题的研究仍有许多研究空间。[①] 以华裔族群的角度而言,今天棉兰的华裔人口当中,以闽南人最多、最活跃,而且闽南话也是华社普遍使用的方言。但值得注意的是,一百多年前棉兰的开埠和旺埠却是由客家人造就的。本章将聚焦讨论客家人为何及如何成为开埠和旺埠功臣,并透过华人庙宇的创建和会馆社团的组织了解客、闽社群的特点和关系,再经由华人社会领袖人物的讨论来了解当地社会领导阶层的转变,其中包括:有哪几位领导人物扮演关键角色? 棉兰华社的领导阶层又在何时及如何由客家人转变为闽南人? 希望本章对棉兰华人社会由开埠到二战前夕(甚至到今天)的发展和特性有所理解。在进入主要议题的讨论之前,有必要对棉兰的开发史和华人社会的概况作背景叙述。

---

① 近年有几篇有关棉兰历史和近况的文章,多是中国大陆学者短期访问棉兰后的一些感想文章和初步研究论文,包括:郑一省《印尼棉兰华人族群融入主流社会初探》,《华侨华人历史研究》2008 年第 4 期,第 71—76 页;杨宏云《印尼棉兰的华人:历史与特征》,《华侨华人历史研究》2011 年第 1 期,第 40—46 页;曹云华《棉兰华人印象》,《东南亚研究》2010 年第 1 期,第 70—78 页;陈衍德《印尼棉兰华人社会考察记》,收录于刘钊、王日根等编《厦大史学》(第一辑),厦门大学出版社 2005 年版,第 338—348 页。学者蔡晏霖曾在棉兰进行较长时间的研究,她以人类学的研究方法对棉兰做过专题研究,成果包括期刊论文《美味的关系:印尼棉兰家务亲密劳动的味觉与口述历史》,《台湾东南亚学刊》2005 年第 2 期第 2 卷,第 127—158 页。近期比较引人注目的是一部资料汇编:印尼苏北华侨华人历史会社编《印尼苏北华侨华人沧桑岁月》(上下两册),印尼苏北华社慈善与教育联谊会 2015 年版。

## 一、棉兰的开发与华人移民

### (一)地理和历史

棉兰市(Kota Medan)位于苏门答腊岛东北部日里河畔,面积约 265 平方公里。棉兰市是印尼第三大城市,仅次于雅加达和泗水,且为苏门答腊岛第一大城市,亦是北苏门答腊的首府。棉兰市设有 21 个区和 151 个分区,市区街道与建筑物布局相当整齐,为一个重要商业城,也是苏北地区的经济中心,其金融和商业之地位仅次于首都雅加达。外港不老湾(Pelabuhan Belawan)①是一座现代化港口,乃石油装运港,岛内橡胶、烟叶、剑麻和棕油的最大出口港。进出口船舶吨位居印尼第四,仅次于雅加达、巨港和泗水。此外,棉兰市附近有全国最大的种植园区。

苏门答腊岛位于马六甲海峡左侧,处于古代海上丝绸之路要道,不仅接受了外来宗教,岛上贸易城镇也随之出现。由于苏门答腊岛是东西海上交通的必经地之一,印度婆罗门教和佛教先后传入岛内。12 世纪阿拉伯和波斯商人把回教传入当地后,波罗门教和佛教逐渐式微,而回教已经成为当地最主要的宗教。② 中国自唐朝以后,便与南洋各地有通商和朝贡往来,如室利佛逝(今苏门答腊岛的巨港)和亚齐(苏门答腊岛北部)先后派使节到中国。宋朝时期,三佛齐(即室利佛逝)也定期朝贡。③ 在距离棉兰市中心数公里外的日里港口(Labuhan Deli)曾发掘出一些年份介于 11 世纪至 13 世纪的佛像、中国瓷器和中国古钱币。这个发现显示了棉兰周围地区,如日里港口,在佛教传入东南亚时期已是贸易中心。④ 阿拉伯人控制了欧洲通往印度和东南亚地区的路线。当欧洲人对东方香料、黄金、白银贸易的需求增加之后,他们迫切需要开辟自己的商贸航线。⑤ 故 15 世纪末开始,欧洲人开始和东南亚地区进行直接的贸易往来。苏门答腊岛因其重要的地理位置,自然地较早受到各种外来文化和商贸的影响。

① 不老湾在 20 世纪 30 年代已是规模相当大的港口,可以停泊四千吨的大船。沈厥成:《荷属东印度地理》,商务印书馆 1939 年版,第 112 页。

② 廖稚泉、刘士木等校注:《荷属东印度地理》,上海国立暨南大学南洋美洲文化事业部 1931 年版,第 16—17 页。

③ 沈厥成:《荷属东印度历史》,上海商务印书馆 1935 年版,第 18—21 页。关于巨港古时的名称,在刘宋时期称干陀利,唐代为室利佛逝,宋代以后成为三佛齐,都是梵音的误译。

④ Tengku Luckman Sinar, *The History of Medan in the Olden Times.* Medan: Lembaga Penelitan dan Pengembangan Seni Budaya Melayu, 1996, p. 2.

⑤ 黎国彬:《印度尼西亚简史》,湖北人民出版社 1957 年版,第 30—31 页。

棉兰于1590年由帕的姆普斯(Guru Patimpus)开发棉兰村(Kampung Medan)。因此,1590年7月1日被定为棉兰市的开埠日。① 棉兰原隶属于日里,而日里则受到亚齐王国的统治。日里于1699年趁着亚齐王国内部动荡时刻宣布独立,脱离亚齐王国。独立后的日里王国的首都设在距今棉兰市约20公里外的天然深水港口不老湾。棉兰村的发展比较慢,1823年从槟城来的英国人约翰·安德森(John Anderson)是第一个发现棉兰村的欧洲人。② 1854年日里被亚齐击败,再次纳入亚齐的版图。亚齐苏丹委任苏丹奥斯曼(Sultan Osman)为他的代表,管理日里。

1860年代棉兰有了新的重要发展。苏丹玛末伯加萨阿拉姆(Sultan Mahmud Perkasa Alam)继承了苏丹奥斯曼的位置后,于1862年跟荷兰人签订合约。合约内容包括了荷兰承认日里苏丹的统治地位,而后者接受荷兰的保护,并效忠于荷兰国王或荷属东印度的管理者;日里境内一切事物得咨询荷兰之意见与决策;苏丹和贵族必须与荷属东印度属地保持友好关系等。③ 1863年荷兰商人开始在日里种植烟叶。此后,烟叶种植业便成为日里最重要的经济作业。由于荷兰殖民者在印尼各岛大量开发种植园,到了1909年,棉兰已经发展成为爪哇岛以外最重要的城市之一。1915年棉兰成为苏北省的首府,辖区涵盖了原来的日里地区。

20世纪初,印尼人民开始争取独立。在二次大战期间日本的侵占(1942—1945)中断了荷兰对印尼的统治。日本投降后的第二天,印尼独立运动领袖苏加诺即发表印尼独立宣言。接着在短短五日内,印尼全国都宣告脱离荷兰政府的管治。1945年8月底时,荷兰殖民政府在印尼已失去有效的控制和管理的能力。但迟至1949年荷兰才宣布放弃对印尼的统治权,印尼得以正式独立,苏加诺当选为印尼第一任总统。

## (二)人口

棉兰为多个种族的聚居地。根据棉兰官方2010年的人口统计,棉兰人口为2,109,339人,主要种族是爪哇族(Jawa)、峇达族(Batak)、华族(Tionghua)、满代令族(Mandailing)、米南加保族(Minangkaball)、马来族(Malay)、卡罗族

---

① Tengku Luckman Sinar, The History of Medan in the Olden Times, p. 19.
② 有关 John Anderson 于1823年前往北苏门答腊东岸的探险任务,见其报告 *Mission to the East Coast of Sumatra in 1823*. KL & NY: Oxford University Press, 1971ed., reprinted of 1826 edition。
③ Tengku Luckman Sinar, *The History of Medan in the Ololen Times*, pp. 30-36.

（Karo）、亚齐族（Aceh）和巽他族（Sunda）等。①棉兰早期位处交通要道上，与外界接触早，加上殖民帝国的开发也引入大量劳动力。这些都是构成棉兰社会种族多元化的因素之一。荷兰殖民者统治期间实施了严格的种族隔离政策，把各种族进行规划，除了原有的马来村子，也规划出白人（西方人）住宅区、华人商业区、印度人区，导致各族在相互隔离的地区内生活。②

棉兰烟叶种植业对劳动力的需求为华人移居当地的主因。1863 年荷兰人雅各布·尼恩胡斯（Jacob Nienhuys）和埃利奥特（Elliot）获得日里苏丹的允许，租借老武汉（Labuhan）附近的丹绒瑟巴斯（Tanjung Sepassai）为期 20 年，以大量种植烟叶。雅各布·尼恩胡斯是最早开始雇佣华人的荷兰人，他实行"公司"制度（kongsi）来管理和经营。开垦初期，种植园的苦力主要是来自槟城的华人，他们大多数是潮州人。大多数苦力是通过中介人的安排来到棉兰。有些中介人同时是大伯公公司（Toh Pe Kong）的首领。③ 尔后，烟叶种植业扩大，对苦力的需求亦提高，苦力来源处亦增加了，如来自中国汕头、新加坡、马来亚内陆的华人以及槟城的淡米尔人。随着华人被大量引入，老武汉在 1867 年已有一千名华商。④由于日里种植的烟叶品质佳，19 世纪后半叶陆续吸引了大批烟叶种植主前来开垦，劳工需求也持续增加。

表 17.1 1874 年至 1900 年日里苦力人数

| 年 份 | 华 人 | | 淡米尔人 | | 爪哇人 | | 总人数/人 |
|---|---|---|---|---|---|---|---|
| | 人数/人 | 占比/% | 人数/人 | 占比/% | 人数/人 | 占比/% | |
| 1874 年 | 4,476 | 85.24 | 459 | 8.74 | 316 | 6.02 | 5,251 |
| 1890 年 | 53,806 | 75.66 | 2460 | 3.46 | 14,847 | 20.88 | 71,113 |
| 1900 年 | 58,516 | 67.25 | 3270 | 3.76 | 25,224 | 28.99 | 87,010 |

资料来源：整理自 Tengku Luckman Sinar, *The History of Medan in the Olden Times*, p. 63。

---

① 以上资料参阅网站 http://id. wikipedia. org/wiki/Kota_Medan♯Demografi，浏览于 2011 年 7 月 24 日。

② Tengku Luckman Sinar, *The History of Medan in the Olden Times*, p. 70.

③ Tengku Luckman Sinar, *The History of Medan in the Olden Times*, pp. 26, 62.

④ Tengku Luckman Sinar, *The History of Medan in the Olden Times*, pp. 26-27. 在 19 世纪末至 20 世纪初期，随着荷兰殖民政府带开始开发棉兰，当时有两拨移民涌入棉兰。第一拨为华族和爪哇族。他们到棉兰从事种植园苦力。第二拨为米兰加保族、亚齐族和满代令族。他们到棉兰主要从事教师和学者的工作。以上资料来源自网站 http://id. wikipedia. org/wiki/Kota_Medan♯Demografi，浏览于 2011 年 8 月 9 日。

从表 17.1 可以清楚发现华人苦力一直是烟叶种植园主要劳动力,从
1874 年的 4,000 多人增加至 1900 年的 58,000 多人,占总苦力人数比例之
最多。由此可见,华人最受种植园主的欢迎。爪哇人苦力的剧增主要原因
是在 1880 年爪哇人开始以契约的方式到棉兰烟叶种植园当苦力。因此,他
们在劳动力人口的比例有上升的趋势。日里烟叶种植业的发达刺激了劳动
力市场,为当地引入了大量的人口,尤其是华人和爪哇人。除了烟叶种植园
雇佣大批华工,华人也从事其他行业。棉兰华人有从事橡胶业的,如当地华
人领袖张耀轩亦经营橡胶业。①

20 世纪初,棉兰城内人口持续增长。1905 年,棉兰人口为 14,250
人。② 1920 年,人口增至 45,248 人。表 17.2 展示了棉兰 1918 年、1923 年
和 1930 年的各族人口的统计数据。

表 17.2　1918 年、1920 年、1930 年棉兰人口统计

| 族 群 | 年份 | | | | | |
|---|---|---|---|---|---|---|
| | 1918 年 | | 1920 年 | | 1930 年 | |
| | 人口/人 | 占比/% | 人口/人 | 占比/% | 人口/人 | 占比/% |
| 当地人 | 35,009 | 79.88 | 23,823[1] | 52.65 | 40,096 | 53.48 |
| 欧洲人 | 409 | 0.93 | 3,128 | 6.92 | 4,292 | 5.72 |
| 华人 | 8,269 | 18.87 | 15,916 | 35.16 | 27,180 | 36.25 |
| 其他东方人[2] | 139 | 0.32 | 2,381 | 5.26 | 3,408 | 4.55 |
| 总人口 | 43,825 | | 45,248 | | 74,976 | |

[1] 在当地人口中,12,000 人为爪哇人,10,000 人为苏门答腊人。而苏门答腊人当
中大部分是米南加保人。

[2] 其他东方人指的是阿拉伯人和印度人等。

资料来源:整理自 Tengku Luckman Sinar, *The History of Medan in the Olden
Times*, pp. 62, 72, 75.

从 1905 年至 1918 年,棉兰人口增加了 29,575 人。1918 年至 1920 年
间,欧洲人、华人和其他东方人的数量激增,这与荷兰殖民者的统治不无关
系。从表 17.2 中可得知各族群人口都有增加。棉兰人口主要由当地人组
成,华人为当地人以外第二大族群。据 1956 年的统计,棉兰市的华人人口

---

① 黄竞初:《南洋华侨》,上海商务印书馆 1930 年版,第 8—9 页。

② Tengku Luckman Sinar, *The History of Medan in the Olden Times*, p. 72.

为 92,010 人。[①]

**表 17.3　1930 年、1980 年、2000 年棉兰各族人口占比统计**

单位:%

| 种族 | 1930 年 | 1980 年 | 2000 年 |
|------|---------|---------|---------|
| 爪哇族 | 24.89 | 29.41 | 33.03 |
| 峇达族 | 2.93 | 14.11 | 20.93 |
| 华族 | 35.63 | 12.80 | 10.65 |
| 满代令族 | 6.12 | 11.91 | 9.36 |
| 米南加保族 | 7.29 | 10.93 | 8.60 |
| 马来族 | 7.06 | 8.57 | 6.59 |
| 卡罗族 | 0.19 | 3.99 | 4.10 |
| 亚齐族 | 0 | 2.19 | 2.78 |
| 巽他族 | 1.58 | 1.90 | 0 |
| 其他 | 14.31 | 4.13 | 3.95 |

资料来源:http://en.wikipedia.org/wiki/Medan#Demography。浏览于 2011 年 8 月 9 日。

从表 17.3 可以发现自 20 世纪 30 年代至 21 世纪初,棉兰的主要族群为爪哇族和峇达族,人口比例有明显的增长。华族所占的人口比例则呈现下降的趋势,特别是从 1930 年的 35.63% 减少至 1980 年的 12.80%。华族人口的减少与 1960 年代以来印尼政府的政策与排华运动有密切关系。

棉兰华人以原籍闽、粤两省人为多数。粤省者主要包括潮州人和客家人。[②]整个苏岛东部的农垦区一般是潮州人先到,客家人继之,两者占农垦区华人的大多数。福建人也随之而来,从事商贸业和服务性的日用品生意。以 1930 年的日里为例,各方言群数据如表 17.4。

---

① 黄昆章:《印尼华侨华人史(1950 至 2004 年)》,广东高等教育出版社 2005 年版,第 11—12 页。
② 棉兰的客家人很多是 1960 年代印尼大规模排华时期,从排华严重的亚齐省移居到棉兰的。

表 17.4　1930 年日里各籍贯统计表①

| 籍贯 | 占比/% | 主要行业 |
|---|---|---|
| 福建 | 24.3 | 从事各种生意 |
| 广东(广府) | 21.1 | 艺匠 |
| 潮州 | 21.8 | 垦殖 |
| 客家 | 8.7 | 垦殖 |
| 其他 | 24.1 | —— |

资料来源:杨宏云:《印尼棉兰的华人:历史与特征》,《华侨华人历史研究》,2011 年第 1 期,第 42 页。

1960 年代,苏哈托发动军事政变,掀起大规模的排华事件,最早就是从亚齐开始的。被赶出亚齐的华人难民约一万多人,其中四千多人乘中国派来的接侨船回中国,另有四千多人由于各种原因留了下来。他们被集中在政府的拘留营中。在经过各种努力后,他们被分散到各地居住和谋生,其中四百多户便在棉兰定居。此外,早期棉兰福建人因经商移民当地,与周边地区华人贸易关系密切,即棉兰、合艾与槟城,形成北方贸易金三角。②

语言使用方面,棉兰华社主要使用福建话(闽南语)。即使是客家人也多会讲福建话。我认为除了自 1920 年代(甚至更早)以来福建人数居多外,福建人主要在市区从事商业活动也有关系(客家人和潮州人多在市外垦殖区),造成闽南语成为华人社群互动的通用语。棉兰当地使用的闽南语夹杂许多马来语词汇,音韵和音调方面和马来西亚槟城的漳州腔有很大共同点,但与吉打的闽南语更为相似。③不过,华族毕竟只是少数族群,棉兰市内通用的语言主要还是印尼语,亦有爪哇语和峇达语。④

## 二、棉兰的华人庙宇与会馆组织

棉兰在 19 世纪下半叶便成为华人南来的聚集地之一,上节中的表 17.1

---

① 另外一份资料的数据差别很大,提到棉兰华人有 50 万,闽南人最多,约占华人的 70%;广东人(主要是客家人)约占 30%。曹云华:《棉兰华人印象》,第 73—75 页。这个数据可能是指当代。

② 南边贸易金三角为新加坡、柔佛和廖内。林来荣口述,2011 年 6 月 16 日采访。

③ 林来荣口述,2011 年 6 月 18 日采访。林来荣(祖籍同安)为印尼苏北不老湾校友同乡会主席、印尼象棋总会苏北分会副主席、印尼印华作协苏北分会执行主席、印尼苏北西河林氏宗亲会总务。

④ 根据观察,棉兰年轻一代华人多不谙华语(笔者注:除了近年允许开办华校后,开始有年少华裔学生学华语),因印尼政府禁止华文教育长达 30 年所致。一般 50 岁以上的华人才比较可能会说华语(普通话)。曹云华:《棉兰华人印象》,第 74 页。

显示,1874 年日里已经有四千余华人,1890 年剧增至五万余华人。和其他南洋地区的华人移民模式类似,只要有华人到来,就有庙宇建立。当人数达到一定数目时,便有会馆等社团的组织。透过庙宇和会馆等组织的成立情况,有助于了解早期华人的活动情形和帮群互动关系。

**（一）庙宇**

根据傅吾康编的《印度尼西亚华文铭刻汇编》,至少在 1970 年代棉兰还保留了多间 19 世纪兴建的庙宇,较具规模及香火较盛者包括关帝庙（1880年代建成）、清音禅寺、天后宫和寿山宫。从庙宇碑铭记录得知,上述前三间庙宇主要是由客家人所倡建,其中又以张榕轩（张煜南）的功劳为大。最后一间则是由福建人创建。兹将这些庙宇简介如下。

关帝庙,始建于 1882 年,[1]光绪十一年(1885)所刻的"关帝庙建造棉兰题缘芳名碑"记载了建庙缘起:"夫我华人经营斯地,士农工商,屡欢太有,无非藉圣德之覃敷,岁岁降详于市井,赖帝恩以默祝,时时赐福于人间,若不降其祀典,何以奉达神庥? 兹通商公议,即以砂湾下地购基,创建庙宇,崇祀关圣帝君、财帛星君、福德正神,新塑造灵像,恭进香灯……永叨福庇……"[2]碑文的撰者为梅州张煜南榕轩氏。排在建庙捐款芳名单首位者为公班衙,捐 1,756 元。其他捐款超过千元列在榜前者还有张振勋捐 1,000元、李孚卿捐 1,000 元、张榕轩和张耀轩兄弟合捐 1,020 元。其次是从捐款600 元至最低金额 5 元者共有 300 余人上榜。张振勋、张榕轩和张耀轩兄弟都是客家人,撰碑者也是张榕轩,可知客家人对关帝庙的贡献。1979 年关帝庙住持释成雄再志关帝庙史迹和由来时,再次肯定张榕轩的倡建之功。碑曰该庙"乃由华侨先贤张煜南先生提倡建庙,并塑神像奉祀,降福旅外国人"。[3] 关帝庙现在仍然是棉兰香火最鼎盛的庙宇之一。

另一间 1880 年代成立的寺庙——清音禅寺,也是由张榕轩所领导设立。该寺原称"观音宫",根据 1886 年的"新建观音宫题缘碑记",张榕轩捐银 51 元,虽然不比捐给关帝庙者多,但已居所有 87 位捐款人之首。其弟张耀轩则捐银 20 元,位居第五。该次题缘,共捐款 765 元。该碑记也是有张榕轩以值理信员的身份具名碑记。一般皆知,寺庙碑记的撰文者或具名者,都是该庙寺的负责人或重要贡献者。张榕轩已经先后为观音宫和关帝庙具

① 傅吾康:《印度尼西亚华文铭刻汇编》,新加坡南洋学会 1988 年版,第 89 页。

② 傅吾康:《印度尼西亚华文铭刻汇编》,第 82 页。

③ 傅吾康:《印度尼西亚华文铭刻汇编》,第 88 页。

名撰写碑文,其地位和影响力明显可见。

1978年清音禅寺的新碑文清楚记录该寺成立缘起和转变,并强调张榕轩的贡献。"浮罗把烟一隅之地,同侨寓所,四民皆有,均是佛门之信徒,皈依无自,故掸越侨贤张榕轩君兴念及此,乃于晚清光绪十二年岁次丙戌,公元一八八六,首倡建造庙宇,供奉慈航大士,同佛取名,故曰观音宫,使该埠善男信女,朔望参拜之便……"该寺在1970年重建,新寺建成后,"寺宇轩敞,乃添奉救苦三尊佛于中殿,关圣帝君,财帛星君于殿左,天后圣母,注生娘娘于殿右,以实庙宇规模……本庙早号观音宫,不过是当时之景况,现时令名曰'清音禅寺'"。①

第三间庙宇——天后宫特别引人注意,因为根据傅吾康的记录,这间天后宫在傅吾康作田野考察的1970年代时是由福建人管理,②但根据1911年乐捐碑的芳名录,捐建天后宫最慷慨的善士,显然是客家领袖。在165位捐款人中(包括其中一些是劝捐经手人),排行前九名(捐款一千元以上者),主要还是客家人。榜首名单如下:③

> 万联兴、张振勋、张榕轩各捐银二千元
>
> 裕昌当、万醇和、同裕兴、张耀轩、谢荣光、邱昭宗各捐银一千元

在这名单中,有四个是商号(万联兴、裕昌当、万醇和、同裕兴),笔者尚未查清楚它们的东主的身份,但其他五人中,有四个是客家人(张振勋、张榕轩张耀轩兄弟、谢荣光)。无疑地,客家人在天后宫捐建时,比其他族群更积极出资。④

这个由日里(棉兰)华商总会志刻的乐捐碑,特别在碑文末端提到张榕轩耀轩兄弟的特殊贡献:"按天后宫,发起于榕轩张钦使大人昆仲,首□倡捐巨款,复邀集诸慈善翁,□金协助,落成于己酉。"⑤这段话不只印证了张榕轩耀轩兄弟的倡议创建之功,也确定天后宫落成于1909年。到了1970年代,天后宫年久剥蚀,当时的住持释妙戒和尚号召重修扩建,1978年重修告

---

① 笔者于2009年11月8日棉兰田野考察记录。
② 傅吾康:《印度尼西亚华文铭刻汇编》,第106页。
③ 傅吾康:《印度尼西亚华文铭刻汇编》,第108页。
④ 在其中的四个商号中,也可能是客家人经营的商号,如裕昌当很有可能是由客家人经营,因为早期南洋地区的许多典当业是由客家人所垄断。
⑤ 傅吾康:《印度尼西亚华文铭刻汇编》,第110页。

竣。天后宫重建碑记再次强调张氏兄弟倡建之功。①一个庙宇的建立和其后的发展,有可能是由不同籍贯的族群支配。以天后宫为例,创建之时为客家人之功,随着以后的发展,则逐渐由闽籍福建人(有别于永定等地区的客籍福建人也)所掌控。到底客家人何时失去了或放弃了掌管权,抑或是客家人是否从一开始就只用心倡建,而不在乎管理权到底由谁掌控,则是一个值得进一步研究的课题。

大棉兰地区唯一——间张榕轩并没有参与倡建的著名庙宇为坐落在老武汉的寿山宫。这建庙宇保留有多个注明光绪十六年或光绪庚寅年(1890)的匾额、香炉或钟铭,显示该宫在 1890 年已经建成。从"寿山宫观音佛祖碑"上的捐题芳名录来推测,寿山宫应该主要是由福建人筹建。更明显的证据是当地福建公所的会所,就设在寿山宫的左侧建筑里,可知福建人与寿山宫的密切关系。为何张榕轩并没有参与筹建寿山宫,可能是因为它创立于老武汉,在当时算是离棉兰较远的地方。②张榕轩直接倡办的庙宇,还是以坐落在棉兰市区者为主。当然,张榕轩也不可能参与倡办所有大大小小的庙宇,但他倡建的三个庙宇,后来都成为当地香火鼎盛的庙宇,可见他的社会影响力。

简言之,棉兰早期华人庙宇主要由当地华人侨领倡办。从 19 世纪末到 20 世纪初,棉兰的华人侨领,无疑的就是当地的玛腰。而先后担任玛腰的就是客家人张榕轩和张耀轩。但是,棉兰的庙宇,并不是由单一的族群人士所独自经营和祭祀。张榕轩倡办的关帝庙、清音禅寺和天后宫,都有其他非客家族群人士的支持和捐助。其中一个原因是张榕轩建庙时,不限以客家人的领袖号召建庙,而是以当地侨领的身份领导倡建,其他族群人士也乐于参与。此外,就与英属马来亚的情况类似,庙宇有可能由某籍贯人士倡建,也可能由多个族群的人士共同兴建和祭祀,即使主要的倡办人和捐款人是其中某个族群的人士。最明显例子是槟城的极乐寺。早期兴建时出钱最多的六大总理都是客家人,但它却是各个族群人士都去祭拜和祈福的宗教圣地。信仰是灵界范畴,比较难于用世俗的族群界线划分,地方庙宇活动通常会吸引当地各族群华人参与,也比较常看到跨族群互动和共襄盛举的场面。

**(二)会馆组织**

除了庙宇外,会馆社团是检视早期华人移民活动和族群关系的最佳渠

---

① 傅吾康:《印度尼西亚华文铭刻汇编》,第 112 页。
② 老武汉在 1973 年才并入大棉兰市的范围。

道。与庙宇类似,棉兰自19世纪末便有华人会馆出现,作为华人互助之团体组织。但由于1960年代印尼全面排华,不只禁止华文学校教育,华文书报出版和进口也被禁止。1966年苏哈多总统上台,不少会馆受到波及和取缔,被迫停办。1967年印尼政府颁布法令,明确规定外侨社团只能从事以下活动:医药卫生、宗教、葬事、体育和娱乐活动。很多会馆为了生存和适应新的法令,不只该改变了主要的活动项目和功能,还将会馆名称变更为基金会。1990年代末政局比较开放和政治比较稳定后,有多个会馆申请复办,继续为会员及华人社会与棉兰社会服务,且提倡与友族和睦共存。①印尼华人的会馆和社团大多以"基金会"的名义注册。②

目前棉兰的会馆特色是,客家人注重乡亲组织,而闽南人则活跃于宗亲姓氏公会。其中原因不得而知,很可能是由于客家人数较少,同一姓氏更少,所以以同乡的组织聚集力量。而福建人较多,各主要姓氏都有一些成功的商人,便以姓氏公会为活动基地。这种情况和槟城早期华人社会很类似。学者颜清湟认为早期槟城华人社会中的福建人比较注重成立血缘性或同姓团体机构,例如五大姓氏公司,而嘉应客家人却是第一个成立地缘会馆的华人社群。③

客属会馆方面,目前比较活跃的是棉兰鹅城慈善基金会,它的前身为惠州会馆。印尼棉兰惠州会馆创建于1895年,距今超过120年。惠州十邑先贤当年创办会馆的宗旨和其他会馆类似,为"联络乡情梓谊,便利过往同乡,发扬祖国古老文化,栽培后裔"④。当年馆址为棉兰市商业闹区之广东街58号,占地1108平方米。会馆前后面临两条街。会馆后面部分开办养中学校。因此,面临养中学校的街道取名养中街。1965年9月30日印尼政坛风云变色。1966年惠州会馆被勒令停办,会馆属下之产业均被接管。1984年惠州会馆以新的名义——棉兰鹅城慈善基金会,延续惠州会馆的使命,其主要宗旨为从事慈善活动、体育活动、文娱活动、社会医疗及开展教育事业。因此开办了公冢义山、殡仪馆、诊疗所,兴建体育馆,发放奖学金,也筹建骨

---

① 现在印尼华人社团大致有以下数种:乡亲会馆、宗亲(姓氏)会馆;基金会;宗教团体;医药卫生团体;校友会;老人团体;文化团体;康乐团体等。

② 印尼政府鼓励建设以慈善福利为活动宗旨的基金会。故,华人成立了各种名称的基金会,出现了以基金会为主的华人社团,例如棉兰惠州会馆就改为棉兰鹅城慈善基金会。其印尼文名称为 Yayasan Sosial Angsapura。"Yayasan"之意即为基金。黄昆章:《印尼华侨华人史(1950至2004年)》,第182,201—204页。

③ Yen Ching-hwang, "Historical Background." in Lee Kam Hing and Tan Chee Beng, eds. *The Chinese in Malaysia*. Kuala Lumpur: Oxford University Press, 2000, pp. 1-36.

④ 《第六届世界惠州同乡会恳亲大会纪念特刊》,印尼棉兰鹅城慈善基金会2007年版,第172页。

灰塔和学校。馆址从原址迁至现址罗甘街，同样是前后面临两条街，占地3150平方米，面向前街的建筑物用作办事处和诊疗所，后街开设殡仪馆，右侧为室内篮球场。其对体育活动之积极开展引起印尼政府重视，于2001年获印度尼西亚国家体委高度嘉奖，被授予"一等体育创导奉献奖"。[①]棉兰惠州人据称很团结，也很热情，举凡春、秋两季祭祖活动，九月九日重阳节，庆祝玄天上帝千秋等活动，乡亲们多热烈参与，欢聚一堂，虔诚公祭，并时有举行三四千人的大型联欢聚餐会，热闹非凡。[②]

另外一个活跃的客属团体是印尼苏北客属联谊会。[③] 它成立于2000年，倡导人为张洪钧[④]等人。创办宗旨为"团结苏北各地的客家人，以联络乡情，增进乡谊，守望相助，融入主流社会，团结本地华族社团，与各族群和睦相处，为共同建设繁荣、富强的印度尼西亚共和国而多做贡献"[⑤]。由此可知，一方面，这个客属联谊会不只是棉兰的客属会馆，也是整个苏北省地区的客属会馆，但棉兰为苏北省首府，联谊会仍然是以棉兰为中心。另一方面，苏北客属联谊会是以联络苏北客家人的乡情乡谊为主，同时也希望借此联谊会，促进客家人与主流社会及与其他各族群社会的交流，进而对国家（印尼）有所贡献。可谓结合了传统会馆的功能及印尼国家社会特殊环境的双重特点。苏北客属联谊会从2000年成立至2005年发展迅速，会员人数从原有的一百多人增加至六百多人，日益壮大。联谊会也积极参与赈灾、助贫、济困、义诊等爱心活动，并常举办文娱、体育和新春、中秋联欢等会员活动，还多次参与印尼雅加达和中国福建龙岩、河南郑州、江西赣州、四川成都举行的世界客属恳亲大会，与世界五大洲之客属乡亲联谊。[⑥]

除了客属会馆外，棉兰也有其他方言群的会馆，包括福建会馆、潮州会馆和兴化会馆等。棉兰的福建人并不积极参与福建会馆的活动，[⑦]反而是积极参与和领导多个姓氏公会（如下所述），其他地缘会馆则因资料有限，不

---

① 《第六届世界惠州同乡会恳亲大会纪念特刊》，第172页。

② 《第六届世界惠州同乡会恳亲大会纪念特刊》，第193页。

③ 印尼苏北客属联谊会之印尼文名称为 Perkumpulan Hakka Indonesia Sumut。

④ 张洪钧祖籍广东梅县松口南下村，为张榕轩之曾孙。他是印尼棉兰苏北客属联谊会永久资深荣誉主席、印尼客属联谊总会副总主席（曾一连三任该会主席）、印尼雅加达客属联谊会名誉主席、印尼苏北古城堂主席、印尼梅州会馆名誉会长和全球客家崇正会联合总会名誉会长。张洪钧秉承先祖训乐善好施，对公益、教育事业不遗余力、慷慨解囊。张洪钧在客属乡亲中享有崇高的地位。吴奕光：《印尼苏北闻人录》，香港南凤文学社2009年版，第47—51页。

⑤ 《印尼苏北客属联谊会五周年纪念特刊》，印尼苏北客属联谊会2006年版，第41页。

⑥ 《印尼苏北客属联谊会五周年纪念特刊》，第41页。

⑦ 林来荣口述，笔者访问。

在此讨论。

姓氏会馆是不分籍贯、方言、信仰,而以同宗为准,故也称为宗亲会馆或血缘性会馆。值得注意的是,棉兰的几个主要姓氏会馆都是由福建人所领导,有些也具有百年以上的历史。分别简介如下:

苏北棉兰颖川宗亲会[1],又称陈氏宗亲会馆,成立于 1876 年,距今已超过 140 年的历史,主席为祖籍福建安溪的陈明宗。[2]根据会馆史料,1908 年陈氏宗亲先辈已在棉兰临近的老武汉建有会所,内奉陈圣王像。[3]随着 20 世纪初棉兰商业和政治地位的崛起,陈氏先贤多移至棉兰发展,于是在 1919 年组织棉兰颖川自治会,会所设在香港街(今井里汶街),从此陈氏宗亲的活动便以棉兰为中心。1960 年代苏哈多统治时期,陈氏会馆也和其他会馆一样,一概不能活动。但陈氏宗亲为了不忘祖宗,每年春秋两祭,都不忘三五成群地到祖坟进行祭宗拜祖仪式。[4]陈氏会馆在 1990 年复办,成立理事会,并以慈善基金会的名义向政府登记注册。2005 年新的会馆大厦——颖川堂大厦落成,楼高四层,分别作为公共活动大厅、商贸学院和会馆办公场之用途。[5] 棉兰陈氏目前仍有自己的义山墓园,会馆在每年的清明、端午、中元、中秋节日时都举行祭祀活动。该会馆成员大都为闽南人,平时聚会用语为闽南话。[6]

另外一个由福建人领导的宗亲会馆为江夏黄氏公所,即棉兰黄氏宗亲会馆。现任领导人是福建南安的黄印华。[7]该公所成立于 1907 年,创会宗旨为"共处天涯、永敦族谊、友助相将、贫难相恤、休戚相关"[8]。公所于 1921

---

[1]  陈氏宗亲会馆的印尼文名称为 Yayasan Sosial Lautan Mulia。

[2]  陈明宗(1945—),祖籍福建安溪茶乡,棉兰成功的实业家,热心于社会慈善事业。其祖父南来后先在新加坡,后迁至马达山经营小杂货店和蔬果买卖,兼营木板业。其父开始经营建筑材料业,奠下陈家之基业。陈明宗由建材行业再进军酒店业。除了活跃于商场外,陈明宗亦落力于华人社会团体。他为颖川堂陈氏宗亲会主席。他也是印中商务理事会主席(半官方组织),促进苏北省与中国商务发展。陈明宗也出任亚洲国际友好学院建校委员会之委员。2007 年,印尼华联成立,陈明宗为理事之一。吴奕光:《印尼苏北闻人录》,第 165—176 页。

[3]  《苏北棉兰颖川宗亲会简史》(2006 年整理,影印本)。陈宗明提供给笔者,特此感谢。

[4]  《苏北棉兰颖川宗亲会简史》(2006 年整理,影印本)。

[5]  该商贸学院由会馆兴办和管理,主要课程为商科,是以英文授课的。曹云华:《棉兰华人印象》,第 74 页。

[6]  陈明宗口述,笔者采访,棉兰,2011 年 6 月 16 日。

[7]  黄印华(1951—),祖籍福建南安。毕业自棉华中学高中部、苏北回教大学医学系。黄印华修完医科后,转投入商政界。黄印华兼任了十多个华人社会团体的主席、顾问与官方的苏北红十字会副主席、苏北省政府对外友好协会会长,凸显了其社会声望与领导才能。吴奕光:《印尼苏北闻人录》,第 217—231 页。

[8]  《江夏公所百年庆典纪念特刊(1907—2007)》,棉兰江夏公所 2007 年版,第 33 页。

年购置半路店义山,隔年建义山亭,作为春秋两季祭祖及聚餐之用。春秋两季祭祖至今仍在此处进行。1925 年,买下上海街 98 号两层楼店屋为会所,在当时为新客提供住宿。二次大战至印尼独立战争期间,会务被迫停顿,于1951 年复办。1960 年代,华人社会分裂为左右两派,黄氏公所始终保持中立态度,与各社团相安共处。1965 年,印尼"九三"事件后,苏北省乃至全印尼所有华人社会团体宗亲会所都被迫关闭或被没收了,唯有棉兰江夏义亭在当时主席黄海棠的争取下,仍坚持于半路店义山进行春秋两季祭祖。1970 年该所正式注册为"江夏堂黄氏慈善基金会"。1980 年该所未雨绸缪,于日里大平安村添购义山地皮,新建义山亭,以防半路店旧义山因城区扩大而被逼迁移。1991 年该所迁入新购的会所,位于马禾尼街九号,占地 1200多平方米,内设体育馆、医疗所(西医)、会议厅、会客厅、音乐室及舞蹈室,提供各种设施供会员使用。其中的医疗所对友族贫苦大众提供免费医药服务,深获好评。江夏黄氏公所的江夏乐龄合唱团多次参加海内外歌唱演出和比赛。在南亚大海啸发生后,江夏黄氏公所与其他华人社会团体成立苏北华社赈灾委员会,积极投入赈灾活动。江夏黄氏公所在为乡亲和社会服务各方面贡献良多。[1]

　　苏北(棉兰)西河九龙堂林氏宗亲会[2]也是由福建籍的宗亲所领导,主席是林福鼎。林氏宗亲会的宗旨为凝聚林氏宗亲,促进"互助互惠,情感交流,并提供教育、慈善、福利给宗亲们"。[3] 19 世纪成立的林氏宗亲会所设在早期林氏乡亲比较集中的老港口——老武汉。当时的会馆称为西河公所,供奉妈祖于会所内。后会所迁至棉兰市亚细亚街。1958 年因政治因素,西河公所被当时的苏卡诺政府禁止会务活动。苏哈多政府上台后,华人社会团体的活动被全面禁止。此时期林氏的宗亲活动都是以私人名义举行。[4]直至 1980 年代,印尼政府才解禁姓氏的宗亲活动。恢复活动的林氏宗亲会于 1995 年在棉兰近郊楠巴樟建立新会所。但 1997—1998 年亚洲金融危机导致的排华运动后,出于居住安全考虑,董事会决定迁馆到棉兰市中心,2002 年坐落于哈夷阿旦马力路的新会所落成,成为林氏宗亲的活动中心。林氏宗亲会主要活动包括农历三月二十三日庆祝妈祖圣诞,农历四月初四

① 《江夏公所百年庆典纪念特刊 (1907—2007)》,第 33—35 页。
② 林氏宗亲会之印尼文名称为 Yayasan Lestari Indo Makmur Lim。
③ 林来荣:《苏北(棉兰)西河九龙堂林氏宗亲会简介》,抽印稿。林氏宗亲会总务林来荣提供给笔者,特此感谢。
④ 林来荣:《苏北(棉兰)西河九龙堂林氏宗亲会简介》。

举行鼻祖比干公诞辰祭典、春节团拜、中秋聚餐会、月会聚餐等。该所设有歌咏队(非林姓也可以参加,所唱的歌曲有华语和印尼语)、跳舞队、排舞队、乒乓队等。①林氏宗亲会还有一项比较特别的活动,就是每年都定期举办民众义诊和健康医学讲座,因为林氏宗亲会内医学人才济济,有十几位医生会员,各科专科医生都有,有些甚至是棉兰地区的名医。② 在林氏宗亲会,一般开会用语为福建话,记录则用印尼文。年轻一代的会员因华文教育的缺失,大都用英文交谈,亦有一部分用印尼话交谈。③

除了乡亲会馆和宗亲会馆,棉兰也有综合性团体,成员不分宗教、方言、职业与籍贯,其中之一是当地社团的所谓的最高领导机构,属下有各种性质不同的团体,但后者仍具有独立存在和运作的团体身份。④在印尼华人社会有一个全国性的综合性团体,那就是印尼华裔总会,简称印华总会。它成立于1999年7月,成立宗旨为团结、维持、发展与带领印尼华裔投入印度尼西亚的建设。印尼华裔总会棉兰分会主席是黄印华。棉兰其他综合性团体还包括棉兰紫藤阁道德教育会、苏北印华百家姓、苏北华社慈善与教育联谊会等。棉兰紫藤阁道德教育会主要从事慈善活动,如帮人找墓地、赠棺木等;苏北印华百家姓成立于2000年。⑤ 苏北华社慈善与教育联谊会,简称华联,成立于2007年。⑥

### 三、当地侨领及领导阶层的转变

回首棉兰华人移民和发展史,发现棉兰的开发与东南亚很多地方的开发史不同。一般研究南洋地区的华人移民史时,都会注意到俗话"客家人开埠、广东人旺埠、福建人占埠"。意思是指客家人是开垦先驱,但带动该地发展的是随后而来的广府人,因为他们有做小生意的能力和技艺能力,而大批南来的福建人,由于人数多且有做大宗商贸买卖的传统和能力,最后掌控当

---

① 林来荣口述,笔者采访,棉兰,2011年6月16日。
② 林来荣:《苏北(棉兰)西河九龙堂林氏宗亲会简介》。
③ 林来荣口述,笔者采访,棉兰,2011年6月16日。
④ 黄昆章:《印尼华侨华人史(1950至2004年)》,第76页;廖建裕:《印尼华人文化与社会》,新加坡亚洲研究学会1993年版,第52页;根据林来荣口述,现在虽然出现全国性质的团体如印华总会,但各会馆还是处于各自为政的情形。2011年6月16日,笔者采访。
⑤ 以上资料参阅 http://www.guojiribao.com/shtml/gjrb/20110222/56188.shtml,浏览于2011年8月9日。
⑥ 2004年亚齐大海啸,印华总会、苏北印华百家姓号召苏北各华人社会团体成立救援委员会。此次救援委员会的成立与成功体现了苏北华人社会空前的大团结。吴奕光:《印尼苏北闻人录》,第173—174页。

地的领导权。但将这个模式套用到棉兰地区的华人史时,只对了三分之二,因为客家人不只开埠,将棉兰兴旺起来的也是客家人。有关棉兰的开埠和旺埠史,不能不提当地侨领张榕轩(张煜南)和张耀轩(张鸿南)兄弟。

张氏昆仲是梅县松口溪南人。他们是棉兰的先驱拓荒者和著名华侨实业家和侨领。根据张氏家族世系表,张榕轩(1850—1911)是张家第 17 世爵干公,字煜南。弟弟张耀轩(1860—1921)为爵辉公,字鸿南。① 张榕轩年少时过番到爪哇巴城,谋事于广东大埔籍同宗张弼士门下,甚受器重,稍有成就之后,转往苏门答腊岛的老武汉地区发展。老武汉为棉兰地区靠海港的一个老镇,是棉兰地区最早有华人聚居之地。随着棉兰种植业的扩展,张榕轩于 1875 年迁居该处,开始经营橡胶、咖啡、茶叶、甘蔗等农作物。1879年,张耀轩南来协助兄长。张耀轩在其兄提携下,在不老湾一带购地种植橡胶,为当年华侨第一个种植园主。

1885 年 11 月荷兰殖民政府委任张榕轩为雷珍兰(Luitenant,为甲必丹副手),后来先后升为甲必丹(Kapitein)和玛腰(Major,即华人首长之意;玛腰为荷兰统治东印度群岛所委任的最高华人官职,比甲必丹还要高一级)。张榕轩任玛腰一职长达 20 多年。他不遗余力地投身于当地的慈善公益事业,出资创建棉兰敦本学校,捐助苏北各埠中华学校校舍,创立了棉兰第一家华侨私人银行——日里银行,且于不老湾河口一小岛上设麻风疗养院。当时棉兰仍无寺庙与公共墓地。他申请巴烟地(Pulau Barayan)为公共墓地,并捐建祠堂。此外,他也开发海运,航行于槟城、新加坡与荷属东印度诸岛,挑战荷人垄断的航运业。1894 年,清政府委任张榕轩为槟榔屿副领事。由从商步入仕宦之途,亦官亦商。弟弟张耀轩事业也蒸蒸日上。1897 年,时任清朝驻新加坡总领事的张弼士应清政府之邀回国办中国通商银行,他把东南亚各地的事业委托张耀轩全权代理。自此,张耀轩之名声倍增。

张榕轩和张耀轩也热心于资助中国公益事业,如海军经费、京师医局、陕西赈灾、顺直赈灾等,均贡献至巨。1903 年张弼士被清廷委为粤汉铁路和广东佛山铁路总办,他向清廷建议让张榕轩主持修建潮汕铁路,获得批准。潮汕铁路于 1904 年动工,1906 年竣工。有鉴于张氏兄弟的贡献,清廷赐张榕轩"花翎二品顶戴候补四品京堂",张耀轩"花翎三品卿衔江西补用知府"。1910 年,张榕轩创立了棉兰中华总商会。1911 年张榕轩逝世。1916

---

① 抄自张家族谱,笔者于 2011 年 6 月 17 日访问张榕轩后人张洪钧夫妇;《嘉应州松江溪南张氏世系表》,收录于饶淦中主编《楷范垂芬耀千秋——印尼张榕轩先贤逝世一百周年纪念文集》,香港日月星出版社 2011 年版,第 188—189 页。

年张榕轩子嗣及弟弟张耀轩为纪念张榕轩，便在日里河上建一座方便居民往来的公路桥，名为"成德桥"，又名"张榕轩桥"。

张榕轩逝世后，其玛腰之职由张耀轩接任，继续对棉兰和华人社会做出贡献。他与荷兰殖民者及当地苏丹关系极佳。1909 年，棉兰市议会成立，有议员 19 名，张耀轩是唯一的华人议员，其余均为欧洲人。1916 年，他创办了巴达维亚银行。这期间，他不断捐款资助医院、华人庙宇和学校等，以及捐赠一座市府大楼钟塔。在他担任当地华人公职 30 周年时，各族人士为他举办了三天的盛大活动，可谓盛况空前。[1] 1921 年 1 月 22 日，荷印政府为褒扬张耀轩对政府的服务及对棉兰发展的贡献，颁发崇高的"阿兰惹拿赉苏勋章"（Orde van Oranje－Nassau）给他。[2] 不幸的是，两个星期后张耀轩与世长辞。[3]

张耀轩逝世后，长期由客家人担任棉兰玛腰一职的传统结束，改由闽人丘清德（1876—1969）[4]担任，标示了闽南人逐渐取代客家人，成为棉兰地区最有影响力的族群。当然客家人的势力也并未彻底消失。张榕轩的长子张步青，字公善，仍有乃父的风范，受人敬重。张步青曾荣膺清朝政府的官衔，民国后也担任中华民国驻棉兰的首任领事和总领事（1915—1929）。[5]但由于张步青领事职责所在，多专注与中国打交道。而荷属殖民政府更看重的侨领职务——玛腰，已经由闽南籍的丘清德担任，再加上福建人数在棉兰日益增加，成为当地最大的华人族群，闽客的关系和对当地的影响力开始有了彼升此降的转变，进入了所谓"福建人占埠"的阶段。

---

[1] 有关张耀轩的大规模庆祝活动的记录和照片，见《张耀轩博士拓殖南洋卅年纪念录》，上海商务印书馆 1921 年版。

[2] Dirk A. Buiskool, *De reis van Harm Kamerlingh Onnes: brieven uit de Oost 1922—1923.* Hilversum: Uitgeverij Verloren, 1999, p. 27.

[3] 张榕轩、张耀轩兄弟的事迹可参阅吴奕光:《印尼苏北闻人录》;《著名的华侨实业家张榕轩、张耀轩昆仲》,《印尼苏北客属联谊会五周年纪念特刊》,第 128,144—145 页;沈雷渔:《苏门答腊一瞥》,正中书局 1936 年版,第 129—134 页;Tengku Luckman Sinar, *The History of Medan in the Olden Times*, pp. 91—92;黄浪华编:《华侨之光:张荣轩张耀轩张步青学术研讨会论文集》,北京中国华侨出版社 2011 年版。

[4] Dirk A. Buiskool, "The Chinese Commercial Elite of Medan, 1890—1942: The Penang Connection," JMBRAS, vol. 82, part 2 (2009), p. 119. 丘清德卸任玛腰之后,另外一个闽籍侨领 温发金继任玛腰。

[5] 《华侨先贤张步青公纪略》,收录于《印尼苏北客属联谊会五周年纪念特刊》,第 146 页;吴奕光:《印尼苏北闻人录》,第 41—45 页。

## 四、结语

本章讨论了 19 世纪后期到 20 世纪初期华人移民对棉兰开埠和旺埠的贡献,尤其是客家人所扮演的重要角色,其中又以玛腰张榕轩和张耀轩兄弟的侨领地位最为关键。文中特别以开埠初期棉兰地区所创建的多个庙宇为例,说明张榕轩在倡议、出资和集资方面的贡献和能力。张榕轩一方面获得荷属东印度政府委以玛腰重任,统领当地华人社会;另一方面也尽力促进当地经济和商业发展,为医疗建设、教育和慈善事业贡献力量。张榕轩于 1911 年逝世后,其弟张耀轩受委继任玛腰,其对当地的贡献和在当地人中的威望不亚于其兄。两兄弟担任玛腰共 30 年(榕轩 20 年,耀轩 10 年),这 30 年为棉兰开埠到旺埠的黄金年代(大约在 1890 年代初到 1920 年代初)。

棉兰当然不是只有客家人存在,早期有不少来开荒的潮州劳工,后来更陆续有众多的福建人移入,而且多在市镇经商贸易,逐渐累积财富。当张耀轩于 1921 年逝世时,荷属东印度政府就委任已经崛起的福建籍侨领丘清德继任玛腰,也意味着棉兰华人社会的领导阶层开始由客家籍侨领转为福建籍侨领。从此,客家社群的势力,改由张步青所担任的中国领事一职,继续发挥影响力,尤其是在涉及侨民和与“祖国”相关的事务上。

本章除了对棉兰从开埠到旺埠的华族领导阶层的发展和演变有所论述外,也对棉兰的客、闽两个族群在会馆社团组织方面的特点也有所比较。棉兰客家人偏好组织地缘性会馆,而闽南人则积极成立姓氏宗亲社团。本章举出其中现象,但尚未对个中原因做深入探讨,笔者初步的思考包括族群人数多寡,以及原乡文化传统等。棉兰华人社会的研究,尚有许多方面值得详细探讨,例如,棉兰华人各族群的经济生活、文化教育,客闽以外的族群的探讨,华族与其他种族群体的关系,棉兰华人社会与印尼甚至其他南洋地区华族社会的比较等,都有待以后有志者探索和研究。

# 参考文献

## 一、档案资料

"中研院"近代史档案馆藏:《国民政府接收前外交部档案卷:宣统三年刘玉麟使英案目》,档案编号:02—12—12—(1)。

"中研院"近代史档案馆藏:《外务部清档:医药卫生·新嘉坡验疫准免赤身》,档案编号:02—31—1—(5)。

"中研院"近代史档案馆藏:《总理各国事务衙门清档:宣统二年李经方使英案目》,档案编号:02—12—14—(3)。

"中研院"近代史研究所档案馆藏《外务部清档:出使设领档·汪大燮使英》,宗号:02—12—13—(1)。

"国史馆"藏:国民政府全宗。

"国史馆"藏:外交部全宗。

"国史馆"藏:蒋中正总统文物全宗。

"国史馆"藏:资源委员会全宗。

Straits Settlements:*CO 276/26 Straits Settlements Government Gazette for the Year 1893.*

Straits Settlements:*CO 276/29 The Straits Settlements Government Gazette for the Year 1894.*

Straits Settlements:*CO 276/30 The Straits Settlements Government Gazette for the Year 1895.*

Straits Settlements:*CO 276/46 The Straits Settlements Government Gazette for the Year 1903.*

中国国民党党史馆藏:汉口档案(汉 2542.1 等)。

中国国民党党史馆藏:特种档案(特 31/42.27 等)。

中国国民党党史馆藏:环龙路档案(环 06631 等)。

中国第二历史档案馆藏:国民政府行政院全宗号(2)案卷号 (685)等。

新加坡中华总商会:1929年董事会会议记录。

新加坡中华总商会:1931年董事会会议记录。

新加坡国家档案馆藏:《口述历史计划:华人方言群》之《黄二甲口述历史》,索号:000165。

新加坡国家档案馆藏:《口述历史计划:日据时期的新加坡》之《黄奕欢口述历史》,索号:000035。

新加坡国家档案馆藏:《口述历史计划:视觉艺术》之《刘抗口述历史》,索号:000171。

美国加州大学(柏克莱校区)族裔研究图书馆(Ethnic Studies Library)藏:欧云高等《驳徐勤等布告书》,1909。

## 二、出版官报、史料汇编、族谱

"Correspondence Relative to the Necessity for the Erection of a Lazaretto at St. John's Island," *Papers and Reports Laid before the Legislative Council of the Straits Settlements (1867—1955)*, September 7, 1874.

Straits Settlements: *Annual Departmental Reports*, Singapore, 1901—1939.

Straits Settlements: *Report on the Census of the Straits Settlements for 1891*.

《港九各界团体首长暨追悼会筹备委员祭文》,收录于《刁太史作谦博士荣哀录》,港九各界追悼刁太史作谦筹备会1977年版(非卖品),刘奕宏提供。

《锦台公老本》(族谱),广东梅州洁养堂梁家私藏本。

《京外学务报告:商部咨槟榔屿创设中华学堂请查核立案并声明刊发纪念文》,《学部官报》1906年(光绪三十二年十一月初一日)第9期,台北故宫博物院1980年影印本。

《两江总督张人骏奏南洋劝业会期满闭会情形等折》,《商务官报》,北京农工商部商务官报局1910年(宣统二年)第25期,新加坡国立大学图书馆电子资料库版。

《荣禄大夫忻然戴公家传》,影印本,谢诗坚提供。

《使英郭嵩焘奏请于新加坡设立领事片》,《清季外交史料》(第11卷),文海出版社1963年版(影印本)。

《使英薛福成奏南洋新设副领事随员酌定章程折》，《清季外交史料》（第91卷），文海出版社1963年版（影印本）。

《使英薛福成奏英属各埠拟添设领事保护华民折》，《清季外交史料》（第83卷），文海出版社1963年版（影印本）。

《松东镇谢氏族谱·犹复公世系》，广东梅县松东镇谢氏族谱编修组1998年版，谢家私藏本。

《外务部档案：新加坡总领事孙士鼎为轮船入口验疫英苛蔑华人前经外务部照会坡督已有改革事致外务部的申报》，光绪卅二年闰四月三十日，收录于《清代中国与东南亚各国关系档案史料汇编》，第1册，国际文化出版公司1998版。

《张榕轩侍郎荣哀录》，印尼棉兰张洪钧（张煜南曾长孙）赠送笔者私藏本。

包乐史（Leonard Blusse）、聂德宁、吴凤斌校注：《公案簿》（"吧城华人公馆（吧国公堂）档案丛书"第11辑），厦门大学出版社2012年版。

陈小冲编：《厦台关系史料选编（1895—1945）》，九州出版社2013年版。

故宫博物院明清档案部、福建师范大学历系合编：《清季中外使领年表》，中华书局1985年版。

广东省地方史志编纂委员会编：《广东省志·华侨志》，广东人民出版社1996年版。

赖际熙：《诰授荣禄大夫特旨分省补用道槟榔屿领事官新嘉坡总领事官戴公府君墓表》，收录于林庆彰主编"民国文集丛刊"第1编《荔垞文存》，文听阁图书公司2008年版，第108—112页。

梁廷芳：《振兴矿务刍言》，《商务官报》，1906年（光绪三十二年）第9期，新加坡国立大学图书馆电子资料库版。

侨务二十五年编辑委员会编：《侨务二十五年》，海外出版社1957年版。

薛福成：《出使英法意比四国日记》，第4卷，岳麓书社1985年版。

张福英：《林尔嘉家族信件：张福英致林尔嘉信》，收录于陈支平主编《台湾文献汇刊》，第7辑第2册，厦门大学出版社2004年版。

中国第一历史档案馆编：《清代中国与东南亚各国关系档案史料汇编》，第1册，国际文化出版公司1998版。

## 三、报刊

《槟城新报》，槟城，1896—1938年。

《光华日报》,槟城,1931—1933 年。

《叻报》,新加坡,1892—1932 年。

《南洋商报》,新加坡,1925—1935 年。

《申报》,上海,1893—1934 年。

《时报》,上海,1911 年。

《台湾日日新报》,台北,1912 年。

《星洲日报》,新加坡,1932—1936 年。

*The Singapore Free Press and Mercantile Advertiser*,Singapore,1894.

*The Straits Times*,Singapore,1895—1907.

## 四、图书及论文

《刁太史作谦博士传略》,收录于《刁作谦博士荣哀录》,香港港九各界追悼刁太史作谦博士筹备会 1977 年版,第 3—4 页。

《刁作谦博士荣哀录》,香港港九各界追悼刁太史作谦博士筹备会 1977 年版。

《嘉应州松江溪南张氏世系表》,收录于饶淦中主编《楷范垂芬耀千秋——印尼张榕轩先贤逝世一百周年纪念文集》,香港日月星出版社 2011 年版,第 188—189 页。

《乾隆嘉应州志》,收录于故宫博物院编:《故宫珍本丛刊》(第 174 册),海南出版社 2001 年影印本。

《苏北棉兰颖川宗亲会简史》,2006 年整理(影印本),棉兰陈宗明提供。

槟城阅书报社编:《槟城阅书报社廿四周年纪念特刊》,槟城阅书报社 1931 年版。

槟榔屿广东暨汀周会馆编:《槟榔屿广东暨汀州会馆二百周年纪念特刊》,槟榔屿广东暨汀周会馆 1998 年版。

槟榔屿客属公会四十周年纪念刊编辑委员会编:《槟榔屿客属公会四十周年纪念刊》,槟城槟榔屿客属公会 1979 年版。

槟州客属公会金禧纪念特刊编委会编:《槟州客属公会金禧纪念暨时中学校八十校庆特刊》,槟城槟州客属公会 1990 年版。

蔡龙保:《日据时期台湾总督府铁道部的南进支援——以潮汕铁路的兴筑为例》,《辅仁历史学报》,2012 年第 28 期,第 233—269 页。

蔡佩蓉:《清季驻新加坡领事之探讨(1877—1911)》,新加坡国立大学中文系和八方文化企业公司 2002 年版。

蔡晏霖:《美味的关系:印尼棉兰家务亲密劳动的味觉与口述历史》,《台湾东南亚学刊》,2005 年第 2 期第 2 卷,第 127—158 页。

曹云华:《棉兰华人印象》,《东南亚研究》,2010 年第 1 期,第 70—78 页。

陈宝琛:《沧趣楼诗文集》,上海古籍出版社 2006 年版。

陈昌豪编:《马来西亚名人传》,吉隆坡文化供应社 1958 年版。

陈达:《南洋华侨与闽粤社会》,商务印书馆 1938 年版。

陈丁辉主编:《星洲同盟会录》,新加坡晚晴园——孙中山南洋纪念馆 2015 年版。

陈海忠:《晚清潮汕铁路和地方社会》,《潮学研究》(第 13 辑),汕头大学出版社 2006 年版,第 110—131 页。

陈剑虹、黄贤强编:《槟榔屿华人研究》,槟城韩江学院华人文化馆、新加坡国立大学中文系 2005 年版。

陈剑虹:《槟榔屿广福宫史话》,收录于《槟榔屿广福宫庆祝建庙 188 周年暨观音菩萨出游纪念特刊》,槟城广福宫信理部 1989 年版,第 34—36 页。

陈剑虹:《槟榔屿孔圣庙中华中小学创校史》,收录于《槟榔屿孔圣庙中华中小学庆祝创校百周年纪念特刊,1904—2004》,槟城槟榔屿孔圣庙中华中小学 2004 年版,第 14—18 页。

陈剑虹:《平章会馆的历史发展轨迹,1881—1974》,收录于槟城槟州大会堂特刊编辑委员会编:《槟州华人大会堂庆祝成立一百周年新厦落成开幕纪念特刊》,槟城槟州大会堂 1983 年版,第 135—162 页。

陈民:《论张弼士在晚清发展民用工业中的历史作用》,《华侨华人历史研究》,1992 年第 3 期,第 416—427 页。

陈秋平:《移民与佛教:英殖民时代的槟城佛教》,新山南方学院 2004 年版。

陈舜贞:《中国〈南洋海峡英属殖民地志略〉和英国 Twentieth Century Impressions of British Malaya 中有关槟榔屿华籍人物的比较研究》,收录于陈剑虹、黄贤强主编:《槟榔屿华人研究》,槟城韩江学院华人文化馆和新加坡国立大学中文系 2005 版,第 185—251 页。

陈铁凡、傅吾康编:《马来西亚华文铭刻萃编》(第二卷),马来亚大学出版部 1985 年版。

陈铁凡、傅吾康编:《马来西亚华文铭刻萃编》(第三卷),马来亚大学出版部 1987 版。

陈衍德:《印尼棉兰华人社会考察记》,收录于刘钊、王日根等编:《厦大史学》（第 1 辑），厦门大学出版社 2005 年版，第 338—348 页。

陈耀威：《甲必丹郑景贵的慎之家塾与海记栈》，槟城侨生博物馆私人有限公司（Pinang Peranakan Mansion Sdn. Bhd.）2013 年版。

陈毅编：《轨政纪要》（第 3 卷），文海出版社 1970 年版。

陈翼经：《槟州百年来的教育》，收录于《槟州华人大会堂庆祝成立一百周年暨新厦落成开幕纪念特刊》，槟州华人大会堂 1983 年版，第 398—405 页。

陈予欢：《民国广东将领志》，广州出版社 1994 年版，第 14—15 页。

陈育崧：《同济医院创办史》，收录于同济医院一百二十周年历史专集出版委员会编《同济医院一百二十周年历史专集》，新加坡同济医院 1989 年版。

陈育崧：《椰阴馆文存》（第二卷），新加坡南洋学会 1983 年版。

陈振亚：《同济医院创办经过概要》，收录于同济医院一百二十周年历史专集出版委员会编《同济医院一百二十周年历史专集》，新加坡同济医院 1989 年版。

陈振亚：《追寻史料·查证史实》，收录于同济医院一百二十周年历史专集出版委员会编《同济医院一百二十周年历史专集》，新加坡同济医院 1989 年版。

陈争平：《客家英杰张振勋与清末民初中国实业发展》，收录于陈支平、周雪香编《华南客家族群追寻与文化印象》，黄山书社 2005 年版。

程光裕：《林义顺的革命志业》，收录于《辛亥革命与南洋华人研讨会论文集》，台北辛亥革命与南洋华人研讨会论文集编辑委员会 1986 年版，第123—132 页。

崔贵强：《新加坡华人——从开埠到建国》，新加坡宗乡会馆联合总会 1994 年版。

邓宇：《十九世纪末 20 世纪初马来亚华人锡矿家跨域经营之研究》，新加坡国立大学中文系 2018 年硕士学位论文。

杜南发编：《同济医院 150 周年文集》，新加坡同济医院 2017 年版。

房学嘉、李大超：《谢逸桥谢良牧与孙中山领导的民主革命》，暨南大学出版社 1991 年版。

房学嘉等编：《客家河源》，华南理工大学 2012 年版。

房学嘉等编：《张弼士为商之道研究》，华南理工大学出版社 2012 年版。

傅润华编：《中国当代名人传》，世界文化服务社1948年版。

傅吾康：《印度尼西亚华文铭刻汇编》，新加坡南洋学会1988年版。

关楚璞编：《星洲十年》，新加坡星洲日报社1940年版。

光华日报编：《光华日报八十五周年纪念特刊》，槟城光华日报有限公司1996年版。

广东历史学会张弼士研究专业委员会编：《张弼士研究资料》（第1—5辑），广东历史学会张弼士研究专业委员会2006年版。

郭美丽：《文人雅士游记中的槟城华人社会，1920—1930年代》，收录于黄贤强编《槟城华人社会与文化》，新加坡国立大学中文系2005年版，第1—29页。

韩信夫、杨德昌编：《张弼士研究专辑》，社会科学文献出版社2009年版。

韩信夫：《客属华侨实业兴邦的先驱者张弼士》，收录于韩信夫、杨德昌编《张弼士研究专辑》，社会科学文献出版社2009年版，第88—97页。

何炳彪主编：《永远说不完的课题——客家文化论集》，新加坡茶阳（大埔）会馆2008年版。

何建珊：《时中创办及建筑校舍历年经过概况》，收录于《槟州客属公会金禧纪念暨时中学校八十校庆特刊》，槟州客属公会1990年版，第202页。

侯鸿鉴：《南洋旅行记》，无锡锡城公司1920年版。

胡逸民：《序》，《墨子学说研究》，香港上海印书馆1967年版。

黄华平：《华侨与近代中国民营铁路（1903—1914）》，《八桂侨刊》，2006年第2期，第68—70页。

黄建淳：《槟榔屿中华学校（1904—1911）——兼述与清末政局的关系》，收录于朱浤源主编，《东南亚华人教育论文集》，台湾屏东师范学院1995年版，第453—475页。

黄建淳：《晚清新马华侨领袖进阶模式的探讨（二）》，《国史馆馆刊》，1993年第15期，第80页。

黄警顽编：《张耀轩博士拓殖南洋卅年纪念录》（又名《张公耀轩从政三十年纪念录》），商务印书馆1920年版。

黄竞初：《南洋华侨》，商务印书馆1930年版。

黄昆章：《印尼华侨华人史（1950至2004年）》，广东高等教育出版社2005年版。

黄浪华编：《华侨之光：张荣轩张耀轩张步青学术研讨会论文集》，中国华侨出版社 2011 年版。

黄贤强、廖筱纹、邓宇:《中国与东南亚客家:跨域田野考察与论述》,新加坡国立大学中文系、茶阳(大埔)会馆、茶阳(大埔)基金会及八方文化创作室 2018 年版。

黄贤强:《槟城华人社会领导阶层的第三股势力》,收录于《跨域史学:近代中国与南洋华人研究的新视野》,厦门大学出版社 2008 年版,第 102—116 页。

黄贤强:《河源客家与南洋世界:龙川黄强的马来游记和南洋印象》,《客家河源》,华南理工大学出版社,2012,第 375—386 页。

黄贤强:《洁养堂的重现和变迁:田野考察纪要》,《全球客家研究》,2015年第 4 期,第 143—158 页。

黄贤强:《客籍领事梁碧如与槟城华人社会的帮权政治》,收录于徐正光编《第四届国际客家学研讨会论文集:历史与社会经济》,台北"中研院"民族学研究所 2000 年版,第 401—426 页。

黄贤强:《客籍领事与槟城华人社会》,《亚洲文化》,1997 年第 21 期,第181—191 页。

黄贤强:《客家人与槟榔屿的华教和孔教》,收录于黄丽生编:《东亚客家文化圈中的儒学与教育》,台湾大学出版中心 2012 年版,第 167—188 页。

黄贤强:《梁碧如:20 世纪初期槟城华人社会的领袖》,《马来西亚华人研究学刊》,1998 年第 2 期,第 1—17 页。

黄贤强:《清末槟城副领事戴欣然与南洋华人方言群社会》,《华侨华人历史研究》,2004 年第 3 期,第 51—58 页。

黄贤强:《十九世纪槟城华人社会领导阶层的第三股势力》,《亚洲文化》,1999 年第 23 期,第 95—102 页。

黄贤强:《新马华社早期的女子教育》,《马来西亚华人研究学刊》,1997年第 1 期,第 53 页。

黄贤强:《叶亚来:从平凡移民到不平凡领袖》,收录于何启良编《匡政与流变——马来西亚华人历史与人物:政治篇》,台北"中研院"东南亚区域研究计划 2001 年版。

黄贤强编:《槟城华人社会与文化》,新加坡国立大学中文系 2005 年版。

黄贤强编:《新加坡客家》,广西师范大学出版社 2007 年版。

黄尧:《星马华人志》,明鉴出版社 1967 年版。

江柏炜:《海外金门人侨社调查实录:日本篇》,金门大学出版社 2013

年版。

蒋英豪编著:《黄遵宪师友集》,上海书店出版社 2002 年版。

柯木林:《民办医药团体:同济医院》,收录于《石叻史记》,新加坡青年书局 2007 年版。

柯木林编:《新华历史人物列传》,新加坡教育出版私营有限公司 1995 年版。

柯雪润(Sharon A. Carstens):《从神话到历史:叶亚来和马来西亚华人英勇的过去》,《海外华人研究》,1992 年第 2 卷,第 243—244 页。

邝国祥:《槟城客属人士概况》,收录于《槟榔屿客属公会四十周年纪念刊》,槟榔屿客属公会 1979 年版,第 726—729 页。

邝国祥:《槟城散记》,星洲世界书局有限公司 1958 版。

邝国祥:《从崇华学堂到时中学校》,收录于《槟城客属公会金禧纪念暨时中学校八十校庆特刊》,槟州客属公会 1990 年版,第 194—195 页。

邝国祥:《时中校史》,收录于《槟州客属公会金禧纪念暨时中学校八十校庆特刊》,槟州客属公会 1990 年版,第 192—193 页。

黎国彬:《印度尼西亚简史》,湖北人民出版社 1957 年版。

黎宽裕:《浮生追忆——一个新加坡人之自述》,新加坡中华书局 1979 年版。

李明欢:《福建侨乡调查:侨乡认同、侨乡网络与侨乡文化》,厦门大学出版社 2005 年版。

李朋飞:《新加坡同济医院研究》,华侨大学 2013 年硕士学位论文。

李书城:《槟城时中学校沿革概略》,原刊载于《光华日报二十周年纪念刊》,转载自《槟州客属公会金禧纪念暨时中学校八十校庆特刊》,槟州客属公会 1990 年版,第 196 页。

李松庵:《潮汕铁路创办人华侨张榕轩兄弟》,收录于文史资料研究委员会编《广东文史资料》(第 3 辑),广东人民出版社 1980 年版,第 61—80 页。

李勇:《新加坡"福建人"研究(1819—1942)》,厦门大学 2011 年博士学位论文。

李志贤、林季华、李欣芸:《新加坡客家与华文教育》,收录于黄贤强编《新加坡客家》,广西师范大学出版社 2007 年版,第 153—178 页。

梁绍文:《南洋旅行漫记》,中华书局 1933 年版。

梁元生:《宣尼浮海到南洲:儒家思想与早期新加坡华人社会史料汇编》,香港中文大学 1995 年版。

廖建裕：《印尼华人文化与社会》，新加坡亚洲研究学会 1993 年版。

廖筱纹：《大埔光禄第与槟城蓝屋——张弼士两地故居纪行》，收录于黄贤强、廖筱纹和邓宇等著《中国与东南亚客家：跨域田野考察与论述》，新加坡国立大学中文系、茶阳（大埔）会馆、茶阳（大埔）基金会及八方文化创作室 2018 年版，第 25—36 页。

廖稚泉编：《荷属东印度地理》，国立暨南大学南洋美洲文化事业部 1931 年版。

林博爱编：《南洋名人集传》（第二集）上册，南洋民史纂修馆 1924 年版。

林博爱编：《南洋名人集传》（第一集），南洋民史纂修馆 1922 年版。

林尔嘉撰，沈骥编校：《林菽庄先生诗稿》，龙文出版社 1992 年版。

林金枝、庄为玑：《近代华侨投资国内企业史资料选辑：福建卷》，福建人民出版社 1985 年版。

林金枝、庄为玑：《近代华侨投资国内企业史资料选辑：广东卷》，福建人民出版社 1989 年版。

林景仁：《林小眉三草》，龙文出版社 1992 年版。

林来荣：《苏北（棉兰）西河九龙堂林氏宗亲会简介》（抽印稿），林氏宗亲会总务林来荣提供。

林志皋：《刁作谦太史》，《星洲应和会馆 141 周年纪念特刊》，新加坡应和会馆 1965 年版。

刘崇汉编：《马来西亚华裔先贤录》，马来西亚华校教师总会 1991 年版。

刘士木：《张公耀轩伉俪合摄影像题辞并序》，收录于尤惜阴《南洋华侨第一伟人张鸿南》，上海国民生计杂志社 1917 年版，第 1 页。

刘奕宏：《刁作谦：一肚洋墨水满腔家国情》，收录于张德祥、王赢杰主编《百年文脉：寻访梅州籍大学校长》，广东高等教育出版社 2015 年版，第 33—42 页。

刘奕宏：《近代梅县史话》，梅州市梅县区人民政府地方志办公室 2018 年版。

刘真：《教育行政》，正中书局 1950 年版。

罗香林：《客家研究导论》，兴宁希山书藏 1933 年版。

罗香林：《西婆罗洲罗芳伯等所建共和国考》，中国学社 1961 年版。

马一：《晚清驻外领事中的华商侨领》，《东南亚纵横》，2011 年第 10 期，第 77—81 页。

梅井：《马华名人传》，新加坡上海书局 1961 年版。

梅县地方志编纂委员会编《梅县志·人物》，广东人民出版社 1994 年版。

宓汝成编：《中国近代铁路史资料，1863—1911》，中华书局 1963 年版。

棉兰鹅城慈善基金会编：《第六届世界惠州同乡会恳亲大会纪念特刊》，印尼棉兰鹅城慈善基金会 2007 年版。

棉兰江夏公所编：《江夏公所百年庆典纪念特刊（1907—2007）》，棉兰江夏公所 2007 年版。

南洋客属总会编：《南洋客属总会第 35、36 周年纪念刊》，新加坡南洋客属总会 1967 年版。

南洋民史纂修馆编辑部编：《南洋名人集传》，5 册，南洋民史纂修馆 1922—1941 年版。

潘醒农编：《马来亚潮侨古今人物志》，新加坡南岛出版社 1950 年版。

霹雳客属公会编：《霹雳客属公会开幕纪念特刊》，怡保霹雳客属公会 1951 年版。

启发学校编：《新加坡启发学校校刊》，新加坡启发学校 1953 年版。

丘昌泰、萧新煌主编：《客家族群在地社会：台湾与全球的经验》，台湾智胜出版社 2007 年版。

丘铸昌：《丘逢甲交往录》，华中师范大学出版社 2004 年版。

区如柏：《称霸中街的七家头》，收录于同济医院一百二十周年历史专集出版委员会编《同济医院一百二十周年历史专集》，新加坡同济医院 1989 年版。

饶德峰：《客家先贤张弼士对当代企业家的启示》，《京华埔人》，2006 年第 34 卷，第 16—18 页。

饶芙裳著，饶审基等编：《辛庐吟稿》，南投 1988 年手抄影印本。

饶淦中：《华侨先贤张步青公纪略》，收录于《印尼苏北客属联谊会五周年纪念特刊》，印尼苏北客属联谊会 2006 年版，第 146—147 页。

饶淦中主编：《楷范垂芬耀千秋——印尼张榕轩先贤逝世一百周年纪念文集》，香港日月星出版社 2011 年版。

桑兵：《晚清学堂学生与社会变迁》，广西师范大学出版社 2007 年版。

沈春燕：《林景仁及其〈三草〉研究》，中国文化大学 2008 年硕士学位论文。

沈厥成：《荷属东印度地理》，商务印书馆 1939 年版。

沈雷渔：《苏门答腊一瞥》，正中书局 1936 年版。

宋燕鹏：《极乐寺与早期槟城华人探析》，《八桂侨刊》，2016 年第 2 期，第 45—52 页。

宋酝璞：《南洋英属海峡殖民地志略》，酝兴商行 1930 年版。

苏北客属联谊会编：《印尼苏北客属联谊会五周年纪念特刊》，印尼苏北客属联谊会 2006 年版。

苏孝先《同济医院沿革史略》，收录于同济医院一百二十周年历史专集出版委员会编《同济医院一百二十周年历史专集》，新加坡同济医院 1989 年版。

汤寿潜：《诰授光禄大夫钦察考察南洋商务大臣侍郎衔总理潮汕铁路事宜三品京堂张君榕轩别传》，收录于张鸿南编《张榕轩侍郎荣哀录》，棉兰汇通 1917 年版石印本。

汤寿潜：《张君榕轩别传》，《南洋华侨杂志》（槟城），1917 年第 2 期，第 14—16 页。

同济医院百年特刊编辑委员会编：《同济医院一百周年纪念特刊》，新加坡同济医院 1968 年版。

同济医院一百二十周年历史专集出版委员会编：《同济医院一百二十周年历史专集》，新加坡同济医院 1989 年版。

汪毅夫：《台湾游记里的台湾社会旧影——读日据时期的三种台湾游记》，《台湾研究集刊》（厦门），2000 年第 2 期，第 78—82、91 页。

王琛发：《槟城华人社会的客家人领事》，收录于王琛发编著：《槟城客家两百年》，马来西亚槟榔屿客属公会 1998 年版，第 110—121 页。

王琛发编著：《槟城客家两百年》，槟榔屿客属公会 1998 年版。

王赓武著，张亦善译：《南洋华人简史》，水牛图书出版事业有限公司 1969 年版。

王桧林、朱汉国编：《中国报刊辞典（1815—1949）》，书海出版社 1992 年版。

王国璠：《板桥林氏家传》，台北祭祀公业林本源 1975 年版。

王慷鼎：《〈槟城新报〉政论量的分析（1895—1911）》，收录于陈荣照编：《新马华族文史论丛》，新加坡新社 1999 年版，第 251—268 页。

王慷鼎：《初创时期的〈槟城新报〉》，《中教学报》，1992 年第 18 期，第 54—60 页。

王振勋：《海上丝路的奇士张弼士的实业活动与经世致用思想之研究》，《朝阳学报》，2004 年第 9 期，第 440—441 页。

温广益编:《广东籍华侨名人传》,广东人民出版社 1988 年版。

温廷敬编:《大埔县志》,台北市大埔同乡会 1971 年影印版。

温梓川:《客人在槟城》,收录于《槟榔屿客属公会四十周年纪念刊》,槟榔屿客属公会 1979 年版,第 717—725 页。

吴奕光:《印尼苏北闻人录》,香港南风文学社 2009 年版。

吴宗焯修、温仲和纂:《光绪嘉应州志》,第 32 卷,嘉庆伍氏心远庐补刊本,1932—1933。

夏诚华编:《新世纪的海外华人变貌》,台湾新竹市玄奘大学海外华人研究中心 2009 年版。

向军:《清末华侨与漳厦铁路的修建》,《丽水学院学报》,2012 年第 3 期,第 26—32 页 。

萧惠长:《张玛腰耀轩先生服官三十年纪念连日各界致贺纪事》,收录于黄警顽编《张耀轩博士拓殖南洋卅年纪念录》,商务印书馆 1921 年版。

谢湘:《墨子学说研究》,香港上海印书馆 1967 年版。

新加坡茶阳(大埔)会馆编:《新加坡茶阳大埔会馆一百四十周年纪念特刊,1858—1998》,新加坡茶阳(大埔)会馆 1998 年版。

新加坡中华总商会编:《新加坡中华总商会大厦落成纪念刊》,新加坡中华总商会 1964 年版。

许雪姬:《楼台重起·上篇:林本源家族与庭园的历史》,板桥北县文化局 2009 年版。

许雪姬:《日据时期的板桥林家——一个家族与政治的关系》,收录于"中研院"近代史研究所编《近世家族与政治比较历史论文集》,台北"中研院"近代史研究所 1992 年版,第 659—697 页。

许雪姬:《台湾总督府的"协力者"林熊征——日据时期板桥林家研究之二》,《"中研院"近代史研究所集刊》,1994 年第 23 下册,第 55—88 页。

许云樵:《戴春荣传》,收录于《南洋客属总会第 35、36 周年纪念刊》,新加坡南洋客属公会 1967 年版,第 A77—A78 页。

许云樵:《星马设领始末考》,《南洋文摘》,1960 年第 1 卷第 5 期,第 15—18 页。

薛福成:《出使公牍》(10 卷),无锡薛氏光绪二十四年(1898)版。

薛福成:《出使奏疏》(2 卷),无锡薛氏光绪十三年(1887)版。

薛莉清:《真实的幻像——20 世纪初中国文人雅士对吉隆坡社会图像的构建》,收录于黄贤强编《吉隆坡与槟城华人社会——历史书写与记忆》,

新加坡国立大学中文系 2006 年版,第 50—65 页。

亚灿:《张鸿南先生家传》,《南洋华侨杂志》,1917 年第 1 期,第 1—6 页。

颜清湟著,粟明鲜、贺跃夫译:《出国华工与清朝官员:晚清时期中国对海外华人的保护(1851—1911)》,中国友谊出版公司 1990 年版。

颜清湟:《1899—1911 年新加坡和马来亚的孔教复兴运动》,收录于《海外华人史研究》,新加坡亚洲研究学会 1992 年版。

颜清湟:《新马华人社会的阶级结构与社会流动(1800—1911)》,《海外华人史研究》,新加坡新亚洲研究学会 1992 版。

颜清湟:《张煜南与潮汕铁路(1904—1908 年):华侨从事中国现代企业的一个实例研究》,收录于《海外华人史研究》,新加坡亚洲研究学会 1992 年版,第 60—78 页。

颜清湟:《清朝鬻官制度与星马华族领导层(1877—1912)》,收录于《从历史角度看海外华人社会变革》,新加坡青年书局 2007 年版,第 3—38 页。

杨汉翔:《中华民国开国前后之本社革命史》,收录于《槟城阅书报社廿四周年纪念刊》,槟城阅书报社 1932 年版。

杨宏云:《印尼棉兰的华人:历史与特征》,《华侨华人历史研究》,2011 年第 1 期,第 40—46 页。

杨进发:《新马华族领导层的探讨》,新加坡青年书局 2007 年版。

杨映波:《本校史略》,收录于《星洲应新学校特刊》,新加坡应新小学 1938 年版。

姚楠:《记晚清驻槟榔屿的客属两领事:张弼士与张煜南》,《南天余墨》,辽宁大学出版社 1995 年版,第 165—168 页。

姚楠:《南天余墨》,辽宁大学出版社 1995 年版,第 166—168 页。

叶扬:《杰出的爱国侨领张弼士》,杨顺东主编《张弼士研究资料》,第 5 辑,广东省历史学会张弼士研究专业委员会 2006 年版,第 36—40 页。

叶钟玲:《南洋华侨中学的创设:概念的产生、演进与实现》,《亚洲文化》,1992 年第 16 期,第 125—136 页。

尹德翔:《张芝田〈海国咏事诗〉与张煜南〈续海国咏事诗〉》,收录于《晚晴海外竹枝词考论》,中国社会科学出版社 2016 年版,第 270—286 页。

佚名:《鹤山极乐寺志》,槟城极乐寺 1923 年版,2 册。

佚名:《星马设领始末》,《南洋文摘》,1960 年第 5 期,第 15—18 页。

印尼苏北华侨华人历史会社编:《印尼苏北华侨华人沧桑岁月》(上下两册),印尼苏北华社慈善与教育联谊会 2015 年版。

应新小学:《星洲应新小学特刊》,新加坡应新小学1938年版。

尤惜阴:《南洋华侨第一伟人张鸿南》,上海国民生计杂志社1917年版。

余美玲选注:《林景仁集》,台湾文学馆2013年版。

张福英著,叶欣译:《娘惹回忆录》,台湾文学馆2017版。

张福英:《林尔嘉家族信件:张福英致林尔嘉信》,收录于陈支平主编《台湾文献汇刊》第7辑第2册,厦门大学出版社2004年版,页9—10。

张鸿南编:《张榕轩侍郎荣哀录》,棉兰汇通1917年石印本。

张维安、张容嘉:《客家人的大伯公:兰芳公司的罗芳伯及其事业》,《客家研究》,2009年第3卷第1期,第57—89页。

张维安主编:《在地、南向与全球客家》,新竹交通大学出版社2017年版。

张晓威:《近代中国驻外领事与海外华人社会领袖角色的递换——以驻槟榔屿副领事谢荣光(1895—1907)为例》,《政治大学历史学报》,2004年第11期,第167—221页。

张晓威:《晚清驻槟榔屿副领事之角色分析(1893—1911)》,台北政治大学历史系2005年博士学位论文。

张晓威:《中国近代领事制度的建立:以清末在新嘉坡设置领事为探讨中心(1877—1891)》,《两岸三地历史学研究生论文集》,台北政治大学历史系;香港珠海大学亚洲研究中心2001年版,第317—337页。

张煜南、张鸿南辑:《梅水诗传》,10卷,1901年初版,2005年再版。

张煜南、张鸿南辑:《续梅水诗传》,3卷,1911年初版,2005年再版。

张煜南:《海国公余辑录》,光绪二十四年(1898)汇通刻本,6卷,哈佛燕京学社、新加坡国立大学典藏本。

张煜南:《海国公余辑录》,光绪二十七年(1901)汇通刻本,6卷,附杂录3卷。

张直端:《著名的华侨实业家张榕轩、张耀轩昆仲》,收录于印度尼西亚苏北客属联谊会编《印度尼西亚苏北客属联谊会五周年纪念特刊》,棉兰印度尼西亚苏北客属联谊会2006年版,第144—145页。

招观海:《天南游记》,出版社不详,1933年版。

郑官应:《张弼士君生平事略——附荣哀录》,文海出版社1972年版(影印本)。

郑良树:《马来西亚华文教育发展史》(第1册),马来西亚华校教师会总会1998年版。

郑一省:《印尼棉兰华人族群融入主流社会初探》,《华侨华人历史研究》,2008年第4期,第71—76页。

郑永美:《槟州中华总商会战前史料》,收录于槟州中华总商会钻禧纪念特刊编辑委员会编《槟州中华总商会钻禧纪念特刊》,槟州中华总商会1978年版,第75—87页。

郑永美:《先贤董事》,收录于《槟州客属公会金禧纪念暨时中学校八十校庆特刊》,槟州客属公会1990年版,第197—198页。

郑永美:《谢荣光》,收录于《槟榔屿广东暨汀州会馆二百周年纪念特刊》,槟榔屿广东暨汀周会馆1998年版,第289—290页。

郑政诚:《日据时期台湾的国策会社——三五公司华南事业经营之探讨》,《台湾人文》,2000年第4号,第157—184页。

郑子健:《南洋三月记》,中华书局1935年版。

中华创校111周年纪念特刊编委会:《槟城孔圣庙中华国民型中小学创校111周年校庆特刊》,雪兰莪新纪元学院教育系2015年版。

祝秀侠编:《华侨名人传》,中华文化出版社1955年版。

庄钦永:《同济医院创办年代考》,收录于同济医院一百二十周年历史专集出版委员会编《同济医院一百二十周年历史专集》,新加坡同济医院1989年版。

邹启宇:《中泰关系史简述》,《东南亚》,1985年第2期,第2—10页。

## 五、外文书刊和论文

Anderson, John, *Mission to the East Coast of Sumatra in 1823*. KL & NY: Oxford University Press, 1971 ed., reprinted of 1826 ed.

Buiskool, Dirk A., "The Chinese Commercial Elite of Medan, 1890—1942: The Penang Connection," *Journal of the Malayan Branch of the Royal Asiatic Society* (JMBRAS), vol. 82, part 2 (2009), p. 119.

Buiskool, Dirk A., *De reis van Harm Kamerlingh Onnes: Brieven uit de Oost* 1922—1923. Hilversum: Uitgeverij Verloren, 1999.

Chan, John Cheung, "The Establishment of the Chinese Consulates in Singapore and Penang, 1877—1911," *Jernal Sejarah*, 9 (1970−1971), pp. 29-41.

Chang, Queeny, *Memories of a Nonya*. Singapore: Eastern Universities Press, 1981.

Chong, Joseph Chue Hoe, *Chinese Consul-Generals' Activities in Singapore*, *1930—1941*. Singapore: Nanyang University, 1979.

Godley, Michael R., *The Mandarin-Capitalists from Nanyang: Overseas Chinese Enterprise in the Modernization of China*, *1893—1911*. New York: Cambridge University Press, 1981.

Huang Jianli, "Three Portraits of Singapore Entrepreneur Lee Kong Chian(1893—1967)," *JMBRAS*, 82.1 (2009), pp. 77-100.

Lee Kam Hing & Chow Mun Seong, *Biographical Dictionary of the Chinese in Malaysia*. Petaling Jaya: Pelanduk Publications, 1997.

Lee Yong Kiat, *The Medical History of Early Singapore*. Tokyo: Southeast Asian Medical Information Center, 1978.

Leong Kok Kee, "The Chia-ying Hakka in Penang 1786—1941," *Malaysia in History*, 24(1981), pp. 39-48.

Lin Lee Loh-Lim, *The Story of Mandarin Splendor Reborn*. Penang: L'Plan Sdn. Bhd., 2002.

Purcell, Victor, *The Chinese in Southeast Asia* (2nd ed.). London: Oxford University Press, 1965.

Ramsay, Christine Wu, *Days Gone by: Growing up in Penang*. South Yarra, Vic.: Macmillan Art Publisher, 2003.

Sidharta, Myra, "Introduction to the Works of Queeny Chang," *Archipel*, 23(1982), pp. 235-240.

Song Ong Siang, *One Hundred Years' History of the Chinese in Singapore*. Singapore: University of Malaya Press, 1967.

Tengku Luckman Sinar, *The History of Medan in the Olden Times*. Medan: Lembaga Penelitan dan Pengembangan Seni Budaya Melayu, 1996.

Turnbull, Mary, *Dateline Singapore: 150 Years of The Straits Times*. Singapore: Singapore Press Holding, 1995.

Vlieland, C. A. *British Malaya: A Report on the 1931 Census and on Certain Problems of Vital Statistic*. London: Crown Agents for the Colonies, 1932.

Wang Gungwu, *Community and Nation: Essays on Southeast Asia and the Chinese*, Singapore: Heinemann Educational Books, 1981.

Wong Sin Kiong, "Women for Trade: Chinese Prostitution in Late

Nineteenth-Century Penang," *Journal of South Seas Society*，vol. 53 (1998)，pp. 171-184.

Wright，A. & A. Cartwright，*Twentieth Century Impressions of British Malaya*. London：Lloyd's. 1908.

Wu Lien-teh，*Plague Fighter：The Autobiography of a Modern Chinese Physician*. Cambridge：W. Heffer & Sons Ltd. ，1959.

Yen Ching-hwang，"Historical Background." in Lee Kam Hing and Tan Chee Beng，eds. *The Chinese in Malaysia*. Kuala Lumpur：Oxford University Press，2000，pp. 1-36.

Yen Ching-hwang，*Coolies and Mandarins：China's Protection of Overseas Chinese during the Late Ch'ing Period （1851—1911）*. Singapore：Singapore University Press，1985.

## 六、田野考察记录和访问记录

马来西亚槟城极乐寺,黄贤强田野考察记录,2017 年 6 月 5 日。

马来西亚槟城孔圣庙中华小学,黄贤强田野考察记录,2019 年 7 月 11 日。

马来西亚槟城慎之家塾,黄贤强考察记录,2009 年 5 月 4 日。

马来西亚槟榔屿广东暨汀州会馆公冢(梁碧如墓地),黄贤强考察记录, 2018 年 12 月 4 日。

香港梁辉台(梁碧如遗迹),黄贤强田野考察记录,2013 年 3 月 2 日。

新加坡嘉应五属义祠,黄贤强田野考察记录,2007 年 3 月 25 日,2014 年 1 月 10 日。

新加坡亮阁欣叶餐厅,黄贤强和林永美访问记录,受访人(林景仁后裔) 林南星、蔡宝珍夫妇和林威力,2018 年 2 月 24 日。

新加坡林家住宅,黄贤强和林永美访问记录,受访人林南星和蔡宝珍, 2019 年 1 月 12 日及 2020 年 10 月 25 日。

印度尼西亚棉兰张鸿南故居及私人墓园,黄贤强田野考察记录,2009 年 11 月 8 日,2019 年 7 月 9 日。

印度尼西亚棉兰张煜南私人墓园(茂榕园),黄贤强田野考察记录,2009 年 11 月 8 日,2019 年 7 月 10 日。

中国广东大埔县茶阳镇安乐村资政第(戴欣然故居),黄贤强田野考察 记录,2009 年 10 月 30 日。

中国广东大埔县西河镇车龙村光禄第(张弼士故居),黄贤强田野考察记录,2005 年 7 月 20 日,2010 年 6 月 24 日,2018 年 4 月 23 日。

中国广东省梅县松口镇铜琶村爱春楼(谢春生家族故居),黄贤强田野考察记录,2005 年 7 月 17 日,2018 年 4 月 22 日。

中国广东省梅县松口镇南下村大张屋(张煜南张鸿南故居),黄贤强田野考察记录,2012 年 12 月 18 日,2014 年 11 月 20 日,2018 年 4 月 22 日。

中国广东省梅州洁养堂(梁碧如故居),黄贤强田野考察记录,2006 年 11 月 10 日,2008 年 7 月 15 日,2009 年 10 月 30 日,2010 年 6 月 29 日,2012 年 12 月 8 日,2013 年 10 月 14 日,2014 年 11 月 18 日,2018 年 4 月 28 日。

中国广东省梅州洁养堂,肖文评访问记录,受访人梁光羲,2010 年 5 月 23 日,5 月 30 日,5 月 31 日,6 月 12 日,

## 七、网络资料

"Kota Medan", https://id. wikipedia. org/wiki/Kota _ Medan ♯ Sejarah,浏览于 2019 年 7 月 26 日。

"Kota Medan", http://id. wikipedia. org/wiki/Kota_Medan ♯ Demografi,浏览于 2011 年 8 月 9 日、2019 年 6 月 7 日。

《图说历史,清凉山早期的影像》,https://kknews. cc/zh-sg/history/k2zz6v. html ,浏览于 2008 年 8 月 18 日。

《广东梅州中西合璧私塾:蒙养学堂》,http://gj. yuanlin. com/Html/Detail/2011-1/10504. html,浏览于 2019 年 3 月 27 日。

《江山楼》,https://zh. wikipedia. org/wiki/江山楼,浏览于 2017 年 10 月 10 日。

刘奕宏:《清凉山湖鳅塘:当年梅县的"庐山牯岭"》,梅州网,发布于 2012 年 4 月 11 日,http://www. meizhou. cn/news/1204/11/12041100050. html,浏览于 2015 年 1 月 30 日。

刘奕宏、钟小丰:《梁璧如:被历史尘封的客家巨商 曾任晚清驻槟城领事》,客家风情网,http://www. hakkaonline. com/thread-91688-1-1. html,浏览于 2019 年 8 月 2 日。

# 附　图

**1. 张弼士（张振勋）和黄遵宪**

1.1　广东大埔光禄第中张弼士遗像和神主牌（黄贤强摄）

1.4　广东梅州大埔张弼士光禄第（黄贤强摄）

1.2　马来西亚槟城张弼士光禄第（蓝屋）（黄贤强摄）

1.5　著者（右1）带领新加坡国立大学学生考察广东梅州黄遵宪纪念馆

1.3　广东梅州大埔张弼士光禄第外景（黄贤强摄）

1.6　黄遵宪书屋人境庐外景（黄贤强摄）

## 2. 张煜南(张榕轩)

2.1 张煜南(张洪钧林素琴伉俪珍藏照片)

2.4 印尼棉兰张榕轩之茂榕园新貌(黄贤强摄)

2.2 广东梅州松口张榕轩纪念馆(梅州宋志锋摄,刘奕宏提供)

2.5 印尼棉兰张煜南玛腰官邸(张洪钧林素琴伉俪珍藏照片)

2.3 印尼棉兰张榕轩之茂榕园入口旧观(张洪钧林素琴伉俪珍藏照片)

2.6 马来西亚槟城极乐寺

## 3. 谢春生（谢梦池）

3.1　谢春生（广东梅县谢家后人提供）

3.4　广东梅县铜琶村爱春楼现状（黄贤强摄）

3.2　广东梅县铜琶村谢屋（黄贤强摄）

3.5　新加坡嘉应五属义祠（黄贤强摄）

3.3　广东梅县铜琶村爱春楼

3.6　嘉应五属义祠谢梦池神牌位（黄贤强摄）

## 4. 梁碧如（梁辉）

4.1 梁碧如

4.4 洁养堂厅堂（黄贤强摄）

4.2 1930年代洁养堂外景（广东梅州梁光曦提供）

4.5 梁碧如在马来西亚槟城的大屋（黄贤强摄）

4.3 梅州洁养堂（梅州钟小锋摄，刘奕宏提供）

4.6 梁碧如在马来西亚怡保创办的社交俱乐部——闲真别墅（黄贤强摄）

4.7　梁碧如在马来西亚槟城的坟墓（黄贤强摄）

4.8　梁碧如曾孙梁光熙与著者于洁养堂前

4.9　梁碧如在洁养堂旁兴办的蒙养学堂（黄贤强摄）

4.10　梁碧如六个儿子为南来的梁太夫人吴氏祝寿（Christine Wu Ramsay提供）

## 5. 戴欣然（戴喜云）

5.1　戴欣然（资料来源：《槟榔屿客属公会四十周年纪念刊》）

5.4　新加坡三邑祠外景（黄贤强摄）

5.2　广东大埔戴欣然大屋资政第（黄贤强摄）

5.5　新加坡三邑祠大堂（黄贤强摄）

5.3　广东大埔戴欣然大屋资政第外景（黄贤强摄）

5.6　新加坡三邑祠内的荣禄大夫戴忻然神牌位（黄贤强摄）

## 6. 张鸿南（张耀轩、张阿辉）

6.1　张鸿南清朝官服照

6.4　著者（左三）与张鸿南后裔（左四至左七：张仪顺，张仪美，林南星、蔡宝珍伉俪）等人合影于印尼棉兰张鸿南大屋（现为土生华人博物馆）

6.2　身穿荷印政府玛腰官服的张鸿南及其夫人（资料来源：*Memories of a Nonya*）

6.5　张煜南张鸿南兄弟（分别站立中央右边和左边）与其他棉兰华人领袖合影（资料来源：棉兰茂榕园）

6.3　印尼棉兰张鸿南墓园（黄贤强摄）

## 7. 林景仁与张福英

7.1 林景仁和张福英于印尼棉兰新居(资料来源:棉兰张阿辉大屋)

7.4 张福英(右1)和林景仁(后排中)与张鸿南夫妇(前排坐者)等家人(资料来源:棉兰张阿辉大屋)

7.2 张福英和林景仁合照(新加坡林南星蔡宝珍伉俪提供)

7.5 张福英晚年在印尼苏北省幽静的马达山别墅撰写回忆录(黄贤强摄)

7.3 林景仁(右7)和张福英(左7)与林尔嘉伉俪(中)合家于厦门鼓浪屿合照(林南星蔡宝珍伉俪提供)

## 8.其他人物

8.1　中国驻槟城领事黄延凯

8.3　中国驻槟城领事谢湘(资料来源:《槟城光华日报》)

8.2　中国驻槟城领事戴淑原(资料来源:《马来亚潮侨通鉴》)

8.4　中国驻新加坡总领事刁作谦(资料来源:《刁太史作谦博士荣哀录》,梅州刘奕宏提供)

## 9. 学校、医院、寺院

9.1　马来西亚槟城孔圣庙中华学校旧观(资料来源:该学校官网)

9.4　新加坡莲山双林寺(资料来源:《新加坡莲山双林禅寺一百二十周年文集》)

9.2　马来西亚槟城孔圣庙中华小学现况(黄贤强摄)

9.5　1905年的新加坡莲山双林寺(资料来源:《新加坡莲山双林禅寺一百二十周年文集》)

9.3　20世纪初的新加坡同济医院外景(资料来源:《同济医院150周年文集》)

## 10. 其他

10.1　1903 年刚抵达棉兰外港的中国劳工移民（棉兰林来荣和陈明宗提供）

10.4　20 世纪初清政府驻槟城领事馆（资料来源：《槟榔屿华人史图录》）

10.2　1930 年代棉兰街景（棉兰林来荣和陈明宗提供）

10.5　民初中国驻棉兰领事馆（资料来源：棉兰茂榕园）

10.3　槟城牛干冬街——清末契约华工上岸后集结地（资料来源：《槟榔屿华人史图册》）

# 后 记

从发表第一篇有关中国驻东南亚领事官的学术文章至今,我对这个课题的研究陆陆续续已有 20 余年。由于还有其他研究项目,再加上教学和行政的任务,有关中国领事官的研究,其实是间歇性地进行的。正由于研究历程漫长,研究的范围也从槟城领事官的研究逐渐扩大到新加坡总领事及棉兰侨领的研究;以方法论而言,也从侧重文献的传统传记倾向的专题研究转向田野和史料并重的历史人类学研究,再到跨地域和跨学科的跨域史学研究。回首来时路,研究期间得到众多师长、同侪和友人的指点和协助,受益良多。

饮水思源,我在台湾大学历史学系的四年,受益于多位师长分别对中国史和西洋史的精彩讲授,确定了我对中外近代史研究的兴趣。在美国印第安纳大学历史系硕士和博士学位进修的七八年间,则是我史学研究的奠基和养成时期。特别感谢我的硕士班导师,也是美国外交史权威学者罗勃·费勒(Robert H. Ferrell)教授,他以自己的研究经费提供我第一年博士班的全额奖学金,否则我也无法留下来继续攻读博士学位。2018 年 8 月获知他以 97 岁高龄逝世,让我倍加缅怀师恩。博士班之后三年半的奖学金则由印第安纳大学历史系和《美国历史评论》(*American Historical Review*)编辑部分摊提供。一个华人博士生能在美国历史学会的旗舰刊物担任编辑助理,实属罕见,不得不感谢我的博士论文指导委员会成员之一的明清史专家司徒琳(Lynn Struve)教授的大力推荐,这份恩情毕生难忘。参与美国权威刊物的编辑过程,尤其是严格和避嫌的遴选书评者制度,让我体会到美国学术界办刊的严谨态度。在我博士生的最后一年,博士学位论文指导老师华子健(Jeffrey N. Wasserstrom)教授(曾为美国亚洲研究学会旗舰学刊 *Journal of Asian Studies* 的主编)推荐我到普渡大学(Purdue University)历史系担任兼职讲师,教授东亚史,除了让我拥有难得的教学经验外,也使我在经济无忧下完成博士学位论文。这几位美国教授,都是我生命中的贵人,让我顺利度过学习生涯最重要的阶段,他们也是我的史学研究的训练者和事业的栽培者，对我恩重如山。

　　我在 1995 年开始在新加坡国立大学中文系（含史学、文学和语言学等专业的"中华研究系"）执教，并开始拓展我的研究领域，除了原有的中国近代史研究外，也扩及东南亚华人研究，清末中国驻槟城领事官就是我从事东南亚侨领和华人研究的起点。此后，我的研究课题由历任领事官的个别研究（即本书第二部分，第六至十三章）到侨领的跨域研究（第一部分，第一至五章）及东南亚华人社会的其他专题研究（第三部分，第十四至十七章）。

　　这些年来各地的师友为我的研究和论著提供不少协助，有人慷慨提供研究资料或线索，也有人为我的田野考察提供不少本土知识，甚至拨冗陪同探访侨领家族后裔，或协助联系各地的社团机构和访谈对象。在此我要诚挚感谢马来西亚槟城的（以下恕不称呼）陈剑虹、陈耀威、张少宽、郑永美、吴美润、谢诗坚、李庆尧、黄木锦、杜忠全、黄裕端、陈爱梅、陈是呈和张东村（Tjong Tung Tjhoen），太平的李永球，怡保的刘道南、梁肇乾、潘东生、刘锡康和陈素明，金宝的张晓威和黄文斌，吉隆坡的陈亚才和白伟权，巴生的谢锡福，新山的安焕然。印尼棉兰方面，我要特别感谢林来荣、张洪钧和林素琴伉俪、陈明宗、廖章然、张仪美（Tjong Nyie Mie）、张仪春（Tjong Nyie Tjhoen）和张仪顺（Tjong Nyie Soen）。中国大陆地区方面，我要特别感谢梅州的房学嘉、肖文评、宋德剑、夏远鸣、刘奕宏、饶淦中和梁光羲，广州的陈春声和刘志伟，厦门的陈支平、庄国土、水海刚、曾玲和张侃，北京的吴小安和金以林，南京的马振犊、李玉、薛莉清。中国台湾地区方面，我要特别感谢张维安、萧新煌、刘阿荣、邱荣举、利亮时、林开忠和张翰璧。新加坡方面，我要特别感谢林南星和蔡宝珍伉俪、何炳彪、吴庆辉、李秉谚、陈波生、高华昌和赖发源。新加坡国立大学中文图书馆历任馆长和各馆员长期以来热心服务，我要郑重表达谢意。我也要感谢新加坡国立大学中文系同事的支持以及新加坡国立大学提供一些研究项目的经费。还有很多个人和社团机构在不同方面提供不同程度的协助，因篇幅所限，无法一一罗列，仅在此一并诚挚鸣谢。

　　我的学生——不管是门下的博士生或硕士生，还是选修我的东南亚华人研讨课的学生，在上课研讨或撰写期末论文的时候，都有机会和我讨论研究材料和初步研究成果，让教学相长，我也从中受益不少，尤其是刘轶和邓玮分别对第十二章和第十三章的贡献，以及季怡雯和崔永健对第十六章的贡献。此外，门生赖郁如、廖筱纹、邓宇、陈晓晴等曾兼职研究助理，替我收集和整理资料，以及校对这部书稿，对于他们的贡献，我要表示感激。另外，要特别感谢新加坡国立大学前同事金进兄邀约书稿,让我有机会将这些篇章汇整成书,列为浙江大学出版社"文化中国与东南亚汉学丛书"之一种,深感荣幸,同时,对浙江大学出版社编校人员的专业服务表示谢意。

海外华人研究权威澳大利亚阿德莱德大学(University of Adelaide)的颜清湟教授一直是我敬仰的学者和前辈。早在1985年颜教授就出版了英文专著 *Coolies and Mandarins：China's Protection of Overseas Chinese during the Late Ch'ing Period*，1851—1911(中文译本:《出国华工与清朝官员:晚清时期中国对海外华人的保护,1851—1911》),那是深入研究晚清外交官员与海外华人关系的专著,对我的研究启发良多。承蒙颜教授拨冗为本书写序,增添光彩,在此诚挚感谢。

最后,要真诚感谢我的家人这些年的陪伴和支持。永美和我相识至今已经超过半个甲子,感谢她默默地扶持,与我共度在美读博时期的奋斗岁月,以及在新加坡开创生活的酸甜苦辣。国智和国睿的成长与这本书的孕育成形差不多同步,从天真可爱的幼儿到身强体健的青年,这些年他们为我的生活增添不少的乐趣和惊喜。愿以此书献给我至亲的家人。

黄贤强
2019 年冬
于狮城七贤书室
2023 年 3 月补记